Direito na Sociedade da Informação V

Direito na Sociedade da Informação V

MOVIMENTOS SOCIAIS, TECNOLOGIA E A PROTEÇÃO DAS PESSOAS

2020

Roberto Senise Lisboa
Coordenador

ALMEDINA

DIREITO NA SOCIEDADE DA INFORMAÇÃO V
MOVIMENTOS SOCIAIS, TECNOLOGIA E A PROTEÇÃO DAS PESSOAS

COORDENADOR: Roberto Senise Lisboa
DIAGRAMAÇÃO: Almedina
DESIGN DE CAPA: FBA
ISBN: 978-85-8493-632-8

Dados Internacionais de Catalogação na Publicação (CIP)
(Câmara Brasileira do Livro, SP, Brasil)

Direito na sociedade da informação V : movimentos sociais, tecnologia e a proteção das pessoas / Roberto Senise Lisboa, coordenador. -- São Paulo : Almedina, 2020.

Vários autores.
Bibliografia.
ISBN 978-85-8493-632-8

1. Movimentos sociais 2. Personalidade (Direito) 3. Sociedade da informação 4. Sociedade da informação - Aspectos jurídicos 5. Tecnologia e direito I. Lisboa, Roberto Senise.

20-33632 CDU-34:007

Índices para catálogo sistemático:
1. Sociedade da informação e direito 34:007
Cibele Maria Dias - Bibliotecária - CRB-8/9427

Este livro segue as regras do novo Acordo Ortográfico da Língua Portuguesa (1990).

Abril, 2020

EDITORA: Almedina Brasil
Rua José Maria Lisboa, 860, Conj.131 e 132, Jardim Paulista | 01423-001 São Paulo | Brasil
editora@almedina.com.br
www.almedina.com.br

NOTA EXPLICATIVA

Direito na Sociedade da Informação é uma série de obras em coautoria organizada pelos professores do programa de Mestrado em Direito do Centro Universitário das Faculdades Metropolitanas Unidas – FMU, que tem área de concentração sobre o tema, estudado em duas grandes linhas de pesquisa: teoria da relação jurídica na sociedade da informação e decisão jurídica e o monopólio do Estado.

Os três volumes inaugurais foram organizados pela Professora Doutora Liliana Minardi Paesani, incumbindo a este signatário a organização dos presentes volumes IV e V, ora apresentados ao público.

Com a participação especial de professores de renome nacional e internacional, as obras tratam dos seguintes temas globais: Volume IV – Movimentos sociais, tecnologia e a atuação do Estado e Volume V – Movimentos sociais, tecnologia e a proteção das pessoas.

A continuação da série *Direito na Sociedade da Informação* faz parte da atuação da Rede de Pesquisa em Direitos Humanos e Políticas Públicas na Sociedade da Informação, articulada pelos programas de pós-graduação *stricto sensu*: de Mestrado em Direito da Sociedade da Informação, do Centro Universitário das Faculdades Metropolitanas Unidas – FMU; de Mestrado em Direitos Humanos do Centro Universitário Ritter do Reis – UniRitter; e do Mestrado em Direito, Governança e Políticas Públicas da Universidade de Salvador – Unifacs.

Houve a necessária articulação e apoio de pesquisas pela FAPERGS – Fundação de Amparo à Pesquisa do Estado do Rio Grande do Sul e CNPq – Conselho Nacional de Desenvolvimento Científico e Tecnológico.

Meus sinceros agradecimentos a todos os autores desses excelentes volumes, que demonstram a importância da pesquisa sobre a sociedade da informação e os impactos jurídicos que a tecnologia vem trazendo à sociedade contemporânea.

São Paulo, novembro de 2019.

Roberto Senise Lisboa

SOBRE O COORDENADOR

Roberto Senise Lisboa

Livre-Docente, Doutor em Direito Civil e Bacharel em Direito pela USP. Professor de Direito Internacional da PUC-SP. Titular da cadeira 67 da Academia Paulista de Direito– APD (patrono Silvio Romero). Co-fundador da Comunidade dos Juristas da Língua Portuguesa – CJLP. Graduado em Direito pela USP – Universidade de São Paulo. Aprovado nos concursos de Professor Titular em Direito Civil da USP. Foi Coordenador do programa de Mestrado em Direito da Sociedade da Informação do Centro Universitário da FMU (2008-2009 e 2018-2019). Foi Diretor do Núcleo de Ciências Jurídicas e Sociais do Centro Universitário da FMU (2012-2016). Foi Coordenador da Graduação em Direito do Centro Universitário da FMU (2012-2017). Professor Emérito de Direito Civil da FMU (1990-2019). Pesquisador em Sociedade da Informação, Direito Digital, Solidarismo e Função Social do Direito.

SOBRE OS AUTORES

Ana Carolina Leite da Silva

Mestranda e Bacharel em Direito pela Universidade Federal de Mato Grosso – UFMT.

Ana Elizabeth Lapa Wanderley Cavalcanti

Doutora e Mestre em Direito Civil pela PUC-SP. Professora do curso de graduação em Direito da FMU e do curso de Mestrado em Direito da Sociedade da Informação da mesma instituição.

Ana Luísa Michelon

Mestranda em Direitos Humanos da UniRitter – *Laureate Internacional Universities*. Especialista em Direito Público pela Fundação Escola Superior do Ministério Público do Rio Grande do Sul.

Angélica Carlini

Pós-Doutora em Direito Constitucional pela PUC-RS. Doutora em Direito Político e Econômico. Doutora em Educação. Mestre em Direito Civil. Mestre em História Contemporânea. Professora da UNIMES – Universidade Metropolitana de Santos. Professora-convidada do Mestrado em Administração da UNIP – Universidade Paulista.

Carlos Eduardo Silva e Souza

Doutor em Direito pela FADISP. Mestre em Direito pela UFMT – Universidade Federal de Mato Grosso. Coordenador do Programa de Pós-Graduação em Direito da UFMT – Nível Mestrado. Professor Adjunto dos Cursos de Graduação e Mestrado em Direito da UFMT.

César Eduardo Lavoura Romão

Mestre em Direito pela PUC-SP. Professor da faculdade de Direito da FMU. Instrutor do IN – Movimento Inclusivo.

Cíntia Rosa Pereira de Lima

Livre-Docente em Direito pela Faculdade de Direito da USP de Ribeirão Preto. Pós Doutora em Direito Civil pela *Università degli Studi di Camerino* (Itália) com fomento CAPES. Doutora em Direito Civil pela Faculdade de Direito da USP com estágio na Universidade de Ottawa (Canadá) com bolsa CAPES – PDEE – Doutorado Sanduíche. Bacharel em Direito pela UNESP. Professora Associada de Direito Civil da Faculdade de Direito da USP de Ribeirão Preto.

Clarisse Laupman

Doutora em Direito Internacional pela PUC-SP. Professora da PUC-SP e COGEAE.

Claudia Cristina Tazitu

Bacharel em Administração pela FEA-USP. Bacharelanda em Direito pela FMU.

Clayton Vinicius Pegoraro de Araújo
Pós-Doutorando em Economia Política pela PUC-SP. Doutor em Direito. Mestre em Direito. Professor Doutor na Universidade Presbiteriana Mackenzie. Professor Titular da USCS – Universidade Municipal de São Caetano do Sul. Advogado.

Gabrielle Kölling
Doutora, Mestre e Bacharel em Direito pela Unisinos. Professora Titular da USCS – Universidade Municipal de São Caetano do Sul.

Ingo Wolfgang Sarlet
Pós-Doutor e Doutor em Direito pela Universidade de Munique. Professor Titular e Coordenador do PPGD da Escola de Direito da PUC-RS. Desembargador do TJ-RS.

Jean Carlos Dias
Doutor e Mestre em Direito pela Universidade Federal do Pará. Professor dos cursos de graduação e pós-graduação do Centro Universitário do Pará – CESUPA. Diretor Regional do CONPEDI.

Jorge Acosta Junior
Mestre em Direito e Sociedade pela Universidade LaSalle. Formação complementar em *Tecnopolítica y Ciudanía Digital pelo Consejo Latino-Americano de Ciencias Sociales*. Advogado.

Jorge Shiguemitsu Fujita
Doutor em Direito pela Faculdade de Direito da USP. Professor Titular de Direito Civil dos Cursos de Graduação e de Pós-Graduação *lato sensu* do Curso de Direito da FMU. Professor Doutor do Programa de Mestrado em Direito da Sociedade da Informação da FMU. Professor do Curso de Pós-Graduação *lato sensu* da Faculdade de Direito da UEL-PR. Professor do Curso de Pós-Graduação *lato sensu* da Escola Superior de Advocacia – SP. Advogado.

Leandro Reinaldo da Cunha
Pós-doutor e Doutor em Direito pela PUC-SP. Professor Titular da Universidade Federal da Bahia. Líder do Grupo de Pesquisa "Direito e Sexualidade".

Letícia Alves Assumpção
Pós-Graduada em Negócios do Mercado Imobiliário pela FIA-USP. Advogada.

Luiz Fernando Afonso
Doutor, Mestre e Bacharel em Direito pela PUC-SP. Professor nos cursos de Pós-graduação *lato sensu* da PUC-SP e da Faculdade de Direito de Franca. Professor de Direito Civil da FMU. Advogado.

Maíra de Oliveira Lima Ruiz Fujita
MBA em Direito Empresarial pela FGV-SP. Advogada.

Marcos Catalan
Pós-doutor pela *Facultat de Dret de la Universitat de Barcelona*. Doutor em Direito pela USP. Mestre em Direito pela Universidade Estadual de Londrina. Professor no PPG em Direito e Sociedade da Universidade La Salle. Professor da Unisinos. *Visitor Scholar* no *Istituto Universitario di Architettura di Venezia*. Professor visitante no Mestrado em Direito de Danos da *Universidad de la República* – Uruguai e no Mestrado em Direito dos Negócios da *Universidad de Granada* – Espanha.

Margarita Orozco González
Doctora en Ciencias Jurídicas – Universidad de Granada. Dottoressa di Ricerca Diritto Privato – Università degli Studi di Bari. Contrato Posdoctoral – Universidad de Granada

Maria Eugênia Reis Finkelstein
Doutora em Direito Comercial pela Faculdade de Direito da USP. Mestre em Direito Comercial pela PUC-SP. Professora da Faculdade de Direito da PUC-SP. Advogada.

Rafael Tocantins Maltez
Doutor em Direito Ambiental. Mestre em Direito do Consumidor. Especialista em Direito Público. Juiz de Direito. Professor.

Ricardo Libel Waldman
Doutor, Mestre e Bacharel em Direito pela Universidade Federal do Rio Grande do Sul. Professor do Mestrado em Direito da Sociedade da Infor-

mação da FMU. Professor da PUC-RS. Membro da Comissão Mundial de Direito Ambiental da União Internacional para Conservação da Natureza.

Sandra Regina Martini
Pós Doutora em Direto pela *Università de Roma Tre*. Pós Doutora em Políticas Públicas pela *Università do Salento*. Professora e Coordenadora do Mestrado em Direitos Humanos da UniRitter. Professora Visitante no PPGDIR/UFRGS. Professora Produtividade CNPq.

Thiago Alcantara Mendes
Bacharel em Direito pela PUC-SP.

Yves Alessandro Russo Zamataro
Especialista em Direito de Família e Sucessões e em Direito Processual Civil pelo Centro Universitário da FMU. Bacharel em Direito pela Faculdade de Direito da Universidade Presbiteriana Mackenzie. Advogado.

SUMÁRIO

1. Os Direitos da Personalidade na Sociedade da Informação: Impactos das Novas Tecnologias

Ana Elizabeth Lapa Wanderley Cavalcanti

Introdução

A análise da evolução histórica dos direitos da personalidade é de evidente importância quando estudamos questões de violação de direitos pessoais, em especial na atual sociedade da informação, principalmente quando tratamos de violações que estejam diretamente relacionados ao uso de novas tecnologias.

A ciência, as novas descobertas e as novas tecnologias fazem parte da sociedade moderna de tal forma que não conseguimos mais pensar em nossas vidas sem o uso de equipamentos eletrônicos, mecanismos digitais etc. A vida hoje gira ao redor das tecnologias da informação e conhecimento (TICs), muitas das nossas atividades são totalmente mecanizadas. Esta é uma realidade, a nosso ver, sem volta. Daqui para frente teremos cada dia mais uma novidade tecnológica que, iremos acrescentar ao nosso dia a dia, seja no trabalho, na nossa residência, na relação com os amigos, com nossos médicos, com o governo etc.

Essa nova realidade nos traz muita coisa positiva, o desenvolvimento, o progresso, a possibilidade de intercâmbio maior entre os povos, maior compartilhamento de informações e descobertas, mas também nos traz muita coisa negativa, como por exemplo, mudança de comportamento social com o afastamento físico entre as pessoas (as cidades estão cada dia mais "virtuais", fazemos praticamente tudo pela internet, por exemplo), circulação maior de informações sem confirmação do conteúdo com velocidade recorde, produzindo cada vez mais as chamadas *fake news* (contribuindo até mesmo para um movimento de desinformação em massa, já que muitos buscam informações apenas em redes sociais na internet) e, até mesmo a violação de direitos personalíssimos como é o caso da privacidade com a manipulação de dados pessoais sem a segurança e o sigilo adequados.

Segundo Manuel Castells[1] a Sociedade da Informação é o resultado de uma revolução com mudanças tecnológicas que foram responsáveis pela remodelação da sociedade atual, alterando relações pessoais, econômicas, sociais, jurídicas, culturais e governamentais. A geração, processamento e a transmissão da informação tornaram-se as fontes fundamentais de produtividade e poder.

Assim, vemos que essa "revolução tecnológica" que estamos presenciando na Sociedade da Informação, impacta não somente nossas vidas, mas também a estrutura governamental, de poder e, logicamente, o sistema jurídico. Neste aspecto, vemos a importância de estudar, neste momento, o impacto das novas tecnologias nos direitos pessoais e subjetivos, em especial, nos direitos da personalidade.

Para o desenvolvimento do presente artigo, iniciaremos com o estudo da evolução histórica dos direitos da personalidade, como forma de relembrarmos sua origem e relação com os direitos humanos, para então, iniciar a sua análise no sistema jurídico brasileiro e a importância do princípio constitucional da dignidade da pessoa humana na formação e conceito dos direitos da personalidade nos dias atuais. Ao final, passaremos ao ponto central desta pesquisa, analisando se ainda há espaço para os direitos da personalidade na Sociedade da Informação e se podemos falar em erosão ou proteção dos direitos da personalidade, tendo como base, o impacto gerado pelas novas tecnologias.

1. Evolução histórica dos direitos da personalidade[2] e a influência dos direitos humanos

O momento exato do surgimento dos direitos da personalidade ainda é muito discutido, mas, pelo que se pode apurar de dados históricos, foi prin-

[1] *A sociedade em rede*. São Paulo, Paz e Terra, 2016, p.64.

[2] Cabe ressaltar que neste trabalho utilizaremos a terminologia *direitos da personalidade*, também empregada por Carlos Alberto Bittar, *Os direitos da personalidade*, Rio de Janeiro, Forense Universitária, 2000; Orlando Gomes, Direitos da personalidade, *Revista Forense*, n. 216; Limongi França, Direitos privados da personalidade, *Revista dos Tribunais*, São Paulo,

cipalmente com o advento do cristianismo, com o surgimento da escola do direito natural e do iluminismo que os direitos da personalidade começaram a realmente adquirir a forma que apresenta até os dias atuais.

Segundo Diogo Leite de Campos,[3] na Idade Média os direitos relacionados à pessoa se desenvolveram a partir de uma visão centrada nos valores religiosos da sociedade, especialmente dos princípios cristãos do respeito, da moral, bons costumes e da fraternidade. Ou seja, não eram reconhecidos propriamente os direitos da personalidade nesta fase da história, mas sim os deveres de cada pessoa para com Deus, seguindo-se as normas cristãs. Portanto, o cristianismo contribuiu para a valorização do ser humano, mas o direito da personalidade em si é, sem dúvida nenhuma, conquista de tempos mais modernos, posto que, a partir do reconhecimento do valor da pessoa humana, foi possível a fixação do conceito da personalidade no aspecto jurídico.

Verifica-se na formação histórica dos direitos da personalidade a presença de alguns elementos coincidentes com institutos da Grécia antiga e da clássica Roma, respectivamente por meio da chamada *dike kakegoria* e *actio injuriarum*,[4] que resguardavam o direito da pessoa humana, quando atingida na sua moral,[5] ou seja, os mencionados povos antigos, aplicavam sanção ao autor da injúria como forma de reparar o dano causado. Contudo ainda não existiam, nesta fase da história, os direitos da personali-

307:7-16; Antonio Chaves, *Direito à vida e ao próprio corpo*, São Paulo, RT, 1994. Maria Helena Diniz, *Direito civil brasileiro*, São Paulo, Saraiva, 2002, v. 1, p. 117. Fábio De Matia, Direitos da personalidade: aspectos gerais, *Revista de Direito Civil*, São Paulo, 3:35-51 dentre outros.

[3] O direito e os direitos da personalidade, *Revista da Ordem dos Advogados*, Lisboa, p. 202-208, abr.-jun. 1993.

[4] Conforme Elimar Szaniawski em *Direitos da personalidade e sua tutela*, São Paulo, RT, 2005, p. 31, "A maioria dos autores é unânime em afirmar que no direito romano não se cuidava da proteção aos direitos da personalidade. Galan afirma que 'a consciência ôntica e ética do homem como personalidade, é algo desconhecido do mundo greco-romano'. Castan Tobenãs ensina que o direito romano não previa a proteção da personalidade individual sob o ponto de vista sistemático, tal como hodiernamente conhecemos essa proteção. A tutela dos direitos de personalidade no mundo antigo, em geral, dava-se por intermédio de manifestações isoladas. E a proteção era assegurada por intermédio da '*actio iniuriarum*', quando houvesse ofensa por meio de injúria".

[5] Rabindranath V. A. Capelo de Sousa, *O direito geral de personalidade*, Coimbra, Coimbra Editora, 1995, p. 40-57. Rita de Cássia Curvo Leite, Os direitos da personalidade, *Biodireito*: ciência da vida, os novos desafios, São Paulo, RT, 2001, p. 150. Gilberto Haddad Jabur, *Liberdade de pensamento e direito à vida privada*, Revista dos Tribunais, 2000, p. 32-34.

dade propriamente ditos, mas sim a conscientização ética e política de respeito ao ser humano.

A doutrina jusnaturalista[6] foi a grande responsável pela ideia de que o homem possui direitos natos, cabendo ao Estado apenas reconhecer. Esse pensamento contribuiu para a elaboração da Declaração dos Direitos do Homem e do Cidadão de1789 que, sem dúvida nenhuma, foi o grande marco dos direitos humanos e das liberdades públicas, além de ser considerado substrato para a exaltação e posterior reconhecimento também dos direitos personalíssimos ou da personalidade.[7]

Dentre os documentos que podem ser reputados precursores do tratamento dos direitos humanos e, por consequência, dos direitos da personalidade, podemos citar a Carta Magna de 1215 da Inglaterra, o *Bill of Rights* datado de 1680, a Declaração norte-americana de 1776 (*Declaração do Bom Povo de Virgínia*), a Declaração francesa de 1789 (*Declaração dos Direitos do Homem e do Cidadão*), a Constituição de Weimar de 1919 e a Declaração Universal dos Direitos Humanos de 1948.

Fato é que, a Revolução Francesa de 1789 deu ensejo ao que se pode considerar evolução e independência aos direitos políticos, sociais e individuais do homem como cidadão, afastando o absolutismo do Estado. Neste momento, surgiu, ainda de forma embrionária, a preocupação com o res-

[6] De acordo com Fábio Maria De Mattia, Direitos da personalidade: aspectos gerais. Revista informação e Legislação Brasileira v. 14, n. 56 out/dez de 1977, p. 248: "A escola jusnaturalista e a Revolução Francesa consagraram os direitos fundamentais e essenciais do indivíduo, sendo certo que o reconhecimento daqueles decorria do fato de sua condição de indivíduo. A Revolução Francesa através da Declaração dos Direitos dos Indivíduos e do Cidadão de 1978 reduziu tais direitos aos seguintes: igualdade, liberdade, segurança, propriedade e resistência à opressão. Os revolucionários de 1978 pretenderam com a vigência destes direitos liquidar o velho sistema feudal e abrir uma nova era para a humanidade. Esta era caracterizar-se-ia pela liberdade e igualdade de todos os homens perante a lei".
José Carlos Rocha Carvalho, *Honra e verdade*, cit., p. 79 ressalta que: "O caráter eminentemente privado do direito de personalidade se instaurou já no Direito Romano através da *actio injuriarum*, por meio do qual atravessou o Direito Canônico (aqui com um certo exagero, pois não se levava em conta a prova da verdade nos crimes contra a personalidade – '*quando verba sunt per se injuriosa, animus injuriandi praesimutur, farinacio*'), se afirmou com a Escola jusnaturalista e irrompeu, na Revolução Francesa de 1789, com a Invocação de sua inatidade".

[7] Gilberto Haddad Jabur, *Liberdade de pensamento e direito à vida privada*, Revista dos Tribunais, 2000, p. 37. Carlos Alberto Bittar, *Os direitos da personalidade,* Rio de Janeiro, Forense Universitária, 2000, p. 19-21. Fábio Maria De Mattia, *Direitos da personalidade: aspectos gerais.* Revista informação e Legislação Brasileira v. 14, n. 56 out/dez de 1977, p. 34-35.

peito à vida privada do indivíduo, que passou a ser, segundo o Código de Napoleão, "sujeitos de direitos". Percebe-se, portanto, que este movimento social tão importante, apesar de não ter sido o causador direto do surgimento dos direitos da personalidade, foi, sem dúvida nenhuma, precursor para o seu surgimento em momento histórico posterior.

As primeiras legislações protegendo direitos da personalidade apareceram na Bélgica em 1886 e na Romênia em 1895, tratando do direito de autor e do direito pessoal ao nome. Posteriormente, o Código Civil italiano de 1942 dedicou um capítulo para disciplinar as pessoas, nome e imagem[8]. Todavia, foram os Tribunais os pioneiros em tentar dar forma, característica e conteúdo aos direitos da personalidade. E, neste aspecto, podemos indicar os tribunais franceses como referência histórica nas decisões favoráveis aos direitos considerados da personalidade quando ainda inóspita a matéria em todo o mundo.

Nota-se que, nesta época, a maioria da doutrina e jurisprudência tratava da defesa dos direitos da personalidade sob a ótica do direito de autor e direitos intelectuais, outra parte apontava o assunto como consequência da existência da pessoa, estado civil, nome e estado familiar. Mas, somente no final do século XIX e início do século XX que encontramos doutrina específica sobre o assunto, fazendo com que, ao final, o legislador se interessasse em tratar da matéria de forma mais definida e expressa, garantindo-lhes proteção, inicialmente em textos constitucionais e, posteriormente, na esfera privada. A codificação da matéria foi acontecendo paulatinamente nos mais diversos países.

Assim, dizemos que o direito da personalidade, não obstante começar a ser tema de debates políticos, sociais e filosóficos, a partir do fim do século XVIII, é, na verdade, fruto de uma era mais moderna, uma vez que somente a partir do final do século XIX é que nos deparamos com disposições a respeito do tema de forma mais direta e eficaz.[9]

No direito suíço, por exemplo, a questão foi disciplinada expressamente[10] no art. 28 do Código Civil de 1907 que, consagrou a Cláusula

[8] Fabio Maria De Mattia *Direitos da personalidade: aspectos gerais.* Revista informação e Legislação Brasileira v. 14, n. 56 out/dez de 1977, p 260.

[9] Rabindranath V. A. Capelo de Sousa, *O direito geral de personalidade*, Coimbra, Coimbra Editora, 1995, p. 65 e 75-84. Limongi França, Direitos privados da personalidade, *Revista dos Tribunais*, São Paulo, 307:7-16.

[10] Elimar Szaniawski em *Direitos da personalidade e sua tutela*, São Paulo, RT, 2005, p 94

Geral protetora da personalidade humana, reconhecendo a existência e a eficácia de um direito geral da personalidade em âmbito de legislação privada, em especial a proteção do direito ao nome.

Já, no direito alemão, os direitos da personalidade (*allgemeines Persönlichkeitsrechts*) foram tratados na doutrina, jurisprudência e legislação alemã, em especial no Código Civil Alemão (BGB) de 1900 no seu § 823 que enunciou quatro direitos da personalidade: vida, integridade ao corpo, saúde e liberdade, além da honra e nome e, também na sua legislação constitucional, a Lei Fundamental de Bonn ou *Grund* Gesetz, em 23 de maio de 1949, momento em que o Tribunal Federal de Justiça Alemão (BGH) introduziu o direito geral de personalidade na prática jurídica alemã, provavelmente muito por conta do aspecto histórico relativo ao nazismo, da Segunda Guerra Mundial e dos regimes totalitários que se caracterizaram pelo desprezo à vida humana e personalidade do indivíduo, despertando os povos da época para uma nova realidade, qual seja, a de proteção do indivíduo pelos valores da personalidade individual e da dignidade da pessoa humana[11.]

Importante ressaltar que a legislação constitucional alemã (Lei Fundamental de Bonn – *Grund Gesetz* de 1949) foi uma das pioneiras em introduzir a importância dos direitos da personalidade como princípio fundamental de toda ordem pública alemã, designando no seu art. 2º, § 1º, que todos têm o direito ao livre desenvolvimento da sua personalidade, desde que não violem os direitos de outrem e não atentem contra a ordem constitucional ou a lei moral. Sem dúvida, este princípio do desenvolvimento da personalidade (*Das recht auf frei Entfaltung der Persönlichkeit*), muito bem tratado pela lei fundamental alemã, define a importância do respeito à dignidade da pessoa humana como valor fundamental do direito e de toda sociedade organizada e democrática.

Por outro lado, na doutrina e legislação italiana (Código Civil Italiano de 1942) serviu de modelo para muitas outras legislações. A Itália tratou dos direitos da personalidade em seu Código Civil em vários artigos, reconhecendo entre eles, o direito ao nome, ao próprio corpo e imagem. Ressalta-se que a doutrina italiana é, ainda hoje, referência nos estudos dos

[11] Fabio Maria De Mattia *Direitos da personalidade: aspectos gerais*. Revista informação e Legislação Brasileira v. 14, n. 56 out/dez de 1977, p

direitos da personalidade no Brasil, uma vez que o Código Italiano serviu de base para a elaboração da legislação brasileira sobre o assunto.[12]

Logo em seguida, a legislação portuguesa (art. 70 do Código Civil de Portugal de 1966)[13] trouxe um capítulo próprio sobre os direitos da personalidade fazendo referências aos direitos incidentes à personalidade humana em todas as suas manifestações, com o intuito de definir o direito de escolher o modo de ser, com certas limitações, por meio de normas de comportamento, propiciando o livre desenvolvimento da personalidade, sem atingir, contudo, o direito de outrem.

No que diz respeito à legislação brasileira, podemos dizer que o Código Civil brasileiro de 1916 não reservou capítulo especializado sobre o tema, apenas abordou a matéria implicitamente, ressaltando sua importância quando tratou (na parte geral) da pessoa e do início da personalidade jurídica e do direito das obrigações, por meio da responsabilidade por dano causado, principalmente quanto ao direito à imagem e direito de autor (posteriormente regulamentado por legislação específica – Lei 4.944/1966 e Lei 9.610/1998).

Foi, entretanto, com a doutrina que a matéria em questão obteve maior desenvolvimento. Dentre os autores brasileiros que estudaram o tema, principalmente para a elaboração do Projeto do Código Civil de 1963 e posteriormente o de 1975, destacam-se Teixeira de Freitas, Eduardo Espínola, Filadelfo Azevedo, Limongi França, Pontes de Miranda, Milton Fernandes, Antônio Chaves, Carlos Alberto Bittar, Orlando Gomes e Moreira Alves. A grande maioria desses autores estudou questões como o nome da pessoa humana e o direito de autor e imagem. Salienta-se apenas que a riqueza doutrinária abrange não só a esfera civil, como também a penal, tornando-se substrato para que os Tribunais pudessem finalmente dirimir conflitos relativos à violação de direitos e invasão de privacidade, especialmente.

Atualmente no Brasil, os direitos da personalidade, da mesma forma que em tantos outros países, aparecem na Constituição Federal de 1988 no formato de direitos e garantias fundamentais, em especial no art. 5º, reafirmando a importância dos Direitos Humanos na conscientização e

[12] Fabio Maria De Mattia *Direitos da personalidade: aspectos gerais.* Revista informação e Legislação Brasileira v. 14, n. 56 out/dez de 1977, p

[13] Rabindranath Capelo de Souza, *O direito geral de personalidade,* Coimbra, Coimbra Editora, 1995, p.65 e 75-84.

formação dos direitos subjetivos e individuais do homem e, mais tarde, expressamente no Código Civil de 2002 (arts. 11 a 21) sob o título "Dos direitos da Personalidade".

2. Relação entre direitos da personalidade, direitos fundamentais e o princípio da dignidade da pessoa humana na legislação brasileira

Depois de verificarmos a evolução histórica dos direitos da personalidade e a importância dos direitos humanos para sua formação, passaremos agora a nos ater à sua colocação legislativa no Brasil, por meio dos direitos fundamentais presentes na Constituição Federal de 1988, no princípio da dignidade da pessoa humana e, finalmente na estrutura determinada pelo Código Civil de 2002.

No Brasil, os direitos fundamentais ou garantias fundamentais do homem estão inscritos na Constituição Federal de 1988, principalmente no seu art. 5º, sendo também conhecidos como liberdades públicas ou direitos subjetivos públicos. E, podemos encontrar, implicitamente, fundamentos para os chamados direitos da personalidade no texto constitucional brasileiro de 1988 nos arts. 1º, III, 5º, *caput* e incisos III, IV, V, VI, X, XII, XXVII, XXVIII, XXIX, além dos arts. 170, 194, 195, 196, 200, 201 e 225. Mas não é somente no texto constitucional que estes valores estão gravados. Após 1988, os mais variados diplomas legais demonstraram preocupação pela proteção dos direitos da personalidade, sem contudo, nomeá-los expressamente, como exemplo citamos a Lei 8.069/1990 (Estatuto da Criança e do Adolescente), Lei 8.560/1992 (Investigação de Paternidade), Lei 9.263/1996 (Planejamento Familiar), Lei 9.434/1997 (Transplantes de Órgãos e Tecidos), Lei 9.610/1998 (Direito de Autor), Lei 9.609/1998 (*Software*), entre outras.

Esses direitos e garantias fundamentais previstos na norma constitucional, compreendem uma categoria de direitos que têm a finalidade precípua de proteger a dignidade humana[14] (*die Menschenwürde* para o direito

[14] O termo dignidade é derivado do latim *dignitas* que se traduz como virtude, honra ou consideração. Ainda, segundo Kant, a dignidade é atributo intrínseco da essência, da pessoa humana. Sobre a dignidade da pessoa humana sugerimos os seguintes textos: Maria Celina Bodin de Moraes, Constituição e direito civil: tendências, *Revista dos Tribunais*, 779:57 e ss., set. 2000. José Afonso da Silva, A dignidade da pessoa humana como valor supremo da democracia, *Revista de Direito Administrativo*, Rio de Janeiro, 212:89-94, abr.-jun. 1998. Edílson Pereira Nobre Júnior, O direito brasileiro e o princípio da dignidade da pessoa humana, *Revista de Direito*

alemão) e, para tanto, resguarda os direitos do homem em relação à sua liberdade, necessidades e preservação. Assim, temos que os direitos fundamentais são marcados pela universalidade, já que inerentes à condição humana, sem que com isso se abandonem as características peculiares de cada povo ou grupo social.

Apesar de encontrarmos na Constituição Federal embasamento legal para a proteção tanto dos direitos fundamentais como dos direitos da personalidade, sabemos que existem diferenças substanciais entre eles. Neste sentido, reproduzimos as palavras de Judith Martins-Costa:[15]

> Cidadão e indivíduo são as duas faces de uma mesma realidade social e existencial, sintetizada no seu reconhecimento como *pessoa*. Não o sujeito sempre-igual, nem a pessoa como representação de um *status*, mas a pessoa relacional, a pessoa cidadã, a pessoa existencialmente definida, e definida por sua personalidade. Se abandonarmos os óculos da dicotomia, não teremos nada a estranhar: os Direitos Fundamentais resguardam – em larguíssima medida – bens da personalidade humana.

Assim, os direitos fundamentais[16] e individuais da pessoa humana, possuem características de liberdades públicas, posto que oponível contra as ações e arbitrariedades do Estado e de toda a coletividade. Portanto, partindo-se desse prisma, os direitos subjetivos públicos, em que se enquadram os direitos fundamentais, estão relacionados com a proteção do homem perante os abusos cometidos tanto pelo Estado como pela coletividade no que tange aos seus direitos pessoais, políticos, culturais e econômicos.[17] Por outro lado, os diretos da personalidade "condicionam a

Administrativo, Rio de Janeiro, 219:237-251, jan.-mar. 2000. Jorge Miranda, A Constituição portuguesa e a dignidade da pessoa humana, *Revista de Direito Constitucional e Internacional*, São Paulo, 45:81-91, out.-dez. 2003.

[15] Judith Martins-Costa. *Pessoa, personalidade, dignidade.* 2003. Tese (Livre-docência em Direito Civil) – Faculdade de Direito da USP, São Paulo, p. 216.

[16] Importante ressaltar que o termo "direitos humanos" é utilizado para se referir à proteção do indivíduo em relação às arbitrariedades do Estado e são tratados em normas de âmbito internacional. Por outro lado, o termo "direitos fundamentais" é destinado às questões de proteção do indivíduo no que tange aos seus direitos pessoais e sociais previstos em texto constitucional vigente de um determinado país.

[17] Ingo Wolfgang Sarlet, *Dignidade da pessoa humana e direitos fundamentais.* Porto Alegre: Livraria do Advogado, 2001, p. 79 e ss. Fábio Konder Comparato, *A afirmação histórica dos direitos humanos*, 3. ed., São Paulo, Saraiva, 2003, p. 57 e ss. Geoghio Alessandro Tomelin, A quadratura

própria identidade do ser humano, não enquanto ente político, mas como indivíduo único, considerado na sua intimidade",[18] assim, os direitos da personalidade são decorrentes diretamente dos atributos do ser humano em si, suas vontades, suas escolhas, seu "eu" interior, traduzindo sua essência humana, ou seja, a expressão da sua própria personalidade.

Ilustramos este posicionamento com as palavras de Carlos Alberto Bittar[19] sobre o direito da personalidade verificamos que:

> Divisam-se, assim, de um lado, os 'direitos do homem' ou 'direitos fundamentais' da pessoa natural, como objeto de relações de direito público, para efeito de proteção do indivíduo contra o Estado. Incluem-se, nessa categoria, normalmente, os direitos: à vida; à integridade física; às partes do corpo; à liberdade; o direito de ação. De outro lado, consideram-se 'direitos da personalidade' os mesmos direitos, mas sob o ângulo das relações entre particulares, ou seja, da proteção contra outros homens. Inserem-se, nesse passo, geralmente, os direitos: à honra; ao nome; à própria imagem; à liberdade de manifestação de pensamento; à liberdade de consciência e de religião; à reserva sobre a própria intimidade; ao segredo; e o direito moral de autor, a par de outros.

A questão é de relevante interesse já que tanto os direitos fundamentais como os direitos da personalidade possuem o mesmo enfoque, ou seja, a proteção do homem. E, realmente não é tarefa fácil diferenciá-los. Historicamente, o fator principal utilizado para diferenciar um do outro foi a violação, ou melhor, o seu agente violador, assim, se a violação adveio do Estado estávamos diante dos direitos públicos, aplicando-se as regras constitucionais dos direitos fundamentais, mas se a violação era decorrente de um particular, estávamos diante de uma situação baseada no direito privado e, portanto, caso de violação dos direitos da personalidade[20]. Contudo, vemos que atualmente não é possível enxergarmos a dicotomia apenas por este prisma, a questão deve estar ligada também à origem do direito,

dos direitos fundamentais nos diferentes círculos judiciais de eficácia: Brasil – Alemanha, *Cadernos de Direito Constitucional e Ciência Política,* São Paulo, RT, n. 29, out.-dez. 1999.

[18] De acordo com Bruno Torquarto de Oliveira Naves e Maria de Fátima Freire de Sá. *Direito da personalidade,* Arraes, Belo Horizonte, 2017, p. 12.

[19] Carlos Alberto Bittar, *Os direitos da personalidade,* p. 22-23.

[20] De acordo com Bruno Torquarto de Oliveira Naves e Maria de Fátima Freire de Sá. Direito da personalidade, 2017, p. 15.

ou seja, se é um direito que tem relação com a pessoalidade do indivíduo, com a expressão da sua autonomia e autodeterminação, estaremos diante dos direitos da personalidade.

Podemos dizer que ambos são direitos resultantes da mesma condição: ser pessoa, mas assumindo papéis diversificados. Entretanto, devemos reconhecer que nem todos os direitos da personalidade são direitos fundamentais do homem e vice-versa.

Portanto, vemos que a origem dos dois direitos é a mesma, mas não são direitos idênticos, diferenciando-se basicamente pela esfera em que se encontram. Assim, se for relação indivíduo-Estado, estamos falando certamente de direito fundamental (seara do direito público) e se estivermos perante uma relação entre particulares, estamos nos referindo a direito da personalidade (seara do direito privado), mas devemos ir além e analisar se o direito em questão viola a condição de sujeito em sua posição social e política ou se a violação atinge aspectos próprios do indivíduo, íntimos, inerentes à sua personalidade, à sua identidade.

A partir deste momento, entendemos ser importante ressaltar que, tanto os direitos fundamentais como os direitos da personalidade têm como ponto de partida e principal embasamento a *dignidade* do homem. No Brasil, dizemos que esta situação se sobressai tanto do texto constitucional, que trata dos direitos e garantias individuais, como do Código Civil que, ao cuidar dos direitos da personalidade, indiretamente toca no princípio da dignidade, levando-se em consideração, inclusive o movimento pós Constituição de 1988 que promoveu a constitucionalização do direito privado brasileiro.

O direito brasileiro reconhece e protege a dignidade da pessoa humana em seu texto constitucional de 1988 (art. 1º, III) como um princípio constitucional fundamental e geral do próprio Estado.[21] Ou seja, é valor supremo

[21] De acordo com José Afonso da Silva. A dignidade da pessoa humana como valor supremo da democracia. *Revista de Direito Administrativo*, Rio de Janeiro, v. 212, abr.-jun. 1998p. 92, "a dignidade da pessoa humana é um valor supremo que atrai o conteúdo de todos os direitos fundamentais do homem, desde o direito à vida. 'Concebido como referência unificadora de todos os direitos fundamentais, observam Gomes Canotilho e Vital Moreira, o conceito de dignidade da pessoa humana obriga a uma densificação valorativa que tenha em conta o seu amplo sentido normativo-constitucional e não uma qualquer idéia apriorística do homem, não podendo reduzir-se o sentido da dignidade humana à defesa dos direitos pessoais tradicionais, esquecendo-se-a nos casos de direitos sociais, ou invocá-la para construir 'teoria do núcleo da personalidade' individual, ignorando-a quando se trate de direitos econômicos, sociais e

e fundante de toda a ordem jurídica, social e política do nosso país, colocando tal valor acima de todo e qualquer direito,[22] incluindo os chamados direitos fundamentais e garantias individuais, bem como os chamados direitos da personalidade.[23]

Assim, apesar dos direitos da personalidade somente terem sido expressamente tratados em 2002, com o Código Civil brasileiro (arts. 11 a 21), o seu fundamento já estava presente na Constituição Federal de 1988 quando foram enfatizados os direitos e garantias fundamentais do cidadão. Portanto, mesmo não constando na Constituição Federal brasileira uma cláusula geral e expressa sobre os direitos da personalidade, há previsão expressa da dignidade da pessoa humana, que por sua vez, é também a base da formação dos direitos da personalidade. Neste sentido, o que vemos no texto constitucional brasileiro vigente é, do mesmo modo como aconteceu com a maioria das Nações que admitem a existência dos direitos da personalidade, uma parcial constitucionalização desses direitos. Entretanto, lembramos mais uma vez que, apesar dos direitos humanos e fundamentais terem sido a base de formação dos direitos da personalidade, estes direitos se enquadram perfeitamente na esfera do direito privado e como tal devem ser por este sistematizado.

Neste sentido, Elimar Szaniawski[24] disserta que:

> O princípio da dignidade, sendo um princípio fundamental diretor, segundo o qual deve ser lido e interpretado todo o ordenamento jurídico brasileiro, constitui-se na cláusula geral de proteção da personalidade, uma vez ser a pessoa natural o primeiro e último destinatário da ordem jurídica. O constituinte brasileiro optou por construir um sistema de tutela da personalidade humana, alicerçando o direito geral da personalidade pátrio a partir

culturais'. Daí decorre que a ordem econômica há de ter por fim assegurar a todos existência digna (art. 170), a ordem social visará a realização da justiça social (art. 193), a educação o desenvolvimento da pessoa e seu preparo para o exercício da cidadania (art. 205) etc., não como meros enunciados formais, mas como indicadores do conteúdo normativo eficaz da dignidade da pessoa humana".

[22] Sobre o assunto: Ingo Wolfgang Sarlet, *Dignidade*, cit., p. 61 e ss.

[23] Paulo Otero, *Personalidade e identidade pessoal e genética do ser humano*: um perfil constitucional da bioética, Porto, Almedina, 1999, p. 44, afirma que a "dignidade humana e a inviolabilidade da vida humana surgem como *critério* de resolução de quais conflitos entre valores ou princípios jurídicos".

[24] *Direitos da personalidade*, p. 137

do princípio da dignidade da pessoa humana e de alguns outros princípios constitucionais fundamentais, espalhados em diversos Títulos, que garantem o exercício do livre desenvolvimento da personalidade humana.

O Código Civil de 2002 (arts. 11 a 21) trata expressamente dos direitos da personalidade em onze artigos genéricos e flexíveis, ou seja, sem enumeração taxativa, sedimentando o que já tinha sido admitido pelo sistema legal brasileiro. Contudo, a nosso ver, a redação do Código Civil, neste caso, poderia ser melhor elaborada e, preferencialmente, deveria deixar claro se a legislação brasileira acolhe uma cláusula geral de proteção aos direitos da personalidade como ocorre na legislação portuguesa, por exemplo. Apesar disso, da leitura dos artigos do Código Civil podemos interpretar que os direitos da personalidade não estão ali elencados de forma taxativa, o que é muito conveniente, tendo em vista a evolução social que estamos vendo acontecer a cada dia que passa. E, é bom sempre ressaltar, como já foi dito anteriormente, que independentemente do que está expressamente previsto na legislação infraconstitucional (Código Civil), a Constituição Federal brasileira ao considerar a dignidade da pessoa humana valor fundamental da República (art. 1º, III) abre espaço para a interpretação de que todos os direitos que tutelam a personalidade do sujeito, devem ser considerados e reconhecidos, independentemente da sua posição legal. Portanto, entendemos que o princípio da dignidade da pessoa humana faz a função de cláusula geral de proteção dos direitos da personalidade na legislação brasileira.

Aliás, este é o entendimento de Gustavo Tepedino[25] ao resaltar que:

> (...), a escolha da dignidade da pessoa humana como fundamento da República, associada ao objetivo fundamental de erradicação da pobreza e da marginalização, bem como de redução de desigualdades sociais, juntamente com a previsão do § 2º do art. 5º, no sentido da não exclusão de quaisquer direitos e garantias, ainda que não expressos, mas decorrentes dos princípios adotados pelo Texto Maior, configuram uma verdadeira *cláusula geral de tutela e promoção da pessoa humana*, tomada como valor máximo pelo ordenamento.

[25] *Cidadania e Direitos da personalidade.* Cadernos da Escola de Direito e Relações Internacionais da Faculdade do Brasil. Jan/jun 2003, p. 15.

Diante do que apuramos até então, parece-nos que o objetivo maior do direito da personalidade é dar liberdade ao indivíduo de eleger seu modo de vida, desde que não cause prejuízo a terceiros. Neste sentido, descreve também Paulo Mota Pinto[26] que o direito ao desenvolvimento da personalidade visa tutelar a "diferença da individualidade" de cada ser humano e criar o "núcleo irredutível de individualidade". Ou seja, "autodesenvolvimento da personalidade" como conceito aberto, não podendo o Estado propor um modelo de personalidade, nem mesmo permitir liberdade absoluta que atinja direito do próximo. Portanto, o direito da personalidade não deve ser o direito de fazer ou deixar de fazer o que bem entender, mas sim o direito de eleger a sua personalidade e desenvolvê-la com responsabilidade.

Assim sendo, dizemos que os direitos da personalidade são direitos subjetivos, proveniente da existência humana, da dignidade de ser humano, possibilitando que cada pessoa possa defender contra particulares seus bens pessoais, o próprio corpo e a mente. Trata-se de algo relacionado à individualidade do sujeito, da possibilidade do indivíduo se moldar de acordo com seus interesses e crenças. E, é indissociável o estudo da dignidade da pessoa humana, dos direitos fundamentais e da sua própria personalidade. Afinal, a defesa e respeito à dignidade humana é ainda uma meta permanente da humanidade, do Estado e do direito.

3. Direitos da Personalidade: erosão e proteção frente às novas tecnologias

Não é segredo que as novas tecnologias, em especial, as técnicas relacionadas à engenharia genética têm causado na população dúvidas e muitas vezes arrepios. As dúvidas mais frequentes são: O que podemos esperar destas técnicas? Como será no futuro com as novas biotecnologias (tecnologias relacionadas à vida)? Como ficam os direitos individuais e personalíssimos, como a privacidade, a intimidade, a individualidade e a liberdade em relação às novas tecnologias? Será que estas técnicas nos serão úteis e vantajosas como sociedade? Seria este, uso das novas tecnologias, um caminho muito perigoso e sem retorno? Qual o risco que corremos?

Como podemos observar, é grande o número de perguntas e questionamentos que nos fazemos todos os dias quando uma nova tecnologia vem

[26] Paulo Mota Pinto, O direito ao livre desenvolvimento da personalidade, Portugal-Brasil Ano 2000, Boletim da Faculdade de Direito – *Stvdia Ivridica* 40, Coimbra, p. 158 e ss.

à tona, mas o principal questionamento é, sem dúvida nenhuma, quanto ao custo-benefício agregado a estas novas tecnologias, ou seja, estas técnicas podem trazer uma real melhoria na qualidade de vida, garantindo vida digna às presentes e futuras gerações? Até que ponto o seu uso é essencial ou necessário para proporcionar vida digna em todos os seus sentidos?

A Constituição Federal de 1988 assegura no art. 5º, IX, a livre expressão da atividade intelectual, artística, científica e de comunicação, independentemente de censura ou licença. Não podemos, entretanto, esquecer que a dignidade da pessoa humana está também prevista na Constituição Federal como princípio fundamental do Estado (art. 1º) e, por consequência, de todo o ordenamento jurídico.

Contudo, sabemos que a liberdade científica e de expressão, não devem ser tomadas de forma absoluta. Ou seja, apesar de ser um direito reconhecido como direito fundamental, existem outros direitos que devem ser respeitados e, dentre eles, podemos citar o direito à vida, à intimidade, à privacidade e à informação que dá suporte para o direito à autonomia da vontade.

Não somos contra a evolução da ciência e do conhecimento, mas defendemos que este desenvolvimento não pode ocorrer de qualquer forma, a qualquer custo. Isto porque, entendemos que não podemos deixar que novas tecnologias simplesmente violem direitos subjetivos, em especial os direitos da personalidade, sem nenhuma consequência. É extremamente relevante o senso de responsabilidade, sob pena de nos tornarmos uma sociedade desigual, em que o poder de poucos (advindos do conhecimento e informação) aniquile o livre desenvolvimento da maioria. Esta é sim, uma forma perigosa de sociedade, em que a igualdade e a liberdade podem não prosperar. Não é necessário, acreditamos, impor limites à ciência, mas sim consequências para o seu uso indevido. Para tanto, faz-se imprescindível o uso da ética para moldar o comportamento humano. Aliás, a ética é, talvez, o elemento essencial para o equilíbrio da nossa sociedade líquida, moderna, dinâmica e calcada na informação. Sem ética, não teremos como ponderar o razoável para os dias atuais, mas esta é uma questão complexa, que merece um novo momento de pesquisa e estudo.

Neste sentido, tratando dos limites da ciência e da necessidade de comportamento ético para solucionar conflitos relativos a abusos praticados em nome do conhecimento, defende Maria Garcia que:[27]

[27] Maria Garcia, *Limites da ciência*, São Paulo, RT, 2004, p. 139.

> O problema do conhecimento, da Ciência, compreende, portanto, uma questão filosófica, existencial (a necessidade humana do saber) e uma questão política, de poder (fenômeno inerente à natureza humana, à necessidade de domínio da realidade). Uma questão de liberdade (conhecimento) e de responsabilidade (conduta), ou seja, de relação – por vezes, do confronto – entre Ciência, Direito e Ética. E, por certo, uma questão constitucional: a questão da liberdade do conhecimento e dos limites da Ciência – ou não. Contudo, tudo tem seus limites; apenas não tem limites o que não se conhece. O próprio conhecimento, apreendendo a realidade, a limita, até o próximo passo.

Mas, a dúvida que nos resta neste momento é: ainda é possível falarmos em direitos da personalidade na sociedade da informação? Estamos diante da erosão desses direitos, tendo em vista a realidade em que vivemos hoje? Muitos já falam na inexistência de direitos como a privacidade e intimidade, por exemplo.

De nossa parte, acreditamos que se o século XX foi identificado como a *Era dos Direitos,*[28] o Século XXI, com a influência das novas tecnologias deverá ser lembrado como a *Era da renovação,* da redefinição ou revisitação de antigos conceitos, ou seja, a cada dia, novos direitos da personalidade surgem devido às novas temáticas de controvérsias que surgem, muito por conta das novas realidades surgidas por conta das novas tecnologias, citamos como exemplo, a questão da Reprodução Humana Assistida e a questão da Gestação de substituição (barriga de aluguel), da telemedicina e o sigilo na relação médico-paciente, dos alimentos geneticamente modificados e o direito à informação do consumidor, o direito ao afeto e identidade sexual, o direito ao não sofrimento no momento da morte, o direito ao esquecimento, direito à diferença e, o direito à proteção dos dados pessoais como direito da personalidade.

Vemos, portanto, que os direitos da personalidade não desapareceram ou não sofreram erosão, apenas estão em momento de redesignação quanto ao seu conteúdo e significado. Se antes os direitos da personalidade eram encarados como direitos inerentes ao próprio ser humano e utilizados para defender o indivíduo contra violações de outros particulares, hoje eles devem ser encarados como direitos que protegem as manifestações

[28] Gustavo Tepedino, *Cidadania e Direitos da personalidade.* Cadernos da Escola de Direito e Relações Internacionais da Faculdade do Brasil. Jan/jun 2003, p. 22.

da pessoa de acordo com a sua vontade e que exprimem a sua essência, ou seja, quem deseja ser. E, neste aspecto, cabe ao direito buscar mecanismos para reconhecer essas novas necessidades do homem em busca da sua dignidade. Talvez o melhor caminho seja por meio da aplicação dos princípios como normas que podem dirimir questões novas e que, apesar de não estarem previstas expressamente na legislação, fazem parte da nossa realidade. Afinal, não é somente com a lei posta que podemos aplicar o direito. E, na sociedade ativa e volátil em que vivemos hoje, a elaboração de leis é demorada e muitas vezes tardia. É preciso que todos os agentes do mundo jurídico, desde advogados até juízes, passem a interpretar as normas já existentes, em especial, as presentes na Constituição Federal e que reafirmam o princípio da Dignidade da Pessoa Humana (art. 1º) seja utilizado de forma adequada e coerente ao caso concreto e de acordo com a época em que vivemos.

Conclusões

Apesar da relação direta dos direitos da personalidade com os direitos humanos e direitos fundamentais, os direitos da personalidade são historicamente afetos ao direito privado, baseando-se nas relações entre particulares que, apesar disso, extrapolam a órbita patrimonial, sendo considerados, principalmente, essenciais, inalienáveis, intransmissíveis, imprescritíveis e irrenunciáveis, dentre outras características. Atualmente, devemos enxergar os direitos da personalidade como algo maior e que fundamenta o direito ao livre desenvolvimento da personalidade do sujeito. Assim, os direitos da personalidade presentes na sociedade da informação, na qual vivemos, possuem, como intuito principal, a defesa dos direitos essenciais inerentes à própria personalidade do indivíduo, em relação às suas qualidades, bens, interesses ou atributos.

Importa ainda ressaltar que a dignidade deve ser considerada valor supremo de todo o ordenamento jurídico, estando os direitos da personalidade inseridos no seu contexto, ou seja, fazendo parte da sua constituição. Sendo assim, falar em respeito à dignidade humana engloba também o respeito aos direitos da personalidade, posto que toda pessoa tem direito à vida digna, e o desenvolvimento dos direitos da personalidade nos leva ao cumprimento dessa dignidade tão defendida. Não podemos nos esquecer que a própria legislação constitucional vigente, a Constituição Federal de 1988, eleva a dignidade como princípio fundamental do Estado Democrático de Direito brasileiro (artigo 1º, III), portanto, assim o faz também com os direitos da personalidade.

As novas tecnologias têm possibilitado a transformação da vida em sociedade, e este poder, tem gerado inquietude e uma série de questionamentos. Afinal, essas técnicas podem ou não interferir positiva ou negativamente na dignidade da vida e, ainda, no desenvolvimento dos direitos da personalidade?

Na sociedade da informação, o conhecimento se tornou poder, vemos que o sentimento de insegurança tem crescido. A concentração de conhecimento e informação nas mãos de alguns, Estados ou Pessoas Jurídicas de direito privado, nos tem feito refletir um pouco mais sobre o livre desenvolvimento da nossa personalidade e dos nossos direitos personalíssimos e subjetivos.

Vemos que jamais a ética foi tão importante para a manutenção e preservação dos direitos individuais como temos visto ocorrer em nossos dias atuais. Sendo assim, a evolução da ciência e das novas tecnologias deve ter como fundamento basilar o princípio da dignidade da pessoa humana e da precaução, respeitando também o direito de opção e decisão por parte dos particulares, que poderão exercer o seu direito da personalidade como se deve, sob pena de grave violação a estes direitos, que são essenciais para o exercício da dignidade.

Defendemos que os direitos da personalidade terão cada vez mais espaço na nossa sociedade. Entendemos a importância do desenvolvimento, do conhecimento e, consequentemente, do uso de novas tecnologias. Mas, não podemos nos esquecer que o ser humano necessita da sua autonomia, da sua intimidade, do seu desenvolvimento pessoal para contribuir para uma sociedade equilibrada e harmônica e, somente com o respeito aos direitos da personalidade é que poderemos alcançar este equilíbrio.

Mudança de paradigmas, este é o caminho para o futuro dos direitos da personalidade. O mundo mudou, o direito mudou, mas o homem ainda necessita de direitos que reconheçam a sua dignidade e o direito ao seu livre desenvolvimento.

Referências

BITTAR, Carlos Alberto, *Os direitos da personalidade,* Rio de Janeiro, Forense.Universitária, 2000.

CAMPOS, Diogo Leite de. O direito e os direitos da personalidade, *Revista da Ordem dos Advogados,* Lisboa, p. 202-208, abr.-jun. 1993.

CAMPOS, Diogo Leite de. Nós: estudos sobre o direito das pessoas. Almedina, 2004.

CAPELO DE SOUSA, Rabindranath V. A. *O direito geral de personalidade*, Coimbra, Coimbra Editora, 1995.

CARVALHO, José Carlos Rocha. *Honra e verdade na informação.* 1985. Tese (Doutorado em Direito) – USP, São Paulo.

CASTELS, Manuel. *A sociedade em rede.* São Paulo, Paz e Terra, 2016.

CHAVES, Antonio, *Direito à vida e ao próprio corpo*, São Paulo, RT, 1994.

COMPARATO, Fábio Konder, *A afirmação histórica dos direitos humanos*, 3. ed., São Paulo, Saraiva, 2003.

DE MATTIA, Fábio Maria, Direitos da personalidade: aspectos gerais. Revista informação e Legislação Brasileira v. 14, n. 56 out/dez de 1977.

DINIZ, Maria Helena, *Direito civil brasileiro*, São Paulo, Saraiva, 2002, v. 1.

FRANÇA, Limongi, Direitos privados da personalidade, *Revista dos Tribunais*, São Paulo, 307:7-16.

GARCIA, Maria, *Limites da ciência*, São Paulo, RT, 2004, p. 139.

GOMES, Orlando, Direitos da personalidade, *Revista Forense*, n. 216.

JABUR, Gilberto Haddad, *Liberdade de pensamento e direito à vida privada*, Revista dos Tribunais, 2000

LEITE, Rita de Cássia Curvo, Os direitos da personalidade, *Biodireito*: ciência da vida, os novos desafios, São Paulo, RT, 2001.

MARTINS-COSTA, Judith. *Pessoa, personalidade, dignidade.* 2003. Tese (Livre-docência em Direito Civil) – Faculdade de Direito da USP, São Paulo.

MIRANDA, Jorge, A Constituição portuguesa e a dignidade da pessoa humana, *Revista de Direito Constitucional e Internacional*, São Paulo, 45:81-91, out.-dez. 2003.

MORAES, Maria Celina Bodin de, Constituição e direito civil: tendências, *Revista dos Tribunais*, 779:57 e ss., set. 2000.

MORAES, Maria Celina Bodin de, Ampliando os direitos da personalidade. Revista de Saúde Pública, 2007.

MORATO, Antonio Carlos. Quadro Geral dos Direitos da Personalidade. Revista da Faculdade de Direito da Universidade de São Paulo, v. 106/107, p. 121-158, jan/dez 2011/2012.

NAVES, Bruno Torquato de Oliveira e FREIRE DE SÁ, Maria de Fátima, *Direito da personalidade*, Arraes, Belo Horizonte, 2017, p. 12.

NOBRE JÙNIOR, Edílson Pereira. O direito brasileiro e o princípio da dignidade da pessoa humana, *Revista de Direito Administrativo*, Rio de Janeiro, 219:237-251, jan.-mar. 2000.

OTERO, Paulo, *Personalidade e identidade pessoal e genética do ser humano*: um perfil constitucional da bioética, Porto, Almedina, 1999.

PEREIRA, Caio Mário da Silva. Direitos da personalidade. Revista Pensar, Fortaleza, v.03, nº03, p. 5-19, jan. 1995.

PINTO, Paulo Mota, O direito ao livre desenvolvimento da personalidade, Portugal Brasil Ano 2000, Boletim da Faculdade de Direito – *Stvdia Ivridica* 40, Coimbra.

SARLET, Ingo Wolfgang, *Dignidade da pessoa humana e direitos fundamentais.* Porto Alegre: Livraria do Advogado, 2001.

SCHREIBER, Anderson. Direitos da personalidade. Atlas. São Paulo, 2017.

SILVA, José Afonso da, A dignidade da pessoa humana como valor supremo da democracia, *Revista de Direito Administrativo,* Rio de Janeiro, 212:89-94, abr.-jun. 1998.

SZANIAWSKI, Elimar, *Direitos da personalidade e sua tutela,* São Paulo, RT, 2005.

TEPEDINO, Gustavo. *Cidadania e Direitos da personalidade.* Cadernos da Escola de Direito e Relações Internacionais da Faculdade do Brasil. Jan/jun 2003.

TOMELIN, Geoghio Alessandro, A quadratura dos direitos fundamentais nos diferentes círculos judiciais de eficácia: Brasil – Alemanha, *Cadernos de Direito Constitucional e Ciência Política,* São Paulo, RT, n. 29, out.-dez. 1999.

2. A Privacidade, o Esquecimento e a Fragmentação do Direito Internacional: Conexões Necessárias

Clarisse Laupman
Thiago Alcantara Mendes

Introdução

A ideia central deste texto é questionar a fundamentação da privacidade junto ao direito ao esquecimento e suas consequências diante da fragmentação do Direito Internacional. Seguiremos pelo método dedutivo. Para tanto, dividimos o texto em três seções.

A primeira, vai tratar a privacidade como direito fundamental, demonstrado suas dimensões e trazendo suas particularidades.

A segunda parte tratará do direito ao esquecimento. Direito que poderia ser inserido dentro das peculiaridades da privacidade, mas ganhará destaque por sua posição inovadora diante da invenção da internet.

Por fim, abordaremos a fragmentação do Direito Internacional, não em sua totalidade, mas sim na parte representativa para o direito ao esquecimento e privacidade. Ainda teceremos comentários finais e algumas de nossas reflexões sobre a temática descrita.

1. Privacidade

Nas últimas décadas pôde se verificar um incrível aumento na velocidade em que as informações são transmitidas. Graças ao advento da internet e seu rápido desenvolvimento, juntamente ao surgimento das redes sociais. Basta apertar uma tecla que uma mensagem é publicada, podendo ser acessada internacionalmente.

Dessa forma, a humanidade nunca foi tão livre para expor ideias, acontecimentos e opiniões publicamente, revolucionando a forma de comunicar-se e, ao mesmo tempo, forçando uma evolução jurídica para que a sociedade possa desfrutar de tal inovação sem que se percam direitos.

Com a facilidade da comunicação, os indivíduos passaram a expor-se cada vez mais no meio digital, compartilhando gradualmente mais dados, mídias, informações[1], não apenas seus, mas também dos demais usuários do sistema digital.

Esse novo tipo de exposição criou mais um ambiente público na vida daqueles indivíduos que aderem às redes sociais, expandindo cada vez mais o círculo de pessoas que detém acesso a vida pessoal de cada um. Atualmente até recém-nascidos possuem redes sociais administradas por seus pais, tendo suas vidas compartilhadas na internet desde o início de sua existência.

A privacidade passa a ter uma conotação social diferente, pois, aquilo que era de conhecimento apenas de convivas, no passado, atualmente, trespassa para todos que tenham acesso às publicações digitais do indivíduo, o que dificulta enormemente a delimitação entre o que é privado ou público. Dentro da perspectiva deste capítulo faz-se necessário, delimitar brevemente o que é o direito à privacidade, e como esse é tratado no ordenamento jurídico brasileiro.

O artigo 5º, X, da Constituição Federal de 1988, determina como invioláveis a intimidade, a vida privada, a honra e a imagem das pessoas. Para o presente estudo é essencial a definição dos dois primeiros.

Segundo Sidney Guerra[2]:

> "A intimidade caracteriza-se por aquele espaço, considerado pela pessoa, como impenetrável, intransponível, indevassável e que, portanto, diz respeito única e exclusivamente a pessoa. Já a vida privada consiste naquelas parti-

[1] Dados são os conteúdos que dizem respeito à identidade do indivíduo na internet, como endereço de e-mail, endereço IP (que é o rótulo atribuído a cada dispositivo, como se fosse uma espécie de identidade digital), bem como elementos que são existentes fora do meio digital, como o número de seu Cadastro de Pessoa Física (CPF). As mídias e informações são conteúdos que o internauta disponibiliza na internet. O primeiro diz respeito à fotos, vídeos e áudios que o usuário publica, já o segundo são opiniões, textos e manifestações do pensamento feitos por algum meio na rede.

[2] GUERRA, Sidney Cesar Silva. **O direito à privacidade na internet: uma discussão da esfera privada no mundo globalizado.** Rio de Janeiro: América Jurídica, 2004. P. 55

cularidades que dizem respeito, por exemplo, à família da pessoa, tais como relações de família, lembranças de família, problemas envolvendo parentes próximos, saúde física e mental etc. Seria então aquela esfera íntima de cada um, que vedasse a intromissão alheia. Entretanto, percebe-se que neste caso a pessoa poderia partilhá-la com as pessoas que bem lhe conviesse, sendo da família ou apenas um amigo próximo."

Assim, a vida privada é o conjunto de informações e detalhes pessoais que o indivíduo tem o direito de preservar, ou seja, impedir que aqueles que não sejam de seu círculo social tenham acesso. A intimidade, seria então, algo mais profundo que a vida privada, uma parte da vida do indivíduo na qual tem-se o direito de reservar apenas *per si*, sem a intromissão de terceiros, o quão íntimos forem.

Nesse sentido, pela interação proporcionada pela internet, observa-se que há, uma maior amplitude no compartilhamento da vida privada de cada um. Ao publicar algo no meio digital, disponibiliza-se o acesso desse conteúdo com uma dimensão muito maior do que quando feito por mídia física, já que o acesso ao primeiro é mais célere e fácil do que ao segundo. Além disso, há um controle menor do indivíduo sobre a preservação da sua vida privada, pois qualquer um que tiver acesso às informações que lhe digam respeito, disponibilizadas por esse ou por outrem, poderá salvá-las em seu dispositivo e compartilhar com quaisquer pessoas.

No que tange à intimidade, verifica-se que essa pode preservada de forma mais sutil, pois trata-se de informações que naturalmente não são compartilhadas com terceiros. Entretanto, isso não significa que a intimidade está completamente segura em relação ao meio digital. A intimidade também se encontra com menor proteção quando deixa de ser secreta[3]. Atualmente, as pessoas possuem calendários, notas, lembretes, anotações, dados pessoais, fotos, todos armazenados em seus dispositivos ou em algum servidor (quando se utiliza a nuvem).

Isso significa que: 1) se alguém, sem o consentimento do indivíduo, obtiver acesso ao armazenamento desses dados, poderá tomá-los e compartilhá-los. Apesar da existência das leis de proteção de dados, tanto

[3] para o melhor entendimento do segredo examinar a Teoria das Esferas. https://enciclopediajuridica.pucsp.br/verbete/71/edicao-1/direito-a-privacidade. Acesso em 04/07/2019.

nacionalmente, quanto internacionalmente, ainda encontram-se inúmeras barreiras para identificar quem deu início ao compartilhamento de informações de maneira criminosa. 2) tais dados, principalmente os que dizem respeito à informações pessoais, estão sendo fornecidos às empresas detentoras de serviços pela internet, como as de redes sociais, comércio digital, entre outros.

Ao cadastrar-se em uma rede social ou à um sítio de comércio digital, fornecem-se dados pessoais como nome, endereço, telefone, e-mail, que ficam armazenados pela empresa detentora do serviço e que, dependendo da regulamentação de dados do Estado em que estiver sediada, poderá utilizá-los como um ativo comercial. Porém, este não é o mais grave da questão privacidade na rede, ao navegar dentro de qualquer sítio, o indivíduo gera um pequeno pacote de dados, chamado de *cookie*[4]. Os *cookies* armazenam algumas informações que o usuário emitiu ao fazer pesquisas, ou navegação no ambiente de rede. Ao acessar o mesmo ou outro sítio, essas informações são enviadas. Esse mecanismo explica, por exemplo, como, ao fazer uma pesquisa sobre determinado produto, começam a aparecer em diversos sítios anúncios de venda sobre o mesmo ou similares.

Isso significa que, ao navegar na internet, mesmo que de maneira privada, sem fazer qualquer publicação, o indivíduo compartilha com determinados sítios parte do conteúdo que está sendo visualizado.

Assim, evidencia-se necessária uma reformulação na forma como é vista a privacidade na era da internet, pois, o indivíduo em sua interação com a máquina, de maneira solitária, sem a intenção de expor qualquer fato sobre si e, ainda, visualizando conteúdos de seu interesse pessoal, acaba por compartilhar, muitas vezes de forma não autorizada, aquilo que acessou, deixando com a empresa que disponibiliza o serviço seus dados, permitindo que essa possa fazer, por exemplo, um perfil de seus interesses, mostrar anúncios que se enquadrem com aquilo que se pesquisou, ou ainda, notícias e publicações que mais se adequem com o que demonstrou ter interesse[5], consolidando uma forma de abuso na manipulação dos dados

[4] https://www.theguardian.com/technology/2012/apr/23/cookies-and-web-tracking-introAcesso em 04 jul. 2019.

[5] A Google, um dos maiores sítios de pesquisa do mundo, abertamente disponibiliza que utiliza *cookies* de seus usuários para basear-se em que anúncios mostrar: "We use cookies to make advertising more engaging to users and more valuable to publishers and advertisers" https://policies.google.com/technologies/types?hl=en-US. Acessado em 04 jul. 2019.

de cada indivíduo, acaba por influenciar diretamente no pensamento de cada um, criando e alimentando necessidades/ desejos de consumo baseado naquilo que é pessoal e íntimo da vida dos usuários.

2. Direito ao Esquecimento

As publicações feitas no meio digital se mantêm nesse meio até que o usuário que a fez a remova, ou até que a empresa que detém a propriedade do meio em que foi feita, o faça – por política de privacidade ou ordem judicial. Nesse sentido, há uma espécie de perpetuidade do que é disponibilizado *online*, de forma a prolongar o acesso desses conteúdos de maneira indeterminada e atemporal, o que era impensável nos tempos do papel.

Essa perenidade da disponibilização de conteúdo, somada à dificuldade no controle da reprodução do que é publicado na rede, torna necessária a discussão sobre o direito ao esquecimento.

Segundo Luis Martius Holanda Bezerra Junior:

> "O direito ao esquecimento é um direito subjetivo de índole negativa, ou seja, opera no campo gerador de um dever geral de abstenção, invocado quando se busca obstar ou reagir a uma violação, sem qualquer utilidade ou justificativa de interesse público, de direitos da personalidade, tais como a honra, o bom nome, a privacidade, o livre desenvolvimento pessoal e a integridade psíquica, por meio da permanência por tempo indefinido, ou da simples rememoração de dados, notícias ou informações aptas a causar relevante constrangimento ao indivíduo".[6]

O direito ao esquecimento, então, diz respeito ao direito de ter uma chance de ser esquecido, melhor, de ter um fato passado guardado no tempo pretérito, sem que haja uma rememoração contínua do mesmo fato. Para tanto a indeterminação das publicações na rede deveriam ter também um prazo.

Porém, é essencial definir a amplitude desse direito, ou até mesmo a sua legitimidade como tal, pois para algo ser esquecido, deve ser retirado do acesso público, interferindo diretamente no que foi comunicado por outrem, o que legitima à discussão sobre conflitos com outros direitos

[6] BEZERRA JUNIOR, Luis Martius Holanda. **Direito ao Esquecimento: a justa medida entre a liberdade informativa e os direitos da personalidade.** São Paulo: Saraiva Educação, 2018. P. 93

internacionalmente garantidos como os direito à informação, e de liberdade de expressão[7], ambos previstos constitucionalmente pelo Brasil.

Por prever um direito individual, a possibilidade do esquecimento deve dizer respeito sobre algo que seja exclusivo da vida privada ou íntima de alguém que não seja de interesse público, justificando-se apenas dessa forma, e não violando o direito à informação e a liberdade de expressão, que atuam como limite externos ao pretendido direito à privacidade.[8]

Nesse sentido, é válido lembrar que *"o interesse público, o interesse do todo, do conjunto social, nada mais é que a dimensão pública dos interesses individuais"*[9], ou seja, é também do interesse do indivíduo que seja respeitado o acesso à informação, não sendo adequado sobrepor o interesse de um sobre o de todos. Tal ponto é essencial na discussão do direito ao esquecimento para que não ocorram abusos e que não se desnature o objetivo do instituto, não sendo possível impor o esquecimento de acontecimentos relevantes para a sociedade local ou sociedade internacional, para o cotidiano e também para o interesse histórico.[10]

Da mesma forma, o direito de apagar determinados fatos da vida privada do conhecimento público é essencial para que todos os indivíduos se desenvolvam, não ficando presos às amarras do passado e possibilitando que os fatos que digam respeito às suas vidas privadas não sejam eterna-

[7] Art. 5º Todos são iguais perante a lei, sem distinção de qualquer natureza, garantindo-se aos brasileiros e aos estrangeiros residentes no País a inviolabilidade do direito à vida, à liberdade, à igualdade, à segurança e à propriedade, nos termos seguintes:
IX – é livre a expressão da atividade intelectual, artística, científica e de comunicação, independentemente de censura ou licença;
XXXIII – todos têm direito a receber dos órgãos públicos informações de seu interesse particular, ou de interesse coletivo ou geral, que serão prestadas no prazo da lei, sob pena de responsabilidade, ressalvadas aquelas cujo sigilo seja imprescindível à segurança da sociedade e do Estado;

[8] Bezerra Junior, Luis Martius Holanda. *Op. cit.* P. 125

[9] Mello, Celso Antônio Bandeira de. **Curso de Direito Administrativo.** 32. ed. São Paulo: Malheiros Editores Ltda, 2015. P. 59

[10] Recentemente, o Estado chinês tomou medidas para tentar fazer com que o chamado "Massacre da Praça da Paz Celestial" fosse esquecido, censurando qualquer menção na internet e pela imprensa feita sobre o ocorrido, cometendo uma violação extremamente grave ao direito dos cidadãos chineses de ter conhecimento do ato e até de comentar sobre o ocorrido." **Como a China 'apagou da memória' o Massacre da Praça da Paz Celestial, que completa 30 anos"**
<https://www.bbc.com/portuguese/internacional-48495352>. Acessado em 04 de jul. 2019.

mente de conhecimento da sociedade. Imaginem uma pessoa que roubou e que teve a notícia deste roubo denunciada em rede. Mesmo após o cumprimento de sua pena, ela estaria condenada eternamente por seu delito, pois, sempre que acessada a rede de computadores a notícia anterior voltaria à baila, havendo, portanto, uma condenação social eterna. Se a identificação com um infrator de normas lhes parece improvável, pense no caso oposto, quando somos vítimas. Imagine a vítima de um estupro, o qual também teve repercussão na rede. Mesmo vivendo um doloroso processo de reabilitação do dano, essa vítima nunca poderá superá-lo por completo, uma vez que sempre será lembrada deste fato pela mesma rede que o denunciou.

Surge então o questionamento: a partir de que ponto um fato tem relevância o suficiente para que o interesse público sobre ele justifique a sua divulgação em detrimento do direito de ser esquecido?

Para indicar uma solução para esse problema, deve-se considerar a dignidade da pessoa humana como fundamento dos direitos do homem, como é verificado tanto na legislação nacional quanto internacional.

Já no preâmbulo da Declaração Universal dos Direitos do Homem, encontramos:

> "Considerando que o reconhecimento da dignidade inerente a todos os membros da família humana e de seus direitos iguais e inalienáveis é o fundamento da liberdade, da justiça e da paz no mundo (...)".[11]

No ordenamento jurídico brasileiro, a dignidade da pessoa humana encontra-se no artigo 1º, III, da Constituição Federal[12], como fundamento da República Federativa do Brasil. Nessa perspectiva, tanto o direito à liberdade quanto o direito à privacidade e, assim, o direito ao esquecimento, tem como seu fundamento a própria manutenção da dignidade da pessoa humana, não podendo existir a não ser em razão dessa.

[11] Declaração Universal dos Direitos do Homem https://nacoesunidas.org/wp-content/uploads/2018/10/DUDH.pdf. Acesso em 04 de jul. 2019

[12] "Art. 1º A República Federativa do Brasil, formada pela união indissolúvel dos Estados e Municípios e do Distrito Federal, constitui-se em Estado Democrático de Direito e tem como fundamentos:
III – a dignidade da pessoa humana;"

Por serem exercidos em sua função, o mais adequado é utilizar o princípio fundamental da dignidade da pessoa humana como o instrumento primário para a ponderação dos demais direitos, sendo que em toda discussão, a sua preservação é o ponto de maior importância.

Portanto, a dignidade da pessoa humana, além de fundamentar os princípios em questão, serve como instrumento para regular o seu exercício, definindo os seus limites e a melhor forma para a sua aplicação[13]. A partir dessa ótica, observa-se o direito ao esquecimento e a liberdade de expressão, não como antagonistas, mas sim, como direitos coligados, ambos servindo como condições à possibilidade de se viver uma vida digna.

Assim, na necessidade de se ponderar se um fato deve permanecer acessível ao público ou se deve ser excluído para ele em função do esquecimento, é necessário averiguar de que maneira estará beneficiando a sociedade como um todo, sendo que, na ideia de interesse público como a dimensão pública dos interesses individuais, é de interesse da sociedade que todos possam viver uma vida digna, bem como é do interesse do indivíduo que a coletividade seja preservada.

Para que o problema se torne mais objetivo, é necessário observar alguns requisitos do interesse público, a fim de que atue em favor da sociedade, sendo eles: a verdade; necessidade; utilidade e adequação[14].

A *verdade* é o requisito mais prejudicado no meio digital, pois nos últimos tempos foi criada uma demanda de urgência de notícias dentro do mundo cibernético, reduzindo a importância para o público da fonte ou da certificação da veracidade daquilo que foi publicado. Em um ambiente em que os usuários são bombardeados constantemente de conteúdos, irá obter mais acessos aquele que mais chocar e mais atrair os leitores à primeira vista. A demanda por um conteúdo mais denso e bem fundamentado, vem diminuindo em detrimento da necessidade de velocidade da circulação de informações.

Ainda, tal alteração na forma com que a mídia reproduz as informações para a sociedade é incompatível, com a repercussão que as notícias têm na sociedade da internet, já que atingem um número maior de pes-

[13] BEZERRA JUNIOR, Luis Martius Holanda. *Op. cit.* P. 127

[14] Segundo BEZERRA JUNIOR, Luis Martius Holanda. *Op. cit.* P. 142 Luis Martius, apud JABUR, Gilberto Haddad. Liberdade de pensamento e direito à vida privada: conflitos entre direitos da personalidade. São Paulo: Revista dos Tribunais, 2000, p. 341.

soas e apenas uma manchete é suficiente para criar novas concepções das pessoas em relação a diversos assuntos. As notícias falsas ou de confirmação duvidosa, são contrárias ao interesse público, na medida que apenas atrapalham a concepção de realidade da sociedade como um todo, sendo de interesse apenas daquele que a publicou[15], seja ele de gerar acessos ou atingir um objetivo pessoal.

A *necessidade* diz respeito a que contribuição gerará a notícia do fato para o desenvolvimento do público. É o requisito que diz respeito ao direito de se informar e ser informado e que também à função social da imprensa, que, por sua vez, deve primar por conteúdos cada vez mais necessários do conhecimento de seus leitores[16]. De forma complementar à necessidade, a *utilidade* deve atingir "um interesse maior e superior, que transcenda o mero interesse particular ou comercial de quem pretende manter a publicação ou relembrar fatos desabonadores" [17]. A notícia útil é aquela que realmente contribui para a sociedade, que traz uma informação pertinente ao conhecimento de todos.

Esses dois requisitos últimos também são prejudicados na era digital, já que, se o que interessa são os acessos, abre-se mão da relevância social do fato em detrimento da produção exacerbada de conteúdo. O fato útil ou necessário não condiz necessariamente com aquilo que gera repercussão pública ou choca a população de alguma forma. Muitas vezes informações da vida privada de figuras públicas são "vazadas" pela imprensa e, apesar de certo clamor público, não contribuem para o desenvolvimento social.

Nesse sentido, também, a informação deve ser transmitida de forma que atinja o número de pessoas necessário, sem uma reprodução exagerada que extrapole o seu intuito de informar, o que diz respeito ao último requisito, o da *adequação*[18]. A notícia deve repercutir de maneira adequada, sem que a sua circulação seja exacerbada a ponto de prejudicar os direitos individuais de seu sujeito.

[15] BEZERRA JUNIOR, Luis Martius Holanda. *Op. cit.* P. 143 Luis Martius – "Não Há interesse público, ou sequer legítimo, quando o conteúdo veiculado é sabidamente falso ou fundado em meras especulações, voltadas apenas a satisfazer aos interesses privados do veículo ou autor da divulgação, de modo a fomentar a sua atividade econômica e incrementar as vendas e os acessos em um mercado de informação cada vez mais competitivo."

[16] Ibidem, p. 144

[17] Ibidem, p. 144

[18] Ibidem, p. 146

Tais requisitos devem funcionar como parâmetro para que se facilite a aplicação do direito ao esquecimento. A sua ausência ou violação dá ao indivíduo o direito de excluir ou restringir o acesso público ao fato, para que seja respeitado, da melhor forma possível o princípio da dignidade da pessoa humana, não expondo à sociedade aquilo que não seja necessário a ponto de prejudicar a dignidade de um indivíduo.

3. Fragmentação do Direito Internacional

No mundo há distintos povos, culturas e formas de se enxergar a realidade. Devido à essas fronteiras culturais, o Direito Internacional, em seus diversos campos de atuação, encontra inúmeras dificuldades, prejudicando uma proteção integral dos direitos dos indivíduos. Além disso, as fronteiras, com o avanço da comunicação, vêm tornando-se cada vez menores, uma vez que o contato de indivíduos que se encontram em diferentes polos do planeta é feito diariamente apenas com um clique, dando origem à inúmeros conflitos que possuem um respaldo jurídico diferente em diferentes Estados.

Juntando tais considerações com o fato de que todo ato publicamente praticado na internet é internacional, pois, basta que outro, independentemente de sua localização, obtenha acesso à página no qual esse tenha se dado que terá conhecimento daquilo que ali está disposto, surgem problemas em relação aos dados disponibilizados no meio digital.

Algo dito livremente em um Estado, pode ser cabível de censura por outro, bem como a reprodução de determinado conteúdo pode ser proibida em um e permitida no outro. A ausência de consenso entre os Estados em relação àquilo que pode ser reproduzido na internet dificulta a tutela de diversos direitos, tais como a privacidade e o esquecimento. Mas porque mencionar a fragmentação? E o que seria ela? A fragmentação que aqui nos referimos é um fenômeno proveniente do processo globalizatório que transformou nosso Mundo em uma pequena aldeia.

Neste sentido, Varella e Oliveira: a fragmentação, nesse sentido, parece-nos como traço característico do direito internacional atual e, portanto, outra face do processo de internacionalização do Direito.[19]

A ideia de fragmentação é um importante componente na questão da privacidade e direito ao esquecimento na era da internet. Se ao nos depa-

[19] VARELLA, Marcelo D. e OLIVEIRA, Vitor Eduardo Tavares. Da Unidade à Fragmentação do Direito Internacional. O caso MOX PLANT. Rev. Fac. Direito UFMG, Belo Horizonte, n.54, 2009. pg 126.

rarmos com uma notícia falaciosa postada na internet desejarmos retirá-la da circulação da rede, o que devemos fazer? E mais, se o provedor divulgador da notícia não fizer parte da mesma jurisdição que nos encontramos? A partir dessas dúvidas desenvolvemos a questão sobre a fragmentação do direito e como o Direito está percebendo e enfrentando tais fatos.

O caminho mais comum para a retirada de uma notícia indesejável hoje é uma denúncia na própria rede circulante da notícia. Mas, esse processo simples de denúncia criado pelos próprios desenvolvedores das redes sociais não aconteceu sem a provocação do Direito. São bastante comuns processos judiciais contra as empresas de tecnologia que desenvolvem redes sociais. Contudo, a rede em testilha pode considerar a denúncia indevida e então teríamos que iniciar um processo tradicional na justiça competente e esperar a obtenção de um resultado posterior que respeitaria o tempo processual, que está longe de ser adequado para tais demandas tecnológicas.

Nos deparamos então com a segunda parte de nosso questionamento: e se o provedor da rede social não estiver sediado na em nossa mesma jurisdição.[20] A questão inquietante aqui, não recai exatamente nos casos concretos e suas resoluções locais, mas na ideia geral da Justiça. Na ideia que temos, para uma mesma situação, diferentes respostas jurídicas aplicadas e consequentemente encaramos a fragmentação.

O grande senão da fragmentação do direito em face às questões de tecnologia é que no cômputo geral estamos verificando a construção de uma colcha de retalhos a ser costurada sem uma ordem comum, que muitas vezes gera uma enorme confusão de entendimentos jurídicos e para nós uma imensa insegurança jurídica.

Vejamos, se a mesma situação de notícia falaciosa pode ser interpretada de forma diversa numa mesma jurisdição – temos que considerar a potencialidade – a figuração pública da vítima dentre outras questões – se exponencializarmos essa situação para o âmbito global.

Se o desejo de segurança é atualmente o anseio maior da sociedade internacional – que vem encarando desafios como a terrorismo – como sustentar o mínimo desejável de garantias de direitos. Como garantir a privacidade nas redes. Essas são algumas das inquietantes perguntas que nos fazemos cotidianamente?

[20] Isso vem sendo administrado pelas justiças locais fazendo uso de conceitos basilares do Direito.

Ainda não temos respostas definitivas sobre esses questionamentos. O que tentamos aqui é praticar um exercício de raciocínio que nos leva a dimensionar os desafios e nomeá-los com a real intenção de diminuí-los a partir deste dimensionamento.

O ideal utópico no Direito Internacional seria a conjuração de um Tratado Internacional que abordasse o tema Internet e Privacidade e que fosse ratificado e respeitados pelos Estados Soberanos. Entretanto a realidade nos impõe um silencioso e prolongado tempo de espera para realização de um tratado de tal monta. Nesse entremeio de espera a tecnologia avança, as relações sociais criadas a partir das redes também e temos que avançar nas respostas de garantias de direito que se fazem urgentes.

Assim, chegamos a prática de fragmentação do Direito Internacional e suas consequências. Alberto Amaral Jr. [21]enfatiza que no direito pós-moderno a uma sucessão de subsistemas que geram uma superespecialização do Direito Internacional e que a fragmentação é uma derivação dessa superespecialização. Para o entendimento geral de tais sistemas prega o autor a necessidade de um "diálogo" que ordene os subsistemas a serem utilizados de forma mais adequada. A ideia de subsistemas coaduna adequadamente com a prática que observamos em nosso tempo. Contudo, o que nos interessa saber é como a privacidade se encaixa nesse quebra-cabeça sistêmico.

A partir da ideia de fragmentação regional, internacional e soberana, estamos assistindo a um persistente diferenciamento das respostas jurídicas no que diz respeito à privacidade.

Vejamos, o que estamos presenciando são diferentes posicionamentos judiciais que por vezes se opõe de maneira diametral. É o exemplo do caso, caso M.L. e W.W. vs. *Germany*[22] onde as cortes soberanas, TJUE e CEDH não conversam entre si alterando a decisões e fomentando a insegurança jurídica. Também no Brasil[23] temos o caso MPF *versus Google* onde a questão envolvia um consentimento a maior do que a empresa de tecnologia

[21] Amaral, Alberto Jr. O "Diálogo" das Fontes: Fragmentação e Coerência no Direito Internacional Contemporâneo. www.corteidh.or.cr/tablas/r27147.pdf. Acesso em 29/06/2019.

[22] Decisão da Corte Europeia de Direitos Humanos. Disponível em <https://globalfreedomofexpression.columbia.edu/wp-content/uploads/2018/07/M.L.-and-W.W.-French.pdf>

[23] Site do TRF1, disponível em <https://processual.trf1.jus.br/consultaProcessual/processo.php>. Acesso em 28/04/2019

detinha através do consentimento básico de aderência em conta de seus usuários. O Juiz responsável entendeu que o consentimento prévio de aderência a plataforma era suficiente para a manipulação dados por parte da empresa de tecnologia.[24] Decisão essa contrária ao entendimento comum internacional que está em construção. Afinal o que tentamos demonstrar é que o dano maior recai sobre os indivíduos de maneira geral.

A insegurança jurídica provocada pela fragmentação do Direito pode ser entendida de duas formas distintas. A primeira delas seria vê-la com os olhos otimistas do Direito Internacional e acreditar que toda multiplicação de opiniões nos levará a um direito melhor construído. A outra forma de ver a fragmentação é a realista, na qual se acredita que tantas opiniões divergentes só causam enfraquecimento de direitos humanos. Acreditamos que possa existir também um caminho do meio, explicamos, onde a diversificação de opiniões nos levará a um grande ambiente de debates e uma sedimentação maior da pluralidade que envolve os Direitos Humanos. Assim, apesar de nesse momento nos sentirmos inseguros, estamos sempre em construção, podendo reavaliar ideias e assim proteger melhor o que nos é mais caro: a dignidade humana.

Conclusões

A privacidade é um direito imberbe. Como a conhecemos, ela existe há muito pouco tempo. Ainda hoje, nos deparamos com suas diferentes faces de maneira titubeante, sem definirmos onde começa a vida íntima ou acaba a vida privada. Estamos presenciando uma era em que as pessoas nascem expostas ao meio digital e, mesmo após a morte, continuam com suas vidas registradas nesse. Assim, é inevitável a constante discussão sobre como a forma como as interações sociais ocorrem atualmente incide nesse direito.

Neste campo construtivo nos deparamos com inovações a todo o instante, dentre elas a possibilidade de questionarmos o direito que temos ao esquecimento. Não se trata de uma equação matemática. O confronto entre direitos é sempre um campo desafiador. A discussão que enseja a prevalência do direito individual sobre o coletivo, ou vice-versa, é complexa e nesse meio específico está em constante desenvolvimento. Recorremos ao símbolo da balança, buscando freios e contrapesos para a obtenção da Justiça.

[24] Não temos informações sobre a decisão final.

Nesta busca, nos deparamos com a fragmentação do Direito e precisamos estudá-la de forma invertida, preocupando-nos com as consequências, antes mesmo de questionarmos as causas. E assim continuamos construindo um caminho de pontes que possam garantir a continuidade da vida com dignidade, seja ela vida real ou virtual.

Referências

AMARAL, Alberto Jr. O "Diálogo"das Fontes: Fragmentação e Coerência no Direito Internacional Contemporâneo. www.corteidh.or.cr/tablas/r27147.pdf. Acesso em 29/06/2019.

BEZERRA JUNIOR, Luis Martius Holanda. **Direito ao Esquecimento: a justa medida entre a liberdade informativa e os direitos da personalidade,** São Paulo, Saraiva Educação, 2018

Declaração Universal dos Direitos do Homem. https://nacoesunidas.org/wp-content/uploads/2018/10/DUDH.pdf. Acesso em 04/07/2019.

GEARRY, Joanna, "**Tracking the trackers: What are cookies? An introduction to web tracking.**" https://www.theguardian.com/technology/2012/apr/23/cookies-and-web--tracking-introAcesso em 04/07 2019.

GUERRA, Sidney Cesar Silva. **O direito à privacidade na internet: uma discussão da esfera privada no mundo globalizado.** Rio de Janeiro: América Jurídica, 2004.

FISCHER-LESCANO,Andreas e TEUBNER Gunther ,**Regime-collisions: The Vain Search For Legal Unity In The Fragmentation Of Global Law.** Translated by Michelle Everson. https://repository.law.umich.edu/cgi/viewcontent.cgi?article=1282&context=mjil. Acesso em 05/07/2019.

HIRATA, Alessandro. **Direito à privacidade**. Tomo de Direito Administrativo e Constitucional. Edição 1. https://enciclopediajuridica.pucsp.br/verbete/71/edicao-1/direito--a-privacidade. Acesso em 04/07/2019.

KOSKENNIEMI, Martti. **Fragmentation Of International Law: Difficulties Arising From The Diversification And Expansion Of International Law** Report of the Study Group of the International Law Commission. www.legal.un.org/ilc/documentation/english/a_cn4_l682.pdf. Acesso em 05/07/2019.

MELLO, Celso Antônio Bandeira de. **Curso de Direito Administrativo.** 32. ed. São Paulo, Malheiros Editores Ltda, 2015.

SUDWORTH, John. **Como a China 'apagou da memória' o Massacre da Praça da Paz Celestial, que completa 30 anos".** BBC News.

<https://www.bbc.com/portuguese/internacional-48495352>. Acessado em 04/07/2019.

Termos de privacidade da empresa Google. https://policies.google.com/technologies/types?hl=en-US. Acessado em 04 jul. 2019.

VARELLA, Marcelo D. e OLIVEIRA, Vitor Eduardo Tavares. Da Unidade à Fragmentação do Direito Internacional. O caso MOX PLANT. Rev. Fac. Direito UFMG, Belo Horizonte, n.54, 2009. pg 126.

3. Direito ao Esquecimento *versus* Direito à Desindexação

CÍNTIA ROSA PEREIRA DE LIMA

Introdução

O grande desafio para a tutela privada de direitos de personalidade é o conceito de bens para o direito privado como alertava Orlando Gomes[1]. Assim, não necessariamente, essa tutela será econômica ou terá finalidade eminentemente patrimonial. Para além desses objetivos, a tutela privada dos direitos de personalidade deve se nortear justamente para viabilizar o livre e completo desenvolvimento do ser humano.

Nesse sentido, Pietro Perlingieri[2] afirma que o fundamento da tutela dos direitos de personalidade é único, porém as manifestações da personalidade humana são múltiplas e não se pode identificar todas estas variedades *a priori*. Os direitos privados de personalidade, que estão previstos no Código Civil de 2002, não traduzem um rol taxativo[3]; mas, antes, são direitos definidos caso a caso diante da cláusula geral da proteção dos direitos da personalidade que, segundo Capelo de Sousa[4], "é um insofismável

[1] *Introdução ao Direito Civil.* 18 ed. Rio de Janeiro: Forense, 2001.

[2] *Manuale di Diritto Civile.* 6. ed. Napoli: Edizioni Scientifiche Italiane, 2007. p. 149.

[3] De acordo com Gustavo Tepedino: "Deverá o interprete romper com a ótica tipificadora seguida pelo Código Civil, ampliando a tutela da pessoa não apenas no sentido de admitir um aumento das hipóteses de ressarcimento, mas, de maneira muito ampla, no intuito de promover a tutela da personalidade mesmo fora do rol de direitos subjetivos previstos pelo legislador codificador". TEPEDINO, Gustavo. Cidadania e os direitos da personalidade. In: Revista da Escola Superior da Magistratura de Sergipe. Aracaju, n. 3, 2002, p.4.

[4] DE SOUSA, Rabindranath V. A. Capelo, *O Direito Geral de Personalidade,* Coimbra: Coimbra Editora, 1995, p. 614-615.

direito subjetivo privado" com uma tutela civil mais reforçada do que dos demais direitos subjetivos.

Assim, o direito ao esquecimento, como direito de personalidade autônomo; e o direito à desindexação, uma consequência do sistema de proteção de dados pessoais, devem ser tutelados no ordenamento jurídico brasileiro. Muito embora não exista uma lei específica, esses direitos têm ora fundamento legal na Constituição Federal, ora no Código Civil ora no Marco Civil da Internet (Lei n. 12.965, de 23 de abril de 2014) e na Lei Geral de Proteção de Dados Pessoais – LGPD (Lei n. 13.709, de 14 de agosto de 2018).

Atualmente, a LGPD é fruto das discussões em torno dos três projetos de lei sobre o tema, quais sejam, o Projeto de Lei n. 4.060 de 2012, de autoria do E. Deputado Milton Monti; o Projeto de Lei n. 6.291 de 2016, de autoria do E. Deputado João Derly (traz como objeto apenas a vedação do compartilhamento de dados pessoais dos assinantes de aplicações de Internet, por meio da sugerida alteração do Marco Civil da Internet); e o Projeto de Lei n. 5.276-A, de 2016, que é de autoria do Poder Executivo, cujo texto foi aprovado, , dando origem à Lei n. 13.709/2018, exceto quanto à criação da Autoridade Nacional de Proteção de Dados Pessoais – ANPD, que foi objeto da Medida Provisória n. 869, de 27 de dezembro de 2018, convertida na Lei n. 13.853/2019.

Entretanto, há muitas dúvidas e incertezas quanto à caracterização desses direitos e sua aplicabilidade, por isso, esse artigo pretende estabelecer parâmetros para a conceituação desses direitos fazendo a distinção necessária e técnica entre o direito ao esquecimento e o direito à desindexação.

1. Direitos de personalidade no contexto da sociedade informacional

A expressão designada por "sociedade informacional" representa a sociedade atual que é caracterizada pela geração, pelo processamento e pela transmissão da informação como fontes da produtividade e de poder haja vista às novas tecnologias. Nesse sentido, Manuel Castells,[5] em uma das

[5] *The information age: economy, society and culture.* Vol. I: *The rise of the network society.* Malden (MA): Blackwell Publishers, 2000, p. 17: "To be sure, knowledge and information are critical elements in all modes of development, since the process of production is always based on some level of knowledge and in the processing of information. However, what is specific to the **informational mode** of development is the action of **knowledge upon knowledge itself as the main source of productivity** (see chapter 2). Information processing is focused on

obras de sua trilogia[6], caracteriza a "sociedade informacional" como a sociedade "guiada pela informação e pelo conhecimento".

Portanto, o desenvolvimento das tecnologias da informação, mediante o barateamento dos *hardwares* e *softwares,* bem como o aumento da capacidade de armazenamento e utilização de informações e dados pessoais, potencializou a dita "economia informacional". A ponto de se falar que os dados pessoais são *commodities* com uma inestimável função econômica. No contexto tecnológico, "sociedade informacional" é a que surgiu em razão dos avanços da tecnologia da informática e da comunicação (*ICTs – information and communications technologies*). Em síntese, a sociedade informacional no sentido tecnológico é vista como interligada por "rodovias de informação" (*information 'superhighway'*).[7/8]

Nesse contexto, a tutela geral dos direitos de personalidade assume papel de destaque para que se possa atingir um equilíbrio entre o desenvolvimento econômico (art. 170 da CF/88) e a proteção da pessoa humana em sua plena dignidade (art. 1º, inc. III, da CF/88). Em assim sendo, novos direitos de personalidade devem ser assegurados, tais como o direito ao esquecimento e direito à desindexação.

O reconhecimento dos direitos de personalidade, que já existia desde o Direito Romano, ganhou força após a Revolução Francesa, em razão da Declaração de 20 e 26 de agosto de 1789, *Déclaration des Droits de l'Homme et du Citoyen*, sob o fundamento de que estes direitos preexistem ao pró-

improving the technology of information processing as a source of productivity, in a virtous circle of interaction between the knowledge sources of technology and the application of technology to improve knowledge generation and information processing: this is why, rejoining popular fashion, **I call this new mode of development informational,** constituted by the emergence of a new technological paradigm based on information technology (see chapter 1)". (grifo nosso)

[6] A trilogia é identificada por *The Information Age: economy, society and culture.* Sendo que o Vol. I, trata da sociedade em rede; o vol. II, do poder da identidade, vide ______. *The power of Identity.* 2 ed. Malden (MA): Blackwell Publishers, 2007.; e o vol. III, sobre os problemas do capitalismo informacional, cf. ______. End of Millennium. 2 ed. Malden (MA): Blackwell Publishers, 2006.

[7] Webster, Frank. *Theories of the Information Society.* 3 ed. Londres: Taylor & Francis e-Library, 2006, p. 10.

[8] Ménard, Marc. Autoroutes de l'information et société de l'information: pour un renversement de perspective. *In:* Frémont, Jacques; Ducasse, Jean-Paul. *Les Autoroutes de l'Information: enjeux et défis.* Montréal: Faculté de Droit, Université de Montréal, 1996. pp. 103-120. p. 105.

prio Estado e podem ser opostos a este (*human rights*): "*Art. 1er. – Les hommes naissent et demeurent libres et égaux en droits. Les distinctions sociales ne peuvent être fondées que sur l'utilité commune.*"[9] Portanto, tem-se neste documento uma importante característica dos direitos humanos, ou seja, são inatos e independem de reconhecimento pelo Estado. Além disto, o Cristianismo e as ideias do Humanismo Jurídico contribuíram para a consolidação destes direitos como invioláveis e indisponíveis.

Segundo Rabindranath V. A. Capelo de Sousa[10], o objeto tutelado pelos artigos referentes aos direitos da personalidade é a "personalidade física ou moral" dos seres humanos, que são tidos como bens inerentes à própria materialidade e espiritualidade de cada indivíduo. Neste sentido, Adriano De Cupis[11] afirma que a razão de ser dos demais direitos subjetivos são os direitos da personalidade, sem os quais, o ser humano perderia tal condição.

O direito geral de personalidade pode ser visto como um direito subjetivo na medida em que gera uma pretensão, no sentido jurídico, de forma que seu titular pode exigir *erga omnes* uma conduta normativa positiva ou negativa. É uma cláusula geral na medida em que confere ao operador do direito maior flexibilidade para que o intérprete analise os argumentos e fatos caso a caso, definindo o conteúdo da norma subjacente.[12]

Neste sentido, o direito ao esquecimento e o direito à desindexação, este último relacionado diretamente à proteção dos dados pessoais, ainda que não mencionados expressamente no art. 5º da CF/88 e nem nos arts. 11 a 21 do CC/02, tem guarida no ordenamento jurídico brasileiro. Notadamente, no Marco Civil da Internet, Lei n. 12.965, de 23 de abril de 2014 (arts. 3º,

[9] Disponível em: <http://www.conseil-constitutionnel.fr/conseil-constitutionnel/francais/la-constitution/la-constitution-du-4-octobre-1958/declaration-des-droits-de-l-homme-et-du-citoyen-de-1789.5076.html>, acessado em 19 de outubro de 2015.

[10] *O Direito Geral de Personalidade*, Coimbra: Coimbra Editora, 1995. p. 106.

[11] *I diritti della personalità*. Milão: Giuffré, 1950. p. 18.

[12] MAZUR, Maurício. A dicotomia entre os direitos de personalidade e os direitos fundamentais. *In:* MIRANDA, Jorge; RODRIGUES JÚNIOR, Otavio Luiz; FRUET, Gustavo Bonato. (orgs.) *Direitos da Personalidade*. São Paulo: Atlas, 2012. pp. 25-64. p. 30-31: "O direito geral de personalidade deve ser concebido como um **direito de autodeterminação ético-existencial,** que não pode ser restringido, no seu conteúdo de dignidade humana, por intermédio da autodeterminação ético-política da comunidade. [...] A consagração de um direito geral de personalidade é decisiva para a atribuição da **tutela geral da personalidade** ao Direito privado e realça a dicotomia entre os direitos de personalidade e os direitos fundamentais até mesmo em relação aos bens tutelados. "

inc. II e III; 7º, inc. I, VII, VIII, IX e X) e na Lei Geral de Proteção de Dados Pessoais, Lei n. 13.709, de 14 de agosto de 2018 (art. 18, inc. VI e § 2º).

2. Direito ao esquecimento

O direito ao esquecimento (*right to be forgotten*) não está inserido necessariamente no contexto da Internet, pois é mais amplo, ou seja, uma manifestação de um direito de personalidade autônomo como se sustenta nesse artigo. Portanto, importante caracterizar seu conceito, limites e desafios quanto à concretude, explicitando os fundamentos legais no ordenamento jurídico brasileiro para sua tutela.

2.1. Origem e evolução

A gênese do direito ao esquecimento está relacionada à privacidade (*riservatezza* ou *privacy*) e proteção dos dados pessoais (autodeterminação informacional), mas não só. Samuel Warren e Louis Brandeis[13] escreveram um artigo sobre o direito de privacidade, considerados os precursores deste direito nos Estados Unidos. No entanto, estes autores já tinham ressaltado que o desenvolvimento das novas tecnologias demanda um tratamento diferenciado do que vem a ser privacidade. Nesse artigo, Warren e Brandeis definiram privacidade como o direito de ser deixado só ("*right to be let alone*"). Esta ideia tem inspirado muitos precedentes norte-americanos e a doutrina sobre privacidade.

A dificulade de chegar a um senso comum sobre o conceito de "privacidade" está justamente na sua vagueza semântica, referindo-se àquilo que está na esfera privada.[14] Neste sentido, interessante a análise feita por Stefano Rodotà[15] sobre a evolução cultural e jurídica do termo "privacidade", sistematizando tal evolução em quatro aspectos que destacam a privacidade como um "elemento constitutivo da cidadania", quais sejam: 1) do direito de ser deixado só ao direito de manter o controle sobre suas próprias informações; 2) da privacidade ao direito à autodeterminação informativa; 3) da privacidade à não discriminação; 4) do segredo ao controle.

[13] WARREN, Samuel D.; BRANDEIS, Louis D. The Right to Privacy. *In: Harvard Law Review*, v.4, pp. 193-220, 1890.

[14] SOLOVE, Daniel. J. Conceptualizing Privacy. *In: California Law Review*, vol. 90, Issue 4 (2002), pp. 1087-1156. p. 1101.

[15] Persona, riservatezza, identità. Prime note sistematiche sulla protezione dei dati personali. *In: Rivista Critica del Diritto Privato*, anno XV, n. 1, março 1997, pp. 583-609, pp. 588-591.

Além da privacidade, o direito ao esquecimento assegura o direito à identidade pessoal, na medida em que é composto de uma parcela de privacidade, mas também de identidade pessoal. Para Maria Celina Bodin de Moraes[16], o direito à identidade pessoal é um "direito de 'ser si mesmo' (*diritto ad essere se stesso*)" entendido este como o respeito às "experiências pessoais, com as convicções ideológicas, religiosas, morais e sociais que diferenciam a pessoa e, ao mesmo tempo, a qualificam".

2.2. Conceito e natureza jurídica

Quanto ao termo "direito ao esquecimento", trata-se de uma tradução literal da expressão *right to be forgotten, diritto all'oblio* ou *droit a l'oubli*, que na feliz síntese de Massimiliano Mezzanotte[17] trata-se de uma situação jurídica subjetiva com *corpus* de um direito à identidade pessoal; mas *animus* de direito à privacidade. Em suma, na Itália, o direito ao esquecimento relaciona-se a dois fatores, quais sejam: i) transcurso de um lapso temporal; e ii) inutilidade da notícia.

No direito brasileiro, pode-se afirmar que o direito ao esquecimento decorre do princípio da dignidade da pessoa humana (art. 1º, inc. III, CF/88), na medida em que se resguarda a honra e boa fama do indivíduo eliminando da memória coletiva um fato que ofenda moralmente este indivíduo. E, mesmo nos fatos não ofensivos, tal direito decorre da dignidade da pessoa humana porque é essencial para ao pleno desenvolvimento da identidade pessoal do indivíduo.

Assim, propomos conceituar o *direito ao esquecimento como um direito autônomo de personalidade por meio do qual o indivíduo pode excluir ou deletar as informações a seu respeito quando tenha passado um período de tempo desde a sua coleta e utilização e desde que não tenham mais utilidade ou não interfiram no direito de liberdade de expressão, científica, artística, literária e jornalística.*

A parte final deste conceito é para destacar a dinamicidade do direito ao esquecimento, que é o resultado da ponderação entre outros direitos de personalidade e de garantias fundamentais. É um direito de personalidade autônomo porque não se resume somente na tutela da privacidade;

[16] Moares, Maria Celina Bodin. Sobre o Nome da Pessoa Humana. In: *Revista da EMERJ*. nº 12, 2000, p. 71.

[17] *Il diritto all'oblio:* contributo allo studio della privacy storica. Napoli: Edizioni Scientifiche Italiane, 2009. p. 81.

e nem tão pouco à proteção de dados pessoais, cuja finalidade seria tão somente a correção ou eliminação de informações incorretas ou quando a coleta e o tratamento dos dados não tiverem sido feitos conforme a lei. O direito ao esquecimento vai muito além disso.

Em outras palavras, o indivíduo que alega o direito ao esquecimento pretende resguardar determinado acontecimento que tenha participado e, portanto, que este fato de sua vida privada seja resguardado ou, pelo menos, não perenizado. Por outro lado, o indivíduo não quer ser estigmatizado por um fato ocorrido no passado, ou seja, por um erro cometido em tempo remoto ser julgado como se fosse esta mesma pessoa que praticaria tal erro novamente. Assim, exerce seu direito à identidade pessoal, para que sua personalidade seja a real e não a estigmatizada.

2.3. Fundamento legal do direito ao esquecimento

No Direito Brasileiro, o direito ao esquecimento tem fundamento legal no art. 1º, inc. III da CF/88, bem como art. 11 do Código Civil, na medida em que esses artigos protegem os direitos de personalidade, garantindo ampla tutela destes no campo privado.

Além disso, se a questão versar sobre circulação da informação na web, o art. 7º, inc. X, do Marco Civil da Internet assegura o direito à "*exclusão definitiva dos dados pessoais que tiver fornecido a determinada aplicação de Internet, a seu requerimento, ao término da relação entre as partes, ressalvadas as hipóteses de guarda obrigatória de registros previstas nesta Lei*". Vê-se, portanto, que o direito ao esquecimento nesse contexto específico é limitado à exclusão dos dados pessoais após o término a relação jurídica entre o titular dos dados e o provedor de aplicação.

Entretanto, a LGPD (que ainda não está em vigor) traz um direito à eliminação dos dados pessoais de maneira mais ampla no art. 18, inc. VI: "*O titular dos dados pessoais tem direito a obter do controlador, em relação aos dados do titular por ele tratados, a qualquer momento e mediante requisição: [...] VI – eliminação dos dados pessoais tratados com o consentimento do titular, exceto nas hipóteses previstas no art. 16 desta Lei*". O art. 16 da LGPD autoriza a conservação dos dados pessoais para: – cumprimento de obrigação legal ou regulatória pelo controlador; – estudo por órgão de pesquisa, garantida a anonimização sempre que possível; III – transferência a terceiro desde que observados os requisitos legais para o tratamento de dados pessoais; e IV – uso exclusivo do controlador, desde que sejam anonimizados os dados pessoais.

Atualmente, o Regulamento Geral sobre Proteção de Dados (2016/679), de 26 de abril de 2016, estabelece, em seu artigo 17, o *right to erasure ('right to be forgotten')*, garantindo ao titular dos dados o direito de obter do controlador dos dados que estes sejam apagados sem retardo indevido. Ademais, o controlador dos dados obriga-se a apagar os dados sem retardo indevido quando uma das seguintes situações se verificar, a saber: (a) o dado pessoal não seja mais necessário haja vista os propósitos da coleta ou do tratamento; (b) o titular dos dados revoga o consentimento ou quando deixa de existir autorização legal para tanto; (c) o titular dos dados se opuser ao tratamento de seus dados e não existir mais fundamentos legítimos para tanto; (d) o dado pessoal tiver sido tratado em desconformidade com a lei; (e) o dado pessoal tiver que ser apagado segundo determinação legal de um dos Estados-Membros da União Europeia ao qual o controlador dos dados esteja sujeito; (f) o dado pessoal tiver sido coletado em função da oferta de serviços na sociedade informacional.[18]

2.4. Limitações ao exercício do direito ao esquecimento

Disto se extraem os requisitos para sustentar o direito ao esquecimento: 1) que o fato tenha ocorrido em tempo remoto; 2) e, portanto, sem utilidade pública ou social; 3) desde que não pretenda alterar a verdade dos fatos; 4) requer uma ponderação entre a liberdade de expressão e outros direitos de personalidade; por isso, pode não se aplicar às instituições de cunho jornalístico, literário e científico.

O direito ao esquecimento confere ao seu titular uma função de controle destes dados *(data controller)*, porém, como já se mencionou este direito não pode ser exercido de forma a prejudicar o direito de liberdade de expressão de outras pessoas. Por isso, é necessário traçar alguns limites para a concretização do direito ao esquecimento.

Por outro lado, o acúmulo de informações pessoais e sua utilização (muitas vezes indevida) traz uma outra função ao usuário, que passa a ser sujeito de determinada informação *(data subject)*. Em síntese, a limitação do direito ao esquecimento está justamente na ponderação entre direitos e garantias fundamentais, que deverá ser feito caso a caso. No Brasil,

[18] PIZZETTI, Franco. *Privacy e il diritto europeo alla protezione dei dati personali:* dalla diretiva 95/46 al nuovo Regolamento europeo. Torino: G. Giappichelli Editore, 2016. p. 20.

o Superior Tribunal de Justiça[19] já consolidou o reconhecimento, em tese, do direito ao esquecimento:

> "[...] 5. Com efeito, o direito ao esquecimento que ora se reconhece para todos, ofensor e ofendidos, não alcança o caso dos autos, em que se reviveu, décadas depois do crime, acontecimento que entrou para o domínio público, de modo que se tornaria impraticável a atividade da imprensa para o desiderato de retratar o caso Aida Curi, sem Aida Curi.
>
> [...] 7. Não fosse por isso, o reconhecimento, em tese, de um direito de esquecimento não conduz necessariamente ao dever de indenizar. Em matéria de responsabilidade civil, a violação de direitos encontra-se na seara da ilicitude, cuja existência não dispensa também a ocorrência de dano, com nexo causal, para chegar-se, finalmente, ao dever de indenizar.
>
> [...] 8. A reportagem contra a qual se insurgiram os autores foi ao ar 50 (cinquenta) anos depois da morte de Aida Curi, circunstância da qual se conclui não ter havido abalo moral apto a gerar responsabilidade civil. Nesse particular, fazendo-se a indispensável ponderação de valores, o acolhimento do direito ao esquecimento, no caso, com a consequente indenização, consubstancia desproporcional corte à liberdade de imprensa, se comparado ao desconforto gerado pela lembrança.
>
> [...] 10. Recurso especial não provido."

O caso está em análise pelo Supremo Tribunal Federal,[20] tendo sido reconhecida a repercussão geral:

> "Repercussão Geral" (art. 102, par 3º CF/88) – tem efeito vinculante?
>
> Ementa direito constitucional. Veiculação de programa televisivo que aborda crime ocorrido há várias décadas. Ação indenizatória proposta por familiares da vítima. Alegados danos morais. Direito ao esquecimento. Debate acerca da harmonização dos princípios constitucionais da liberdade de expressão e do direito à informação com aqueles que protegem a dignidade da pessoa humana e a inviolabilidade da honra e da intimidade. Presença de repercussão geral."

[19] REsp 1335153/RJ, Rel. Ministro Luis Felipe Salomão, QUARTA TURMA, julgado em 28/05/2013, DJe 10/09/2013.

[20] ARE 833248 RG, relator(a): min. Dias Toffoli, julgado em 11/12/2014, PROCESSO ELETRÔNICO dje-033 DIVULG 19-02-2015 PUBLIC 20-02-2015.

Destaca-se que esse precedente não versa sobre circulação da informação na Internet, comprovando mais uma vez nossa tese, de que o direito ao esquecimento não é algo restrito à web, e se distingue do que se denomina "direito à desindexação" como se verá a seguir.

3. Direito à desindexação

O direito à desindexação, objeto do caso *González vs. Google,* originado na Espanha, foi reconhecido na medida em que as atividades de indexação são consideradas atividades de tratamento de dados pessoais, ensejando a aplicação da lei específica sobre a matéria. Este caso, analisado pelo Tribunal de Justiça europeu acima mencionado, foi emblemático porque a Agência Espanhola de Proteção de dados Pessoais (AEPD) em julho de 2010, entendeu que as ferramentas de busca estão sujeitas à lei de proteção de dados, porque é uma forma de tratamento de dados pessoais. Sendo assim, o cidadão espanhol, González pediu que o seu nome não aparecesse nos buscadores *Google* alegando o direito ao esquecimento na medida em que a Diretiva 95/46/CE e Diretiva 2002/58/CE mencionam o direito de eliminar informações pessoais.

Nesta decisão de 20 de novembro de 2007, a Agência Espanhola de Proteção de Dados, Processo no. TD/00463/2007, AEPD Res. n. R/01046/2007,[21] estabeleceu um marco ao reconhecer que o indivíduo tem direito de seus dados não constarem das ferramentas de busca (*derecho all ovido)* com fundamento na dignidade da pessoa humana.

Na França, a proteção de dados pessoais fica a cargo da *"Commission Nationale de l'Informatique et des Libertes" – CNIL,* que destaca a importância do direito ao esquecimento no contexto da Internet. Neste sentido, a CNIL obrigou que a Google, em 2009, somente ficasse com os dados pelo tempo necessário ao fim ao qual se destinam.[22]

A *Google Spain* recorreu desta decisão perante a Corte de Justiça da União Europeia, questionando, entre outras questões: 1) se as ferramentas de busca realizam atividades descritas no artigo 2º, alínea "b" da Diretiva 95/46/CE; 2) se o operador desta ferramenta de busca pode ser conside-

[21] Disponível em: <http://www.europarl.europa.eu/meetdocs/2004_2009/documents/dv/aepd_decision_/AEPD_Decision_en.pdf>, acessado em 30 de maio de 2014.

[22] Disponível em: <file:///E:/UNICAM/D2013-025_10_juin_2013_MED_GOOGLE_INC_VF.pdf>, acessado em 15 de fevereiro de 2014.

rado responsável pelo tratamento dos dados nos termos da Diretiva 95/46/ CE; e 3) se a *Google* estaria sujeita à lei espanhola e poderia ser processada e condenada por um órgão espanhol pois sua sede está em outro país, inclusive não sendo membro da União Europeia.

O Tribunal de Justiça da União Europeia concluiu que: 1) sim, as ferramentas de busca realizam atividades descritas na Diretiva 95/46 como tratamento de dados pessoais; 2) o operador da ferramenta de busca é responsável pelo tratamento dos dados; e 3) a *Google* está sujeita à lei espanhola, mesmo tendo sua sede nos Estados Unidos, pois oferece seus serviços aos cidadãos europeus.

Este julgamento foi importante por três aspectos: primeiro pela caracterização de tratamento de dados; reconhecimento do direito subjetivo à desindexação (interpretação do art. 14 da Dir. 95/46/CE); e, por fim, por entender que a legislação aplicável e foro competente são definidos no local onde a empresa tiver um estabelecimento, não necessariamente a sua sede, podendo ser a filial (nos termos do art. 4º da Dir. 95/46/CE).

3.1. Conceito e natureza jurídica

Pizzetti Franco[23] define o direito à indexação como: "o direito de não ver facilmente encontrada uma notícia que não seja mais atual. O efeito principal da indexação e difusão da notícia por meio das ferramentas de busca é, de fato, colaborar de maneira contínua para a atualidade das informações e criar um perfil da pessoa a que se referem" (tradução livre).

Portanto, o direito à desindexação é um direito que decorre do sistema de proteção dos dados pessoais, segundo o qual o titular dos dados deve consentir com o tratamento de informações que lhe corresponda.

3.2. Fundamento legal do direito à desindexação

No Direito brasileiro, o direito à desindexação tem guarida no art. 7º, inc. IX do Marco Civil da Internet, segundo o qual é direito do usuário o: "*con-*

[23] Le Autorità Garanti per la Protezione dei Dati Personali e la Sentenza della Corte di Giustizia sul Caso Google Spain: è Tempo di Far Cadere il "Velo di Maya". *In: Il Diritto dell'informazione e dell'informatica,* 2014, fasc. 4-5, Giuffrè, pp. 805-829. p. 808: "*[...] il diritto a non vedere facilmente trovata una notizia non più attuale. L'effetto principale della indicizzazione e diffusione delle notizie attraverso il motore di ricerca è infatti quello di concorrere in modo contino a riattualizzare tutte le informazioni, facendole diventare tutte elementi del profilo in atto della persona a cui si riferiscono.*"

sentimento expresso sobre coleta, uso, armazenamento e tratamento de dados pessoais, que deverá ocorrer de forma destacada das demais cláusulas contratuais".

Além disso, quando a LGPD entrar em vigor, estará reafirmado o direito à oposição nos termos do art. 18, § 2º: "*O titular pode opor-se a tratamento realizado com fundamento em uma das hipóteses de dispensa de consentimento*". Ademais, a LGPD considera tratamento de dados pessoais, nos termos do art. 5º inc. X: "*toda operação realizada com dados pessoais, como as que se referem a coleta, produção, recepção, classificação, utilização, acesso, reprodução, transmissão, distribuição, processamento, arquivamento, armazenamento, eliminação, avaliação ou controle da informação, modificação, comunicação, transferência, difusão ou extração*".

Dessa maneira, a indexação realizada pelas ferramentas de busca pode ser facilmente considerada tratamento de dados, porque realiza diversas dessas condutas, estando, pois, sujeita ao regime de proteção dos dados pessoais. Nesse sentido, o titular dos dados pode se opor à indexação de suas informações pessoais.

Conclusões

O direito ao esquecimento é um direito de personalidade em geral, não estando relacionado à Internet, necessariamente, devendo ser considerado como o direito de não ter algumas informações resgatadas ou perenizadas (*animus* de direito à privacidade) a fim de que não seja estigmatizada como aquela pessoa em determinado recorte espaço-temporal (*corpus* de direito à identidade pessoal). Portanto, esse direito é o resultado do equilíbrio entre direito à privacidade e direito do publico ao conhecimento e a ter fácil acesso à informação.

Os desafios para a concretude do direito ao esquecimento estão relacionados às novas tecnologias, cuja capacidade de armazenamento e a perenização da informação são facilmente alcançadas. Segundo a opinião de Viktor Mayer-Shönberger[24], a "Internet precisa nos permitir esquecer". Porém, destaca o autor, que no caso *González vs. Google Spain,* a informação já estava ultrapassada e era irrelevante, portanto, não era necessária a sua preservação. Viktor destaca que o esquecimento é fundamental para a evolução do ser humano e o perdão.

[24] Entrevista pulicada no Estadao.com.br, Cultura Digital, em 08/06/2014.

O direito ao esquecimento tem fundamento na própria Constituição Federal, art. 1º, inc. III (dignidade da pessoa humana), além do art. 11 do Código Civil quanto à tutela privada dos direitos de personalidade. Ademais, quando relacionado à Internet, o art. 7º, inc. X do Marco Civil da Internet, fundamenta a eliminação dos dados pessoais, após o término da relação jurídica que ensejou o tratamento dos dados pessoais.

Quando entrar em vigor a LGPD, o direito ao esquecimento terá, também, fundamento no art. 18, inc. VI, que garante a eliminação de dados pessoais, mediante requisição do titular.

Cumpre destacar este direito do direito à desindexação, que é próprio ao sistema de informação, pois coleta, seleciona e organiza dados pessoais a partir dos parâmetros de busca definidos por algorítimos. Jonathan Zittrain[25] entende que, na verdade, o direito que se pretende é que a sua vida não seja apresentada por uma máquina sem que haja revisão, e de maneira tão trivial, basta digitar uma palavra de busca e um clique. Segundo o autor, este direito é legítimo. E a solução mais eficaz está na arquitetura da rede, disseminando ferramentas tecnológicas que subordinam a acessibilidade de determinado dado a um lapso temporal.

A própria Constituição Federal, §1º do art. 220[26], estipula fatores que relativizam a liberdade de informação e de expressão como a proteção dos direitos da personalidade, pois cediço que nenhum direito é absoluto. Por isso, um site de ferramenta de busca e indexação da Internet pode ser requisitado que seja eliminada determinada informação desta plataforma, deixando de indexar a informação conforme um determinado parâmetro de busca, sem, contudo, removê-la do provedor de conteúdo, da fonte primária, o que caracterizaria o direito à desindexação. Quando a LGPD entrar em vigor, esse direito terá um fundamento expresso no direito à oposição ao tratamento de dados estabelecido no art. 18, §2º da Lei Geral de Proteção de Dados Pessoais.

[25] Opinion *In New York Times*. Disponível em: <http://nyti.ms/1k32tUW>, *Don't Force Google to 'Forget'"*, acessado em 08/06/2014.

[26] Art. 220. A manifestação do pensamento, a criação, a expressão e a informação, sob qualquer forma, processo ou veículo não sofrerão qualquer restrição, observado o disposto nesta Constituição.§ 1º Nenhuma lei conterá dispositivo que possa constituir embaraço à plena liberdade de informação jornalística em qualquer veículo de comunicação social, observado o disposto no art. 5º, IV, V, X, XIII e XIV.

Por ser o principal prejudicado, o titular do exercício do direito ao esquecimento é a própria pessoa, detentora de suas informações pessoais veiculadas, processadas e transmitidas que, após certo tempo, deixaram de apresentar uma utilidade ao público. Em contrapartida, excepcionalmente, a pretensão poderá ser exercida por seus sucessores nos termos do art. 12 do Código Civil brasileiro que confere tal legitimidade para a tutela dos direitos da personalidade. Em síntese, não se pode tomar esta decisão como regra para os casos que envolvem desindexação, pois este é um direito decorrente da proteção de dados pessoais, através do qual o titular dos dados se opõe ao tratamento de dados que lhe digam respeito.

Referências

BELL, Daniel. *In*: *Business and Society Review/Innovation*. Disponível em: <https://www.os3.nl/_media/2011-2012/daniel_bell_-_the_coming_of_post-industrial_society.pdf>, acessado em 03 de junho de 2015.

______ *The coming of post-industrial society:* a venture in social forecast. Basic Books, 1973.

CASTELLS, Manuel. *The information age: economy, society and culture.* Vol. I: *The rise of the network society*. Malden (MA): Blackwell Publishers, 2000.

______. *The power of Identity*. 2 ed. Malden (MA): Blackwell Publishers, 2007.

______. *End of Millennium*. 2 ed. Malden (MA): Blackwell Publishers, 2006.

DE SOUSA, Rabindranath V. A. Capelo, *O Direito Geral de Personalidade*, Coimbra: Coimbra Editora, 1995.

GOMES, Orlando. *Introdução ao Direito Civil*. 18 ed. Rio de Janeiro: Forense, 2001.

PERLINGIERI, Pietro. *Manuale di Diritto Civile*. 6. ed. Napoli: Edizioni Scientifiche Italiane, 2007.

LIMA, Cíntia Rosa Pereira de. La dinamicità del diritto all'oblio e il pericolo della sua non flessibilità secondo l'orientamento del Supremo Tribunale Federale brasiliano. *In*: DE CICCO, Maria Cristina; PINTO, Eduardo Vera-Cruz; SILVA, Marco Antônio Marques da (orgs.) *Direito à verdade, à memória e ao esquecimento*. Lisboa: AAFDL, 2017. pp. 317 – 332.

______; DE LUCCA, Newton; SIMÃO FILHO, Adalberto (coords). Direito & Internet III: Marco Civil da Internet – Lei n. 12.965/2014. São Paulo: Quartier Latin, 2015. (tomos I e II).

______; BIONI, Bruno Ricardo. A proteção dos dados pessoais na fase de coleta: apontamentos sobre a adjetivação do consentimento implementada pelo art. 7, incs. VIII e IX, do Marco Civil da Internet a partir da *Human Computer Interaction* e da *Privacy by default*. *In*: ______; DE LUCCA, Newton De; SIMÃO FILHO, Adalberto (coords). Direito & Internet III: Marco Civil da Internet – Lei n. 12.965/2014. São Paulo: Quartier Latin, 2015. Tomo I. pp. 263 – 290.

______. Direito ao esquecimento e internet: o fundamento legal no Direito Comunitário Europeu, no Direito Italiano e no Direito Brasileiro. *In*: CLÊVE, Clêmerson Merlin;

BARROSO, Luis Roberto. *Coleção Doutrinas Essenciais em Direito Constitucional*: direitos e garantias fundamentais, volume VIII, São Paulo, Revista dos Tribunais, 2015, p. 511-544.

MAZUR, Maurício. A dicotomia entre os direitos de personalidade e os direitos fundamentais. *In:* MIRANDA, Jorge; RODRIGUES JÚNIOR, Otavio Luiz; FRUET, Gustavo Bonato. (orgs.) *Direitos da Personalidade.* São Paulo: Atlas, 2012. pp. 25-64.

MÉNARD, Marc. Autoroutes de l'information et société de l'information: pour un renversement de perspective. *In:* FRÉMONT, Jacques; DUCASSE, Jean-Paul. *Les Autoroutes de l'Information: enjeux et défis.* Montréal: Faculté de Droit, Université de Montréal, 1996. pp. 103-120.

MEZZANOTTE, Massimiliano. *Il diritto all'oblio:* contributo allo studio della privacy storica. Napoli: Edizioni Scientifiche Italiane, 2009.

MOARES, Maria Celina Bodin. Sobre o Nome da Pessoa Humana. In: *Revista da EMERJ.* nº 12, 2000, p. 71.

PIZZETTI, Franco. *Privacy e il diritto europeo alla protezione dei dati personali:* dalla diretiva 95/46 al nuovo Regolamento europeo. Torino: G. Giappichelli Editore, 2016. p. 20.

______. Le Autorità Garanti per la Protezione dei Dati Personali e la Sentenza della Corte di Giustizia sul Caso Google Spain: è Tempo di Far Cadere il "Velo di Maya". *In: Il Diritto dell'informazione e dell'informatica,* 2014, fasc. 4-5, Giuffrè, pp. 805-829.

MAYER-SCHONBERER, Viktor. *Delete:* the virtue of forgetting in the Digital Age. New Jersey: Princeton University Press, 2009.

RODOTÀ, Stéfano. *I diritti della personalità.* Milão: Giuffré, 1950.

______. Persona, riservatezza, identità. Prime note sistematiche sulla protezione dei dati personali. *In: Rivista Critica del Diritto Privato,* anno XV, n. 1, março 1997, pp. 583-609, pp. 588-591.

SOLOVE, Daniel. J. Conceptualizing Privacy. *In: California Law Review,* vol. 90, Issue 4 (2002), pp. 1087-1156. p. 1101.

______. Entrevista pulicada no Estadao.com.br, Cultura Digital, em 08/06/2014.

TEPEDINO, Gustavo. Cidadania e os direitos da personalidade. In: Revista da Escola Superior da Magistratura de Sergipe. Aracaju, n. 3, 2002, p.4.

WARREN, Samuel D.; BRANDEIS, Louis D. The Right to Privacy. *In: Harvard Law Review,* v.4, pp. 193-220, 1890.

WEBSTER, Frank. *Theories of the Information Society.* 3 ed. Londres: Taylor & Francis e-Library, 2006.

ZITTRAIN, Jonathan. Opinion *In New York Times.* Disponível em: <http://nyti.ms/1k32tUW>, *Don't Force Google to 'Forget'",* acessado em 08/06/2014.

4. Notas acerca do Direito ao Esquecimento na Jurisprudência do Superior Tribunal de Justiça

Ingo Wolfgang Sarlet

Introdução

Muito embora mesmo no Brasil a referência ao assim chamado direito ao esquecimento não seja assim tão recente[1], o fato é que o tema passou a despertar maior atenção nos últimos cinco anos, em especial desde que o Superior Tribunal de Justiça (STJ) reconheceu, pela primeira vez, tal direito como agasalhado pela ordem jurídico-constitucional brasileira, quando do julgamento do caso conhecido como *Chacina da Candelária*, em maio de 2013[2].

Mas foi o caso *Google vs. Agência Espanhola de Proteção de Dados e Mário Costeja Gonzalez*, julgado pelo Tribunal de Justiça da União europeia (TJUE) em 13 de maio de 2014 (Acórdão da Grande Seção nº C-131/12) que assegurou ampla difusão e mesmo notoriedade ao assim chamado direito ao esquecimento, ainda que no julgado propriamente não se tenha feito menção ao termo.

No que toca à esfera legislativa, da regulamentação normativa de um direito ao esquecimento, o direito ao esquecimento – já referido em docu-

[1] Confira as referências colacionadas por Rodrigues Junior, Otávio Luiz. Brasil debate o direito ao esquecimento desde 1990. CONJUR – Consultor Jurídico, coluna de Direito Comparado publicada em 27.11.2013. Acesso em < https://www.conjur.com.br/2013-nov-27/direito-comparado-brasil-debate-direito-esquecimento-1990 >.

[2] Cf. BRASIL. Superior Tribunal de Justiça. Recurso Especial: REsp 1334097/RJ, Rel. Ministro Luis Felipe Salomão, Quarta Turma. Julgado em 28.05.2013.

mentos anteriores na esfera da União Europeia[3] – acabou sendo previsto expressamente no novo Regulamento Geral de Proteção de Dados da União Europeia, aprovado em março de 2016 (679/2016) e que entrou em vigor em 25.05.18[4], que, no seu artigo 17, dispõe sobre um direito ao "apagamento" (*right to erasure*) de dados, associado a um direito ao esquecimento (*right to be forgotten*), estabelecendo parâmetros para a sua aplicação[5].

Por tais razões é que não tardou mais para que o termo direito ao esquecimento (ainda que tecnicamente não o mais adequado[6]) acabasse sendo disseminado e amplamente utilizado, incorporando-se à linguagem corrente, na mídia, na literatura e na jurisprudência em várias línguas. Aliás, é de se registrar que a figura do direito ao esquecimento – e o caso brasileiro revela isso – tem sido mesmo associada a situações que nem sempre guardam direta relação com o seu objeto e onde antes e durante muito tempo sequer se falava em tal direito.

Da mesma forma, quando se verifica – pelo menos no Brasil – que em vários casos concretos levados ao poder judiciário a invocação de um direito ao esquecimento não envolve um pedido de proibição de divulgação de determinada informação (ou mesmo de desindexação dos mecanismos de busca da internet) e sim uma reparação de danos imateriais e mesmo materiais, sequer se está a inibir ou impedir o acesso pelo público aos fatos (informações) tidos como prejudiciais.

[3] V. em especial, o documento de novembro de 2010 (*A Comprehensive Approach to Data Protection in the European Union*), que refere a necessidade de assegurar um direito ao esquecimento, sugerindo inclusive uma definição, bem como a menção do direito ao esquecimento no projeto de um novo Regulamento Geral sobre Proteção de Dados na União Europeia de março de 2012.

[4] Ver UNIÃO EUROPEIA. *Parlamento Europeu e Conselho.* Regulamento (UE) 2016/679 do Parlamento Europeu e do Conselho de 27 de abril de 2016 relativo à proteção das pessoas singulares no que diz respeito ao tratamento de dados pessoais e à livre circulação desses dados e que revoga a Diretiva 95/46/CE (Regulamento Geral sobre a Proteção de Dados). Disponível em: < http://eur-lex.europa.eu/eli/reg/2016/679/oj>. Acesso em: 06 fev. 2018.

[5] "Article 17. Right to erasure ('right to be forgotten') 1. The data subject shall have the right to obtain from the controller the erasure of personal data concerning him or her without undue delay and the controller shall have the obligation to erase personal data without undue delay where one of the following grounds applies:"

[6] Note-se que sob o rótulo de um direito ao esquecimento do que se trata – em termos técnicos – é basicamente assegurar aos indivíduos um direito a obter o cancelamento, mas também a não divulgação e/ou dificultação do acesso a determinadas informações (como se verifica nos pedidos de desindexação junto aos provedores de busca/pesquisa da internet).

A despeito (e cientes disso) e tendo em conta a necessidade de um acordo semântico, também aqui se opta pela utilização da expressão direito ao esquecimento. Outrossim, tal como já anunciado no próprio título, é nosso intento analisar o reconhecimento e aplicação do direito ao esquecimento tendo como foco o assim chamado direito ao esquecimento na ordem jurídico-constitucional brasileira e à luz da jurisprudência dos tribunais superiores, designadamente do STJ.

1. O direito ao esquecimento na condição de direito fundamental implicitamente positivado

A exemplo do que ocorreu com o reconhecimento de um direito ao esquecimento na União Europeia[7] e em diversos países europeus, como é o caso, entre outros, da Alemanha[8], Espanha[9], França[10] e Itália[11], e mesmo em outros continentes, como no caso dos EUA (embora as fortes objeções quanto ao reconhecimento de tal direito)[12] também no Brasil tal conceito legal não se encontra explicitado no texto constitucional.

A despeito disso, a doutrina e a jurisprudência brasileiras têm passado a reconhecer, em especial – e como já adiantado – a partir de 2013, um direito ao esquecimento, atribuindo-lhe inclusive a condição de um direito fundamental, muito embora a existência de posições contrárias[13] e não se verificar um consenso em relação a diversos pontos ligados ao

[7] Aqui reportamo-nos às referências já feitas ao novo Regulamento de Proteção de Dados da União Europeia e ao caso Google vs. Agência Espanhola de Proteção de Dados e Mario Costeja, julgado pelo TJUE.

[8] Por último v. WEISMANTEL, Jan. *Das "Recht auf Vergessenwerden" im Internet nach dem "Google-Urteil" des EuGH – Begleitung eines offenen Prozesses.* Berlin: Duncker & Humblot, 2017.

[9] V. por todos, CARO, Maria Alvarez. *Derecho al Olvido en Internet: El Nuevo Paradigma de la Privacidade en la Era Digital.* Madrid: Editorial Reus, 2015.

[10] V. por todos, DECHENAUD, David. *Le Droit à L'oubli Numérique: Donnés Normatives – Approche Comparée,* Bruxelles: Éditions Larcier, 2015.

[11] V. por último, MARTINELLI, Silvia. *Diritto All'oblio e Motori di Ricerca.* Milano: Giuffré, 2017.

[12] V. em especial MAYER-SCHÖNBERGER, Victor. *Delete. The Virtue of Forgetting in the Internet,* 2.ed., Princeton: Princeton University Press, 2011, bem como o recente artigo de KELLY, Michael J.; SATOLAM, David. *The Right to be Forgotten,* U.III.L. Rev. 1, 2017.

[13] Destaca-se aqui o entendimento de SARMENTO, Daniel. Liberdades Comunicativas e "Direito ao Esquecimento" na Ordem Constitucional Brasileira, parecer consultivo, in: *Revista Brasileira de Direito Civil.* ISSN 2358-6974. Vol. 7. Jan / Mar 2016. p. 190-232. Disponível em: <https://rbdcivil.ibdcivil.org.br/rbdc/article/view/76/70 >. Acesso em: 06 fev. 2018.

tema, em especial no que diz respeito ao alcance, conteúdo, limites e critérios de aplicação[14].

Assim, no tocante à sua dimensão material, o direito ao esquecimento, na condição de direito fundamental, encontra fundamento em determinados valores e princípios superiores (além de guardar relação direta com outros direitos humanos e fundamentais), de modo a ser reconhecido e protegido como um direito fundamental[15].

Na perspectiva da sua justificação constitucional – compreendida como vinculada ao direito constitucional positivo – e tal como o demonstra a experiência germânica, o reconhecimento do direito ao esquecimento radica na dignidade da pessoa humana, no direito ao livre desenvolvimento da personalidade e nos direitos especiais de personalidade, como é o caso dos direitos à vida privada, honra e imagem e do direito à autodeterminação informativa[16].

Para o caso do Brasil, contudo, é preciso relembrar que inexiste uma expressa previsão no texto constitucional de uma cláusula geral de proteção da personalidade ou mesmo um direito ao livre desenvolvimento da personalidade, que tem sido, de acordo com um entendimento já pacificado (pelo menos de modo absolutamente dominante) na literatura jurídica nacional, deduzido do (e associado ao) princípio da dignidade da pessoa humana[17].

[14] Limitando-nos aqui a referir as principais obras monográficas (livros) dedicados especialmente ao tema no Brasil, v. Pablo Dominguez Martinez, *Direito ao Esquecimento. A Proteção da Memória Individual na Sociedade da Informação*, 2014; Viviane Nóbrega Maldonado, *Direito ao Esquecimento*, 2016; Clarissa Pereira Carello, *Direito ao Esquecimento. Parâmetros Jurisprudenciais*, 2016; Zilda Mara Consalter, *Direito ao Esquecimento. Proteção da Intimidade e Ambiente Virtual*, 2017; Sérgio Branco, *Memória e Esquecimento na Internet*, 2017.

[15] V., por todos, o excelente texto de Neto, Arthur M. Ferreira, "Direito ao Esquecimento na Alemanha e no Brasil" in: *Diálogo entre o Direito Brasileiro e o Direito Alemão. Fundamentos, Métodos e Desafios de Ensino, Pesquisa e Extensão em Tempos de Cooperação Internacional.* Ed. by Claudia Lima Marques, Christoph Benicke and Augusto Jaeger Junior. Porto Alegre: RJR, 2016, vol. II, pp. 278-323.

[16] V. pars por toto, Gabrielle Buchholz, Das "Recht auf Vergessen im Internet – Eine Herausforderung für den demokratischen Rechtstaat", in: *Archiv des öffentlichen Rechts* (AÖR) vol. 140 (Tübingen: Mohr-Siebeck, 2015), pp. 127ss.

[17] V., entre outros, Gustavo Tepedino, *Temas de Direito Civil* (Rio de Janeiro: Renovar, 1999), pp. 44ss.; Fabio Siebeneichler de Andrade, "Considerações Sobre a Tutela dos Direitos da Personalidade no Código Civil de 2002", in: *O novo Código Civil e a Constituição*, ed. por Ingo Wolfgang Sarlet, 2ª ed., p. 101; Maria Celina Bodin de Moraes, *Danos à Pessoa Humana. Uma*

Nessa senda, a conexão do direito ao esquecimento com a dignidade da pessoa humana e o direito geral de personalidade, no sentido de um direito ao livre desenvolvimento da personalidade, pode ser justificada, numa primeira aproximação, com o fato de que a capacidade e a possibilidade de esquecimento e a necessidade de seu reconhecimento e proteção na esfera jurídica, representam condição necessária para exercer também o que se designou de um direito a se reinventar[18] ou a um recomeço, ou seja, a possibilidade de reformatar (reconstruir) a trajetória existencial pessoal (individual) e social, livre de determinadas amarras provocadas pela confrontação direta e permanente no tempo com aspectos relativos à memória (passado) [19].

Dito de outro modo, a possibilidade de esquecer, mas também – e nisso a necessidade de reconhecimento e proteção em face do Estado e de terceiros no plano social ampliado – poder ser "esquecido" e não sofrer permanentemente e de modo indeterminado as repercussões negativas associadas a fatos (aqui em sentido amplo) do passado é algo essencial não apenas para uma vida saudável pessoal – do ponto de vista físico e psíquico – mas para uma integração social do indivíduo.

Não é à toa que no tocante ao reconhecimento de um direito ao esquecimento é de se levar a sério a lembrança de Catarina Santos Botelho, no sentido de que, a partir das lições da neurologia, sabe-se que uma das principais funções do cérebro é a de esquecer tudo aquilo que é supérfluo e filtrar conteúdos que prejudicam emocionalmente os indivíduos[20].

Leitura Civil-Constitucional dos Danos Morais, 2ª ed. Rio de Janeiro: Editora Processo, 2003, pp. 117ss.; Anderson Schreiber, *Direitos da Personalidade*, 3ª ed. ver. e amp. São Paulo: Atlas, 2014, pp. 7ss.

[18] V. nesse sentido SOLOVE, Daniel. Speech, Privacy and Reputation on the Internet, in: NUSSBAUM, Marta; LEVMORE, Saul (Eds.), *The Offensive Internet: Speech, Privacy and Reputation*. Cambridge, MA: Harvard University Press, 2011, pp. 15-30.

[19] Cf. Nesse sentido, exatamente no que diz com o direito ao esquecimento, DIESTERHÖFT, Martin. *Das Recht auf medialen Neubeginn: Die »Unfähigkeit des Internets zu vergessen« als Herausforderung für das allgemeine Persönlichkeitsrecht. Volume 33 de Beiträge zum Informationsrecht*. Duncker & Humblot GmbH, 2014 p. 150. Note-se, contudo, que o autor se refere a uma dimensão mais restrita do que designa de um direito ao recomeço, pois fala especificamente num recomeço "medial", com ênfase no ambiente digital, o que, na perspectiva aqui adotada, soa demasiadamente limitado.

[20] Cf. BOTELHO, Catarina Santos. Novo ou Velho Direito? – O Direito ao Esquecimento e o Princípio da Proporcionalidade no Constitucionalismo Global, in: *Ab Instantia*, Ano V, nº 7, 2017, p. 52.

Nessa perspectiva trata-se também e em certo sentido da necessidade de assegurar uma determinada possibilidade de autogovernar a própria memória e de poder reagir de algum modo à "implacável memória coletiva da internet", além de impedir que as pessoas fiquem prisioneiras de 'um passado destinado a não passar'[21].

Tal afirmação indica, por sua vez, que o direito ao esquecimento assume uma dimensão que vai além da individual, porquanto já se demonstrou que o esquecimento, aqui com destaque para a internet, consiste num processo social que carece de descrição e compreensão independentemente do esquecimento por parte das pessoas individualmente consideradas e que guarda relação com o que se costuma designar de uma "memória coletiva"[22].

Isso significa, em apertada síntese, que a tese de que a internet não esquece não deve ser entendida de um modo fechado e absoluto, pois, entre outros fatores, há sempre uma interação dinâmica entre lembrar e esquecer, já que a escolha de determinada informação para sua divulgação implica que toda uma gama de outras informações, que não foram escolhidas, sejam esquecidas para os atuais processos de comunicação, de modo que em princípio e de uma perspectiva abstrata, se esquece tanto quanto se lembra[23].

Por isso – como destacado acima – é que se fala de um processo de esquecimento social, que se reflete no plano individual, mas que se dá pela eventual supressão de determinadas informações e em dificultar o acesso às mesmas. Tais aspectos, por sua vez, guardam relação direta com o problema do conteúdo, dos limites e dos modos de efetivação do direito ao esquecimento.

Assim, em apertada síntese, é possível sustentar que o direito ao esquecimento, na perspectiva da ordem constitucional brasileira, constitui um direito fundamental de natureza implícita, manifestação (e mesmo exigência) da dignidade da pessoa humana e do direito ao livre desenvolvimento da personalidade, guardando relação, ainda, com diversos direitos

[21] Cf. RODOTÀ, Stefano. *Il Mondo nella rete. Quali i diritti, quali i vincoli.* Roma: Editori Laterza, 2014, p. 41-42.

[22] Nesse sentido, v. ALBERS, Marion; SCHIMKE, Anna. *Vergessen im Internet*, Manuscrito, 2018. Destaque-se que as autoras fazem referência a diferentes tipos de memória, a individual, a social, a cultural e a política, o que não será objeto de aprofundamento no presente texto.

[23] Cf. ALBERS, Marion. SCHIMKE, Ana, *op. cit.*, 2018.

de personalidade consagrados – de modo explícito e implícito – pela CF, tais como os direitos à privacidade, intimidade, honra e imagem, mas também os direitos à autodeterminação informativa, ao nome e o direito à identidade pessoal, todos já reconhecidos pelo STF[24].

A justificação de um direito ao esquecimento na perspectiva constitucional não exclui, por sua vez, a possibilidade de seu reconhecimento a partir de uma série de diplomas legislativos infraconstitucionais, onde – embora também sem qualquer referência direta a tal direito – podem ser encontradas algumas manifestações parciais, que, de algum modo, podem ser tidas como modos de concretização de tal direito. Além disso, já existem diversas propostas legislativas tramitando no Congresso Nacional prevendo o reconhecimento expresso de um direito ao esquecimento e mesmo estabelecendo regras para a sua aplicação[25].

Tais manifestações parciais de um direito ao esquecimento não serão, contudo, aqui desenvolvidas, salvo, à medida do necessário, na parte relativa à avaliação crítica da jurisprudência,[26] exceção feita aqui – levando em conta o objeto do presente trabalho – à Lei do Marco Civil da Internet (Lei Federal nº 12.965, de 23 de abril de 2014, doravante apenas LMCI),

[24] Nesse sentido v. também BOTELHO, Catarina Santos, op. cit., p. 61 e ss.

[25] Segue a relação dos projetos de lei: PL 2712/2015, da autoria do Deputado Jefferson Campos, Projeto de Lei nº 1676/2015, de autoria do Deputado Veneziano Vital do Rêgo e o Projeto de Lei 8.443/2017, de autoria do Deputado Luiz Lauro Filho.

[26] Em caráter aqui muito sumário, há que colacionar os artigos 135 do Código Penal, 748 do Código Processual Penal e 202 da Lei de Execuções finais, que, em linhas gerais, vedam que os antecedentes criminais de alguém sejam levados a público e possam ser utilizados apenas para uma nova investigação e/ou processo criminal. No mesmo sentido, o assim chamado Estatuto da Criança e do Adolescente (Lei nº 8.069, de 13.07.1990) contempla regras que podem ser utilizadas no reconhecimento de um direito ao esquecimento, promovendo a proteção da dignidade e direitos de personalidade das crianças (até 12 anos incompletos de idade) e adolescentes (12-18 anos). Na esfera cível, o Código de Defesa do Consumidor (Lei nº 8078/1990), em especial (mas não só) no seu artigo 43, contempla aspectos que dizem respeito também ao direito ao esquecimento e à livre autodeterminação informativa, pois dispõe que o consumidor deve ter livre acesso aos seus próprios dados informados em bancos de dados, fichários e arquivos, sendo lhe assegurado (§ 2º) um direito de retificação. O consumidor poderá ainda requerer o cancelamento (exclusão) dos dados constantes nos cadastros negativos depois de transcorridos cinco anos do seu armazenamento. Também o Código Civil Brasileiro (Lei nº 10.406, de 10.01.2002), particularmente nos seus artigos 11, 12, bem como e em especial nos artigos 16 a 21, no capítulo referente aos direitos de personalidade, oferece fundamento para a proteção de aspectos ligados ao direito ao esquecimento.

que estabeleceu um conjunto de princípios, bem como previu garantias, direitos e deveres para o uso da Internet no Brasil.

Mesmo não prevendo expressamente o direito ao esquecimento, a LMCI contém importantes diretrizes e regras concretas que podem ser reconstruídas para fins de se reconhecer a necessidade de acolhimento dessa pretensão jurídica individual em determinados casos, conforme se vê dos seguintes dispositivos que, interpretados sistematicamente, reconduzem à conclusão que aponta para a existência do direito ao esquecimento no direito nacional, além de regular aspectos específicos relativos a tal direito fundamental, dando lhe concretude ao menos parcial.

Dentre os dispositivos mais relevantes a serem colacionados, há que sublinhar o que prescreve o art. 7º, inciso X, reconhecendo um direito subjetivo ao usuário da internet, no sentido de requerer (e obter de modo coercitivo, a depender do caso), "a exclusão definitiva dos dados pessoais que tiver fornecido a determinada aplicação de internet, a seu requerimento, ao término da relação entre as partes, ressalvadas as hipóteses de guarda obrigatória de registros previstas nesta Lei".

Embora a LMCI preveja apenas um direito à exclusão de conteúdos tidos como prejudiciais e/ou ilícitos, é necessário ressaltar que o direito ao esquecimento, pelo menos na forma em que o compreendemos e como foi reconhecido na decisão *Google* do TJUE, não se limita e nem corresponde propriamente a um direito ao cancelamento de dados, mas abarca (e mesmo possivelmente se centra, em se tratando da internet) um direito à desindexação junto aos mecanismos de busca, devendo, ademais, atender determinados critérios, que serão mais adiante abordados.

2. Reconhecimento e proteção do direito ao esquecimento pelo STJ

Embora o direito ao esquecimento venha sendo vinculado – de maneira mais apropriada – ao ambiente digital, existem outras situações nas quais o tema tem sido objeto de discussão e mesmo resultado em decisões judiciais no sentido de seu reconhecimento. Por tal razão e para facilitar a compreensão do tema, optamos por iniciar – no contexto da apresentação e análise dos principais julgados do STJ – com casos que não guardam relação direta com a internet.

Nessa perspectiva, os dois primeiros casos em que esteve em causa um direito ao esquecimento (todavia, em sentido amplo, visto que não se tratava da proibição de veiculação de determinados fatos ou do apagamento de dados ou a desindexação de determinados links dos mecanismos de busca na internet), ambos julgados pelo STJ, foram apreciados nos Recursos Especiais nº 1335153/RJ e nº 1334097/RJ (2013).

Em tais recursos especiais, julgados pela 4ª Turma da Corte Superior no mesmo dia, foram estabelecidos alguns parâmetros para o reconhecimento e respectivas consequências jurídicas de um direito ao esquecimento no Brasil, foram, contudo, alcançadas conclusões opostas, visto que num dos casos foi assegurada a proteção de tal direito, ao passo que no outro foi dada prevalência à liberdade de informação e comunicação. Tal discrepância, não necessariamente se revela contraditória, mas desde logo aponta para o fato de que, a exemplo de outros casos em que se verifica uma colisão de direitos, necessária uma análise das peculiaridades de cada caso, do peso dos direitos envolvidos, bem como do impacto resultante de sua maior ou menor proteção, tudo mediante uma operação de ponderação destinada a estabelecer um equilíbrio e uma solução adequada do ponto de vista jurídico.

No primeiro caso, conhecido como caso "*Aida Curi*" (Resp. 1.335.153/RJ) os familiares de Aida Curi, vítima de assassinato cometido em 1958, que havia adquirido ampla notoriedade à época em que praticado, queriam impedir que programa televisivo veiculado pela TV Globo (Programa Linha Direta) reproduzisse e reconstituísse, ainda que na condição de documentário, décadas depois, esse mesmo episódio traumático, fazendo com que "antigas feridas já superadas" fossem reabertas em público. Defenderam os autores, portanto, que deveria ser acolhida a pretensão de se declarar, no caso, "seu direito ao esquecimento, de não ter revivida, contra a vontade deles, a dor antes experimentada por ocasião da morte de Aida Curi, assim também pela publicidade conferida ao caso décadas passadas". Além disso, pleitearam indenização por danos imateriais.

Analisando as particularidades do caso, o Ministro Relator, Luís Felipe Salomão, entendeu que:

i) as vítimas de crimes e seus familiares, em tese, também podem ser titulares do direito ao esquecimento, na medida em que não podem ser obrigadas a se submeter desnecessariamente a "lembranças de fatos passados que lhes causaram inesquecíveis feridas", ademais da circunstância de que injusta a proteção do eventual ofensor, por conta de seu direito à ressocialização, deixando a vítima e seus familiares à mercê da sua pública e permanente exposição;

ii) a resolução adequada do caso exige a ponderação da possível historicidade do fato narrado com a proteção à intimidade e privacidade dos ofendidos;

iii) no caso, o crime entrou para o domínio público, tornando-se, de tal sorte, um fato de natureza histórica, não podendo ser transformado em fato inacessível à imprensa e à coletividade. Além disso, devido à ampla difusão dada ao fato na época dos acontecimentos, inclusive da investigação e julgamentos, bem como a conexão direta com o nome da vítima, seria impraticável "retratar o caso Aida Curi, sem Aida Curi"; e (iv) diante da situação concreta seria desproporcional a restrição da liberdade de imprensa, se comparada ao desconforto gerado pela lembrança dos fatos por parte dos familiares da vítima, em particular considerando o largo lapso temporal transcorrido desde a data dos fatos, que tem o condão de esmaecer, ainda que não afastar por completo, a dor e o abalo causado pelos fatos e sua divulgação.

No segundo julgado, conhecido como caso *Chacina da Candelária* (RESP nº 1.334.097/RJ), igualmente se pretendeu evitar veiculação de programa televisivo (Linha Direta), ademais de pleitear indenização por danos imateriais por parte da Rede Globo de Televisão. O autor da demanda originária, também aforada contra a empresa Globo Comunicações e Participações, alegava a ausência de contemporaneidade dos fatos e que a reabertura de "antigas feridas", que já haviam por ele sido superadas, teria reascendido a desconfiança da sociedade no que diz respeito à sua índole, pugnando pelo reconhecimento de seu direito de ser esquecido, ou seja, não ser lembrado contra a sua vontade, em virtude de fatos criminosos pelos quais havia sido indiciado e processado, mas pelos quais restou absolvido.

Diferentemente do caso anterior, aqui o mesmo Ministro, Luís Felipe Salomão, igualmente Relator do feito, deu ganho de caso ao autor da demanda (recorrido), depois de estabelecer alguns pressupostos, argumentando que:

i) mesmo sendo os crimes reportados famosos e de contornos históricos e não obstante fosse a reportagem jornalística fiel à realidade, deveria prevalecer a proteção à intimidade e privacidade dos condenados e dos absolvidos, como no caso do recorrido, uma vez que a "vida útil da informação criminal" já havia alcançado o seu termo final;

ii) O reconhecimento de um direito ao esquecimento expressa "uma evolução cultural da sociedade, confere concretude a um ordenamento jurídico, que, entre a memória – que é a conexão com o passado – e a esperança – que é o vínculo com o presente – fez clara opção pela segunda", cuidando-se, no caso do direito ao esquecimento, de "um direito à esperança, em absoluta sintonia com a presunção legal e constitucional de regenerabilidade da pessoa humana";

iii) A historicidade inconteste dos fatos aos quais se refere o programa televisivo deve ser examinada em concreto, afirmando-se o interesse público e social, desde que, contudo, a identificação pessoal dos envolvidos seja indispensável. No caso julgado, muito embora se trate de um acontecimento histórico e um símbolo da precariedade da proteção estatal das crianças e adolescentes, o documentário poderia ter retratado os fatos de forma correta sem identificar, pelo nome ou pela imagem, os envolvidos, em particular, a pessoa do recorrido;

iv) Além disso, permitir a divulgação do nome e imagem do recorrido, ainda que absolvido (que mesmo assim teria reforçada a sua imagem de acusado e envolvido), seria o mesmo que permitir uma segunda violação de sua dignidade, uma vez que o próprio fato e sua ampla divulgação, incluindo o nome do recorrente como suspeito, assim como inquérito policial, já representaram na época uma vergonha nacional;

À vista dos argumentos colacionados, percebe-se que, nesse segundo caso, prevaleceu o critério do esgotamento da função sancionatória e da necessidade de reabilitação e reinserção social dos condenados e absolvidos, o que superaria o peso argumentativo não apenas da, no caso, evidente historicidade dos fatos que seriam objeto da reportagem jornalística, como também da liberdade de expressão inerente à atividade da imprensa.

Outro caso que merece ser destacado é o assim chamado caso Brilhante Ustra (Resp. 1434498, julgado em 05.02.2015, relatora Ministra Nancy Andrigui e voto-vista do Ministro Paulo Sanseverino), no qual um militar reformado (Cel. Brilhante Ustra) invocou o direito ao esquecimento em face de demanda que pretendia ver declarada a sua responsabilidade por atos atentatórios aos direitos humanos dos demandantes (vítimas de tortura), argumentando que estaria também resguardo pela legislação da anistia. Embora a Relatora tenha acolhido tais argumentos, os demais Ministros que participaram do julgamento entenderam que a anistia não abarca o reconhecimento, na esfera cível (ainda mais em ação de caráter declaratório) atos praticados ao tempo da ditadura militar, além de ser o caso de se dar prevalência também – numa perspectiva coletiva – a um direito à memória e à verdade.

Particularmente relevante para a discussão em torno do conteúdo e alcance de um direito ao esquecimento no Brasil, é o fato de que o STF (a partir do caso Aida Curi) reconheceu a Repercussão Geral da discussão[27], uma vez que seria passível de apreciação em sede de Recurso Extraordinário a alegação de que "o direito ao esquecimento é um atributo indissociável da garantia da dignidade humana, com ela se confundindo, e que a liberdade de expressão não tem caráter absoluto, não podendo se sobrepor às garantias individuais, notadamente à inviolabilidade da personalidade, da honra, da dignidade, da vida privada e da intimidade da pessoa humana".

No decurso do processo, o Relator, Ministro Dias Toffoli, convocou Audiência Pública, realizada em 12.06.17, na qual foram ouvidos representantes de diversas entidades públicas e privadas, inclusive vinculadas ao domínio digital (como foi o caso do *Google* e do *Yahoo*), de modo que é possível arriscar prognóstico no sentido de que a decisão do STF quando julgar o mérito da questão propriamente dita provavelmente adentrará a repercussão de um direito ao esquecimento na internet.

Nesse contexto importa destacar que o direito ao esquecimento na internet (tomado em sentido amplo), embora não se limite à responsabilidade dos provedores de pesquisa e a um direito à desindexação, é nessa esfera que se tem registrado maior controvérsia, razão pela qual que optamos por nisso centrar nossa atenção.

Note-se, ainda nessa quadra, que o STJ vinha, em regra, refutando a responsabilidade dos provedores de pesquisa em relação a conteúdos posta-

[27] BRASIL, Supremo Tribunal Federal. Agravo em Recurso Extraordinário 833248 Repercussão Geral/RJ, Rel. Min. Dias Toffoli. Julgado em 19/02/2015. Note-se, para melhor compreensão do público não brasileiro, que o STF, por decisão majoritária de seus Juízes, pode acolher a alegação da repercussão geral (relevância e caráter nacional do caso em virtude de dissídio jurisprudencial relevante), o que implica a suspensão de todos os processos que tramitam nas instâncias ordinárias até o julgamento definitivo do caso, quando a decisão passa a ter efeitos gerais (erga omnes) e vincula diretamente todos os órgãos e agentes do Poder Judiciário.

dos por terceiros e tornados facilmente disponíveis mediante mecanismos de buscas, afastando, portando, diversos pedidos no sentido da desindexação de links de modo a impedir ou pelo menos dificultar sobremaneira o acesso pelos usuários da internet a determinadas informações.

Muito embora, em julgado recente (Resp. 1.660168/RJ, 08.05.18), a 3ª Turma do STJ tenha sinalizado uma possível guinada quanto a responsabilidade dos provedores de pesquisas, deferindo um pedido de desindexação e impondo a instalação de filtros nos mecanismos de buscas, calha apresentar, em apertada síntese, alguns dos principais casos anteriores

O primeiro caso que chegou ao STJ ficou conhecido como o caso Xuxa, objeto de julgamento no Recurso Especial 1.316.921, relatado pela Ministra Nancy Andrigui, tendo sido julgado em 26.06.2012. Cuidava-se de ação movida por Maria da Graça Xuxa Meneghel, então ainda apresentadora de programas infantis e infanto-juvenis, contra a empresa Google Brasil Internet Ltda, objetivando a supressão dos mecanismos de busca de todo e qualquer resultado relativo à busca com base na expressão "xuxa pedófila" ou qualquer outra expressão que associasse o nome da autora a qualquer tipo de prática criminosa.

O STJ, contudo, ao apreciar a irresignação da demandada (*Google Search*), acabou adentrando o problema específico relativo a um direito ao esquecimento, dando, contudo, integral provimento ao recurso. Naquilo que importa ao nosso estudo, seguem, em síntese, as razões que fundamentaram a decisão, que serão objeto de avaliação crítica mais adiante:

i) Ao *Google Search*, cuja atividade se limita a de operar como mecanismo de busca e provedor de pesquisa, não se aplica o disposto no artigo 14 do Código de Defesa do Consumidor, pois, ao contrário do que se verifica com os provedores de conteúdo, o *Google Search* se limita a indexar termos e "indicar links onde podem ser encontrados os termos ou expressões de busca fornecidos pelo próprio usuário". Por tal razão também não há que falar, nesse tipo de atividade, de serviço defeituoso.

ii) Como a atividade do provedor de pesquisa é realizada num ambiente virtual, que permite o acesso público e irrestrito, ainda que não existissem mecanismos de busca como os oferecidos pelo *Google Search*, os conteúdos considerados de cunho ilícito, seguiriam circulando e sendo disponibilizados na Internet.

iii) Que, dado o caráter subjetivo e arbitrário que envolve a decisão de retirar, ou não, links, resultados e páginas que veiculem conteúdos ofensivos (ilícitos) na Internet, não se pode delegar aos provedores de pesquisa tal margem de discricionariedade.

iv) Quem se considera afetado pela divulgação de alguma informação (conteúdo) na Internet, deveria voltar-se contra os responsáveis diretos pela inserção de tais dados na rede mundial de computadores, e não contra os provedores de pesquisa, que então sequer teriam como dar acesso aos conteúdos tidos como ofensivos. Assim, o único modo de se excluir o conteúdo tido como ilícito (ofensivo) reside na identificação da respectiva URL, especificando-se o endereço responsável pelo seu armazenamento na rede mundial de computadores.

v) O embate entre a liberdade de expressão e comunicação, em especial na sua dimensão coletiva, deve prevalecer sobre os interesses individuais, atribuindo-se maior peso ao direito à informação.

Uma segunda decisão relevante foi tomada pelo STJ no Recurso Especial 1407271/SP, julgado em 21.11.13[28]. Aqui se tratava de ação intentada por empregada demitida de empresa depois de ter sido encontrado, no seu e-mail corporativo, vídeo contendo cenas íntimas gravadas nas dependências da empresa, vídeo que foi postado na internet, disponibilizado no Orkut e acessível pelos mecanismos de busca do Google. A autora da ação pretendia obter a desvinculação de todas as URLs prejudiciais do Google, a remoção do site do Orkut de qualquer menção ao seu nome e o fornecimento de dados de todos os responsáveis pela publicação de mensagem que lhe eram ofensivas.

No julgamento pelo STJ, no qual o pedido da autora não foi acolhido, além da reiteração de argumentos manejados no caso anterior, *foi realizada ponderação em favor da liberdade de informação, argumentando que o pedido da autora seria juridicamente impossível pelo fato de ser desarrazoado no caso concreto.* Além disso, foi referido *o comportamento da autora como sendo ingênuo e displicente por ter mantido no seu correio eletrônico vídeos com imagens íntimas.*

[28] BRASIL. Superior Tribunal de Justiça. *Recurso especial: Resp. 1407271/SP.* Relatora Ministra Nancy Andrighi. Terceira Turma. Julgado em 29/11/2013. Disponível em: <http://www.stj.jus.br/SCON/jurisprudencia/doc.jsp?livre=resp+1407271&b=ACOR&p=true&t=JURIDICO&l=10&i=4>. Acesso em: 05 fev. 2018.

O último dos casos (negando a responsabilidade dos provedores de pesquisa) a ser aqui colacionado foi julgado em novembro de 2016 (Resp. 1.593.873-SP)[29]. Tratava-se de uma demanda aforada contra o Google Brasil Internet (recorrente) com o intento de excluir em caráter definitivo dos mecanismos de busca todos os links dando acesso a imagens íntimas da autora. Aqui também foram reiterados os principais argumentos esgrimidos nas decisões anteriores. Importa destacar, todavia, que no caso aqui apresentado (e diferentemente dos demais) a maioria dos Ministros entendeu que no Brasil inexiste previsão legal específica impondo tal responsabilidade, inaplicável também o decidido pelo Tribunal de Justiça da União Europeia no caso Google vs. Agência Espanhola de Proteção de Dados e Mario Costeja.

A partir dos casos apresentados, é possível, em caráter de síntese e para empreender uma análise global e crítica, o seguinte cenário, no que concerne ao entendimento até há pouco dominante no STJ em relação ao direito ao esquecimento na internet, aqui no que concerne aos mecanismos de busca e um direito a desindexação.

Resumindo aqui os diversos argumentos (e critérios) manejados nas decisões acima apresentadas, o STJ vinha entendendo que os provedores de pesquisas: a) não respondem pelo conteúdo dos resultados das buscas levadas a efeito pelos respectivos usuários; b) não podem ser obrigados a eliminar resultados derivados das buscas com base em determinado termo ou nome; c) não podem ser obrigados a exercer um controle prévio do conteúdo dos resultados das buscas feitas por cada usuário; d) a responsabilidade, portanto, há de recair não sobre o provedor de pesquisa, mas sim, aquele site que armazena a informação e que é acessado via mecanismo de busca; e) o provedor de pesquisas não pode atuar como uma espécie de censor digital; f) no embate entre os direitos de personalidade e a liberdade de expressão e informação prevalece em regra a última; g) o comportamento da pessoa afetada pela informação deve ser avaliado em concreto e ser utilizado como critério para a ponderação; h) apenas em caso de descumprimento de ordem judicial se verifica a responsabilidade também do

[29] BRASIL. Superior Tribunal de Justiça. *Recurso Especial: Resp. 1593873/SP*. Relatora Ministra Nancy Andrighi. Julgado em: 10/11/2016. Disponível em: <http://www.stj.jus.br/SCON/jurisprudencia/toc.jsp?livre=resp+1593873&&tipo_visualizacao=RESUMO&b=ACOR&thesaurus=JURIDICO&p=true>. Acesso em: 06 fev. 2018.

provedor de pesquisas, seja quanto à cominação de multa, seja em termos de responsabilidade civil por eventuais danos causados; i) a ausência de previsão legal expressa estabelecendo a obrigação de desindexação e responsabilização não pode ser suprida judicialmente;

Mas, como já adiantado, com o julgamento do RESP 1.660168/RJ, de 08.05.18, o STJ acabou (por maioria) rompendo com a orientação que prevalecia até então e deu guarida a um pedido de desindexação, reconhecendo a responsabilidade dos provedores de pesquisa. Para compreender melhor a questão e mesmo verificar se todos os argumentos invocados nas decisões anteriores foram refutados e, em especial, identificar os critérios aplicados para justificar a procedência do pleito com base no direito ao esquecimento, segue uma breve descrição do caso e da decisão, inclusive das suas razões subjacentes[30].

No que toca ao caso propriamente dito, tratava-se de julgamento de Recurso Especial interposto pela empresa Google Brasil Internet Ltda, Yahoo do Brasil Internet Ltda, e Microsoft Informática Limitada, em relação à julgamento em sede de apelação julgada pelo Tribunal de Justiça do Rio de Janeiro, que, por sua vez, havia reformado sentença proferida na primeira Instância que não reconhecera o direito ao esquecimento da demandante, uma integrante do Ministério Público Estadual, no sentido de determinar aos então requeridos que implantassem filtro por palavra-chave com o escopo de evitar a associação do nome da autora da ação na instância à notícias envolvendo suposta fraude praticada quando de concurso público para a Magistratura Estadual, ocorrido em 2007. Note-se que na ocasião houve investigação promovida pelo CNJ, que, contudo, não encontrou provas suficientes dando conta da efetiva ocorrência do ilícito. Todavia, mesmo depois disso, o nome da autora seguia indexado e associado aos dados "fraude em concurso para Juiz", ensejando a propositura da demanda mediante a alegação de que com isso estaria sendo afetada a privacidade e prejudicada a imagem pelo fato de já ocupar outro cargo público na seara jurídica.

Quanto às razões esgrimidas ao longo do percurso processual, importa destacar que, na sua sentença, o Magistrado que julgou a ação na primeira

[30] Note-se, contudo, que quando do encerramento para envio à editora do manuscrito do presente texto, o Acórdão com todos os votos dos Ministros que participaram do julgamento ainda não tinha sido disponibilizado pelo STJ.

Instância, afastou a responsabilidade da empresa Google na condição de provedora de pesquisa, arguindo, em síntese, argumentos que vinham sustentando a orientação do STJ até então. Já em sede de apelação tal resultado foi revertido, porquanto os integrantes do respectivo colegiado do Tribunal de Justiça do Rio de Janeiro entenderam que, dadas as circunstâncias do caso, os direitos de personalidade da então apelante deveriam prevalecer para o efeito de evitar a circulação, por tempo desarrazoado, de fatos noticiados que possam ter repercussão negativa na vida presente dos indivíduos. Dessa forma, o Tribunal de Justiça do Estado do Rio de Janeiro determinou que os referidos sites de busca instalassem filtros de conteúdo que desvinculassem o nome da autora (Promotora de Justiça) das notícias sobre a suposta fraude, sob pena de multa diária de R$ 3 mil.

Nos recursos especiais interpostos, os réus alegaram, em síntese: a) violação de dispositivos do Código de Processo Civil e do Código Civil pelo fato de ter sido imposta obrigação técnica e juridicamente impossível; b) que a obrigação imposta não implica utilidade alguma, porquanto a desvinculação do nome da recorrida dos sites de busca não impede a manutenção das matérias nas quais seu nome é referido na internet; c) a aplicação do entendimento reiterado do Superior Tribunal de Justiça quanto à impossibilidade de responsabilizar os servidores de dados nessas condições; d) que a ordem de filtragem dos resultados configura censura e ofende direitos dos consumidores que utilizam seus serviços de buscas;

Por fim, já em sede de julgamento dos Recursos Especiais, a 3ª Turma do STJ, por maioria de votos, lhes deu parcial provimento apenas para o efeito de reduzir o valor da multa estabelecida aos recorrentes.

No que diz com as razões esgrimidas nos votos dos Ministros, é de se destacar que a eminente Relatora, Ministra Nancy Andrighi manteve em termos gerais a posição sustentada em diversos julgados anteriores, onde havia negado pedidos de desindexação de conteúdos postados por terceiros e acessados mediante recurso a mecanismos de busca ofertados por provedores de pesquisa. Acompanhando o voto da Relatora, o Ministro Ricardo Villas Boas Cuêva entendeu que a decisão do TJRJ teria negado vigência ao artigo 19 do Marco Civil da Internet, especialmente por ter imposto uma ordem genérica sem que tenha sido identificado de forma clara e específica o conteúdo tido como prejudicial e que pudesse viabilizar a sua localização, razão pela qual o autor do pedido de exclusão de dados deve indicar a URL. Ademais disso, de acordo com o dispositivo legal citado, os provedores apenas respondem civilmente por conteúdos postados por terceiros quando, uma vez notificados, não adotarem medidas para tornar indisponível o material tido como nocivo.

Inaugurando a divergência, que acabou por prevalecer, o Ministro Marco Aurélio Belizze votou no sentido de dar provimento apenas parcial aos recursos especiais no sentido de reduzir o valor da multa aplicada. Quanto ao reconhecimento do direito ao esquecimento no caso concreto, manteve a decisão do TJRJ com base, em síntese, nos seguintes argumentos: a) que não há diferença entre as normas aplicáveis na Europa e no Brasil pois em ambos os casos trata-se da responsabilidade dos provedores de pesquisas (mecanismos de buscas), que selecionam e hierarquizam informações a partir de algoritmos independentemente do conteúdo dos dados aos quais dão acesso; b) que o Marco Civil da Internet dá sustentação à medida imposta pelo TJRJ, ainda que não esteja expressamente prevista, o que pode ser o caso em situações excepcionais quando o impacto do acesso às informações gerar um impacto desproporcional, designadamente quando se cuida de interesses de natureza privada e, mesmo quando presente interesse coletivo, à vista do transcurso de um largo espaço temporal desde a ocorrência dos fatos cuja divulgação na Internet é tida como prejudicial; c) no caso concreto, mesmo transcorridos dois anos dos fatos, o provedor seguia apontando como notícia mais relevante associada ao nome da autora da ação aquela relativa às supostas fraudes relacionadas ao concurso público para a Magistratura, sendo que mesmo depois de uma Década tais fatos seguem disponibilizados como se inexistissem informações posteriores; d) o pedido da autora é específico, no sentido de que o apontamento do seu nome deixe de ser usado como critério exclusivo, desvinculado de qualquer outro termo, relacionando-o ao mencionado fato desabonador de seus diretos de personalidade; e) à medida em que o resultado aparece e é mantido pelo site o que se verifica é uma atividade retroalimentação, porquanto ao realizar a busca pelo nome da autora e obter o link à referida notícia, o usuário do provedor irá acessar o conteúdo, o que, por sua vez, reforçará o sistema automatizado de que a página é relevante; f) o acesso às informações não resta impedido, pois as fontes que as noticiam, inclusive referindo o nome da autora, seguem disponíveis na internet; g) mediante a instalação dos filtros determinada, o que se está a evitar é o uso do nome da autora como critério exclusive de busca seja acessada em primeiro lugar a informação sobre as fraudes noticiadas há mais de dez anos;

Na sequência do Voto do Ministro Moura Ribeiro, que aderiu à divergência, coube ao Ministro Paulo Sanseverino proferir o voto de desempate em favor da divergência e pelo desprovimento dos recursos, esgrimindo as razões que seguem: a) o caso concreto, distinto daqueles onde está em causa a responsabilidade de provedores de conteúdo, versa sobre o reconhecimento do direito de se evitar que, sendo feita a pesquisa mediante o uso dos mecanismos de busca dos provedores de pesquisa com referência apenas do nome da pessoa, sem qualquer outro critério vinculativo, as informações priorizadas seguissem sendo, transcorrido tanto tempo, os fatos que impactam os direitos da autora; b) por tal razão, a exemplo do que se deu no caso Google vs. Mario Costeja Conzalez julgado pelo TJUE e consideradas as peculiaridades do caso concreto, o direito à informação deve ceder em face da desproporcional afetação dos direitos de personalidade da autora.

À vista das decisões ora colacionadas, necessário proceder a uma avaliação crítica conjunta das mesmas, o que será levado a efeito logo na sequência.

3. As decisões do STJ em perspectiva crítica e algumas conclusões

Um primeiro aspecto a adentrar, muito embora aplicável especificamente ao ambiente da internet, diz respeito à responsabilidade dos provedores de pesquisa pelo fato de assegurarem o acesso conteúdos considerados prejudiciais aos interesses e direitos de determinadas pessoas individual ou coletivamente consideradas e mesmo interesses de instituições públicas e privadas.

Tal responsabilidade, que vinha sendo majoritariamente afastada, foi, como visto no segmento anterior, objeto de recente reconhecimento em decisão por maioria de um voto (o que não necessariamente significa sua afirmação em casos posteriores) de tal sorte que o STJ acabou por aderir à posição aparentemente dominante na Europa, em especial por força da decisão do TJUE no caso Google vs. Mario Costeja e Agência Espanhola de Proteção de Dados e com amparo (pelo menos parcial) no Novo Regulamento Europeu de Proteção de Dados.

No caso brasileiro, a despeito da inexistência de previsão específica a um direito à desindexação em face dos provedores de pesquisa na legislação ordinária – inclusive na Lei do Marco Civil da Internet – a responsabilidade dos provedores de pesquisa pode ser, também no nosso sentir e para aqui firmar posição quanto a tal ponto ao menos em termos gerais, tida como afinada com o marco normativo em vigor, desde que considerado no seu conjunto e numa perspectiva teleológica e sistemática.[31]

O fato é que – na esteira da decisão Google do TJUE – os provedores de pesquisa, por meio dos mecanismos de busca, não podem ser considerados pura e simplesmente meros intermediários entre os usuários e v.g. os provedores de conteúdo, visto que os algoritmos utilizados para suas operações implicam uma forma de coleta e processamento de dados. Note-se que os mecanismos de busca vasculham de modo automático, continuado e sistemático na busca de informações publicadas na internet, para depois proceder à sua seleção, armazenamento e organização, por exemplo, no que diz com a hierarquização das informações buscadas em termos de ordem de aparição nas suas páginas[32].

Superada a questão da responsabilidade dos provedores de pesquisas, restam, contudo, outras questões a serem consideradas e que foram apenas em parte (e mesmo assim de modo nem sempre adequado) tratadas nas decisões do STJ colacionadas. Tais questões, importa frisar, dizem respeito tanto ao ambiente da Internet como a outros casos envolvendo um direito ao esquecimento, ressalvando-se que, no primeiro caso, há peculiaridades a serem destacadas e analisadas com especial atenção.

Nesse contexto verifica-se que em regra as decisões do STJ não dão a devida atenção para o problema dos conflitos (colisões) entre direitos fundamentais que caracterizam os casos que dizem respeito ao direito ao esquecimento. Com efeito, o que se constata é que – salvo quanto a um ou outro aspecto – as decisões deixaram de proceder a uma ponderação cui-

[31] Cf. SARLET, Ingo W. Vale a pena relembrar o que estamos fazendo com o direito ao esquecimento. In: *Revista Consultor Jurídico – CONJUR*. Publicado em 26.01.2018. Disponível em: < https://www.conjur.com.br/2018-jan-26/direitos-fundamentais-vale-pena-relembrar-fizemos-direito-esquecimento >. Acesso em: 06 fev. 2018. Para um maior desenvolvimento do tema (responsabilidade dos provedores de pesquisa e desindexação) – dentre a literatura disponível no Brasil. V. GONÇALVES, Luciana Helena. *O direito ao esquecimento na era digital: desafios da regulação de desvinculação de URLs prejudiciais a pessoas naturais nos índices de pesquisa dos buscadores horizontais*. Dissertação de Mestrado. Escola de Direito da Fundação Getúlio Vargas, São Paulo, 2016. Disponível em: <http://bibliotecadigital.fgv.br/dspace/handle/10438/16525>. Acesso em 06 fev. 2018.

[32] Para o caso europeu v., dentre tantos, STEHMEIER, Marinus; SCHIMKE, Anna. Internet-Suchmaschinen und Datenschutz. Zugleich eine Besprechung von EUGH C-131/12 Google Spain und Google. UFITA. *Archiv für Uhrheber-und Medienrecht*. Sonderdruck aus Band 2014/III. Bern: Stämpfli Verlag AG, 2014.

dadosa e pautada pelas peculiaridades do caso concreto, do impacto sobre os direitos fundamentais das medidas interventivas em causa, no sentido da avaliação da observância, ou não, dos critérios da proporcionalidade.

Uma exceção se verifica no caso *Chacina da Candelária* onde se apontou para o fato de que no Programa de Televisão impugnado poderia ter sido suprimida a identidade do autor da ação, compatibilizando a sua proteção no que diz com uma exposição pública constrangedora e a liberdade de informação. O mesmo, por sua vez, se aplica ao argumento de que o comportamento da pessoa que se sentiu prejudicada contribuiu para o resultado alegadamente danoso deva ser levado em conta no caso concreto, muito embora seja questionável se isso de fato deveria ter um peso determinante no caso julgado pelo STJ acima apresentado (imagens da intimidade, no caso, nudez).

Além dos critérios nominados, nas decisões do STJ foram manejados outros, como o maior ou menor transcurso do tempo entre os fatos, notícias, juízos de valor tidos como prejudiciais (casos *Aida Curi*, *Chacina da Candelária* e mesmo o caso da Promotora de Justiça absolvida por suposto envolvimento em fraudes em concurso público). Aliás, a própria circunstância de ter o autor da demanda (casos da Promotora de Justiça e *Chacina da Candelária*) sido absolvido em nível processo disciplinar ou criminal foi utilizada como critério relevante a ser levado em conta na ponderação, muito embora seja questionável o resultado em si dos respectivos julgamentos, em especial levando em conta a relevância histórica dos fatos (Chacina da Candelária) e o exercício de alto cargo público no caso das supostas fraudes em concurso público, situações que indicam elevado interesse público nas informações. A prevalência de um direito à memória (e do acesso público a fatos de interesse histórico relevante) foi, por sua vez, apropriadamente reconhecida no caso Brilhante Ustra, fazendo o STJ prevalecer a liberdade de expressão e de informação sobre o direito ao esquecimento e proteção dos direitos da personalidade.

Todavia, embora se esteja perante alguns possíveis critérios para a aplicação do direito ao esquecimento e que também tem sido objeto de utilização em decisões proferidas por Tribunais de outros Estados e mesmo no caso *Google* do TJUE, trata-se de argumentos esgrimidos em geral de modo isolado e genérico, sem maior densidade, não afastando, no nosso entender, a correção substancial das críticas aqui tecidas em particular quanto ao modo de se realizar a ponderação e aplicar os critérios da proporcionalidade.

Nessa quadra, chama a atenção, ainda, que em geral nas decisões nas quais reconheceu um direito ao esquecimento pouco ou nada se considerou a adequação, necessidade e proporcionalidade em sentido estrito quanto aos meios utilizados para dar efetividade ao direito ao esquecimento (responsabilidade civil, desindexação/imposição do uso de filtros nos mecanismos de busca, exclusão de dados, etc.), o que se revela crucial para a obtenção de uma solução constitucionalmente consistente e que leve em conta também o impacto causado pela uso de terminado meio sobre direitos e interesses colidentes.

Assim, por exemplo, no tocante à decisão do STJ de 08.05.18, já referida, não chegou a ser considerado – aspecto argutamente apontado por Carlos Affonso Souza em qualificado comentário da decisão (edição do JOTA de 13.05.18) – que a não indicação de endereços específicos (URLs) acaba impondo aos provedores de pesquisa um dever de monitoramento genérico para os provedores de pesquisa, ademais de que com isso se torna muito mais difícil a própria efetividade da decisão. Além disso – novamente de acordo com as críticas assacadas por Carlos Affonso Souza – é de se anotar que que mediante a instalação de filtros e a depender dos critérios utilizados (em função da escolha de determinadas palavras-chave) corre-se o risco de ou chegar a uma solução que não atenda às necessidades da parte que se sente prejudicada e em favor da qual se reconheceu um direito ao esquecimento, pelo fato de se filtrar de menos, ou – o que no nosso sentir é mais grave – impedir a exibição e divulgação de conteúdos lícitos e mesmo de interesse geral.

De qualquer sorte, longe de se ter aqui esgotado as observações possíveis em relação aos julgados do STJ, o que se percebe é que – a exemplo do que ocorre em outras ordens jurídicas (e isso mesmo na União Europeia onde já se reconheceu um direito ao esquecimento no plano do direito positivo) – também no Brasil a legislação em vigor ainda é lacunosa e comtempla apenas em parte as suas diversas dimensões.

Da mesma forma, mesmo no que diz com a atuação do Poder Judiciário – aqui examinada com base nas decisões do STJ – é possível identificar (a despeito do considerável avanço no que diz com a responsabilidade dos provedores de pesquisa) uma ainda significativa falta de coerência e consistência nas decisões, em especial no que diz respeito aos critérios utilizados para reconhecer o direito ao esquecimento nos casos concretos e efetuar sua ponderação em face de direitos fundamentais conflitantes, o que implica levar a sério o teste da proporcionalidade de medidas restritivas de direitos fundamentais.

Num contexto marcado por concorrências, tensões e colisões entre direitos fundamentais e mesmo outros bens jurídicos de estatura constitucional, o reconhecimento, caso a caso, de um direito ao esquecimento, também exige que se tenha em conta eventual posição preferencial da liberdade de expressão e de informação. Aqui, a despeito de se tratar de matéria controversa, é possível afirmar que uma tal preferência (sempre relativa) tem sido sufragada pela jurisprudência mais recente do STF, bem como por expressiva literatura[33].

No caso das decisões do STJ, contudo, a orientação adotada não parece ser a mesma, pelo menos em se levando em conta apenas os casos em que se examinou o mérito em si do reconhecimento de um direito ao esquecimento e se lhe deu guarida, como se deu nos casos *Chacina da Candelária* e da recente decisão determinado a desindexação e instalação de filtros nos mecanismos de busca da internet.

De todo modo, o que aqui se sublinha é que o reconhecimento de um direito ao esquecimento deve ter caráter excepcional e observar um conjunto de critérios que devem ser rigorosamente controlados nas diversas situações, o que assume – como já percebido – uma dimensão particularmente relevante na internet, onde a possibilidade de participação direta das pessoas nos processos comunicativos e informacionais imprescindível à democracia se manifesta com agudeza.

Assim, não poderá ser, portanto, qualquer manifestação que exponha aspectos da vida privada que justifique a invocação e proteção do direito ao esquecimento, de modo que, por ocasião do necessário balanceamento entre os direitos de personalidade e a liberdade de expressão e informação, o ônus argumentativo para fazer prevalecer os direitos de personalidade deve ser particularmente elevado, pois existindo dúvida a respeito

[33] É o caso da ADPF 130, Relator Ministro Carlos Britto, na qual a Lei de Imprensa editada sob a égide do Regime Militar foi considerada não recepcionada pela CF. Outros dois casos também acabaram por se alinhar com uma posição preferencial da liberdade de expressão, designadamente o assim chamado caso "marcha da maconha", no qual o STF entendeu que uma manifestação pública e coletiva em prol da legalização do consumo da maconha não poderia ser enquadrada no tipo penal da apologia ao crime (ADPF 187, Rel. Min. Celso de Mello, j. em 15.06.2011) e a decisão sobre as biografias não autorizadas (ADI 4815, Rel. Min. Cármen Lúcia, j. 10.06.2015)

da legitimidade constitucional da restrição, é de se privilegiar a liberdade de expressão, parâmetro que não deve cair jamais em esquecimento."[34] .

Referências

ALBERS, Marion. SCHIMKE, Ana, *Vergessen im Internet*. Manuscrito, 2018.

BRASIL. Superior Tribunal de Justiça. *Recurso Especial: Resp. 1593873/SP*. Relatora Ministra Nancy Andrighi. Julgado em: 10/11/2016.

BRASIL. Superior Tribunal de Justiça. *Recurso especial: Resp. 1407271/SP*. Relatora Ministra Nancy Andrighi. Terceira Turma. Julgado em 29/11/2013.

BRASIL. Superior Tribunal de Justiça. *Recurso Especial: REsp 1334097/RJ*, Rel. Ministro Luis Felipe Salomão, Quarta Turma. Julgado em 28.05.2013.

BRASIL, Supremo Tribunal Federal. *Agravo em Recurso Extraordinário 833248 Repercussão Geral/RJ*, Rel. Min. Dias Toffoli. Julgado em 19/02/2015.

BOTELHO, Catarina Santos. Novo ou Velho Direito? – O Direito ao Esquecimento e o Princípio da Proporcionalidade no Constitucionalismo Global, in: *Ab Instantia*, Ano V, nº 7, 2017.

CARO, Maria Alvarez. *Derecho al Olvido en Internet: El Nuevo Paradigma de la Privacidade en la Era Digital*. Madrid: Editorial Reus, 2015.

DECHENAUD, David. *Le Droit à L'oubli Numérique: Donnés Normatives – Approche Comparée*, Bruxelles: Éditions Larcier, 2015.

DIESTERHÖFT, Martin. *Das Recht auf medialen Neubeginn: Die »Unfähigkeit des Internets zu vergessen« als Herausforderung für das allgemeine Persönlichkeitsrecht. Volume 33 de Beiträge zum Informationsrecht*. Duncker & Humblot GmbH, 2014.

HASSLER, Theo. *Droits de la Personnalité: Rediffusion et Droit à L'oubli*, Recueil Dalloz, 2007.

HEYLLIARD, Charlotte. *Le Droit à L'oubli sur Internet*. Mémoire de Master 2 Recherche, Universite Paris-Sud, Faculté Jean Monnet – Droit, Économie, Gestion, em 04.12.2012, (www.lepetitjuriste.fr).

KELLY, Michael J.; SATOLAM, David. *The Right to be Forgotten*, U.III.L. Rev. 1, 2017.

LEPAGE, Agathe. *Droit á L'oubli: Une Jurisprudence Tâtonnante*, Recueil Dalloz, 2001.

MARTINELLI, Silvia. *Diritto All'oblio e Motori di Ricerca*. Milano: Giuffré, 2017.

MAYER-SCHÖNBERGER, Victor. *Delete. The Virtue of Forgetting in the Internet*, 2.ed., Princeton: Princeton University Press, 2011.

NETO, Arthur M. Ferreira, "Direito ao Esquecimento na Alemanha e no Brasil" in: *Diálogo entre o Direito Brasileiro e o Direito Alemão. Fundamentos, Métodos e Desafios de Ensino, Pesquisa e Extensão em Tempos de Cooperação Internacional*. Ed. by Claudia Lima Marques, Christoph Benicke and Augusto Jaeger Junior. Porto Alegre: RJR, 2016, vol. II, pp. 278-323.

RODOTÀ, Stefano. *Il Mondo nella rete. Quali i diritti, quali i vincoli*. Roma: Editori Laterza, 2014.

[34] Cf. SARLET, Ingo Wolfgang. Direitos Fundamentais em Espécie, in: SARLET, Ingo Wolfgang; MARINONI, Luiz Guilherme; MITIDIERO, Daniel. *Curso de Direito Constitucional*. São Paulo: Revista dos Tribunais, 3ª Edição, 2014, p. 473.

SARLET, Ingo Wolfgang. Direitos Fundamentais em Espécie, in: SARLET, Ingo Wolfgang; MARINONI, Luiz Guilherme; MITIDIERO, Daniel. *Curso de Direito Constitucional.* São Paulo: Revista dos Tribunais, 3ª Edição, 2014.

______, Ingo W. Vale a pena relembrar o que estamos fazendo com o direito ao esquecimento. In: *Revista Consultor Jurídico – CONJUR.* Publicado em 26.01.2018. Disponível em: <https://www.conjur.com.br/2018-jan-26/direitos-fundamentais-vale-pena-relembrar-fizemos-direito-esquecimento>. Acesso em: 06 fev. 2018.

SARMENTO, Daniel. Liberdades Comunicativas e "Direito ao Esquecimento" na Ordem Constitucional Brasileira, parecer consultivo, in: *Revista Brasileira de Direito Civil.* ISSN 2358-6974. Vol. 7. Jan / Mar 2016. p. 190-232. Disponível em: <https://rbdcivil.ibdcivil.org.br/rbdc/article/view/76/70>. Acesso em: 06 fev. 2018.

SOLOVE, Daniel. Speech, Privacy and Reputation on the Internet, in: NUSSBAUM, Marta; LEVMORE, Saul (Eds.), *The Offensive Internet: Speech, Privacy and Reputation.* Cambridge, MA: Harvard University Press, 2011.

WEISMANTEL, Jan. *Das "Recht auf Vergessenwerden" im Internet nach dem "Google-Urteil" des EuGH – Begleitung eines offenen Prozesses.* Berlin: Duncker & Humblot, 2017.

5. A Base Legal do Legítimo Interesse na Proteção de Dados Pessoais

Maíra de Oliveira Lima Ruiz Fujita
Ricardo Libel Waldman

Introdução

Atualmente a sociedade da informação vive um momento em que dados pessoais possuem grande valor, tanto na esfera econômica, quanto política e social. Diante deste novo cenário mundial, do capitalismo informacional[1] e da mercantilização[2] do conhecimento, e, consequentemente do crescente uso dos dados pessoais para finalidades diversas, viu-se um movimento global no sentido da necessidade de criação de regulação específica atinente ao tema da proteção de tais dados, levando-se em consideração os direitos de personalidade de seus titulares.

O interesse pela proteção de dados pessoais surgiu na década de 60, em especial nos países europeus, os quais foram os pioneiros na criação de legislações atinentes à matéria.

Após quase cinco décadas do surgimento do primeiro ato normativo relativo à proteção de dados pessoais, e em razão do grande fluxo de informações em nível global por meio, principalmente, da internet, em 25/05/2018, passou a viger o GDPR – General Data Protection Act, legislação europeia, que trouxe as seis bases legais para o tratamento dos referidos dados pessoais.

[1] Castells, Manuel. "A sociedade em rede." São Paulo: Paz e Terra, 2000. Ed. 3.
[2] Lyotard, Jean-François. "A Condição Pós-moderna." Rio de Janeiro: José Olímpio Editora, 1988.

O tratamento de dados pessoais é conceito muito abrangente, o qual tem início na coleta, envolve todo o processo de uso e manuseio e finda com o descarte. Justamente em razão de tantas possibilidades, e de maneira a preservar o titular de tais dados, necessária uma análise das bases legais que autorizam o tratamento.

O ponto principal do presente artigo é justamente a análise de uma das bases legais para o tratamento de dados pessoais, qual seja, o legítimo interesse, bem como sua indefinição e amplitude, podendo ser aplicado como uma hipótese residual em relação às demais previstas.

1. Breve contextualização histórica da legislação relativa à proteção de dados pessoais

No final da década de 70, na Europa, muitos entes federativos já tinham suas legislações relativas à proteção de dados pessoais, chamadas de leis de primeira geração[3], cujo objetivo principal era a obtenção de autorização para a criação de banco de dados e, ulteriormente, seu controle por órgãos públicos, a exemplo do Estado alemão de Hesse (1970), que foi uma das primeiras legislações específicas sobre a matéria.

Referidas leis de primeira geração tornaram-se ultrapassadas em curto período de tempo, face ao rápido crescimento dos bancos de dados informatizados. A partir de então, surge a segunda geração de leis de leis sobre a matéria, sendo a primeira delas a Lei Francesa de Dados Pessoais de 1978[4], cujo núcleo é baseado na consideração da privacidade e dados pessoais e, não apenas, na captação e armazenamento de tais informações.

A partir da década de 80, surgiu uma terceira geração de produções normativas[5], que, além da proteção da privacidade, calcada na livre escolha de fornecer ou não dados pessoais, preocupou-se com a garantia da efetividade desta liberdade, dando origem ao conceito de autodeterminação informativa.

No ano de 1980, também fora criada a OCDE – Organização para a Cooperação e Desenvolvimento Econômico (OECD)[6], que é uma organização internacional composta, atualmente, por 36 países, divulgou as

[3] Doneda, Danilo. A proteção dos dados pessoais como um direito fundamental. "Espaço Jurídico Journal of Law", ed. 12. V. 12. p. 91-108, 2011.

[4] *Ibidem*. Legislação intitulada *Informatique et Libertées*.

[5] *Ibidem*.

[6] Sigla refere-se ao nome em inglês: Organization for Economic Cooperation and Development.

"Diretrizes da OCDE para a Proteção da Privacidade e dos Fluxos Transfronteiriços de Dados Pessoais"[7], contendo definições gerais e princípios básicos relativos ao tema, os quais, segundo consta na própria introdução do documento, poderiam ser utilizados juntamente com instrumentos normativos já existentes em determinado país ou, caso inexistentes, como base para uma nova legislação.

Após alguns anos, ante o surgimento de diferentes atos normativos nos Estados-Membros, bem como da não uniformidade em sua aplicação, considerando os princípios divulgados pela OECD, a União Europeia editou a Diretiva 95/46/EC, aprovada em 24/10/1995, relativa ao processamento de dados pessoais, realizada tanto de maneira automatizada quanto manual.

A Diretiva Europeia, no entanto, tal qual o material produzido pela OECD[8], não tinha força normativa imediata, apenas trazia diretrizes e princípios para que cada estado membro adotasse uma legislação respectiva nos limites de seu território.

Ocorre que, à época da elaboração da Diretiva 95/46/EC, o panorama global relativo à proteção de dados pessoais era diverso, eis que muitas tecnologias ainda eram inexistentes, tais como o *cloud computing*, marketing comportamental, aplicativos, redes sociais, *big data* etc, motivo pelo qual seria imprescindível uma revisão da normativa face às novas tecnologias que surgiram com o passar dos anos.

E em razão do surgimento de inúmeras produções legislativas pelos estados membros, bem como da crescente evolução tecnológica, foi criado o Regulamento Geral (GDPR)[9], de maneira a harmonizar as leis de proteção de dados dentro da União Europeia.

Importante ressaltar que, apesar de tal padronização, o Regulamento em questão ainda concede estados membros autonomia para elaboração de leis específicas concernentes a pontos específicos de cada território, além de prever, em sua Consideranda 9, que os objetivos e princípios da Diretiva 95/46/EC, continuariam válidos.

[7] ORGANIZATION FOR ECONOMIC CO-OPERATION AND DEVELOPMENT. **OECD Guidelines on the Protection of Privacy and Transborder Flows of Personal Data. Disponível em** https://www.oecd.org/internet/ieconomy/oecdguidelinesontheprotectionofprivacyandtransborderflowsofpersonaldata.htm/; acesso em 11.05.2019

[8] FILHO, Reinaldo Demócrito. "A Diretiva Europeia sobre proteção de dados pessoais". Disponível em https://jus.com.br/artigos/23669/a-diretiva-europeia-sobre-protecao-de-dados-pessoais, acesso em julho de 2019.

[9] *General Data Protection Act* – https://eugdpr.org/the-regulation/

Deste modo, com a aprovação do Regulamento Geral de Proteção de Dados Europeu, todo e qualquer país que efetivamente trate dados em âmbito global, em especial com relação à membros da União Europeia, também precisa ter uma lei de proteção de dados, sob pena da inviabilidade de negócios.

Consequentemente, o Brasil, que já tinha o Marco Civil da Internet[10], como um instrumento normativo relativo à princípios e direitos dos usuários da *internet*, após a aprovação da GDPR, apressou a aprovação de sua Lei Geral de Proteção de Dados – LGPD[11], cuja tramitação legislativa já perdurava por oito anos – e contou com onze consultas públicas -, a qual até a presente data ainda pende de alguns complementos e regulamentações de maneira a dar inteira efetividade ao seu teor.

O Regulamento Geral Europeu trouxe seis bases legais para o tratamento de dados pessoais, enquanto a LGPD, em seu artigo 7º, delineou, em dez incisos, a respeito de tais possibilidades.

De acordo com o já mencionado anteriormente, o objeto do presente estudo é uma das bases legais para o tratamento dos dados pessoais, previstas tanto no GDPR (artigo 6º, 1, f) quanto na LGPD (artigo 7º, IX), qual seja, o legítimo interesse, condicionado ao respeito dos direitos e liberdades fundamentais do titular dos dados.

2. A ideia do legítimo interesse. Ausência de conceituação legal

De acordo com a GDPR[12], bem como pela LGPD[13] brasileira, quando houver o legítimo interesse do controlador ou de terceiro, o tratamento de dados será lícito, desde que não colida com direitos e liberdades fundamentais do titular daqueles dados.

Considerando a inexatidão e abrangência do que pode ser considerado o legítimo interesse, o mesmo é considerado uma válvula de escape com relação às demais bases legais para o tratamento de dados.[14]

A complexidade do tema versa sobre o qual seria o legítimo interesse do controlador ou do terceiro, e como delimitar sua amplitude, já que nenhum instrumento normativo, com força de lei, assim o fez expressamente.

[10] Lei nº 12.905/2014

[11] Lei nº 13.709/2018

[12] Artigo 6º, 1, 'f'

[13] Artigo 7º, IX

[14] Bioni, Bruno. "Proteção de dados pessoais: a função e os limites do consentimento". Forense: Rio de Janeiro, 2019. p. 249.

Importante neste momento, trazer algumas reflexões sobre possíveis conceitos de interesse legítimo, para evitar que o mesmo seja confundido com um direito subjetivo e, deste modo, aumente ainda mais a abrangência de sua aplicação ou a inadvertida utilização de tal base legal para o tratamento indevido de dados.

De acordo com Miguel Reale o interesse legítimo é uma situação subjetiva que não deve ser confundida com o direito subjetivo[15]. Segundo o autor, o interesse legítimo seria uma faculdade, uma situação subjetiva, ligada à uma provável pretensão a caracterizar efetivamente o direito subjetivo.[16] O interesse legítimo, fenômeno de recente construção no ordenamento jurídico, é o resultado da coexistência entre o interesse público e o privado[17], resultando de uma eventual pretensão de um sujeito de direito privado face à um interesse social exercido pelo poder público.

Em contrapartida, o direito subjetivo atribui um determinado bem da vida à um indivíduo[18], e sendo o interesse legítimo uma situação jurídica de caráter híbrida, preexistente à efetiva existência do direito subjetivo, um instituto não pode ser confundido com outro.

Verifica-se, assim, que o termo legítimo interesse, utilizado pelo legislador, não é de fácil interpretação, devendo ser analisado não apenas literalmente, mas, também, por meio do uso e interpretação de seu conteúdo, os quais se modificam no tempo e no espaço, em também pela controvérsia doutrinária relativa à adequação do melhor sentido para o texto legal[19].

Deste modo, considerando a complexidade do conceito de legítimo interesse, bem como de sua amplitude, antes mesmo da aprovação da LGDP brasileira, a União Europeia, ainda à época da Diretiva 95/46/EC, já discutia a respeito dos critérios para aplicação da referida base legal, eis que inexistia uma harmonização de regras e da leitura de tal conceito. [20]

Como já informado anteriormente, a legislação, quer a brasileira ou a europeia, não trouxe um conceito específico do legítimo interesse do con-

[15] REALE, Miguel. Situações subjetivas e direito subjetivo. *Revista da Faculdade de Direito*, Universidade de São Paulo, v. 71, p. 9-24, 1976.

[16] *Ibidem.*

[17] NORONHA, Carlos Silveira. Repensando a tutela dos direitos. *Revista da Faculdade de Direito da UFRGS*, v. 1, n. 32. p. 76-97, 2014.

[18] *Ibidem.* p. 82.

[19] ÁVILA, Humberto. "Teoria dos Princípios". São Paulo: Malheiros Editores, 2005. Ed. 4. p. 23.

[20] BIONI, Bruno. Op. Cit., p. 4.

trolador ou do terceiro; ao contrário, pela simples leitura dos dispositivos, é possível constatar, em um primeiro momento, a grande abrangência do termo em discussão. Ato contínuo, após a leitura dos dispositivos legais, seria consequência lógica pensar no grande risco de uma interpretação equivocada ou demasiada abrangente, haja vista que a única limitação trazida pela legislação seria a não violação de direitos ou liberdades individuais do titular dos dados.

Assim, como a expressão é genérica, e partindo da premissa anterior de que o legítimo interesse não pode ser considerado como um direito subjetivo, não temos como simplesmente nos prender à uma interpretação literal dos dispositivos legais (GDPR e LGDP), sob pena de, *contrario sensu*, impedir a aplicação ontológica da lei.

3. Mecanismo para aferição do legítimo interesse

De acordo com o anteriormente mencionado, o legítimo interesse é um conceito indeterminado, motivo pelo qual necessário um mecanismo para estabilizar tal situação subjetiva envolvendo os titulares de dados e os agentes reguladores responsáveis pelo tratamento.[21]

Apesar de parecer simples a sua definição, o legítimo interesse é uma proposição jurídica abstrata, motivo pelo qual pode se ter alguma dificuldade de sua aplicação na prática; segundo Dworkin, as proposições jurídicas podem ser gerais e abstratas, relativamente concretas ou muito concretas e parecem ser descritivas, mas, na verdade, há grande dificuldade de dizer exatamente o que ela descrevem[22].

Deste modo, verifica-se que o legítimo interesse não possui uma definição imutável, eis que sua conceituação dependerá de uma interpretação da realidade para a qual existe um consenso razoável[23]. Neste sentido, destacando a necessidade de uma avaliação entre a relação da norma e do conceito, leciona Humberto Ávila: "a interpretação e a aplicação das regras exigem uma avaliação da correspondência entre a construção conceitual dos fatos e a construção conceitual da norma e da finalidade que lhe dá suporte.[24]"

[21] Bioni, Bruno. Op.cit. p. 250.

[22] Dworkin, Ronald. "Uma questão de princípio". São Paulo: Martin Fontes, 2001. ed. 1. p. 218.

[23] Waldman, Ricardo Libel. A teoria dos princípios de Ronald Dworkin. *Direito e Democracia*. vol. 2, n.2, p. 425-447, 2001.

[24] Ávila, Humberto. Op. Cit. p. 130.

Considerando a delicadeza relativa à interpretação do legítimo interesse, no tocante ao tratamento de dados pessoais, a União Europeia, trouxe algumas orientações de como tentar encaixar determinada conduta como legítimo interesse do tratador de dados (*controller*).

O Article 29 Working Party (Grupo de Trabalho 29), que era um órgão consultivo composto por um representante da autoridade de proteção de dados de cada país da União Europeia, criado pela Diretiva Europeia 95/46/EU,[25] trouxe algumas considerações a respeito do legítimo interesse, na Opinion 06/2014[26], ocasião em que trouxe algumas condições para verificar sua existência no caso concreto. Segundo o Article 29[27], o conceito de interesse para fins de proteção de dados é relacionado ao objetivo, i.e., a específica razão ou a intenção para a qual deve ser autorizado o tratamento.

De acordo com o Article 29, um dos contextos para se analisar o legítimo interesse do controlador é primazia da transparência e responsabilidade ética no tratamento de dados pessoais; a própria diretiva traz em seu texto um exemplo desta hipótese, qual seja, a publicação de salários de funcionários públicos com cargos relevantes[28].

Além da transparência, ética e, obviamente, a licitude[29], princípios relativos ao tratamento de dados pessoais, o legítimo interesse também deve ser concreto e claro[30].Para tanto, é necessária a ponderação de modo a atingir-se um equilíbrio entre os interesses em jogo e os direitos fundamentais do titular dos dados.

Como se verifica, os termos que permeiam a ideia do legítimo interesse também são variáveis (concretude e clareza), os quais devem ser interpre-

[25] O Grupo de Trabalho do Artigo 29 foi substituído, na GDPR, foi substituído pelo *European Data Protection Board.*

[26] https://ec.europa.eu/justice/article-29/press-material/public-consultation/notion-legitimate-interests/files/20141126_overview_relating_to_consultation_on_opinion_legitimate_interest_.pdf

[27] De acordo com a Seção III.3.1. "*The concept of 'interest' is closely relate to, but distinct from, the concept of 'purpose' mentioned in Article 6 of the Directive. In data protection discourse, 'purpose' is the specific reason why the data are processed: the aim or intention of the data processing.*"

[28] "*Publication of data for purposes of transparency and accountability. One important context where Article 7(f) may be relevant is the case of publication of data for purposes of transparency and accountability (for example, the salaries of top management in a company).*"

[29] Artigo 5º, 1, a.

[30] Vainzof, Rony. "Dados pessoais, tratamentos e princípios", *in* "Comentários ao GDPR". Thompson Reuters: São Paulo, 2018. p. 51/53.

tados de acordo com alguns princípios, citados anteriormente (transparência, ética e licitude). Os princípios, por sua vez, são ponderados a partir dos postulados segundo Humberto Ávila, para quem esses "são normas imediatamente metódicas, que estruturam a interpretação e aplicação de princípios e regras mediante a exigência, mais ou menos específica, de relações entre elementos com base em critérios."

No caso do legítimo interesse, analisando o contexto da norma (GDPR e LGPD) e os princípios que norteiam sua aplicação, verificamos que para a análise de sua aplicabilidade em determinado caso concreto, devem ser sopesados, sempre, os postulados da razoabilidade e proporcionalidade, de maneira a evitar o tratamento de dados indevido sedimentado na base legal ora debatida, em afronta à privacidade.

No caso de interesse legítimo de terceiro, o controlador, ao tratar dados pessoais deve verificar a relevância, bem como a especificidade da situação em que os dados serão tratados; é dizer, quando se verificar que o tratamento dos dados será útil para um determinado número de pessoas, de maneira a garantir a aplicação da lei ou evitar a ocorrência de atos ilícitos[31].

O Article 29, com o intuito de limitar a utilização do legítimo interesse para o tratamento de dados pessoais, trouxe, na Opinion 06/2014 a necessidade de um teste de balanceamento, composto por quatro etapas: a) avaliação do legítimo interesse; b) impacto sobre o titular do dado; c) equilíbrio entre legítimo interesse e o impacto sobre o titular do dado e d) salvaguardas adicionais àquele que trata dados para prevenir consequências negativas sobre o titular dos dados.

De acordo com Bruno Bioni, o uso do legítimo interesse como base legal para o tratamento de dados, também deve ser feito à base de uma interpretação sistemática dos artigos 6, X, 10 e 37 da Lei Geral de Proteção de Dados[32].

Ainda, referido autor menciona, tal qual o Article 29, que a verificação do legítimo interesse deve ser realizada sob quatro aspectos: a) verificação da legitimidade e do legítimo interesse (artigo 10, *caput* e inciso I, da LGPD); b) necessidade do tratamento de dados (artigo 10, §1º, da LGPD); c) balanceamento entre impactos sobre o titular de dados e as legítimas expectativas (artigo 10, II, da LGPD) e d) salvaguardas com relação à trans-

[31] *Ibidem*. p. 77

[32] Bioni, Bruno Ricardo. Op. Cit. P. 253

parência e minimização dos riscos ao titular de dados (artigo 10, §§2º e 3º, da LGPD).

No tocante ao primeiro aspecto, fundado no artigo 10, *caput*, I, da LGPD[33], implica a análise o interesse legítimo do controlador, sob o ponto de vista da licitude do tratamento; a partir da verificação da licitude, há de se verificar se o controlador auferirá alguma vantagem com o tratamento daquele dado, ou seja, se seu interesse está claramente articulado[34]

O segundo aspecto analisa a necessidade do tratamento para a finalidade específica pretendida, conforme prevê o artigo 10, §1º da LGPD[35]; sob este prisma deve se levar em consideração a possibilidade de se atingir o mesmo resultado por meio do tratamento de uma quantidade menor de dados (minimização)[36] ou se o tratamento não poderia ser feito com fundamento em outra base legal.

O terceiro ponto a ser observado para aferição da possibilidade de utilização do legítimo interesse, a principal fase do teste de proporcionalidade[37], seria o balanceamento, i.e., os impactos do tratamento sobre o titular dos dados e suas legítimas expectativas, disposto no artigo 10, II, da LGPD[38].

O último aspecto a ser verificado são as salvaguardas por parte de quem trata os dados, mencionadas nos §§2º e 3º do artigo 10, da LGPD[39], tendo como ponto focal a transparência e a minimização dos riscos ao titular do dado. A transparência se reflete em permitir ao titular a possibilidade de

[33] "Art. 10. O legítimo interesse do controlador somente e poderá fundamentar tratamento de dados pessoas para finalidades legítimas, consideraras a partir de situações concreta, que incluem, mas não se limitam a: I – apoio e promoção de atividades do controlador; (...)"

[34] Zanfir-Fortuna, Gabriela et al. Processing personal data on the basis of legitimate interests under the GDPR: practival cases."Future of privacy Forum", 2018. p. 06.

[35] "§1º Quando o tratamento for baseado no legítimo interesse do controlador, somente os dados pessoais estritamente necessários para a finalidade pretendida poderão ser tratados."

[36] Bioni, Bruno Ricardo. Op. Cit. p. 254.

[37] Bioni, Bruno Ricardo. Op. Cit. p. 254.

[38] "II – proteção, em relação ao titular, do exercício regular de seus direitos ou prestação de serviços que o beneficiem, respeitadas as legítimas expectativas dele e os direitos e liberdades fundamentais, nos termos desta Lei."

[39] "§2º O controlador deverá adotar medidas para garantir a transparência do tratamento de dado baseado em seu legítimo interesse."

"§3º A autoridade nacional poderá solicitar ao controlador relatório de impacto à proteção de dados pessoais, quando o tratamento tiver como fundamento seu interesse legítimo, observados os segredos comercial e industrial"

se opor à atividade do tratamento (*opt-out*)[40], já a minimização atinge uma conduta do controlador, o qual deve adotar providências para mitigar riscos ao titular dos dados (ex. anonimização dos dados).

Verifica-se, portanto, que para atingir o alcance da norma, mediante a correta aplicabilidade do termo legal em questão, além dos princípios, postulados e do teste de balanceamento, devem ser analisadas a *ratio legis* e a *occasio legis*, em uma interpretação teleológica[41], do legítimo interesse como base legal para o tratamento de dados pessoais, de maneira a evitar sua utilização sem qualquer parâmetro, com ulterior afronta a outros direitos da personalidade.

4. Legítimo interesse e privacidade

O legítimo interesse como base legal para o tratamento de dados pessoais pressupõe o prévio consentimento do usuário para uma finalidade específica, acarretando a opção de expor, em maior ou menor grau, sua privacidade em determinado ambiente.

A privacidade implica no direito de o indivíduo excluir do conhecimento de terceiros aquilo que a ele só é pertinente e que diz respeito ao seu modo de ser[42], fato este que ocorre antes mesmo da configuração do legítimo interesse para o tratamento de dados, no momento da escolha do usuário com relação aquilo que pretende compartilhar.

A questão a ser observada é relativa ao fato de que se houve a utilização da base legal para o legítimo interesse, mesmo após a aplicação do teste de balanceamento, e verificando os princípios e postulados respectivos, ainda assim, pode existir a possibilidade de afronta a privacidade – relembre-se a possibilidade de captura e tratamento de dados pessoais por mecanismos de inteligência artificial.

Deste modo, a LGPD ao trazer os limites à utilização do legítimo interesse para o tratamento e dados pessoais – apesar de não conceituar o legítimo interesse -, sedimentou tal procedimento de maneira a não afrontar os direitos fundamentais, em especial, a privacidade. A proteção da priva-

[40] Bioni, Bruno. Op. Cit. p. 255.

[41] Maximiliano, Carlos. "Hermenêutica e aplicação do Direito". Rio de Janeiro: Forense, 1994. ed. 14. p. 147-152.

[42] Ferraz Junior, Tércio Sampaio Ferraz. Sigilo de dados: o direito à privacidade e os limites à função fiscalizadora do Estado. *Revista da Faculdade de Direito do Estado de São Paulo*, p. 439-459, 1993.

cidade no ordenamento jurídico pátrio ocorre por intermédio da menção à inviolabilidade da intimidade e da vida privada (artigo 5º, X, da Constituição Federal).[43]

Ainda, segundo Bauman[44], submetemos à matança nossos direitos de privacidade por vontade própria, ou, ainda, consentimos em perder a privacidade por alguns benefícios ofertados em troca. Consequentemente, se o próprio titular abre mão de sua privacidade ao consentir o compartilhamento e tratamento de dados, este, em tese, teria que conviver com tal encarceramento padecendo dos próprios erros[45].

Ocorre que, mesmo ante o compartilhamento consentido para determinada finalidade, evidente que não se pode afrontar o direito fundamental da privacidade com base em um legítimo interesse, que utilizaria aquele determinado compêndio de dados para finalidade diversa da originariamente autorizada pelo titular.

Deste modo, na atual sociedade da informação, em dados são o petróleo[46] ou uma *commodity*[47] , com a transformação de pessoas em mercadorias[48] evidente que se deve criar mecanismos ainda mais duros para a proteção da privacidade dos titulares de dados, por mais que haja o consentimento prévio para tratamento, para determinada finalidade. A finalidade, aqui, deve ser o limitador da privacidade do titular de dados, ainda mais levando em consideração a permissão legal do legítimo interesse do controlador.

Conclui-se, assim, que o direito fundamental da privacidade é mais um limitador à utilização do legítimo interesse para o tratamento de dados pessoais, a qual, utilizada juntamente com o princípio da transparência, deve permitir ao titular dos dados a possibilidade de vetar que um agrupamento de dados fornecidos para determinada finalidade, não seja utilizado para outra.

[43] DONEDA, Danilo. Op. cit. p. 105.

[44] BAUMAN, Zymunt. "Vigilância Líquida: diálogos com Davyd Lyon". Rio de Janeiro: Jorge Zahar Editores, 2013. p. 28

[45] *Ibidem*. p. 34.

[46] LEMOS, Ronaldo. "Ou a sociedade acompanha a internet ou a democracia começa a ficar em xeque." Disponível em http://blogdomorris.blogfolha.uol.com.br/2014/04/08/ou-sociedade-acompanha-internet-ou-democracia-comeca-a -ficar-em-xeque/.

[47] DONEDA, Danilo. Op. Cit.

[48] BAUMAN, Zygmunt. "Vida para consumo: a transformação das pessoas em mercadoria." Rio de Janeiro: Zahar, 2008.

Conclusões

A utilização do legítimo interesse para o tratamento de dados pessoais, ao contrário do que parece ser, não é um conceito genérico que pode ser utilizado de maneira residual, quando nenhuma outra base legal se encaixa na hipótese fática. Para viabilizar sua utilização de maneira segura, sem abusos, é necessária a realização do teste de balanceamento[49], bem como da verificação dos princípios previstos na legislação[50], e dos postulados que aqueles derivam, considerando a *ratio legis* por meio de uma interpretação teleológica.

Além do teste de balanceamento e dos princípios, anteriormente mencionados, também é imprescindível que o tratamento não fira a privacidade de seu titular, direito fundamental garantido pela Carta Magna.

A privacidade informacional está intimamente ligada à autonomia do indivíduo, fato este que define sua personalidade[51], e, consequentemente, no consentimento do tratamento de seus dados para determinada finalidade específica.

Por mais que, atualmente, haja grande discussão acerca do que é privacidade, há de ser considerada a privacidade contextual[52], que leva e consideração valores sociais, bem como aquela que o próprio indivíduo atribui à sua condição pessoal (privacidade subjetiva).

Esta, aliás, é uma discussão que está longe de alcançar uma conclusão, eis que valores sociais mudam de maneira célere, e influenciam as pessoas de determinada comunidade.

Assim sendo, o legítimo interesse, tal qual a privacidade (quer contextual quer subjetiva), levam em consideração valores subjetivos do titular dos dados, o qual é diretamente influenciado pela sociedade na qual está inserido, motivo pelo qual a cautela no tratamento deve ser realizada por meio de mecanismos rigorosos de controle, juntamente com os princípios trazidos pela legislação respectiva (LGPD) e os direitos fundamentais previstos pela Constituição Federal.

[49] Bioni, Bruno Ricardo. Op. cit.

[50] Vainzof, Rony. Op. cit.

[51] Lynch, Michael Patrick. "The internet of us." Liveright Publishing Corporation: Nova Iorque, 2016. p. 102.

[52] Nissenbaum, Helen. "Privacy in context: technology, policy, and the integrity of social life." Stanford: Stanford University Press, 2010. p. 89.

Referências

ARTICLE 29 DATA PROTECTION WORKING PARTY Guidelines on Consent under Regulation 2016/679, Adopted on 28 November 2017. Disponível em https://iapp.org/media/pdf/resource_center/wp29_consent-12-12-17.pdf; acesso em 11.05.2019

ARTICLE 29 DATA PROTECTION WORKING PARTY Opinion 06/2014 on the notion of legitimate interests of the data controller under Article 7 of Directive 95/46/EC Adopted on 9 April 2014 https://iapp.org/media/pdf/resource_center/wp217_legitimate-interests_04-2014.pdf; acesso em 10.05.2019

AVILA, Humberto. *Teoria dos Princípios.* São Paulo: Malheiros Editores, 2005. Ed. 4.

BAUMAN, Zymunt. "Vigilância Líquida: diálogos com Davyd Lyon. Rio de Janeiro: Jorge Zahar Editores, 2013.

BIONI, Bruno. "Proteção de dados pessoais: a função e os limites do consentimento". Forense: Rio de Janeiro, 2019. Ed. 1.

CALO, Ryan. https://www.oecd.org/internet/ieconomy/oecdguidelinesontheprotectionofprivacyandtransborderflowsofpersonaldata.htm; acessado em 11.05.2019

DONEDA, Danilo. "A proteção dos dados pessoais como um direito fundamental". **Espaço Jurídico Journal of Law**. ed. 12, v. 12, p. 91-108. 2011.

CASTELLS, Manuel. "A sociedade em rede." São Paulo: Paz e Terra, 2000. Ed. 3.

DWORKIN, Ronald. *Uma questão de princípio.* São Paulo: Martin Fontes, 2001. ed. 1.

FILHO, Reinaldo Demócrito. "A Diretiva Europeia sobre proteção de dados pessoais". In https://jus.com.br/artigos/23669/a-diretiva-europeia-sobre-protecao-de-dados-pessoais, 02/2013.

FERRAZ JUNIOR, Tércio Sampaio Ferraz. "Sigilo de dados: o direito à privacidade e os limites à função fiscalizadora do Estado." **Revista da Faculdade de Direito do Estado de São Paulo**, 1993 p. 39-459.

GDPR KEY CHANGES. Disponível em https://eugdpr.org/the-regulation/; acessado em 11.05.2019

LEMOS, Ronaldo. "Ou a sociedade acompanha a internet ou a democracia começa a ficar em xeque." Disponível em http://blogdomorris.blogfolha.uol.com.br/2014/04/08/ou-sociedade-acompanha-internet-ou-democracia-comeca-a -ficar-em-xeque/.

LYNCH, Michael Patrick. "The internet of us." Liveright Publishing Corporation: Nova Iorque, 2016.

LYOTARD, Jean-François. "A Condição Pós-moderna." Rio de Janeiro: José Olímpio Editora, 1988.

MAXIMILIANO, Carlos. *Hermenêutica e aplicação do Direito.* Rio de Janeiro: Forense, 1994. ed. 14.

NISSENBAUM, Helen. "Privacy in contexto: technology, policy, and the integrity of social life." Stanford: Stanford University Press, 2010.

NORONHA, Carlos Silveira. "Repensando a tutela dos direitos". **Revista da Faculdade de Direito da UFRGS**, v. 1, n. 32, 2014, p. 76-97

ORGANIZATION FOR ECONOMIC CO-OPERATION AND DEVELOPMENT. OECD Guidelines on the Protection of Privacy and Transborder Flows of Personal Data. Disponível em https://www.oecd.org/internet/ieconomy/oecdguidelinesontheprotectionofprivacyandtransborderflowsofpersonaldata.htm/; acesso em 11.05.2019

REALE, Miguel. "Situações subjetivas e direito subjetivo". **Revista da Faculdade de Direito da Universidade de São Paulo,** v. 71, 1976, p. 9-24

VAINZOF, Rony. "Dados pessoais, tratamentos e princípios", in "Comentários ao GDPR". Thompson Reuters: São Paulo, 2018. p. 51-53.

WALDMAN, Ricardo Libel. A teoria dos princípios de Ronald Dworkin. **Direito e Democracia.** vol. 2, n.2, p. 425-447, 2001.

ZANFIR-FORTUNA, Gabriela et al. "Processing personal data on the basis of legitimate interests under the GDPR: practival cases." Future of privacy Forum, 2018. p. 06.

6. Direitos da Personalidade na Sociedade da Informação: o Direito à Imagem Frente às Novas Tecnologias

Ana Carolina Leite da Silva
Carlos Eduardo Silva e Souza

Introdução

O presente texto dedica-se ao exame da proteção que é dispensada ao direito à imagem na sociedade da informação, tendo como pano de fundo a criação de novas tecnologias, que potencializam a divulgação de dados, bem como a rede mundial de computadores. O tema é bastante provocador e pertinente na atualidade, uma vez que a internet tem se mostrado um novo cenário para a verificação de conflitos jurídicos, tendo maximizado a possibilidade de lesão aos direitos da personalidade.

Entre estes, o direito à imagem tem tomado novos contornos um tanto paradoxais: ao mesmo tempo em que é usado profissionalmente e para a obtenção de lucros, tem sofrido uma série de ofensas com o advento de tecnologias de captura de retratos, como câmeras de longo alcance, drones e smartphones.

Assim, o problema que norteou e impulsionou este trabalho é o de entender as violações que tem sofrido o direito à imagem na sociedade da informação, principalmente tendo em conta o embate entre estes e as liberdades comunicativas, além de peculiaridades como a inserção de celebridades na equação. Ainda, buscou-se compreender como o assunto tem sido abordado pelos Tribunais pátrios, quais parâmetros têm orientado a jurisprudência, sua relevância e adequação às necessidades hodiernas.

Para tanto, o trabalho foi dividido em duas partes, sendo a primeira dedicada a uma breve conceituação dos contornos que têm assumido os direitos da personalidade no direito civil contemporâneo, abordando brevemente os problemas enfrentados na sua origem e a questão de seu objeto. Em um segundo momento, a pesquisa direciona-se para o estudo do cenário do direito à imagem na sociedade da informação, adentrando seu conceito e a disposição do Código Civil sobre o assunto. Após, far-se-á a abordagem da proteção do direito à imagem de celebridades, bem como o caminho que tem seguido a jurisprudência brasileira no que diz respeito à matéria, além de apresentar métodos abstratos propostos para o trato da questão.

O estudo apresentado pautou-se, sobretudo, na pesquisa bibliográfica e documental, tendo como marcos teóricos de bibliografia obras produzidas por juristas como Luís Roberto Barroso, Gustavo Tepedino, Anderson Schreiber e Otavio Luiz Rodrigues Junior. Por fim, utilizou-se do método de abordagem qualitativo e dedutivo de análise de informações.

1. Os Contornos dos Direitos da Personalidade no Direito Civil Contemporâneo

A preocupação com a proteção do ser humano em sua esfera mais íntima, aquela que diz respeito aos elementos inerentes à personalidade do homem, nunca foi tão manifesta quanto hodiernamente. Em uma realidade que sofre constantes transformações, sejam elas sociais, econômicas, políticas ou tecnológicas, potencializadas pela globalização e pela velocidade de tráfego informacional, a proteção das relações humanas e do próprio homem ganha novas definições.

Os direitos da personalidade surgem nesse cenário como uma construção jurídica relativamente recente, com origens que remetem a meados do século XIX.[1] Todavia, os holofotes só se voltaram realmente para os direitos da personalidade após as Grandes Guerras Mundiais, principalmente após a Segunda Grande Guerra, em que, pela primeira vez, depois das atrocidades cometidas pela humanidade contra si mesma, viu-se a necessidade de se colocar o homem como o centro das relações em que antes figurava a propriedade.[2]

[1] TEPEDINO, Gustavo. **A tutela da personalidade no ordenamento civil-constitucional brasileiro.** Temas de Direito Civil. 3ª Ed. Rio de Janeiro: Renovar, 2004, p. 24.

[2] MORATO, Antonio Carlos. Quadro Geral dos direitos da personalidade**. Revista da Faculdade de Direito da Universidade de São Paulo**. Vol. 106/107. São Paulo, jan-dez. 2011/2012, p. 149.

Tem-se, após tais eventos trágicos, a urgência de se oferecer uma proteção mais concreta ao homem, uma vez que todo o aparato jurídico existente até então não foi capaz de fazê-lo. É nessa conjuntura que as convenções e tratados de direitos humanos tomam força e que os direitos da personalidade surgem como salvaguarda da integridade e da dignidade do próprio homem.

Na perspectiva nacional, a Carta Magna foi o principal diploma a colocar em prática a ideia de centralização do ordenamento jurídico no homem, introduzindo os direitos fundamentais como normas cogentes e, nesse sentido, com a irradiação dos preceitos constitucionais para todas as outras esferas do direito, passou-se a aceitar a influência dos direitos fundamentais nas relações entre particulares.[3]

Nessa esteira, o Código Civil de 2002 trouxe, ineditamente[4], um capítulo inteiro dedicado à garantia dos direitos da personalidade, dando forma à proteção da pessoa dentro do direito privado brasileiro de modo nominal pela primeira vez.[5] Por seu turno, a Constituição Federal não fala especificamente em direitos da personalidade, assentando apenas os referidos direitos fundamentais.

Diante dessa dicotomia entre direitos fundamentais e da personalidade, alguma confusão pode se fazer presente, de maneira que é necessário ambientá-los. Sendo essa uma das questões mais controversas envolvendo os direitos da personalidade, vale fazer referência aos ensinamentos de Gustavo Tepedino, que entende serem os supracitados direitos faces da mesma moeda:

[3] A grande discussão continua sendo de que forma e em que medida se processa a eficácia dos direitos fundamentais nas relações entre particulares.

[4] "(...) se abriu um capítulo para os direitos da personalidade, estabelecendo-se não uma disciplina completa, mas os seus princípios fundamentais. Essa disciplina não constou do Código Civil brasileiro por uma razão singela: na época em que foi elaborado, ainda se discutia se, realmente, havia direitos subjetivos da personalidade, tendo em vista que forte corrente doutrinária considerava não ser possível que o titular do direito subjetivo fosse ao mesmo tempo objeto desse direito, pelo fato de não se distinguirem os aspectos da personalidade e de se considerarem que esses aspectos formavam uma unidade e, portanto, tratava-se sempre da personalidade una da pessoa física ou natural." ALVES, José Carlos Moreira. A parte geral do Projeto do Código Civil. **Revista CEJ**, V. 3 n. 9 set./dez. Brasília: Centro de Estudos Judiciários, 1999.

[5] DONEDA, Danilo. Os direitos da personalidade no código civil. **Revista da faculdade de Direito de Campos,** Ano VI, n º 6. Campos dos Goitacases: Ed. FDC, junho, 2005, p. 71

> Na esfera privada, não raro se atribui aos direitos humanos e, de uma maneira geral, aos direitos fundamentais da pessoa humana, a designação direitos da personalidade, emanações diretas do princípio da dignidade da pessoa humana (considerado o valor máximo do ordenamento jurídico brasileiro e um dos fundamentos da República, nos termos do art. 1º, III da Constituição). Compreendem-se, sob a denominação de direitos da personalidade, os direitos atinentes à tutela da pessoa humana, considerados essenciais à sua dignidade e integridade física e psicológica. Trata-se, portanto, da resposta jurídica ao interesse à existência digna e ao livre desenvolvimento da vida consorciada.[6]

Todavia, muito se questiona a respeito dos direitos da personalidade, por, supostamente, apenas reproduzirem uma cópia dos direitos fundamentais, sendo, assim, totalmente dispensáveis. Ocorre que a assertiva não se mostra acertada, uma vez que há significativa diferença entre eles, sendo que estes últimos se destinam a regulamentar situações dentro do direito público, enquanto os primeiros estariam necessariamente voltados para a esfera privada do direito.

A semelhança que guardam tais direitos deve-se ao núcleo comum que possuem, que é a proteção do homem e de sua dignidade. Entretanto, os direitos fundamentais, que podem ser apontados como a face constitucionalizada dos direitos humanos[7], possuem viés majoritariamente polí-

[6] Tepedino, Gustavo. **A influência dos direitos humanos e direitos fundamentais no direito civil brasileiro,** p. 4 e 5. Disponível em: <http://www.publicadireito.com.br/artigos/?cod=8cacb05141a62321>. Acesso em: 19 jun 2019.

[7] "A despeito de algumas críticas encontradas na literatura e sem prejuízo de outros critérios distintivos, a Constituição Brasileira de 1988 também traça a distinção, de modo expresso, entre direitos humanos (aqui considerados como posições jurídicas de qualquer pessoa humana, reconhecidas e tuteladas pelo direito positivo internacional) e direitos fundamentais (estes como positivados – expressa ou implicitamente – no âmbito do direito constitucional). Isto, todavia, não leva à exclusão dos direitos humanos contidos nos tratados internacionais, visto que, uma vez incorporados corretamente (de acordo com os parâmetros constitucionais) à ordem jurídica interna, nesta também alcançam vigência e eficácia, a teor do que dispõe o artigo 5º, parágrafo 2º, da Constituição, de acordo com o qual os direitos e garantias expressos na Constituição não excluem outros decorrentes do regime e dos princípios e dos tratados internacionais de que o Brasil for parte." Sarlet, Ingo Wolfgang. **Neoconstitucionalismo e Influência dos Direitos Fundamentais no Direito Privado: algumas notas sobre a evolução brasileira.** Trabalho correspondente ao texto que serviu de roteiro para apresentação por ocasião de seminário realizado em agosto de 2006 na Alemanha

tico e servem à proteção do homem contra abusos que o Estado possa vir a cometer. Já os direitos da personalidade, buscam a guarida do homem em sua esfera privatista, umbilicalmente ligada às ofensas de outros particulares e não do Estado.[8]

Isso não significa dizer que todos os direitos fundamentais são direitos da personalidade, mas pode-se dizer que o objetivo é o mesmo – a proteção da pessoa em sua totalidade – apesar de em âmbitos diversos, sendo o primeiro mais político e voltado ao exercício da cidadania, enquanto o segundo mais voltado à proteção contra terceiros em um mesmo patamar de poder; de certa forma, pode-se dizer que os direitos da personalidade conferem uma face de eficácia horizontal entre particulares de alguns direitos fundamentais, eis que comuns.

Apesar de encontrar maior enfoque na atualidade, os direitos da personalidade, quando inicialmente delineados, encontraram uma boa dose de hesitação por parte da doutrina.

A assim chamada "teoria negativista dos direitos da personalidade"[9] era encabeçada principalmente por Savigny e Jellinek[10], sendo dois os principais argumentos para sua defesa: o primeiro dizia que, caso aceitos, os direitos da personalidade legitimariam ações como o suicídio e a automutilação, uma vez que os sujeitos teriam direito sobre a própria integridade física e poderiam dela dispor. O outro fundamento, mais elaborado, aduzia que a personalidade não poderia figurar ao mesmo tempo em dois campos dentro de uma mesma relação jurídica, como seu sujeito e como seu objeto.[11]

Como se provou com o interregno temporal e o fortalecimento dos referidos direitos, as hipóteses levantadas pela teoria negativista encontravam-se

(nas dependências do Convento situado na Fraueninsel, Chiemsee, Baviera) e coordenado pelo Prof. Dr. JörgNeuner, Catedrático da Universidade de Augsburg. Disponível em: <http://civilistica.com/wp-content/uploads/2012/08/Neoconstitucionalismo-civilistica.com-1.-2012.pdf>. Acesso em: 19 jun 2019.

[8] BITTAR, Carlos Alberto. Os direitos da personalidade e o projeto de Código Civil brasileiro. Revista de Informação Legislativa, vol. 15, nº 60. Brasília: Senado Federal, Serviço de Informação. Out./dez., 1978, p. 108.

[9] RODRIGUES JR., Otávio Luiz. **Direitos fundamentais e da personalidade.** *In:* 30 anos da Constituição Brasileira: democracia, direitos fundamentais e instituições. Org.: TOFOLLI, José Antonio Dias. Rio de Janeiro: Forense, 2018, p. 680.

[10] GOMES, Orlando. **Direitos da Personalidade.** Revista de informação legislativa, vol. 3, nº 11. Brasília: Senado Federal, Serviço de Informação. Setembro, 1966, p. 40.

[11] TEPEDINO. Op. Cit., p. 25.

equivocadas[12]. A asserção pontuada pelos defensores dessa teoria de que os direitos da personalidade, caso reconhecidos, legitimariam ações do indivíduo contra si mesmo não encontram respaldo, pois partem da desacertada premissa de que o direito da personalidade seria um direito do sujeito sobre si mesmo, sobre seu próprio corpo.

Entretanto, um olhar mais aprofundado permite a constatação de que, de modo contrário ao alegado pela teoria negativista, os direitos da personalidade seriam responsáveis por oferecer maior preservação aos elementos constituintes do próprio núcleo humano. O que se busca é a proteção de direitos como integridade física, privacidade, nome e imagem, entre outros, contra as ofensas de terceiros; em momento algum, há a aceitação da possibilidade de legitimar lesões contra estes[13].

Quanto ao segundo argumento, que aponta não poder a personalidade ocupar dois campos dentro de uma mesma relação jurídica – como sujeito e objeto – ocorre uma confusão terminológica. Para entender a que se propõe a proteção da personalidade, faz-se necessária uma diferenciação entre os significados jurídicos do vocábulo "personalidade".

A personalidade pode ser tomada, inicialmente, como a capacidade de um indivíduo em figurar em uma relação, indicando a titularidade da pessoa, na qual ela ocuparia o polo subjetivo.[14] Por outro lado, deve-se entender que a personalidade pode também ser vista como o agrupamento de características e atributos inerentes aos homens, que os definem e diferenciam.[15] Nesse ângulo, por óbvio, a personalidade humana carece e merece ser tutelada e pode figurar como elemento objetivo dentro de uma relação de direito, o que possibilita sua proteção.

Quando se fala em tutela dos direitos da personalidade, fala-se não em proteger a capacidade de alguém de ter deveres e obrigações, mas proteger

[12] Ibidem, p. 26.

[13] Como esclarece Limongi França ao tratar da teoria negativista encabeçada por Savigny: "Claro está, entretanto, o extremismo em que descamba o genial pandetista, pois uma tal assertiva importa fazer tábula rasa da própria finalidade do Direito. Com efeito, o Direito existe para que a pessoa, em meio à vida social, seja aquinhoada segundo a justiça com os bens necessários à consecução dos seus fins naturais. Ora, o extermínio pelo suicídio é a própria negação disso, é a coarctação da causa final do Direito." FRANÇA, Rubens Limongi. Direitos da personalidade coordenadas fundamentais. ***Revista do Advogado***, São Paulo, n. 38, dez. 1992, p. 6-7.

[14] TEPEDINO. Op. Cit.,p. 26.

[15] Ibidem, p. 26.

o conjunto de atributos inerentes a sua condição de ser humano. Levando em conta esse contexto, não há como assumir que a titularidade se confunda com o objeto da relação, o que, com todo o respeito à doutrina e posicionamento da teoria negativista, acaba por refutá-la.

Superada a teoria negativista, os direitos da personalidade passaram a ser aceitos a partir da década de 50, contudo, sempre revestidos do caráter exclusivamente patrimonialista que regia o direito da época, o que trouxe problemas para a sua consolidação pela dificuldade de enquadrá-lo nesse contexto. Ocorre que os juristas da época tentaram fazer os direitos da personalidade moldarem-se a uma forma que era própria do direito de propriedade, o que levou à noção de que tais bens merecedores de tutela jurídica seriam uma espécie de patrimônio moral do indivíduo. Esse entendimento levou a uma série de confusões teóricas, uma vez que, ao procurar um objeto no mundo externo para os direitos da personalidade, a doutrina revestiu de caráter patrimonial elementos que são fundamentalmente internos, pessoais e essenciais[16].

Os direitos da personalidade, diferentemente dos de propriedade, se caracterizam pela proteção do "ser" e não do "ter", constituindo-se como emanações da própria dignidade humana. Tais direitos encontram-se previstos no Capítulo II do Código Civil que, dos artigos 11 ao 21, elenca uma série de direitos da personalidade em um rol não exaustivo, de modo a permitir a inclusão de novos direitos, considerando-se as mudanças sociais e o avanço das tecnologias.

Entre esses vários direitos da personalidade previstos no Código Civil, chama atenção, na era da sociedade da informação[17], o direito à imagem,

[16] Danilo Doneda aborda a questão dessa inadequação: "(...) a inadequação da utilização do direito subjetivo com a necessidade de uma tutela integrada da pessoa humana, que atue em todas as situações e através de uma tutela mais ampla que aquela típica do direito subjetivo. Isso deriva do fato da pessoa representar um valor imprescindível e fundamental, reconhecido formalmente pelo ordenamento, e que tutelá-la através de uma categoria cujo campo tradicional de aplicação é a tutela dos direitos patrimoniais poderia ser, a priori, um fator limitador de sua atuação. Nesta perspectiva, estariam sendo utilizados para a proteção de situações existenciais os instrumentos destinados às situações patrimoniais." DONEDA. Op. cit., p. 81.

[17] "A expressão 'sociedade da informação' passou a ser utilizada, nos últimos anos desse século, como substituto para o conceito complexo de 'sociedade pós-industrial' e como forma de transmitir o conteúdo específico do 'novo paradigma técnico-econômico'. A realidade que os conceitos das ciências sociais procuram expressar refere-se às transformações técnicas,

uma vez que as novas tecnologias de comunicação delineiam diariamente novos usos e, consequentemente, novas ofensas ao referido direito, que será abordado no tópico a seguir.

2. O Direito à Imagem na Sociedade da Informação

Inicialmente, vale apontar a breve definição de direito à imagem – garantido tanto no âmbito privatista quanto pela Carta Magna – que encontra aspecto dúplice, como esclarece Otávio Luiz Rodrigues Junior[18], dividindo-se entre imagem-retrato e imagem-atributo. Como elucida o autor, a imagem-retrato faz alusão àquela que identifica o indivíduo por seus atributos físicos, compreendendo, assim, a imagem física de alguém, que pode facilmente ser capturada e retratada por meio de fotografias, vídeos, pinturas, desenhos e outros tipos de tecnologias visuais.[19]

Já a imagem-atributo faz referência à forma como o indivíduo é conhecido em sociedade, na qual se unem uma série de características, não necessariamente físicas, pelas quais alguém será identificado e distinguido de outras pessoas. É, ainda, a forma de manifestação desse direito como da personalidade.[20]

organizacionais e administrativas que têm como 'fator-chave' não mais os insumos baratos de energia – como na sociedade industrial – mas os insumos baratos de informação propiciados pelos avanços tecnológicos na microeletrônica e telecomunicações. Esta sociedade pós-industrial ou 'informacional', como prefere Castells, está ligada à expansão e reestruturação do capitalismo desde a década de 80 do século que termina. As novas tecnologias e a ênfase na flexibilidade – ideia central das transformações organizacionais – têm permitido realizar com rapidez e eficiência os processos de desregulamentação, privatização e ruptura do modelo de contrato social entre capital e trabalho característicos do capitalismo industrial. As transformações em direção à sociedade da informação, em estágio avançado nos países industrializados, constituem uma tendência dominante mesmo para economias menos industrializadas e definem um novo paradigma, o da tecnologia da informação, que expressa a essência da presente transformação tecnológica em suas relações com a economia e a sociedade. Esse novo paradigma tem, segundo Castells (2000) as seguintes características fundamentais: A informação é sua matéria-prima (...); Os efeitos das novas tecnologias têm alta penetrabilidade (...); Predomínio da lógica de redes (...); Flexibilidade (...); Crescente convergência de tecnologias (...)." (Werthein, Jorge. **A sociedade da informação e seus novos desafios.** Disponível em: <http://www.scielo.br/pdf/ci/v29n2/a09v29n2.pdf>. Acesso em 14 jul 2019).

[18] Rodrigues Jr., Op. Cit., p. 695-696.

[19] Ibidem, p. 695.

[20] Ibidem, p. 696.

Com a nova conjuntura trazida pela era digital, o direito à imagem tem tomado contornos inéditos, bem como tem sofrido uma série de violações, tão abrangentes quanto pode ser a própria internet. A facilidade de captura, transmissão e envio de imagens na rede virtual tem se apresentado de forma bastante paradoxal: a mesma ferramenta que informa em tempo real e que expande conteúdo e conhecimento é também a responsável pela ofensa em massa[21] de direitos individuais.

De modo paralelo, também com mesma rapidez que tais dados e fotos são inseridos no mundo digital, ali permanecerão por tempo indeterminado, uma vez que a sua retirada da internet se mostra praticamente impossível. Nesse cenário da era superinformacionista, alguns debates ganham ainda mais destaque e merecem ser revisitados, como é o que diz respeito ao conflito entre o direito à imagem e as liberdades comunicativas, potencializadas pelo alcance da mídia digital e da rede mundial de computadores.

No ordenamento brasileiro, o artigo 20 do Código Civil[22] cuidou de tratar da defesa do direito à imagem, que traz apenas duas possibilidades em que a imagem de um sujeito poderia ser veiculada sem sua autorização: a necessidade de administração da justiça ou de manutenção da ordem pública. Além de trazer termos extremamente vagos, uma vez que não se pode conceituar de maneira geral o que seria necessário para manter a ordem pública ou para administrar a justiça, o referido artigo deixou de trazer o principal conflito que encontra o direito à imagem: o embate com as liberdades comunicativas, aqui compreendidas na liberdade de imprensa, liberdade de informar e liberdade de expressão[23].

[21] Sobre sociedade de massa, sugere-se consulta ao seguinte texto: HUNTINGTON, Samuel P. **Political order in changing societies.** New Haven: London, 1968. passim. Flávio Tartuce entende que a massificação dos contratos e o surgimento da *mass consumption society* contribuíram decisivamente para que houve a prevalência da teoria dos riscos no regimento da responsabilidade civil (TARTUCE, Flávio. **Direito civil: direito das obrigações e responsabilidade civil.** 9ª ed. rev., atual. e reform. v. 2. Rio de Janeiro: Forense, 2014. p. 308).

[22] Art. 20. Salvo se autorizadas, ou se necessárias à administração da justiça ou à manutenção da ordem pública, a divulgação de escritos, a transmissão da palavra, ou a publicação, a exposição ou a utilização da imagem de uma pessoa poderão ser proibidas, a seu requerimento e sem prejuízo da indenização que couber, se lhe atingirem a honra, a boa fama ou a respeitabilidade, ou se se destinarem a fins comerciais.

[23] A doutrina brasileira distingue as liberdades de informação e de expressão, registrando que a primeira diz respeito ao direito individual de comunicar livremente fatos e ao direito difuso de ser deles informado; a liberdade de expressão, por seu turno, destina-se a tutelar

Essa lacuna na lei civil, que deveria ter trazido ao menos parâmetros basilares para a interpretação de casos difíceis, deixa margem para a discricionariedade do julgador, que deverá suprir a omissão do legislador e definir, no caso concreto, qual dos direitos deverá prevalecer, levando em conta, ainda, a estatura constitucional que ambos possuem.

Essa ausência de fixação de parâmetros decisórios desaguou em julgamentos dignos de reprovação por parte do Poder Judiciário, como foi o caso Maitê Proença Gallo *versus* Editora Tribuna da Imprensa S/A, que teve sua imagem veiculada sem autorização em jornal de grande circulação, após ter posado seminua para a capa da Revista Playboy.

Em acórdão publicado pelo TJRJ, foi negado o direito da autora à indenização por dano moral, uma vez que ela teria posado espontaneamente para a matéria fotográfica e que *mulheres bonitas não teriam o direito de se sentirem lesadas pela reprodução de imagens do seu corpo desnudo.*[24]

Felizmente, tal acórdão foi reformado em sede de recurso especial interposto no Superior Tribunal de Justiça[25], tendo a Corte entendido que o dano moral independe da conotação média de moral, uma vez que a honra subjetiva possui termômetro próprio de cada indivíduo; assim, a honra subjetiva se pauta pelo sentimento de autoestima pertencente ao próprio sujeito, apartada de concepções e sentimentos alheios.

O parecer público sobre o sofrimento do indivíduo pouco importa, a opinião de beleza proveniente da perspectiva do julgador menos ainda –

o direito de externar idéias, opiniões, juízos de valor, em suma, qualquer manifestação do pensamento humano. (...) a distinção deve pautar-se por um critério de prevalência: haverá exercício do direito de informação quando a finalidade da manifestação for a comunicação de fatos noticiáveis, cuja caracterização vai repousar sobretudo no critério da sua veracidade. Além das expressões liberdade de informação e de expressão, há ainda uma terceira locução que se tornou tradicional no estudo do tema e que igualmente tem assento constitucional: a liberdade de imprensa. A expressão designa a liberdade reconhecida (na verdade, conquistada ao longo do tempo) aos meios de comunicação em geral (não apenas impressos, como o termo poderia sugerir) de comunicarem fatos e ideias, envolvendo, desse modo, tanto a liberdade de informação como a de expressão. BARROSO, Luís Roberto. Colisão entre liberdade de expressão e direitos da personalidade. Critérios de Ponderação. Interpretação Constitucionalmente Adequada do Código Civil e da Lei de Imprensa. **Revista de Direito Administrativo.** Vol. 235. Rio de Janeiro, jan-mar. 2004, p. 18-19.

[24] SCHREIBER, Anderson. **Direitos da personalidade.** 3ª Ed. São Paulo: Atlas, 2014, p. 125.

[25] BRASIL. Superior Tribunal de Justiça. Recurso Especial nº N. 270.730-RJ. Recorrente: Maitê Proença Gallo. Recorrido: S/A Editora Tribuna da Imprensa. Relator: Relator: Ministro Carlos Alberto Menezes Direito. **Diário Oficial da União**. Brasília, 2000.

a concessão do dano moral pelo Superior Tribunal de Justiça, com a consequente reforma da decisão exarada em segunda instância, garantiu à recorrente, de forma correta, a proteção de seu direito à imagem. Ainda, o acórdão assentou a que a exibição de imagem nua em publicação diversa daquela inicialmente contratada, o que acarreta também um alcance de público diverso do originalmente selecionado, viola o decoro e possui o condão de causar dano moral ao indivíduo, como foi o caso.

Quando se fala em virtualidade, situações como essas se tornam ainda mais gravosas por conta da rápida disseminação de conteúdo, como foi o ocorrido no caso Tiziana Cantone *versus* Facebook e outros[26], que cometeu suicídio em setembro de 2016, após uma batalha judicial de mais de um ano para ver retirado da internet um vídeo íntimo que se tornou viral na Itália, país onde residia, após a publicação das imagens por um ex-namorado. A Corte italiana entendeu pela inexistência de dano moral à autora, o que levou ao agravamento do quadro depressivo desta, que, pouco tempo depois da publicação da decisão, tirou a sua própria vida.[27] Nessa conjuntura, os parâmetros tradicionais de julgamento que impõem limites às liberdades comunicativas, tema já espinhoso, são passíveis das mais variadas críticas. Quando se fala na tutela do direito de imagem, colocam-se dois critérios limítrofes clássicos para verificar se a informação veiculada não configura abuso da liberdade informativa: os parâmetros do lugar público e da pessoa pública.

Um dos principais argumentos que sustentam os defensores da desenfreada liberdade de informação é a captação das imagens quando ocorrem em local público. De modo simplista, a imagem de quem se encontra em um lugar de acesso público estaria disponível para livre captura e propagação. Anderson Schreiber[28]sustenta que essa noção advém de uma antiga abordagem do direito de imagem, que o colocava como dependente de outros direitos para merecer tutela, sem reconhecer sua autonomia dissociada de outros direitos da personalidade, como privacidade e honra; seria

[26] SENATO DELLA REPUBLICA. **Risposte Scritte ad Interrogazioni**. XVII Legislatura, n. 191, dez. 2017 a jan. 2018, p. 7.705. Disponível em: <http://www.senato.it/service/PDF/PDFServer/DF/334842.pdf>. Acesso em: 11 jul 2019.

[27] Facci, Filippo. Storia di Tiziana Cantone. Itália, 15 de setembro de 2016. Disponível em: <http://www.ilpost.it/2016/09/15/storia-tiziana-cantone/>. Acesso em: 24 jun 2019.

[28] Schreiber. Op. Cit., p. 112.

uma redução do *"direito a imagem a um direito tutelado entre quatro paredes"*, como assevera o autor.

Esse entendimento encontra-se claramente equivocado. O direito a imagem é digno de guarida em qualquer ambiente, seja ele uma rua pública ou uma praia movimentada; negar essa realidade é fazer tábula rasa de um direito previsto não apenas no aspecto privado, mas na Constituição Federal. É necessário, contudo, esclarecer que essa proteção se dá sobre imagens que retratem indivíduos de forma individualizada sem a devida autorização, situação que muito diverge da captura de imagens de retratação de eventos e fenômenos coletivos, sem a identificação particularizada de pessoas.

O critério do lugar púbico torna-se ainda mais problemático quando se coloca sob enfoque a utilização de equipamentos como câmeras fotográficas com lentes de aumento, drones e outros instrumentos tecnológicos capazes de realizar capturas de imagens que normalmente não seriam possíveis.

Nesse contexto, o critério do lugar público deve ser mesclado ao do contexto em que as imagens foram tiradas, bem como ao grau de consciência do indivíduo da captura do retrato, à expectativa das pessoas envolvidas e o grau de individualização da imagem, como aduz Schreiber.[29] O parâmetro do local público, estanque e estático que é, mostra-se ultrapassado em situações tão fluídas quanto as da atualidade.

Segue-se a ele o segundo critério para o julgamento de casos que apresentem conflito entre o direito à imagem e as liberdades comunicativas: o da pessoa pública. Sustenta-se que, quando se fala de pessoas consideradas públicas –celebridades, atletas, políticos – a exposição de sua imagem é mais aceitável e, portanto, menos merecedora de tutela por parte do direito.

Trata-se de critério um tanto quanto pernicioso, principalmente quando se coloca em jogo a ampla utilização das redes sociais modernas, que propiciou uma espécie de pulverização de web celebridades e afins. Na sociedade da informação, qualquer pessoa com acesso à rede pode tornar-se famosa e essa facilidade caminha juntamente com a vulnerabilidade de sua imagem.

Assim, flexibilizar de forma desenfreada a exposição da imagem de alguém "famoso", pelo simples fato de sê-lo, é temeroso. O direito a imagem

[29] Ibidem, p. 113.

das celebridades deve se dar da mesma forma que é dispensando a qualquer outra pessoa tida como 'anônima'. Nesse sentido, Schreiber argumenta:

> (...) o fato de viverem de sua imagem na mídia só reforça a importância que a representação física assume em relação àquelas pessoas. Famosa ou não, qualquer pessoa tem o direito de proibir a circulação indesejada de sua representação exterior. Tal exigência somente pode ser afastada naquelas situações em que outros interesses de hierarquia constitucional (...) venham a exigir, diante das circunstâncias, proteção mais intensa que o direito à imagem.[30]

Salienta-se, ainda, que o universo midiático digital e a exploração da vida de celebridades e de pessoas notórias trouxeram uma exacerbada busca por informações que nem sempre são de interesse público.

A busca por dados e fatos banais ou íntimos é crescente: cada vez mais interessa saber sobre novo *affair* de uma cantora famosa ou os detalhes sórdidos da relação extraconjugal de um ator nacional. Todavia, essa curiosidade não se traduz em interesse público e não justifica a invasão da esfera da vida privada de qualquer pessoa, mesmo em se tratando de uma figura pública.

Essas construções jurisprudenciais e doutrinárias a respeito do lugar público e da pessoa pública como limitadores da proteção do direito à imagem devem ser revistos em face dos novos elementos que trazem a era digital, bem como não podem ser tomados de forma leviana para garantir a supremacia das liberdades comunicativas, que, por si só, parecem encontrar maior prestígio nos tribunais pátrios.

Permitir que critérios tão rudimentares quanto estes sejam as únicas balizas em casos conflituosos é dar carta branca para as violações injustificadas ao direito à imagem e aquiescer que decisões dissidentes para casos semelhantes sejam comuns. Em tentativa de auxiliar na solução de tais casos, Otavio Luiz Rodrigues Junior propôs fórmulas teóricas para o problema, a partir do levantamento de alguns parâmetros segundo acórdãos do Supremo Tribunal Federal e do Superior Tribunal de Justiça, sendo o que o autor denominou de *fórmula 1*[31] destinada a "pessoas comuns" e a *fórmula 2*[32] destinada especificamente a famosos e políticos.

[30] Ibidem, p. 114.

[31] (1) A liberdade de imprensa é ampla, devendo ser confrontada *ex post* com seus excessos por meio da responsabilidade civil. (2) É possível o controle *ex ante* da liberdade de imprensa

As referidas fórmulas seriam tentativas de organizar a questão da proteção do direito à imagem, de anônimos e famosos, no cenário jurisprudencial e, como aduz o próprio autor, é ainda incompleta e talvez se limite a descrever o estado da arte do problema no país.

A primeira fórmula, que se destina aos ditos "anônimos" expõe um panorama amplo de liberdades comunicativas, que, contudo, encontra limites frente a abusos como os discursos de ódio e narrativas que exponham vulneráveis. Por outro lado, a fórmula destinada aos famosos quase não impõe barreiras à liberdade de imprensa na divulgação a imagem de políticos e celebridades, uma vez que, como argumenta Otávio Luiz Rodrigues Junior, "em relação às celebridades, prevalece a lógica de que qualquer fato gerador de difusão é positivo".

Constata-se, assim, que as únicas restrições elencadas por Otavio Luiz Rodrigues Junior, em relação às pessoas célebres, seriam a ocorrência de danos econômicos não razoáveis e, no que diz respeito aos políticos, a existência de interesse público.

Carecem de reflexão mais criteriosa as referidas fórmulas, uma vez que propostas de maneira abstrata, poderiam acabar levando a decisões que não se adéquam às peculiaridades de casos concretos. Ainda, reduzir o dano à imagem de uma celebridade à ocorrência de danos econômicos graves poderia levar a uma perspectiva demasiadamente monetária de um direito que busca proteger características íntimas e essenciais do ser humano, verdadeira extensão de sua dignidade e do próprio ser, não devendo ser confinada a um aspecto patrimonialista.

O argumento de que essas pessoas já se utilizam de sua imagem de modo lucrativo não parece ser suficiente para que se autorize toda e qualquer exposição, desde que não gere prejuízos ao indivíduo. A celebridade,

(e, por extensão, da liberdade de expressão literária ou artística) no caso do discurso de ódio e narrativas que coloquem em risco vulneráveis, pessoas em situação de risco vital e atinjam a segurança nacional. RODRIGUES JR., Otávio Luiz. **Do príncipe Bismarck à princesa Caroline de Mônaco: vida privada de pessoas célebres e as liberdades comunicativas no Direito Civil.** 10 anos de vigência do Código Civil brasileiro de 2002. Org.: Rui Geraldo Camargo Viana. São Paulo: Saraiva, 2013, p. 122.

[32] (1) É ampla a liberdade de imprensa para divulgar fatos e imagens, inclusive ligados à intimidade, de políticos e de celebridades em sentido estrito. (2) Essa liberdade pode ser restringida se a exposição implicar danos econômicos irrazoáveis em relação às celebridades em sentido estrito e, no que se refere aos políticos, se a divulgação da intimidade não se relacionar com o interesse público. Ibidem.

antes de ser famosa, é pessoa como outra qualquer e sua imagem merece igual proteção.[33]

Luís Roberto Barroso[34] mapeia também alguns parâmetros que considera orientadores para o intérprete do direito no caso de conflitos entre os direitos da personalidade e as liberdades comunicativas. Tais diretrizes seriam: a veracidade do fato, a licitude do meio empregado na obtenção da informação, a personalidade pública ou estritamente privada da pessoa objeto da notícia, o local em que ocorreu o fato, a natureza do fato em si, a existência de interesse público sobre o fato e a preferência por sanções posteriores, como a reparação moral.

Apesar de mais detalhados e, aparentemente, conduzir o intérprete a uma análise mais detida quanto aos fatos, as hipóteses de Barroso levam a uma perspectiva de hegemonia das liberdades comunicativas, caminho que, inclusive, vem sendo seguido pelo Supremo Tribunal Federal em sua produção jurisprudencial. A título de exemplo, Luís Roberto Barroso alega que, como regra, não será cabível qualquer tipo de reparação pela divulgação de fatos verdadeiros, cujo conhecimento de sua ocorrência tenha sido obtido por meio lícito, presumindo-se, em nome da liberdade de expressão e de informação, o interesse público na livre circulação de notícias e ideias. [35]

Entretanto, quando se fala em divulgação de fatos e imagens em ambiente virtual, estes, mesmo que verdadeiros e mesmo que digam respeito à vida de pessoa pública, podem causar lesões irreversíveis na vida de um indivíduo. A ideia de que a liberdade de expressão deve sempre prevalecer, submetendo os casos de violação dos direitos da personalidade a eventuais reparações posteriores pelos danos causados parece um tanto quanto injusta.

Muitas vezes, não há indenização pecuniária que possa reparar o dano que poderia ter sido evitado antecipadamente pela gestão ética da imprensa, o que seria um limite às liberdades comunicativas admitido por Luís Roberto Barroso. Contudo, indaga-se: quando será possível saber se

[33] SCHREIBER. Op. cit., p. 114.

[34] BARROSO, Luís Roberto. Colisão entre liberdade de expressão e direitos da personalidade. Critérios de Ponderação. Interpretação Constitucionalmente Adequada do Código Civil e da Lei de Imprensa. **Revista de Direito Administrativo.** Vol. 235. Rio de Janeiro, jan-mar. 2004, p. 25.

[35] Ibidem, p. 23.

tal dano será ou não irreversível? E nos casos em que a imagem ou o dado já tenha sido divulgado?

Na era da internet, o menor dado que seja, por mais ingenuamente que tenha sido veiculado, poderá causar danos de proporções inenarráveis. Nesse cenário, caracterizaria censura prévia exigir da imprensa uma postura mais ética e em conformidade com os limites legais? A solução parece ainda distante, somada a crescente avidez da sociedade por informações e imagens da vida íntima de terceiros. Como pontua Schreiber:

> O direito à imagem parece condenado a violações sistemáticas, sem que a ordem jurídica tenha se mostrado capaz, até o momento, de oferecer instrumentos eficientes para sua proteção. Ao contrário, a maior parte da comunidade jurídica parece satisfeita em se limitar a disponibilizar ao lesado a via tortuosa da ação reparatória.[36]

Enquanto não se insurge um sistema de veiculação informativa e uma imprensa voltada à atividade social e à informação verdadeiramente relevante para a discussão em vida pública, que extirpe a banalização de notícias e a invasão da vida privada de outros, o que resta é o recurso a um judiciário ainda indeciso sobre o conflito. Todavia, como assevera Sidney Cesar Silva Guerra, *não há como determinar um estudo hermético, com soluções determinadas como na matemática em que dois mais dois são quatro.*[37]

No momento, a colisão entre os direitos aqui discutidos ainda parece ter que depender da harmonização que será realizada no judiciário, sobre a qual ainda não se chegou a uma fórmula pronta como "receita de bolo" [38].

O fato é que, para que possa fornecer soluções jurídicas justas e adequadas à realidade social da atualidade, os parâmetros de orientação do intérprete do direito precisam ser revistos. Critérios estanques como os de lugar público e pessoa pública, ou ainda excessivamente monetários como o de necessidade de ocorrência de prejuízo financeiro, ou parâmetros que coloquem as liberdades comunicativas já de início como superiores acabarão por apenas perpetuar decisões injustas e a ocorrência de novas "Tizianas" e "Maitês".

[36] SCHREIBER. Op. cit., p. 132.

[37] GUERRA, Sidney Cesar Silva. **A liberdade de imprensa e o direito à imagem.** Rio de Janeiro: Renovar, 1999, p. 127.

[38] Ibidem, p. 128.

O que se apercebe, ao fim, é que o conflito entre o direito à imagem e as liberdades comunicativas, principalmente quando se coloca em foco peculiaridades como o alcance da divulgação de dados pelas mídias digitais e situações em que figurem pessoas famosas, ainda carece de intensa discussão por parte da academia.

As inconsistências jurisprudenciais precisam ser conhecidas e discutidas, assim como as fórmulas abstratas sugeridas para a abordagem da questão. No momento, verifica-se que não existe uma solução adequada para as centenas de casos diferentes e de novos desdobramentos que surgem sobre o tema; o dilema entre as decisões casuísticas e os métodos decisórios abstratos parece cada vez mais forte. Ante essa constatação, cabe à academia o papel de fomentar o debate, questionar os parâmetros atualmente propostos e utilizados para que, então, soluções mais humanas possam ser alcançadas.

Conclusões

Como já amplamente debatido no decorrer deste trabalho, é fato que as novas tecnologias proporcionaram à atualidade, além da velocidade e da facilidade de compartilhamento de novos dados, infinitas e inéditas interações entre os homens. Essas novas relações, por sua vez, provocam as mais significativas mudanças também no mundo jurídico.

Como visto, a sociedade da informação mostra-se como o cenário perfeito não apenas para que a ampla circulação de dados ocorra, mas também para que lesões a direitos sejam provocados em massa. Nessa esteira, o direito à imagem encontra-se em posição de destaque sob os holofotes, eis que seu constante atrito com as liberdades comunicativas é maximizado na era digital.

Em tempos superinformacionistas, qualquer imagem pode se espalhar pela rede em questão se segundos e, paradoxalmente, ali permanecer pela eternidade, tudo em nome da chamada liberdade de informar ou de se expressar; o que se vê é uma espécie de supremacia das liberdades de comunicação sobre os direitos da personalidade, muitas vezes desarrazoada e sem considerar a fundo o dano causado ao indivíduo.

Os parâmetros decisórios obsoletos mantidos pelo Poder Judiciário apenas apontam para a necessidade de discussão sobre o tratamento jurídico que se dá à matéria na atualidade; a equação torna-se ainda mais complexa quando inseridos caracteres como a notoriedade da pessoa que teve seu direito lesado ou o abrangente alcance da divulgação de dados e imagens com a rede mundial de computadores.

A ausência de debate acadêmico e jurisprudencial sobre o assunto é terreno fértil para decisões temerárias; apenas mediante essa discussão é que será possível verificar e corrigir parâmetros controversos e decisões discricionárias.

Esta pesquisa buscou trazer tal pauta para o debate na academia, mostrando o que se tem hoje no Brasil quando o assunto é direitos da personalidade, em especial o tratamento dispensado ao direito à imagem em território pátrio com o acréscimo da sociedade da informação.

A conclusão a que se chegou é a de um panorama ainda instável, pontuado por casos paradigmáticos e por decisões reprováveis, parâmetros já ultrapassados de orientação do julgador e fórmulas abstratas ainda limitadas. O problema, mais pertinente que nunca, ainda carece de uma solução ou de qualquer medida que seja mais adequada à fluidez dos tempos.

Como ressaltado alhures, não há uma solução já pronta e, ao que parece, ainda se está decidindo quais os parâmetros decisórios. De toda sorte, espera-se que a proteção não só do direito a imagem, mas também de outros direitos da personalidade, possam ser enxergados sob uma perspectiva mais generosa, como verdadeira manifestação da dignidade da pessoa humana e de esperança social na era da informação.

Referências

ALVES, José Carlos Moreira. A parte geral do Projeto do Código Civil. **Revista CEJ**, V. 3 n. 9 set./dez. Brasília: Centro de Estudos Judiciários, 1999.

BARROSO, Luís Roberto. Colisão entre liberdade de expressão e direitos da personalidade. Critérios de Ponderação. Interpretação Constitucionalmente Adequada do Código Civil e da Lei de Imprensa. **Revista de Direito Administrativo.** Vol. 235, p. 1-36. Rio de Janeiro, jan-mar. 2004.

BRASIL. **Lei n. 10.406**, de 10 de janeiro de 2002. Institui o Código Civil. Disponível em: <http://www.planalto.gov.br >. Acesso em 24 jun 2019.

_______. Superior Tribunal de Justiça. Recurso Especial nº N. 270.730-RJ. Recorrente: Maitê Proença Gallo. Recorrido: S/A Editora Tribuna da Imprensa. Relator: Relator: Ministro Carlos Alberto Menezes Direito. Diário Oficial da União. Brasília, 2000.

BITTAR, Carlos Alberto. **Os direitos da personalidade e o projeto de Código Civil brasileiro.** Revista de Informação Legislativa, vol. 15, nº 60, p. 105-128. Brasília: Senado Federal, Serviço de Informação. Out./dez., 1978.

DONEDA, Danilo. Os direitos da personalidade no código civil. **Revista da faculdade de Direito de Campos,** Ano VI, nº 6, p. 71-99. Campos dos Goitacases: Ed. FDC, junho, 2005.

Facci, Filippo. Storia di Tiziana Cantone. Itália, 15 de setembro de 2016. Disponível em: <http://www.ilpost.it/2016/09/15/storia-tiziana-cantone/>. Acesso em: 24 jun 2019.

França, Rubens Limongi. Direitos da personalidade coordenadas fundamentais. ***Revista do Advogado***, São Paulo, n. 38, dez. 1992.

Gomes, Orlando. **Direitos da Personalidade.** Revista de informação legislativa, vol. 3, nº 11, p. 39-48. Brasília: Senado Federal, Serviço de Informação. Setembro, 1966.

Guerra, Sidney Cesar Silva. **A liberdade de imprensa e o direito à imagem.** Rio de Janeiro: Renovar, 1999.

Huntington, Samuel P. **Political order in changing societies**. New Haven: London, 1968.

Morato, Antonio Carlos. Quadro Geral dos direitos da personalidade**. Revista da Faculdade de Direito da Universidade de São Paulo**. Vol. 106/107. São Paulo, jan-dez. 2011/2012.

Rodrigues Jr., Otávio Luiz. **Direitos fundamentais e da personalidade.** *In:* 30 anos da Constituição Brasileira: democracia, direitos fundamentais e instituições. Org.: Tofolli, José Antonio Dias. Rio de Janeiro: Forense, 2018.

_______. **Do príncipe Bismarck à princesa Caroline de Mônaco: vida privada de pessoas célebres e as liberdades comunicativas no Direito Civil.** 10 anos de vigência do Código Civil brasileiro de 2002. Org.: Rui Geraldo Camargo Viana. São Paulo: Saraiva, 2013.

Sarlet, Ingo Wolfgang. **Neoconstitucionalismo e Influência dos Direitos Fundamentais no Direito Privado: algumas notas sobre a evolução brasileira.** Trabalho correspondente ao texto que serviu de roteiro para apresentação por ocasião de seminário realizado em agosto de 2006 na Alemanha (nas dependências do Convento situado na Fraueninsel, Chiemsee, Baviera) e coordenado pelo Prof. Dr. JörgNeuner, Catedrático da Universidade de Augsburg. Disponível em: <http://civilistica.com/wp-content/uploads/2012/08/Neoconstitucionalismo-civilistica.com-1.-2012.pdf>. Acesso em: 19 jun 2019.

Schreiber, Anderson. **Direitos da personalidade.** 3ª Ed. São Paulo: Atlas, 2014.

SENATO DELLA REPUBLICA. **Risposte Scritte ad Interrogazioni**. XVII Legislatura, n. 191, dez. 2017 a jan. 2018, p. 7.705. Disponível em: <http://www.senato.it/service/PDF/PDFServer/DF/334842.pdf>. Acesso em: 11 jul 2019.

Tartuce, Flávio. **Direito civil: direito das obrigações e responsabilidade civil**. 9ª ed. rev., atual. e reform. v. 2. Rio de Janeiro: Forense, 2014.

Tepedino, Gustavo. **A influência dos direitos humanos e direitos fundamentais no direito civil brasileiro.** Disponível em: <http://www.publicadireito.com.br/artigos/?cod=8cacb05141a62321>. Acesso em: 19 jun 2019.

_______. **A tutela da personalidade no ordenamento civil-constitucional brasileiro.** Temas de Direito Civil. 3ª Ed. Rio de Janeiro: Renovar, 2004.

Werthein, Jorge. **A sociedade da informação e seus novos desafios.** Disponível em: <http://www.scielo.br/pdf/ci/v29n2/a09v29n2.pdf>. Acesso em 14 jul 2019.

7. Da "Barriga de Aluguel" – Gestação por Substituição ou Cessão Temporária do Útero no Direito e os Reflexos Causados pela Sociedade da Informação

Jorge Shiguemitsu Fujita
Yves Alessandro Russo Zamataro

Introdução

Com o passar do tempo surgiram inúmeras inovações que possibilitaram uma mudança extraordinária na dinâmica de vida dos indivíduos. Até há pouco tempo, seria inviável conceber a ideia de casais inférteis ou estéreis alcançarem a maternidade e a paternidade, senão através da adoção.

Assim é que o tema a ser desenvolvido, neste trabalho, surge de uma dessas inovações, no campo da medicina, ou seja, a reprodução assistida e, consequentemente, a denominada "barriga de aluguel", maternidade de substituição ou cessão temporária do útero.Trata-se de um assunto que já faz parte de nosso meio e que tem gerado muita polêmica, além de incansáveis discussões não só entre juristas e doutrinadores, mas também entre religiosos e até em rodas sociais.

A comercialização é uma realidade existente e que vem tomando uma enorme proporção. A própria mídia e a *internet* são grandes responsáveis por isso. Atualmente, é fácil encontrar anúncios na *internet* de mulheres dispostas a gerar em seus úteros os filhos de outras em troca de remuneração.

Nossa atual legislação é omissa a esse respeito. Assim sendo, não há nada que impeça essa comercialização. Outro ponto a ser considerado envolve a questão da filiação. O conceito de família mudou drasticamente ao longo dos anos. Em relação ao reconhecimento dos filhos, até há bem pouco tempo o mais comum era a presunção de que "mãe é aquela que pariu o filho". Porém, nas situações de maternidade por substituição isso cai por terra. O que deve ser efetivamente levado em conta, além do princípio da afetividade será sempre o melhor interesse para criança.

O presente trabalho não pretende esgotar o tema e, tampouco, impor suas conclusões aos leitores. Pretende-se, apenas, levá-los a uma profunda reflexão e tentar demonstrar a necessidade urgente de sua regulamentação.

1. Breves Considerações acerca da Filiação

Do latim, *filiatio* traduz-se pela relação de parentesco que se constitui entre pais e filhos em linha reta, gerando o estado de filho.

Para nós (FUJITA, 2011, p.10):

> Filiação é, no nosso entender, o vínculo que se estabelece entre pais e filhos, decorrente da fecundação natural ou da técnica de reprodução assistida homóloga (sêmen do marido ou do companheiro; óvulo da mulher ou da companheira) ou heteróloga (sêmen de outro homem, porém com o consentimento do esposo ou companheiro; ou o óvulo de outra mulher, com a anuência da esposa ou companheira), assim como em virtude da adoção ou de uma relação socioafetiva resultante da posse do estado de filho.

Na definição de Maria Helena Diniz, "*filiação é o vínculo existente entre pais e filhos; vem a ser a relação de parentesco consanguíneo em linha reta de primeiro grau entre uma pessoa e aqueles que lhe deram a vida*" (DINIZ, 2002, p. 372).

Já Pontes de Miranda (2000, p. 45) sustenta que:

> Filiação é a relação que o fato da procriação estabelece entre duas pessoas, uma das quais nascidas da outra. Chama-se paternidade, ou maternidade, quando considerada com respeito ao pai, ou à mãe, e filiação, quando do filho para qualquer dos genitores.

Imperioso destacar o princípio da igualdade entre os filhos, estabelecido no art. 227, §6º, da Constituição Federal do Brasil de 1988 e no art. 1.596 do Código Civil brasileiro. Nessa esteira, por meio deste princípio, é vedado o estabelecimento de distinção acerca do tipo de filiação, sobretudo, no que se refere ao filho ser biológico ou não. Dessa forma, cumpre asseverar que cada indivíduo pode constituir a filiação através de vínculos biológicos, da adoção ou até mesmo pelo aspecto afetivo puro.

Quanto à sua origem, a filiação pode ser classificada em matrimonial e extramatrimonial, tendo como elemento fundamental a existência ou não de um casamento válido. Quanto à natureza, pode ser classificada em jurídica, biológica e socioafetiva.

Conceituamos a filiação jurídica como o "vínculo paterno-filial reconhecido pela lei." (Fujita, 2011, p. 61). A filiação socioafetiva (Fujita, 2011, p. 71), a nosso ver, é:

> Aquela consistente na relação entre pai e filho, ou entre mãe e filho, ou entre pais e filho, em que inexiste liame de ordem sanguíneo entre eles, havendo, porém, o afeto como elemento aglutinador, tal como uma sólida argamassa a uni-los em suas relações, quer de ordem pessoal, quer de ordem patrimonial.

Trata-se de um vínculo tão estável quanto ao do critério biológico, em que o filho desenvolve em outra pessoa a sua referência materna e paterna, ao passo que estes lhe dedicam amor, proteção e se responsabilizam pelo sustento, saúde, educação, lazer. Já a filiação biológica é aquela que se estabelece, pelo sangue (seja por reprodução natural ou carnal ou por técnicas de reprodução humana assistida), entre uma pessoa e seu descendente em linha reta de primeiro grau.

A fecundação, resultante de reprodução medicamente assistida, é utilizada em substituição à concepção natural, quando houver dificuldade ou impossibilidade de um ou de ambos de gerar um filho. Com a denominada gestação de substituição ou cessão temporária do útero (popularmente conhecida como "barriga de aluguel"), temos hipóteses em que, embora o gameta masculino e o feminino sejam provenientes de ambos os pais biológicos, ou apenas de um deles, a gestação ocorre no útero de outra mulher. Tal hipótese tem gerado muita polêmica e acirradas discussões, as quais serão tratadas adiante.

2. Da Barriga de Aluguel, Gestação de Substituição ou Cessão Temporária do Útero

A "barriga de aluguel", gestação de substituição ou cessão temporária do útero, é entendida por muitos doutrinadores como sendo o ato pelo qual uma mulher cede seu útero para a gestação do filho de outra, a quem a criança deverá ser entregue após o nascimento, assumindo a mulher desejosa ou fornecedora do material genético a condição de mãe. No ensinamento de Meirelles (2004, p. 37):

> Todas essas expressões traduzem a mesma situação fática e, sob certo ponto de vista, verdadeiramente revolucionária: a gestação de um ser humano, mantida por uma mulher em favor de outra infértil (ou com alguma impossibilidade referente à gravidez), com a finalidade de, logo após o nascimento com vida, ser a criança entregue à interessada, renunciando a gestante, em favor dela, a todos os direitos relativos à maternidade.

Desta forma, a maternidade de substituição "é a prática pela qual uma mulher mantém em gestação uma criança com a intenção de que esta seja entregue, após o parto, a quem com ela pactuou, gratuita ou onerosamente, a desse modo proceder." (MEIRELLES, 1998, p. 67)

Em outras palavras, é uma técnica que ocorre quando uma mulher não pode realizar o ciclo da gestação em seu próprio útero. Assim, uma segunda mulher concorda em manter a gestação em favor desta e se compromete a entregar a criança após o parto à mulher que se submeteu a essa prática.

Passagens bíblicas demonstram que a gestação por substituição ou cessão do útero para a satisfação da maternidade não é algo novo. Como já explicitado, em Gênesis 16, Sara, mulher de Abrão, incapaz de procriar, requisita a Abrão que lhe proporcione a maternidade por meio de sua escrava Agar. O mesmo se deu em Gênesis 30, em que Raquel, esposa de Jacó, suplica a este que, por intermédio de sua serva Bala, realize seu desejo de maternidade. A mulher que gesta filho alheio em seu útero e dará à luz a um bebê em face de outrem, é denominada de mãe substitutiva e os pais biológicos de pais pretendentes.

Essa é uma das modalidades da reprodução assistida, e as partes nesse processo de reprodução são duas: uma mulher com ou sem a participação de seu marido ou companheiro será a autora do processo, e outra mulher que, de forma onerosa ou gratuita, cederá o útero para que se possa desenvolver todo o processo de gestação será a outra parte. A expressão "barriga de aluguel" é criticada por muitos doutrinadores, pois traz a ideia de algo comercializável, de contraprestação, remuneração, o que no caso do Brasil não é permitido.

Ainda que não proíba expressamente, assim como ocorre em outros países, nosso ordenamento jurídico ainda se queda silente acerca desse tema. No Brasil, a única disposição que trata do assunto é a Resolução

2.168/2017, de 10 de novembro de 2017, que revogou a 2.121/2015 do Conselho Federal de Medicina, abordando a gestação por substituição no item VII, intitulado de "Sobre a gestação de substituição (cessão temporária de útero)", trazendo as seguintes diretrizes:

> As clínicas, centros ou serviços de reprodução assistida podem usar técnicas de RA para criarem a situação identificada como gestação de substituição, desde que exista um problema médico que impeça ou contraindique a gestação na doadora genética, em união homoafetiva ou pessoa solteira.
>
> 1. A cedente temporária do útero deve pertencer à família de um dos parceiros em parentesco consanguíneo até o quarto grau (primeiro grau – mãe/filha; segundo grau – avó/irmã; terceiro grau – tia/sobrinha; quarto grau – prima). Demais casos estão sujeitos à autorização do Conselho Regional de Medicina.
>
> 2. A cessão temporária do útero não poderá ter caráter lucrativo ou comercial.
>
> 3. Nas clínicas de reprodução assistida, os seguintes documentos e observações deverão constar no prontuário da paciente:
>
> 3.1. Termo de consentimento livre e esclarecido assinado pelos pacientes e pela cedente temporária do útero, contemplando aspectos biopsicossociais e riscos envolvidos no ciclo gravídico-puerperal, bem como aspectos legais da filiação;
>
> 3.2. Relatório médico com o perfil psicológico, atestando adequação clínica e emocional de todos os envolvidos;
>
> 3.3. Termo de Compromisso entre o (s) paciente (s) e a cedente temporária do útero (que receberá o embrião em seu útero), estabelecendo claramente a questão da filiação da criança;
>
> 3.4. Compromisso, por parte do (s) paciente (s) contratante (s) de serviços de RA, de tratamento e acompanhamento médico, inclusive por equipes multidisciplinares, se necessário, à mãe que cederá temporariamente o útero, até o puerpério;
>
> 3.5. Compromisso do registro civil da criança pelos pacientes (pai, mãe ou pais genéticos), devendo esta documentação ser providenciada durante a gravidez;
>
> 3.6. Aprovação do cônjuge ou companheiro, apresentada por escrito, se a cedente temporária do útero for casada ou viver em união estável.

Uma das questões polêmicas em relação à prática da gestação por substituição envolve o estudo e a análise da validade das partes celebrarem contrato para reger a relação pactuada entre o casal idealizador do projeto parental e a mulher que cederá o útero para implantação do material genético e consequente gestação do embrião. Há posições divergentes.

Conforme os arts. 1.118 e 1.200 do Código Civil, a figura do contrato é aplicável a coisas móveis e imóveis. Paralelamente, o art. 82 estipula que a condição para a validade do contrato é ter um objeto lícito, que seria aquele objeto do qual o titular poderia dispor. Sendo a vida humana indisponível, conforme a sua inviolabilidade declarada no art. 5º, *caput*, da Carta Magna brasileira, consequentemente não se pode considerá-la como objeto de contrato comercial. Assim, sendo considerado nulo, esse tipo de contrato não seria capaz de trazer segurança alguma àqueles que dele necessitam.

Entretanto, como argumento a favor da legalidade do contrato, defende-se que o objeto contratual não seria a criança e sim o serviço de locação do útero prestado por terceiro, conforme o princípio da autonomia da vontade. Ainda há que se respeitar o princípio da legalidade, segundo o qual não há barreira legal para o que não for expressamente proibido por lei, que é o caso da adoção da técnica de gestação por substituição.

Como bem leciona Otero (2011), o contrato de gestação por substituição consiste em modalidade peculiar de contrato e está adstrito a requisitos de validade, como os demais negócios jurídicos. Torna-se relevante destacar que a diferença substancial deste tipo de contrato consiste no fato de ele estar atrelado a uma questão existencial, e não patrimonial.

Para o referido autor, os requisitos essenciais de validade do contrato de gestação por outrem são mais específicos que os requisitos de validade dos demais contratos, sendo que, além da capacidade das partes, devem existir, cumulativamente, o consentimento qualificado e o interesse legítimo na contratação. Valendo-se desse entendimento o autor afirma:

> O consentimento das partes excede a simples declaração de vontade. Diferentemente das questões patrimoniais, em que a declaração é suficiente para vincular validamente o seu emitente, nas questões existenciais o consentimento deve ser "pleno, efetivo, nunca presumido, atual, espontâneo, consciente e informado, características nem sempre requeridas com a mesma intensidade para a validade dos contratos, nos quais se registra uma imposição prevalentemente objetiva".

Ainda, mais controverso que a validade de tal contratação é estabelecer se esta pode se dar de forma onerosa, atribuindo à cedente do útero uma contraprestação pecuniária como retribuição à pratica que, além de exigir alto nível de preparo psicológico, consiste em nove meses de dedicação e cuidado contínuos necessários ao bom desenvolvimento do nascituro.

Nota-se que o fato de uma pessoa ou casal arcar com as despesas médicas hospitalares derivadas do estado gravídico não pode ser considerado como retribuição, visto que tais despesas se revelam como o ônus intrínseco ao processo. Sobre esse assunto é possível verificar o ensinamento de Maria Berenice Dias (2011, p. 379):

> Apesar desse verdadeiro arsenal de vedações, nada justifica negar a possibilidade de ser remunerada quem, ao fim e ao cabo, presta um serviço a outrem. Aliás, um serviço em tempo integral por longos nove meses e que acarreta dificuldades e limitações de toda ordem.

Para Rodrigo da Cunha Pereira é possível comparar a condição da gestante àquele que trabalha em condições perigosas ou insalubres. Tal trabalho, embora incorra em direto ou indireto risco à vida, é permitido e inclusive é remunerado. Para tanto afirma (2012, p. 12-13):

> Não seria a mesma lógica a que permite remunerar o empregado no fim do mês pela sua força de trabalho, dependida muitas vezes em condições insalubres ou perigosas, e considerado normal? O que se estaria comprando ou alugando não é o bebê, mas o espaço (útero) para que ele seja gerado. Portanto não há aí uma coisificação da criança ou objetificação do sujeito. [...] A regulamentação de pagamento pelo "aluguel", ou melhor, pela doação temporária de um útero não elimina o espírito altruísta exigido pelo CFM; evitaria extorsões, clandestinidade e até mesmo uma indústria da barriga de aluguel.

A corrente defensora da contratação apenas na modalidade gratuita concentra seus argumentos na defesa da dignidade da criança, na preservação do consentimento livre e consciente dos contratantes e na proibição de transações onerosas a respeito do corpo humano e, por conseguinte, do material genético. Com efeito, segundo eles, a atribuição de caráter econômico ao contrato de gestação por outrem violaria o princípio da dignidade da pessoa humana, já que o objeto da contratação está atrelado à personalidade dos contratantes e da própria criança, e, por conta disso, não admite contraprestação, representativa de uma mercantilização destas personalidades. A gestante e principalmente a criança estariam reduzidas a condição de objeto.

Para Guilherme Oliveira, "a gestação e a entrega do filho, a troco de dinheiro, afeta a dignidade da mulher que venda a sua capacidade reprodutora; e a dignidade do filho que é avaliado em dinheiro e trocado por certa quantia." (1992, p.45)

Argumenta-se também que o pagamento exerceria influência decisiva no consentimento da gestante que, no mais das vezes, não externaria a vontade interna de forma livre, espontânea e absolutamente consciente, como exigem os atos existenciais, mas o faria de modo viciado, premida pela necessidade, antevendo na gestação por outrem um instrumento para minimizar uma vida de dificuldades.

Em sentido diametralmente oposto, a corrente defensora da onerosidade afirma que não há afronta alguma da dignidade da gestante ou da criança, observando que não se trata de venda ou de mercantilização de crianças, mas apenas da capacidade reprodutiva. A validade ou invalidade do contrato estaria, assim, condicionada a demonstração de que esta exploração seria danosa ou prejudicial à saúde da gestante.

Não há que se falar, em hipótese alguma, em violação à dignidade da criança, já que, ao nascer, terá assegurado um lar, no seio de uma família que a ama, que a respeita, e que lhe proporcionará condições emocionais e socioeconômicas para o pleno desenvolvimento de sua personalidade.

Enfim, são inúmeros os argumentos favoráveis e contrários à onerosidade do contrato de cessão de útero, mas, em suma, para os defensores da gratuidade da gestação por outrem, a contraprestação financeira nulifica a contratação. Instalado eventual conflito positivo de maternidade, bastaria à mulher geradora demonstrar o caráter oneroso da contratação para viciá-la e, consequentemente, suprimir-lhe os efeitos, assegurando, pela via torpe, a permanência com a criança. Ao revés, a geradora que aceitou a contratação por altruísmo estará adstrita aos termos do contrato, sem direito ao arrependimento, já que válida e eficaz a contratação. Sob essa perspectiva do direito ao arrependimento, a contratação onerosa seria infinitamente mais vantajosa para a geradora à contratação gratuita, o que não faz o menor sentido jurídico. Semelhante postura fere a ética, viola a boa-fé, inverte completamente os valores, quebra o próprio sistema, indo de encontro ao razoável, razão pela qual não restaria alternativa senão emprestar juridicidade a contratação onerosa até como mecanismo de inibição de posturas contraditórias e, principalmente, fraudes.

Fato é que, de acordo com Vicente Viladarga (2019), o mercado de barriga de aluguel é pequeno, mas crescente. No Brasil, já são 47 bebês nascidos no exterior por meio dessa empresa, que tem outros 44 processos em andamento. Entre 2017 e 2018, houve um crescimento de 35,3%, de 17 para 23, no número de crianças brasileiras nascidas em úteros de substituição no exterior. A maioria dos casais que buscam o serviço tem mais de 35 anos e todos já passaram por algum tratamento de fertilidade. "É um negócio que está crescendo no Brasil e no mundo inteiro. Como bem citado por Eluã Marques de Oliveira (2015):

> De igual modo, com a elevação das uniões estáveis homoafetivas ao patamar de família, crescerá, na medida em que aumentam os casais homoafetivos, a busca por empréstimo temporário de útero, uma vez que esses casais desejam ter filhos, sejam adotivos ou biológicos, sendo que para que estes últimos se concretizem é necessária uma genitora, de modo que o procedimento em muitas situações se dará mediante pagamento.
>
> Portanto, o direito não pode ser omisso quanto à crescente demanda social por regulação no que tange ao empréstimo temporário do útero, devendo, desse modo, traçar procedimentos e formas de contratos, estipulando valores e condições de realização do pacto.

3. A Questão da Filiação em Caso da Barriga de Aluguel

No tocante à filiação, o ordenamento jurídico brasileiro estabelece o parentesco por consanguinidade (natural), no qual o vínculo entre mãe/pai ascendente e filho descendente e o parentesco civil, proveniente de um processo de adoção, ou de uma relação socioafetiva.

Dispõe o art. 1.593 do Código Civil: "*O parentesco é natural ou civil, conforme resulte de consanguinidade ou de outra origem*" (BRASIL, 2002). Contudo, no caso de barriga de aluguel não há lei que regulamente a filiação da criança.

De fato, a barriga de aluguel, gestação de substituição ou cessão temporária de útero, abalou o tradicional conceito de família e, principalmente, o da paternidade/maternidade.

O pai ou a mãe, atualmente, não se definem apenas pelos laços biológicos que os unem ao menor, e sim pela vontade externada de ser pai ou mãe.

Ou seja, uma questão que vai além do vínculo biológico e se caracteriza pela demonstração da vontade de assumir responsabilidades e deveres em face dessa filiação, principalmente, com demonstrações de afeto ao menor.

Cai por terra o princípio segundo o qual a maternidade é sempre certa.

A própria inexistência de legislação específica no Brasil dificulta a solução de conflitos de maternidade que podem surgir nessas situações, tendo em vista que a mãe pode ser a que está gestando o filho, ou pode ser a que forneceu o óvulo para fecundação, ou ainda ser a que recebeu o óvulo de uma terceira pessoa e que contratou a mãe portadora para gestá-lo. Considerando os dispositivos do Código Civil em vigor, que tratam da matéria, ainda são insuficientes para abranger todas as situações que podem surgir na utilização desses procedimentos. Na opinião de Sílvio de Salvo Venosa (2007, p.22):

> Quanto à maternidade, deve ser considerada mãe aquela que teve o óvulo fecundado, não se admitindo outra solução, uma vez que o estado de família e irrenunciável e não se admite transação. Nem sempre será essa, porém, uma solução eticamente justa e moralmente aceita por todos. A discussão permanece em aberto. Muito difícil poderá ser a decisão do juiz ao se deparar com um caso concreto. Tantos são os problemas, das mais variadas ordens, inclusive de natureza psicológica na mãe de aluguel, que o mesmo projeto de lei sobre reprodução assistida citado, em tramitação legislativa, proíbe a cessão do útero de uma mulher para a gestação de filho alheio, tipificando inclusive essa conduta como crime. Sem dúvida, essa é a melhor solução. No entanto, a proibição não impedirá que a sociedade e os tribunais defrontem com casos consumados, ou seja, nascimentos que ocorreram dessa forma, impondo-se uma solução quanto à titularidade da maternidade. Sob o ponto de vista do filho assim gerado, contudo, é inafastável que nessa situação inconveniente terá ele duas mães, uma biológica e outra geratriz. Não bastasse os conflitos sociológicos e psicológicos, os conflitos jurídicos serão inevitáveis na ausência de norma expressa.

Para Arnaldo Rizzardo (2014):

> Tradicionalmente, ou segundo as leis vigentes, a verdadeira mãe é aquela que dá a luz à criança, ou a que pariu. [...]. Tal concepção, no entanto, não pode ser acolhida. Nos tempos atuais, não revela um caráter de verdade sólida, diante do fato da fecundação artificial. E nesta forma de procriar a vida, partiu-se

para um fundamento da paternidade ou maternidade diferente da tradicional. A paternidade ou maternidade passou a fundar-se em nova explicação: o ato preciso da vontade.

Em tese, devem-se levar em consideração o contrato tácito entre as partes, quem doou o material genético e sob quais condições, assim como quem irá arcar com os riscos da gravidez, durante os nove meses e, acima de tudo, o melhor interesse para a criança. Somente após toda essa análise, poder-se-á chegar a alguma conclusão, pois o tema carece, ainda, de mais estudos e, principalmente, legislação. É certo que a gestação de substituição pode gerar diversos problemas.

Entre eles destaca-se eventual recusa da gestadora em entregar a criança ao casal titular do direito procriativo, deixando de cumprir com o acordo realizado.

Podem-se destacar, ainda, hipóteses em que casais recusam-se a receber a criança, após o parto, ante a ocorrência de moléstia ou grave patologia (Oliveira, 2014).

4. Da Barriga de Aluguel, Gestação de Substituição ou Cessão Temporária do Útero no Direito Penal

Conforme foi dito anteriormente, o Brasil não admite a possibilidade de remuneração nas hipóteses de gestação de substituição ou cessão temporária de útero. Tanto é que não admite a expressão "barriga de aluguel".

Focando apenas nos reflexos penais desta conduta, podemos afirmar que os envolvidos no "negócio" em questão correm sério risco de enfrentar um processo criminal. O primeiro delito a ser cogitado diz respeito ao art. 238 do Estatuto da Criança e do Adolescente, que prevê punição àquele que "Prometer ou efetivar a entrega de filho ou pupilo a terceiro, mediante paga ou recompensa." A pena, no caso, é de reclusão de um a quatro anos, e multa.

Para este caso, responde tanto a mãe biológica, como autora, como os pais "contratantes" e aqueles que viabilizarem o contrato, todos estes na condição de coautores ou partícipes.

Destaca-se, por fim, que o Código Penal prevê, em seu art. 245, §1º, a possibilidade de punição à mãe biológica da criança que vier a entregar "filho menor a pessoa em cuja companhia saiba ou deva saber que o menor fica moral ou materialmente em perigo." Dada a necessária demonstração do descrédito moral ou material dos pais contratantes, entende-se que este crime é de difícil aplicação para a hipótese ora analisada. De toda forma, vale relembrar que a pena prevista para este delito, nas hipóteses de lucro, varia de 1 a 4 anos de reclusão e multa. (Goulart, 2018)

5. Da Barriga de Aluguel, Gestação de Substituição ou Cessão Temporária do Útero no Direito Estrangeiro

Diferentemente do Brasil, na Índia permite-se a cobrança quando da prática da maternidade de substituição. Como não há lei que regulamente o assunto, casais que têm dificuldades para engravidar se dirigem até aquele país, que possui diversas clínicas especializadas, e pagam pelo uso de um útero. Em países como Índia e Ucrânia, é permitido que a maternidade de substituição tenha caráter oneroso desde 2002. Todavia, o uso da "barriga de aluguel" só é permitido para casais formados por homem e mulher – e que sejam casados há pelo menos dois anos.

A única proibição imposta até há pouco tempo era a geração de crianças para casais homoafetivos. A Ucrânia, um dos países mais pobres da Europa, vem se tornando destino cada vez mais procurado por quem busca uma barriga de aluguel. A remuneração pelo serviço, legalizado no país, tem atraído muitas jovens para o negócio – e o aumento da oferta gera temor de que as mulheres possam estar sendo exploradas em clínicas e agências.

Nos Estados Unidos, a cessão temporária do útero tanto é permitida como também é entendida dentro da noção de negócio jurídico contratual. Nesse sentido, demonstra Valdemar Pereira da Luz (2009, p. 174) que "as decisões judiciais vêm adotando o critério contratualista, decidindo as demandas propostas pelos pais contratantes a favor deles, obrigando-se a mãe gestante (biológica) à entrega da criança."

O Reino Unido proíbe a gestação por outrem na modalidade onerosa, mas a admite na modalidade gratuita, desde que o consentimento da gestante se aperfeiçoe seis semanas após o parto. Canadá e Grécia adotam regras semelhantes, condicionando a contratação à gratuidade e ao consentimento qualificado que, no Canadá, pode ser aperfeiçoado somente após os vinte e um anos de idade da gestante e, na Grécia, mediante autorização judicial (Otero, 2010).

Já na Argentina não há regulamentação sobre a prática da maternidade de substituição. Todavia, tramita um projeto no Congresso, o qual estabelece que a gestação por substituição deve ser aprovada por um juiz antes de o embrião ser implantado. O magistrado solicitará certificados médicos e psicológicos que atestem a boa saúde da gestante e seu consentimento livre, pleno e informado. (VALENTE, 2013, p. 7).

Em Portugal, diferentemente de todos os outros países citados, há uma lei que dispõe especificamente sobre a maternidade de substituição: a Lei n. º 58, de 25 de julho de 2017, que traz determinações acerca da procriação medicamente assistida. Seu artigo 8º preceitua que:

> 1 – Entende -se por «gestação de substituição» qualquer situação em que a mulher se disponha a suportar uma gravidez por conta de outrem e a entregar a criança após o parto, renunciando aos poderes e deveres próprios da maternidade.
>
> 2 – A celebração de negócios jurídicos de gestação de substituição só é possível a título excecional e com natureza gratuita, nos casos de ausência de útero, de lesão ou de doença deste órgão que impeça de forma absoluta e definitiva a gravidez da mulher ou em situações clínicas que o justifiquem.
>
> 3 – A gestação de substituição só pode ser autorizada através de uma técnica de procriação medicamente assistida com recurso aos gametas de, pelo menos, um dos respetivos beneficiários, não podendo a gestante de substituição, em caso algum, ser a dadora de qualquer ovócito usado no concreto procedimento em que é participante.
>
> 4 – A celebração de negócios jurídicos de gestação de substituição carece de autorização prévia do Conselho Nacional de Procriação Medicamente Assistida, entidade que supervisiona todo o processo, a qual é sempre antecedida de audição da Ordem dos Médicos e apenas pode ser concedida nas situações previstas no n. 2.
>
> 5 – É proibido qualquer tipo de pagamento ou a doação de qualquer bem ou quantia dos beneficiários à gestante de substituição pela gestação da criança, exceto o valor correspondente às despesas decorrentes do acompanhamento de saúde efetivamente prestado, incluindo em transportes, desde que devidamente tituladas em documento próprio.
>
> 6 – Não é permitida a celebração de negócios jurídicos de gestação de substituição quando existir uma relação de subordinação económica, nomeadamente de natureza laboral ou de prestação de serviços, entre as partes envolvidas.

6. A Influência da Atual Sociedade da Informação nos Processos de "Barriga de Aluguel"

Assistir à televisão, falar ao celular, movimentar a conta pela *Internet*, pagar contas, verificar multas de trânsito, comprar roupas, trocar mensagens com o outro lado do planeta, pesquisar e estudar são hoje atividades cotidianas, no mundo inteiro e no Brasil. Rapidamente adaptamo-nos a essas novidades e passamos a viver na Sociedade da Informação, uma nova era em que a informação flui a velocidades e em quantidades há apenas poucos anos inimagináveis, assumindo valores sociais e econômicos fundamentais.

A sociedade da informação não é um modismo. Representa uma profunda mudança na organização da sociedade. A sociedade da informação tem relação direta com a revolução tecnológica – especialmente a *internet*. A rede mundial de computadores trouxe em seu bojo consequências para todas as esferas da sociedade, tendo sido, talvez, uma das maiores revoluções da coletividade contemporânea. (Oliveira, 2011)

A *internet* trouxe consigo um novo modelo midiático, calcado numa forma de comunicação abrangente e transnacional, rompendo as fronteiras físicas territoriais dos países conectados por meio das chamadas infovias, autoestradas do conhecimento. Trata-se de mais uma forma de comunicação de massa, apta a exercer influência sobre o comportamento humano. (Desgualdo, 2014). A mídia, não há dúvidas, exerce influência sobre as massas desde o surgimento do rádio e da televisão, especialmente na atual sociedade da informação, na qual se expandem as comunicações interpessoais e em tempo real, por meio da *Internet.*

Tanto a mídia quanto a *internet* têm contribuído consideravelmente para a repercussão desse tema. Tamanha a repercussão que a mídia causou, a ponto de influenciar pessoas e, inclusive, celebridades, como Cristiano Ronaldo, Michael Jackson, Elton John e Rick Martin. Novelas trataram desse tema.

A primeira ocorreu nos anos de 1990/1991. Tratava-se de uma obra da autora Glória Perez, denominada "Barriga de Aluguel". Abordava a história de um casal que depois de várias tentativas frustradas optou por alugar o útero de outra mulher para que gerasse uma criança, mediante pagamento em dinheiro.

À época, a novela gerou fortes discussões, em todos meios, sobre quem deveria ficar com a criança, a mãe biológica ou de aluguel, a ponto desse impasse chegar aos Tribunais. Há que se considerar a extensão do poder de influência que as novelas possuem na vida dos brasileiros. Um dos jornais de maior circulação, nos Estados Unidos, publicou, inclusive, uma matéria sobre isso. A *internet*, por sua vez, tem contribuído de maneira significativa para o aumento do número de mulheres que procuram ganhar dinheiro com tal procedimento.

Muitas mulheres recorrem a *sites* nacionais e até internacionais indicando disponibilidade, preços e condições. Basta pesquisar, por exemplo, o site "*surrogatefinder.com*". Mulheres com idades que variam de 20 a 45 anos montam seus perfis e colocam fotos de si mesmas, dos filhos e da família. O objetivo da apresentação, porém, obviamente não é fazer amigos, mas dar aos casais ou solteiros interessados, nos serviços ali oferecidos, uma amostra de seu fenótipo, perfil genético e, dependendo do caso, capacidade de gestação.

Algumas se oferecem para doar óvulos para mulheres inférteis ou casais homossexuais que queiram realizar o sonho de ter um filho – prática que pode lhes render de US$ 8 mil a US$ 50 mil. Outras estão dispostas a carregar bebês de outras mulheres – serviço pelo qual se pode ganhar até US$ 100 mil nos EUA.

Uma estudante brasileira da Universidade de Edimburgo, por exemplo, afirmou estar disposta a doar óvulos para pagar um curso de pós-graduação. Uma professora de inglês de Santa Catarina disse necessitar do dinheiro da doação para ajudar a sustentar a filha. E uma estudante de psicologia do Espírito Santo ofereceu-se para carregar o filho de outra mulher, porque o marido ficou desempregado. Todas mencionam também uma razão altruísta para a oferta: a vontade de ajudar casais com problemas de fertilidade a realizar o sonho de ter filhos. (Costas, 2012). Outros anúncios, todavia, são mais explícitos:

> "Cedo meu útero por R$ 30 mil em dinheiro e um carro a partir do ano de 2012."
>
> "Alugo barriga por R$ 50 mil para terminar de construir minha casa."
>
> "Se você não tiver dinheiro, mas puder me arrumar um emprego, alugo meu útero sem custos."

Vale ressaltar, novamente, que essas transações comerciais são proibidas no Brasil. Não se pode dizer que sem a *internet* os casos não aconteceriam, mas, certamente, ficariam limitados a um número menor.

A *internet* acelera a comunicação, movimentando as informações de forma extremamente rápida, e o fato de se ter um número cada vez maior de pessoas acessando a rede possibilita que uma informação atinja pessoas que, de outra forma, não teriam esse acesso facilitado. A informação, neste ambiente, gira o mundo em segundos e isso tem dado suporte, também, para o crescimento de casos de "barriga de aluguel" no Brasil e em todo o sistema social global. (Cavalcanti; Schwartz, 2011)

Há quem defenda, todavia, que quem faz ou contrata barriga de aluguel não pode ser punido, uma vez que não há legislação sobre o tema. Justificam esse entendimento sob o fundamento que não caberia prisão porque essa prática não está tipificada na lei.

7. Posicionamento dos Tribunais Brasileiros

Os tribunais brasileiros têm se mostrado bastante acolhedores em se tratando de temas relacionados à barriga de aluguel. Em uma ação, o Ministério Público do Paraná alegou ter havido negociação da gravidez aos sete meses de gestação e moveu ação para decretar a perda do poder familiar da mãe biológica e anular o registro de paternidade. A justiça do Paraná deu provimento à ação e determinou a busca e apreensão da criança menor de cinco anos, que deveria ser levada a abrigo e submetida à adoção regular.

A criança havia sido registrada como filha do pai de aluguel e da mãe biológica que é uma prostituta; e a criança vivia desde recém-nascida com o pai e sua esposa, uma vez que esta não tinha condições de engravidar.

Todavia, após o processo subir ao Superior Tribunal de Justiça, o Ministro Luis Felipe Salomão entendeu que toda a situação havia sido analisada tão somente com base na conduta do pai registral e da mãe biológica, sendo que não havia sido observado o melhor interesse da criança, de modo que sob este prisma, o melhor era que a criança permanecesse com os pais, com direito à visitação pela mãe biológica, já que, com base no princípio do melhor interesse da criança, era melhor que esta permanecesse com o pai que a registrou ao invés de ser colocada no sistema de adoção. (STJ, 2014). Em outro processo, o Tribunal de Justiça do Estado de Santa Catarina manifestou entendimento no sentido que:

> Formalidades não essenciais, aparências e preconceitos não podem preponderar sobre o melhor interesse da criança, impedindo-lhe de obter o reconhecimento jurídico daquilo que já é fato: o status de filha e integrante legítima do núcleo familiar formado pelos pares homoafetivos.

Nesse caso, o Ministério Público interpôs recurso contra sentença que reconheceu um casal homoafetivo como pais de uma menina, fruto de inseminação artificial com gestação por substituição, sendo um deles pai biológico. A mãe doou os óvulos e cedeu o útero para a gestação. Logo após o nascimento, renunciou, por meio de escritura pública, ao poder familiar com relação à infante. O Ministério Público alegou que o magistrado o impediu de se manifestar acerca da questão de fundo da demanda, e que a hipótese retratada no caso é de adoção unilateral, o que transfere a competência para análise à Vara da Infância e Juventude.

Para o Desembargador Domingos Paludo, relator, em seu voto, não se tratava de adoção unilateral, já que "*a menina em questão jamais sofreu abandono ou rejeição*", mas era fruto de um projeto de montagem de uma família com os avanços que a Ciência atualmente alcançou na área da reprodução humana. Paludo entendeu que, já que a mulher que gestou a criança abriu mão do poder familiar, "*afigura-se desnecessário o manejo de ação de adoção unilateral e, igualmente, declinar a competência para processar e julgar o presente feito à Vara da Infância e Juventude*".

Acrescenta a ideia de que o reconhecimento da maternidade ou da paternidade provém, exclusivamente, da existência de vínculo biológico, é "arcaica". Assim, observado o princípio do interesse superior da criança, impõe-se conferir a dupla paternidade e suprimir qualquer identificação acerca da gestante no registro de nascimento da menina, a fim de adequar a situação jurídica da infante à realidade vivenciada e planejada com o objetivo de constituir família, cujos vínculos nascem na socioafetividade.

Finaliza ressaltando que as famílias há muito deixaram de ter a figura convencional de marido, mulher e filhos, tornando-se, ao longo das transições pelas quais passa a Humanidade, qualquer agrupamento entre pessoas que se unem por afinidades e vínculos de amor e afeto. Ele destacou, ainda, que a menina, além de um lar amoroso, oriundo de dois pais que muito a desejaram, receberia a proteção e circunstâncias favoráveis a um desenvolvimento saudável. (IBDFAM, 2015)

Conclusões

Por tudo que foi exposto, resta evidente que a comercialização das chamadas "barrigas de aluguel" é uma realidade existente e de grande repercussão em nossa sociedade, merecendo maior atenção dos nossos legisladores e, consequentemente, de regulamentação.

Atualmente, dispomos, apenas da Resolução do Conselho Federal de Medicina citada, anteriormente, que não se mostra suficiente para abordar todos os aspectos desse tema. Há uma necessidade urgente de se trazer maiores garantias e direitos às partes envolvidas na relação, mesmo que seja decorrente da comercialização. Se ela existe na realidade, por que não haver legalização? A falta de legislação ou sua proibição não impedirão que essa comercialização deixe de existir. Resta evidente o poder da mídia e da *internet* na repercussão desses procedimentos.

De fato, não há prova alguma de que legalizar a gestação por substituição a manterá longe da indústria comercial. Muitos consideram uma verdadeira exploração que a mulher carregue uma criança por nove meses e então a doe, considerando-se tudo que esse processo envolve, desde mudanças de hábitos a cuidados específicos com sua saúde e até eventuais riscos.

Todavia, há que se discordar desse posicionamento. Não estamos diante de coação e sim de um livre e manifesto desejo de se ceder temporariamente um útero, percebendo ou não valores monetários sobre tal "transação". Quaisquer transações comerciais envolvem riscos. Toda mulher tem pleno conhecimento dos eventuais riscos de uma gravidez. Por que, então, ser diferente?

Todas as relações envolvem transações econômicas, de modo que a gestação por substituição ou cessão temporária do útero é mais um fato que envolve custos e despesas, sem mencionar no dano estético que poderá acarretar à gestante. Logo, é plenamente aceitável a contraprestação financeira por aqueles que buscam a "barriga de aluguel". O que se percebe é um falso moralismo cercando esse tema, seja pelos religiosos, seja por conservadores que se recusam a aceitar a evolução de nossa sociedade, em pleno século XXI. Há países que já dispõem de empresas que cuidam de todos os trâmites jurídicos e das questões médicas envolvidas no processo, incluindo a escolha da "mãe de aluguel". Inclusive, no Brasil.

Referências

BRASIL. Código Penal Brasileiro. Disponível em: http://www.planalto.gov.br/ccivil_03/decreto-lei/del2848compilado.htm – Acesso em 14/06/2019

BRASIL. Conselho Regional de Medicina. **Resolução Nº 2.168, de 2017**. Disponível em: https://www.legisweb.com.br/legislacao/?id=352362 – Acesso em 06/06/2019

BRASIL. **Estatuto da Criança e do Adolescente**. Disponível em: http://www.planalto.gov.br/ccivil_03/leis/l8069.htm – Acesso em 14/06/2019

BRASIL. IBDFAM. Instituto Brasileiro de Direito de Família. **TJSC mantém sentença que reconheceu dupla paternidade em caso de inseminação artificial e útero de substituição.** Disponível em: https://ibdfam.jusbrasil.com.br/noticias/206580456/tjsc-mantem-sentenca-que-reconheceu-dupla-paternidade-em-caso-de-inseminacao-artificial-e-utero-de-substituicao – Aceso em: 27/06/2019

BRASIL. **Lei n. 10.406/2002. Disponível em:** http://www.planalto.gov.br/ccivil_03/leis/2002/l10406.htm – Acesso em 10/06/2019

BRASIL. Superior Tribunal de Justiça. **Criança nascida de barriga de aluguel será mantida com pai que a registrou.** Disponível em: https://stj.jusbrasil.com.br/noticias/112326986/crianca-nascida-de-barriga-de-aluguel-sera-mantida-com-pai-que-a-registrou – Acesso em: 27/06/2019

CAVALCANTI, Ana Elizabeth Lapa Wanderley; SCHWARTZ, Germano. **Gestação de Substituição na Sociedade da Informação: Situação Fática e Legal no Direito Brasileiro.** Disponível em: https://www.fdsm.edu.br/adm/artigos/53310a909eb7b991f3775e96ecb05b41.pdf – Acesso em: 25/06/2019

COSTAS, Ruth. **Brasileiras vendem óvulos e barrigas de aluguel a estrangeiros na internet.** Disponível em: https://www.estadao.com.br/noticias/geral,brasileiras-vendem-ovulos-e-barrigas-de-aluguel-a-estrangeiros-na-internet,925635 – Acesso em 26/06/2019

DESGUALDO, Juliana Leandra Maria Nakamura Guillen. **Dimensionamento do Poder da Mídia na sociedade da Informação.** Disponível em: https://www.usjt.br/revistadireito/numero-2/13-juliana-leandra.pdf – Acesso em 17/06/2019

DIAS, Maria Berenice. **Manual de Direito das Famílias.** 8ª ed. rev. e atual. São Paulo. RT, 2011.

DINIZ, Maria Helena. **Curso de Direito Civil Brasileiro.** 12. ed. São Paulo: Saraiva, 1997. v. 5.

FUJITA, Jorge Shiguemitsu. **Filiação.** 2.ed. São Paulo: Atlas, 2011.

GOULART, Douglas Lima; LAGONEGRO JUNIOR, Rinaldo Pignatari. **Barriga de aluguel e Direito Penal.** Disponível em: http://adfas.org.br/2018/03/29/barriga-de-aluguel-e-direito-penal/ – Acesso em 14/06/2019

LUZ, Valdemar P. da. Manual de Direito de Família. Barueri: Manole, 2009.

MEIRELLES, Jussara Maria Leal de. **Gestação por outrem e determinação da maternidade ("mãe de aluguel").** Curitiba: Gênesis, 1998.

______. **Reprodução Assistida e Exame de DNA: Implicações Jurídicas.** Curitiba: Gênesis, 2004.

MIRANDA, Francisco Pontes de. **Tratado de Direito Privado.** Campinas: Bookseller, 2000. v. 9, Tomo 1.

OLIVEIRA, Eluã Marques. **Barriga de aluguel: uma análise à luz do novo ordenamento jurídico brasileiro.** Disponível em: https://www.jurisway.org.br/v2/dhall.asp?id_dh=15298 – Acesso em: 27/06/2019

OLIVEIRA, Guilherme Freire Falcão. **Mãe há só uma (duas)! O contrato de gestação,** Coimbra: Coimbra Editora, 1992, p. 45.

OLIVEIRA, Letícia Gabrielly Carneiro. **Influência da mídia brasileira em processos de "barriga de aluguel".** Disponível em: https://www.direitonet.com.br/artigos/

exibir/8314/Influencia-da-midia-brasileira-em-processos-de-barriga-de-aluguel – Acesso em: 14/06/2019

OLIVEIRA, Rodolpho Silva. **A sociedade da informação: princípios e relações jurídicas.** In: **Âmbito Jurídico**, Rio Grande, XIV, n. 95, dez 2011. Disponível em: http://www.ambitojuridico.com.br/site/?n_link=revista_artigos_leitura&artigo_id=10792&revista_caderno=17. – Acesso em: 25/06/2019

OTERO, Marcelo Truzzi. **Contratação da Barriga de Aluguel Gratuita e Onerosa – Legalidade, Efeitos e o Melhor Interesse da Criança.** Disponível em: http://pasquali.adv.br/public/uploads/downloads/microsoft_word_contratosgestacionais_27_01_2010.pdf – Acesso em: 07/06/2019

PEREIRA, Rodrigo da Cunha. **Direito de Família: Uma abordagem psicanalítica**. 4. ed. Belo Horizonte: del Rey, 2012.

PORTUGAL, **Lei n. º 58/2017 de 25 de julho.** Disponível em: http://www.cnpma.org.pt/Docs/Legislacao_Lei_58_2017.pdf – Acesso em: 07/06/2019

RIZZARDO, Arnaldo. **Direito de Família**. 8. ed. Rio de Janeiro: Forense, 2014

VALENTE, Marcela. **Argentina legalizará barriga de aluguel**. **Empresas e Negócios**, São Paulo, 08 mar. 2013. Internacional, 2º Caderno, p. 7.

VENOSA, Silvio de Salvo. **Direito Civil: direito de família**. 7. ed. São Paulo: Atlas, 2007

VILARDAGA, Vicente. **Os novos destinos para o aluguel de barrigas.** Disponível em: https://istoe.com.br/os-novos-destinos-para-o-aluguel-de-barrigas/ – Acesso em: 26/06/2019

ZAMATARO, Yves. **Da barriga de aluguel, gestação de substituição ou cessão temporária do útero no Direito brasileiro.** Disponível em: https://www.migalhas.com.br/dePeso/16,MI183018,71043-Da+barriga+de+aluguel+gestacao+de+substituicao+ou+cessao+temporaria – Acesso em: 14/06/2019

8. Menores y Derechos de la Personalidad en la Sociedad 4.0

Margarita Orozco González

Introducción

A pesar de que estamos completamente acostumbrados a ello y nos pasa desapercibido, nuestra vida y sociedad han cambiado radicalmente en los últimos años. Sin darnos cuenta somos ya ciudadanos digitales que se desenvuelven y relacionan en una sociedad tecnológica e hiperconectada, denominada 4.0 y caracterizada por el "internet of things" o internet de las cosas, en la cual incluso los electrodomésticos captan y tratan información sobre nosotros, y en los que llegamos a controlar nuestra vida diaria por medio de un altavoz que reserva restaurantes, manda mensajes a nuestros contactos y desconecta la calefacción cuando no estamos en casa. Asimismo nos movemos constantemente conectados a smartphones y relojes inteligentes (smartwatches) que hasta monitorizan nuestras constantes vitales, siendo ya lo más habitual que las relaciones interpersonales se desarrollen por medio de redes sociales y aplicaciones de mensajería instantánea. Vivimos, por tanto, en una conexión a internet permanente y nos hemos acostumbrado a exponer y compartir nuestra información y aspectos de nuestra vida casi sin control a través de la Red.

Los riesgos de Internet y la realidad vigente que acabamos de exponer son notorios y de diversa entidad, pero se agravan si nos centramos en el sector infantil de la población. Los menores de edad, por su menor grado de consciencia y de madurez, están más expuestos a los peligros que el entorno cibernético lleva consigo, principalmente por lo habituados que están a su uso – no en vano son llamados, los jóvenes de esa generación, nativos digitales – y por la, errónea, percepción de inocuidad y seguridad que muestra el ámbito digital frente a la realidad analógica. En esa misma línea, apunta LORENTE que *"a pesar de la indudable capacidad de desenvolvimiento del menor en las TIC, no debemos olvidar que si en cualquier ámbito el niño merece especial protección, máxime en entornos vinculados a estas Nuevas Tecnologías, dado que, la globalidad e inmediatez de la Red, hace que la misma conducta realizada por un adolescente, pensemos en la captación de una foto comprometida, no tenga el mismo alcance en su ámbito social real, que en el virtual, donde en cuestión de segundos puede tener una difusión local e incluso mundial, repercutiendo de forma directa en su «biografía digital», y futura reputación."*[1]

En base a lo expuesto, nos encontramos con que lo más pequeños y jóvenes de la casa, lejos de ser ajenos a esta realidad, son sujetos muy activos y nativos de esta nueva forma de relacionarse con el entorno. De hecho, los estudios más recientes a nivel Europeo y Español demuestran que los menores de edad cada vez hacen un mayor uso y para más fines de internet y las nuevas tecnologías. Así, En los datos que proporciona el Instituto Nacional de Estadística de España en su encuesta sobre equipamiento y uso de Tecnologías de Información y Comunicación en los Hogares (2018)[2] La proporción de uso de TIC en la población de 10 a 15 años es, en general, muy elevada. El uso de ordenador está muy extendido (lo tienen el 91,3% de los menores) y aún más el uso de internet (el 92,8%). Por su parte, el 69,8% de la población de 10 a 15 años dispone de teléfono móvil. Por sexo, las niñas usan en mayor medida las nuevas tecnologías. Y a mayor edad, mayor uso de TIC, sobre todo a partir de los 13 años. Además, de acuerdo con el "Informe de actividades, mediación, oportunidades y riesgos online de los menores", realizado por ISK4 en colaboración con el INCIBE, sobre la base de los datos obtenidos en la encuesta EU Kids Online de 2018, al analizar los usos que los menores realizan por medio de internet, se concluye que a los menores les gustan las actividades de comunicarse con familiares y amigos (70%), escuchar música (63%), ver videoclips (55%) y jugar *online* (46%), también usan internet para realizar las tareas escola-

[1] LORENTE LOPEZ, M. C., "La vulneración de los derechos al honor, a la intimidad y a la propia imagen de los menores a través de las Nuevas Tecnologías.", Revista Aranzadi Doctrinal num.2/2015 parte Estudio Editorial Aranzadi, S.A.U., Cizur Menor. 2015.; pág. 2.

[2] Fuente:https://www.ine.es/dyngs/INEbase/es/operacion.htm?c=Estadistica_C&cid=1254736176741&menu=resultados&secc=1254736194579&idp=1254735976608

res (43%); arrojándose el dato que, desde las 2,1 horas de media que pasan conectados los menores de entre 9-10 años, este tiempo de conexión va *in crescendo* hasta las 4,1 horas diarias que le dedican los adolescentes de entre 15 y 17 años.

Partiendo de la premisa anterior, hablar de tutela de los menores en internet implica analizar un amplio abanico de derechos de los mismos en jaque en el marco de las TIC y el mercado digital. Dicha protección presenta ramificaciones en el Derecho Penal y Civil, entre otras ramas y, dentro de la segunda, objeto de este trabajo, la categoría derechos potencialmente afectados es diverso. De entre estos, destacan por el carácter novedoso de su regulación actual, los derechos de protección de datos y el derecho a la propia imagen e intimidad, los cuales se enfrentan a problemáticas diversas pero con dos orígenes principales claros: aquellas cuyo germen se sitúa en la propia sobreexposición realizada por el menor y las que se derivan de la difusión y utilización de las imágenes y datos del menor por terceros, de forma especialmente relevante, por sus progenitores.

Es por todo ello que el objetivo de este estudio se centra en analizae, de forma general, la situación actual existente entorno a este tipo de injerencias en los derechos del menor y repasar, de manera no exhaustiva, el marco de protección existente a día de hoy en el ámbito europeo y nacional español.

1. El problema de la sobreexposición de los menores en internet y su tutela jurídica

Como hemos señalado ut supra, abordar la cuestión de la tutela de los menores en internet hace preciso analizar un extenso elenco de derechos de éstos que se encuentran amenazados en el contexto de las tecnologías de la información y el entorno digital. Con ello, presentan gran relevancia en la actualidad aquellos conectados más íntimamente con su personalidad, y ligados a los usos más habituales que hacen de la Red en redes sociales, apps y servicios de mensajería instantánea, como son los derechos a la protección de sus datos personales y los relativos a la protección de su intimidad y propia imagen.

Asimismo, como ya hemos subrayado, estos riesgos se dan a día de hoy, no sólo ya por la propia conducta del menor, que de forma habitual comparte información personal y hace uso (y, a veces, abuso) de servicios de internet, sino que, de forma creciente, nos encontramos ante vulneraciones ocasionadas a sus derechos por parte de terceros – más o menos ajenos al menor – y, de forma muy relevante, por sus propios progenitores.

La realidad es que nos enfrentamos a una sobreexposición[3] de la imagen y datos del menor en internet, totalmente asumida y *normalizada* por nuestra sociedad. De acuerdo con la Agencia Española de Protección de datos, el concepto de "oversharing" implica *"la sobreexposición de información personal en internet. En particular en las redes sociales a través de los perfiles de los usuarios"*[4]*, conducta que reviste especial gravedad, por la imposibilidad de determinar la extensión en el tiempo de sus efectos, cuando recae en información de menores. Lo anterior debemos conectarlo, necesariamente, con el concepto de "identidad digital" – también conocido como "reputación digital" – que, según el Gobierno de Canarias, se define como "el conjunto de informaciones publicadas en Internet sobre nosotros y que componen la imagen que los demás tienen de nosotros: datos personales, imágenes, noticias, comentarios, gustos, amistades, aficiones, etc. Todos estos datos nos describen en Internet ante los demás y determinan nuestra reputación digital, es decir, la opinión que los demás tienen de nosotros en la red."*, a ello debemos añadir que, *"Esta identidad puede construirse sin que se corresponda exactamente con la realidad. Sin embargo lo que se hace bajo esa identidad digital tiene sus consecuencias en el mundo real y viceversa. La identidad digital es la traslación de la identidad física al mundo online."*[5] Por tanto, en base a lo anterior, toda la información que el propio menor, sus progenitores o terceros muestran en internet sobre éste, conforman una identidad permanente y difícilmente controlable que *perseguirá* al menor en el futuro y determinará, en gran medida, la percepción que de él tenga el entorno y la sociedad.

Sin embargo, no parecemos ser conscientes de ello, a pesar de que casi a diario podemos ver en redes sociales fotos de menores, imágenes de perfil en *whatsapp* donde aparecen niños e incluso es usual que las madres compartan la imagen o video de la primera ecografía, somos ajenos a la problemática jurídica que de ello se deriva.

[3] O, por su nomenclatura en inglés, "oversharing".

[4] "Guía Protección de datos y prevención de delitos", Agencia Española de Protección de datos, 2018.

[5] Portal "Uso seguro y responsable de las TIC", Consejería de Educación y Universidades, Gobierno de Canarias.
Fuente: http://www3.gobiernodecanarias.org/medusa/ecoescuela/seguridad/identidad-digital-profesorado/que-es-la-identidad-digital/

Como se pone de relieve en una noticia aparecida recientemente en prensa, un informa del año corriente, realizado por la empresa AVG, demuestra que "*el 81% de los bebés menores de seis meses ya están presentes en las redes sociales e Internet*", además de que "*más de un 5% de los niños de menos de 2 años dispone de una cuenta de correo electrónico o un perfil propio en Facebook.*"[6], lo cual deja una huella digital imborrable, y posee ya un término propio acuñado por la doctrina especializada: "sharenting", resultado de la unión de los vocablos de compartir – del inglés "share" – y paternidad – en inglés "parenting".

Con lo anterior queda evidenciado que, ya de por sí, esta conducta implica una vulneración de los derechos del niño y puede ocasionar un daño en su personalidad y su reputación, pero los riesgos no se limitan a lo hasta ahora señalado, sino que se pueden materializar en perjuicios aún más graves, como son el robo de identidad, el acecho de depredadores sexuales, bullying y cyberbulling, acoso, etc. Es por ello que nuestro ordenamiento jurídico determina que, por el interés superior del menor, de darse una situación de este tipo, cualquier ciudadano que tenga conocimiento de estos hechos podrá ponerlo en conocimiento de los servicios sociales o el Ministerio Fiscal, para que se actúe en consecuencia tomando las medidas pertinentes tendentes a su erradicación. Así se recoge en el artículo 4 aparado 3 de la Ley Orgánica de Protección Jurídica del Menor, que dispone que "*Se considera intromisión ilegítima en el derecho al honor, a la intimidad personal y familiar y a la propia imagen del menor, cualquier utilización de su imagen o su nombre en los medios de comunicación que pueda implicar menoscabo de su honra o reputación, o que sea contraria a sus intereses incluso si consta el consentimiento del menor o de sus representantes legales.*", concretando en el apartado siguiente que "*Sin perjuicio de las acciones de las que sean titulares los representantes legales del menor, corresponde en todo caso al Ministerio Fiscal su ejercicio, que podrá actuar de oficio o a instancia del propio menor o de cualquier persona interesada, física, jurídica o entidad pública.*"

Partiendo de lo anterior, y retomando los derechos afectados objeto de este trabajo, debemos subrayar que nos encontramos ante derechos de rango constitucional, elevados a la categoría de fundamentales[7], al estar

[6] Fuente: https://www.lavanguardia.com/vida/20190128/454286655033/bebes-menores-seis-meses-estan-en-internet-brl.html

[7] Subraya PÉREZ CONCHILLO que "*Cuando hablamos de estos derechos de la personalidad, estamos hablando de derechos fundamentales, encuadrados en el Título I, del Capítulo II, Sección 1.a de la Constitución, siendo garantizados con el máximo nivel de protección en la construcción constitucional*

consagrados en el artículo 18 de la Carta Magna española y reconocidos en la normativa internacional de derechos humanos y derechos del niño. En concreto en España se encuentran regulados por sendas leyes orgánicas, además de en el marco de la legislación especifica de protección del menor, por lo que el marco normativo aplicable es, a grandes rasgos, el que sigue: Ley Orgánica 3/2018, de 5 de diciembre, de Protección de Datos Personales y garantía de los derechos digitales, así como el Reglamento de desarrollo de la Ley anterior, puesto que no ha sido derogado expresamente por la nueva norma, el Real Decreto 1720/2007, de 21 de diciembre, por el que se aprueba el Reglamento de desarrollo de la Ley Orgánica 15/1999, de 13 de diciembre, de protección de datos de carácter personal; aparte, la Ley Orgánica 1/1982, de 5 de mayo, sobre protección civil del derecho al honor, a la intimidad personal y familiar y a la propia imagen y la Ley Orgánica 1/1996, de 15 de enero, de Protección Jurídica del Menor.

Este marco se ha visto modificado y actualizado en base al relativamente reciente Reglamento Europeo de Protección de datos, el Reglamento (UE) 2016/679 del Parlamento Europeo y del Consejo, de 27 de abril de 2016, relativo a la protección de las personas físicas en lo que respecta al tratamiento de datos personales y a la libre circulación de estos datos y por el que se deroga la Directiva 95/46/CE. En éste se hace especial mención, con una protección específica, a los derechos del menor (de acuerdo con el considerando 38), cuyos datos, no obstante, no califica de sensibles. Esta tutela específica responde al hecho de que se trata de sujetos "*menos conscientes de los riesgos, consecuencias, garantías y derechos concernientes al tratamiento de datos personales*", como señala la propia norma.

Es preciso señalar, llegados a este punto, que, en nuestra opinión, este "paquete normativo" de protección de datos es aplicable a un gran abanico de supuestos de vulneración de derechos de los menores en la Red, si aceptamos el concepto amplio de dato personal que nos da el Regla-

del sistema de derechos fundamentales, lo que queda claramente reflejado con el art. 53 CE, que se configura como el eje sobre el que gira la protección constitucional de los derechos fundamentales. El art. 53.1 CE proclama respecto a todos los derechos del Cap. II la vinculación a ellos de todos los poderes públicos, la reserva de ley y el límite del legislador respeto a su contenido esencial al desarrollar cada uno de ellos. La reserva de ley en este contexto y de conformidad con el art. 81 CE, hay que entenderla como reserva de ley orgánica, pues afecta al desarrollo de los derechos fundamentales y de las libertades públicas." (PÉREZ CONCHILLO, E., "Los derechos de la personalidad de los menores en internet", *Diario La Ley*, No 9009, Sección Tribuna, 27 de Junio de 2017, Editorial Wolters Kluwer; pág. 2).

mento Europeo[8]. Así, entendemos que hemos de considerar extrapolable al ámbito del derecho a la propia imagen la mencionada norma europea si analizamos el concepto de dato personal que fija su artículo 4, cuando contempla como «datos personales» "*toda información sobre una persona física identificada o identificable («el interesado»);*" previendo, por tanto, un listado abierto que aglutina: "*un nombre, un número de identificación, datos de localización, un identificador en línea o uno o varios elementos propios de la identidad física, fisiológica, genética, psíquica, económica, cultural o social de dicha persona*".

2. Breve análisis del marco regulatorio actual de la protección de datos de los menores en Europa y España

Cuando nos referimos a la normativa que regula la protección de los datos de los menores en internet en el ámbito europeo y español, es preciso atender, en primer lugar, al ya mencionado Reglamento de 2016, de aplicación directa en los Estados miembros, y que aporta una serie de novedades notorias con respecto al marco anterior, aunque, es preciso apuntar, que deja sin resolver o en exceso abiertos otros aspectos de relevancia.

En primer lugar, determina a partir de qué edad se considerará legítima la captación y utilización de la edad del menor. Así, el artículo 8 apartado 1 del Reglamento, de inicio, determina que sólo será la legal el tratamiento de información de sujetos con 16 años o más, de manera que en el caso de aquellos sujetos por debajo de esa edad, habrán de ser los progenitores o tutores quienes deban consentir. Sin embargo, de forma, en nuestra opinión, desconcertante, en el párrafo siguiente prevé la prerrogativa para los Estados miembros de optar por una edad inferior a ésta, siempre que no sea inferior a los 13 años. Resulta, sin duda, sorprendente cuanto menos, que se marque esa primera franja de edad para luego acto seguido bajar ese límite, dejando abierto a la elección de cada país la determinación de otra edad, rompiendo la homogeneidad que pretendidamente busca una norma de este tipo en el territorio de la Unión Europea.

Partiendo de lo anterior, este texto normativo recoge una serie de particularidades que se deben dar en el contexto de la obtención y utilización de la información de los menores, que suponen concreciones y un mayor desarrollo de principios y derechos que recoge de manera general para cualquier titular.

[8] No así la norma Española, en su versión de 2018, en la cual no encontramos una definición detallada de este concepto.

En este sentido, por un lado, establece la obligatoriedad de que se verifique la edad del menor cuando preste el consentimiento y este deberá ir precedido de la preceptiva información previa, requisito común a cualquier obtención de información, exigiéndose en este caso que la misma se presente en un lenguaje claro, sencillo y comprensible por los niños. De no cumplirse este requisito, se debe entender que nos encontraríamos ante un consentimiento no válido. En cuanto a la verificación de la edad del sujeto al aceptar el tratamiento, y de la identidad de los padres y/o tutores cuando sean los que deban prestarlo siendo el niño menor de 14 años, es una obligación del prestador del servicio y responsable del tratamiento, siendo éste quien ha de concretar de qué forma y a través de qué mecanismo determina fehacientemente su identidad. Deja, por tanto, abierto a la elección de cada prestador el modo y manera en que cumplirá este mandato; esto nos parece un error del legislador europeo, que ha dejado pasar la oportunidad de armonizar los mecanismos mediante los cuales comprobar los requisitos principales del consentimiento, que ya hemos expuesto, máxime cuando existe a nivel europeo un documento nacional de identificación electrónico con reconocimiento y validez internacional, además de certificados digitales de identificación de los ciudadanos, que habrían cumplido con suficiencia esta función.

Unido al reforzamiento anterior que realiza el Reglamento sobre la protección del menor, se ha buscado, asimismo, extremar el blindaje previsto de manera general sobre el llamado derecho "al olvido", recogido en la normativa como derecho de supresión, al que se dedica el artículo 17 del texto europeo, con una mayor cautela en el caso de información publicada sobre los más pequeños. En este sentido, el Considerando 65 establece que "*Este derecho es pertinente en particular si el interesado dio su consentimiento siendo niño y no se es plenamente consciente de los riesgos que implica el tratamiento, y más tarde quiere suprimir tales datos personales, especialmente en internet. El interesado debe poder ejercer este derecho aunque ya no sea un niño.*" Sin embargo, se debe puntualizar, esta búsqueda de tutela reforzada no se ha visto plasmada en el articulado del Reglamento.

Este espíritu se ha trasladado al ordenamiento jurídico español, en el seno del cual se ha reformado la legislación sobre protección de datos para amoldarla al nuevo marco europeo, proceso que se ha plasmado en la nueva Ley Orgánica 3/2018, de 5 de diciembre, de Protección de Datos Personales y garantía de los derechos digitales, a la que ya hemos hecho referencia *ut supra*. En esta, el legislador Español enfrenta el margen de opción dejado por el Reglamento Europeo para la fijación de la edad a partir de la cual es válido el consentimiento del menor. En este caso, pese a ciertas dudas iniciales evidenciadas en el proceso de desarrollo y aprobación de la norma acerca de la edad, llegándose a considerar bajar la establecida históricamente en nuestro país hasta los 13 años, sin embargo, finalmente, el texto ha mantenido la edad de los 14 años como límite[9].

Por otro lado, nos encontramos con que en la modernización de la regulación nacional, España ha llevado aún más lejos el objetivo de otorgar una tutela especial al niño, incluyendo artículos específicos con un mayor desarrollo y nivel de exigencia en el caso de determinados derechos cuando su titular sea un menor. Dentro de éstos, nos encontramos con un precepto dedicado a la obligatoriedad de la creación de una asignatura específica, a incluir en el currículo de la enseñanza obligatoria, primaria y secundaria, así como en aquellos Grados donde se forme a los futuros docentes, sobre la temática de protección de datos y derechos digitales en general. Se trata del artículo 83, del "derecho a la educación digital", donde se establece que "*El sistema educativo garantizará la plena inserción del alumnado en la sociedad digital y el aprendizaje de un uso de los medios digitales que sea seguro y respetuoso con la dignidad humana, los valores constitucionales, los derechos fundamentales y, particularmente con el respeto y la garantía de la intimidad personal y familiar y la protección de datos personales. Las actuaciones realizadas en este ámbito tendrán carácter inclusivo, en particular en lo que respecta al alumnado con necesidades educativas especiales.*"

Asimismo, se recoge en el artículo 84 un mandato a los progenitores y tutores de los menores para que velen y *controlen* el uso que los menores hacen de las TIC y los dispositivos tecnológicos, en aras de que sea equilibrado y no afecte a sus derechos, ni los de terceros ni interfiera en

[9] En esto nos diferenciamos de nuestro entorno ya que, dentro de la prerrogativa establecida por el Reglamento Europeo, cada Estado miembro ha optado libremente acerca de la edad límite a fijar, por lo que el abanico de opciones es amplio. En el caso de Francia, la normativa recientemente aprobada sienta la edad mínima para el consentimiento en estos casos en los 15 años, mientras que Alemania ha decidido fijarla en los 16. Para una visión general del *cuadro* actual de las edades determinadas en nuestro entorno, vid. MILKAITE, I. Y LIEVENS, E., "The changing patchwork of the child's age of consent for data processing across the EU (January 2019)", Better Internet for Kids, Proyecto Europeo.
Fuente: https://www.betterinternetforkids.eu/web/portal/practice/awareness/detail?articleId=3017751

el desarrollo de su personalidad. Sobre este punto, debemos señalar la problemática que dicha obligación puede presentar a día de hoy para los padres y tutores, en primer lugar por la existencia más que evidente de la denominada "brecha digital", que implica el más que desigual nivel de conocimiento de las posibilidades de Internet y las nuevas tecnologías que presentan las generaciones más jóvenes, a los que se califica ya de "nativos digitales", frente a las de los adultos del presente, lo cual dificulta sobremanera la posibilidad de vigilar y supervisar el uso que hacen lo más pequeños de algo que conocemos bastante menos. En segundo lugar, no podemos olvidar que los menores son titulares de los derechos a la intimidad[10] y el secreto de las comunicaciones, reconocidos en la Constitución Española y en la normativa especifica[11], por lo que los padres y tutores, incluso en el ejercicio de la patria potestad, que implica el deber ineludible impuesto por el ordenamiento jurídico de velar por el bienestar en todos los aspectos de sus hijos y tutelados, se encuentran limitados por los márgenes marcados por los derechos que le confiere a estos últimos el Derecho. Es por ello que la doctrina científica y la jurisprudencia nos han puesto de relieve en los últimos años de manera reiterada que, dicha tutela y deber de vigilancia que recae sobre los padres, en el marco de las TIC, de forma general, nos le habilita a interceptar o consultar las comunicaciones de sus hijos, ya sea a través de correos electrónicos, mensajes de whatsapp o aplicaciones análogas, mensajes privados en redes sociales, etc., ya que de lo contrario estarían incurriendo en una intromisión ilegítima. Sólo en casos de que existan otros indicios que señalen la existencia de un peligro que aceche al menor o hagan pensar que está actuando de manera incorrecta o realizando actos ilegales, se podría argumentar la necesidad de dicha intromisión, realizando un juicio de ponderación entre la obligación del padre o madre en base a la patria potestad y los derechos del menor. No obstante, será preciso analizar caso por caso, ya que tal y como afirma Colás *"No se*

[10] Para un análisis más específico de la tutela del derecho a la intimidad del menor, vid. OROZCO GONZÁLEZ, M., "Redes sociales e intimidad "el país de las maravillas 2.0"", en *Nuevos conflictos sociales: el papel de la privacidad*, coord. por Enrique Anarte Borrallo, Fernando Moreno Moreno, Carmen Rocío García Ruiz, 2015, ISBN 978-84-9890-265-5, págs. 169-196.

[11] El artículo 4.1 de la LO del derecho al honor, intimidad y propia imagen determina que "*Los menores tienen derecho al honor, a la intimidad personal y familiar y a la propia imagen. Este derecho comprende también la inviolabilidad del domicilio familiar y de la correspondencia, así como del secreto de las comunicaciones.*"

puede ofrecer una única respuesta en caso de conflicto entre el derecho a la intimidad del menor y el derecho/deber de sus padres a velar por él, protegerle y educarle. Habrá supuestos en los que deberemos de dar prevalencia a un derecho, pero en otros supuestos puede que sea prioritario el contrario. No debemos olvidar que, como ya se ha indicado, el art. 154 CC prescribe que la patria potestad se ejercerá siempre en beneficio de los hijos y es posible que, para una mejor defensa de los intereses de éstos, sea imprescindible, excepcionalmente, invadir alguna esfera de su intimidad."[12]

Además, el segundo apartado del artículo 84 se refiere a la, cada vez más extendida, problemática de la compartición de la imagen del menor, y otra información, en el contexto de internet. Al respecto prevé que, en el caso de que la conducta pueda suponer una intromisión en sus derechos fundamentales, el Ministerio Fiscal podrá intervenir de oficio, instando la aplicación de las medidas cautelares y de protección previstas en la Ley Orgánica 1/1996, de 15 de enero, de Protección Jurídica del Menor.

Otra previsión específica a la protección de los datos del menor la encontramos en el nuevo artículo 92, donde se establece que "l*os centros educativos y cualesquiera personas físicas o jurídicas que desarrollen actividades en las que participen menores de edad garantizarán la protección del interés superior del menor y sus derechos fundamentales, especialmente el derecho a la protección de datos personales, en la publicación o difusión de sus datos personales a través de servicios de la sociedad de la información.*", determinando que si en estos supuestos la publicación o difusión de la información fuera a tener lugar vía internet es indispensable el consentimiento del propio menor, cuando sea mayor de 14 años, o de sus padres o representantes legales.

Especial relevancia tiene, a nuestro juicio, el nuevo artículo 94 dedicado al "Derecho al olvido en servicios de redes sociales y servicios equivalentes", en que se dispone de inicio que "*Toda persona tiene derecho a que sean suprimidos, a su simple solicitud, los datos personales que hubiese facilitado para su publicación por servicios de redes sociales y servicios de la sociedad de la información equivalentes.*", para continuar precisando que, cuando la información haya sido compartida por terceros, "*Toda persona tiene derecho a que sean suprimidos los datos personales que le conciernan y que hubiesen sido facilita-*

[12] Colás Escandón, A.M., "La defensa del interés del menor en el conflicto entre el derecho a la intimidad de los menores de edad y los derechos y obligaciones derivados de la patria potestad de sus progenitores.", Revista Doctrinal Aranzadi Civil-Mercantil num.9/2017 parte Doctrina Editorial Aranzadi, S.A.U., Cizur Menor. 2017; pág. 14.

dos por terceros para su publicación por los servicios de redes sociales y servicios de la sociedad de la información equivalentes cuando fuesen inadecuados, inexactos, no pertinentes, no actualizados o excesivos o hubieren devenido como tales por el transcurso del tiempo, teniendo en cuenta los fines para los que se recogieron o trataron, el tiempo transcurrido y la naturaleza e interés público de la información.", por lo que queda claro que el ejercicio de este derecho sólo quedará amparado por la ley cuando dicha información cumpla los requisitos detallados en el precepto. Sin embargo, esta limitación no se aplica cuando se trate de información que atañe a un menor de edad, incluso cuando en el momento de instar la retirada de la misma el sujeto ya haya cumplido la mayoría de edad. En estos casos, como señala el apartado 3, independientemente de quien haya subido a la Red la información, de la naturaleza de ésta y de la presencia o no de los requisitos generales fijados en el apartado anterior, el prestador tendrá que borrar el contenido[13].

En resumen, queda evidenciado del repaso realizado al marco normativo de referencia sobre esta materia a nivel de la Unión Europea y Español, que la norma nacional ha profundizado y desarrollado mucho más la protección específica reconocida a la protección de los datos de los menores de edad, incluyendo en su articulado una regulación más detallada y concreta que blinda en mayor medida al niño en este contexto.

3. Apuntes finales

A modo de cierre, debemos señalar, teniendo en cuenta todo lo analizado en este trabajo, que el marco regulatorio actual Europeo y Español que protege los derechos de protección de datos y al respeto a la intimidad, honor y propia imagen de los menores de edad ofrece una tutela extensa, detallada y, a grandes riesgos, suficiente de los intereses de este sector tan vulnerable de la población. En este sentido, no obstante lo anterior, y como hemos tenido ocasión de evidenciar, el Reglamento Europeo de 2016 deja en exceso abiertos algunos detalles clave en este contexto como son, por ejemplo, los mecanismos de verificación de la edad del titular de los derechos de cara al consentimiento y de los progenitores, cuando se trate de información sobre menores de 14 años, y, en segundo lugar, la cuestión

[13] Artículo 94. 3 LOPD 2018, "*En caso de que el derecho se ejercitase por un afectado respecto de datos que hubiesen sido facilitados al servicio, por él o por terceros, durante su minoría de edad, el prestador deberá proceder sin dilación a su supresión por su simple solicitud, sin necesidad de que concurran las circunstancias mencionadas en el apartado 2*".

de la edad límite a partir de la cual el niño puede prestar consentimiento lícito para el tratamiento de sus datos, al permitir que cada Estado miembro escoja una, siempre que no quede por debajo de los 13 años. En nuestra opinión, reconocer esta prerrogativa a cada país, en el contexto de unas TICs y servicios en la Red que no conocen fronteras y que operan en el marco del recientemente creado Mercado digital único carece de sentido y rompe el ánimo de homogeneización y armonización que pretendidamente persigue un instrumento normativo como es el Reglamento. El resultado es un mapa fragmentario dentro de la Unión, en el que cada Estado escoge una edad dispar, complicando la aplicación de las medidas previstas en la norma por parte de servicios que se ofertan de forma general y común en todo el territorio de la UE.

Por otro lado, es preciso señalar que, pese a las limitaciones que muestra, a nuestro juicio, la nueva LOPD española de 2018, que recurre en exceso, creemos, a las referencias directas al Reglamento, lo que deriva en un articulado en muchos casos escaso de contenido y que prescinde, erróneamente desde nuestro punto de vista, de incluir una definición clara de qué debemos entender por "dato personal", algo que si estaba presente en la Ley anterior, como contrapunto, incluye una serie de artículos nuevos que concretan en mayor medida algunos de los derechos creados *ex novo*, algo especialmente significativo en el caso de los menores.

Debemos destacar, por su relevancia, el nuevo derecho que se basa en la educación en derechos digitales que se ha de incluir en el currículo de la educación obligatoria, lo que constituye, a nuestro parecer, el núcleo principal de la solución a estas problemáticas. De poco sirve articular un detallado y complejo sistema de protección de sus derechos, si los propios menores los desconocen y actúan reiteradamente de forma irresponsable y/o inconsciente exponiendo su información personal en un ámbito público y abierto. Pese a que el entorno más cercano del niño tiene el deber de velar por su bienestar, algunas cuestiones a las que hemos hecho referencia, uso cada vez más extenso y habitual de los menores de las TICs y dispositivos tecnológicos, la brecha digital y los limites a los que se enfrenta la tutela de los progenitores, entre otros, nos demuestran que es insuficiente si el propio titular no conoce los riesgos y la forma más correcta, sensata y equilibrada de actuar en el contexto de Internet. Supondrá un reto conformar estas asignaturas y formar a los profesores sobre estas materias para su impartición, pero, sin duda, revertirá en un beneficio e innegable avance en esta materia.

Como último punto, hemos de señalar, a modo de propuestas de *lege ferenda* y sin ánimo de exhaustividad, que se concreten a nivel Europeo los mecanismos a emplear para verificar el consentimiento en Internet, principalmente en los casos en que el sujeto pueda ser un menor de edad – tanto mayor de 14 años, para comprobar que efectivamente tiene esa edad, como menor de la misma, para asegurar que son sus representantes legales quienes están consintiendo. En este sentido, creemos que el mejor medio sería a través del Documento Nacional de Identidad electrónico, mediante los certificados o cl@ves digitales avalados por los Estados.

Asimismo, por último, consideramos necesario que el legislador Europeo establezca la edad mínima para la prestación del consentimiento del menor, único y común para todo el territorio de la Unión, que homogeneice la protección en este contexto, algo indispensable en el contexto del Mercado Único Digital ya vigente.

Referencias

Colás Escandón, A.M., "La defensa del interés del menor en el conflicto entre el derecho a la intimidad de los menores de edad y los derechos y obligaciones derivados de la patria potestad de sus progenitores.", Revista Doctrinal Aranzadi Civil-Mercantil num.9/2017 parte Doctrina Editorial Aranzadi, S.A.U., Cizur Menor. 2017

Lorente Lopez, M. C., "La vulneración de los derechos al honor, a la intimidad y a la propia imagen de los menores a través de las Nuevas Tecnologías.", Revista Aranzadi Doctrinal num.2/2015 parte Estudio Editorial Aranzadi, S.A.U., Cizur Menor. 2015

Milkaite, I. y Lievens, E., "The changing patchwork of the child's age of consent for data processing across the EU (January 2019)", Better Internet for Kids, Proyecto Europeo.

Orozco González, M., "Redes sociales e intimidad "el país de las maravillas 2.0"", en *Nuevos conflictos sociales: el papel de la privacidad,* coord. por Enrique Anarte Borrallo, Fernando Moreno Moreno, Carmen Rocío García Ruiz, 2015, ISBN 978-84-9890-265-5, págs. 169-196.

Pérez Conchillo, E., "Los derechos de la personalidad de los menores en internet", *Diario La Ley*, No 9009, Sección Tribuna, 27 de Junio de 2017, Editorial Wolters Kluwer

"Guía Protección de datos y prevención de delitos", Agencia Española de Protección de datos, 2018.

9. Transgêneros: Conquistas e Perspectivas

Leandro Reinaldo da Cunha

Introdução

A sexualidade, em que pese ser elemento inerente ao ser humano, passou paulatinamente a gozar de posição de cada vez maior relevância na sociedade, o que estendeu seus reflexos também na esfera jurídica, fazendo com que questões vinculadas a essa característica humana passassem a ser consideradas em estudos realizadas nas mais variadas searas do direito.

O maior reconhecimento de importância das questões atreladas à sexualidade fez com que situações que sempre existiram viessem a receber alguma atenção, passando a ser parte da ordem do dia em certas dimensões, acompanhando a crescente preocupação com o ser humano como personagem mais relevante da sociedade.

No contexto das lutas atreladas aos direitos civis atinentes à sexualidade as demandas decorrentes da busca da igualdade de gênero já se mostram consolidadas na sociedade e no meio jurídico, numa trajetória que se estende desde meados do século passado, ainda que não se tenha estabelecido efetivamente a isonomia necessária. O mesmo pode ser dito quanto aos interesses dos homossexuais, que buscam a igualdade de direitos independentemente da orientação sexual do indivíduo.

Atualmente vem se conferindo maior atenção os pleitos da população transgênero, que busca o reconhecimento jurídico de sua identidade de gênero, bem como guarida a todos os seus direitos, sem que sua condição sexual seja utilizada como elemento segregador.

Na sociedade da informação atualmente estabelecida a transmissão das informações e do conhecimento se dá de forma bastante distinta do que ocorria outrora, com amplitude e velocidade jamais vistas, o que exige uma nova atenção quanto ao tratamento dos dados que circulam, em especial quanto ao que se refere à condição dos grupos minoritários.

Ao mesmo tempo em que a população como um todo tem acesso quase que irrestrito a informações e, ato contínuo, uma maior chance de não ser acometida pela ignorância e desconhecimento, vê-se o surgimento de uma realidade perigosa de não se ter um verdadeiro interesse em acessar o conhecimento de qualidade e efetivo, que faz com que grasse o preconceito e segregação.

Por mais conflitante que possa parecer, exatamente no momento histórico em que a humanidade detém a maior possibilidade de acesso a informação a ignorância se mostra mais presente, não ante a existência de barreiras de acesso mas por uma opção de não querer ter todas as informações necessárias ou mesmo em razão da absurda quantidade de dados disponíveis aos quais o indivíduo está exposto.

A isso há que se agregar outro aspecto que se mostra nocivo no atual estado em que as pessoas se encontram, qual seja, a pseudo obrigatoriedade de que todas as pessoas devam se manifestar sobre todo e qualquer assunto, mormente no universo virtual, dando azo a um infindável número de manifestações totalmente desprovidas de sustentação. O estado da arte na sociedade da informação permite que todos se manifestem sobre o assunto que for, mas não se impõe que o faça, mormente em sede de temas acerca dos quais o indivíduo não tenha respaldo técnico mínimo a lhe conferir suporte.

Esse panorama social exposto é profícuo para o surgimento de situações delicadas que precisam de um cuidado especial do Poder Público, como forma de garantir a essa minoria sexual o respeito pleno aos parâmetros mais elementares garantidos a todo ser humano, respaldado nos baluartes constitucionais. A análise dessa situação, bem como as consequências jurídicas daí decorrentes, são os aspectos que serão objeto de apreciação no presente texto, ante a utilização do método científico-dedutivo.

1. Sexualidade e seus parâmetros estruturais

Qualquer que seja o objeto de um estudo é preponderante que se tenha um perfeito entendimento acerca dos elementos e critérios sobre os quais se alicerça a discussão que se busca estabelecer, sob pena de não se estar diante de uma apreciação científica. Exatamente nesse contexto se faz preponderante estabelecer, para que não se incorra no risco atecnia, o que se tem por sexualidade e quais os aspectos que lhe servem de base, além dos seus elementos constituintes.

Um dado que pode se mostrar relevante para se compreender a complexidade do tema está na solicitação contínua de que todos os cidadãos venham a manifestar-se acerca de sua sexualidade, caractere de espectro tão íntimo, em toda e qualquer ficha cadastral que tenha que preencher, independentemente da motivação pela qual o esteja fazendo. Nesse âmbito percebe-se a confusão instaurada, vez que os formulários por vezes questionam quanto ao sexo e noutras quanto ao gênero do sujeito, além de apresentar uma gama de alternativas que muitas vezes dá ensejo a mais confusão[1].

A sexualidade vincula-se aos caracteres humanos relacionados à perspectiva sexual, entendida em sua acepção mais ampla, e que se revela como um elemento inerente a todo ser humano, do qual jamais pode ser dissociado, sendo uma característica pessoal inserida entre os direitos da personalidade e, como tal, revestida de todas as garantias inerentes a tal caracterização.

> A sexualidade de cada ser humano revela-se como um dos elementos mais nucleares de sua essência, caracterizando-se como componente inerente da dignidade da pessoa humana e dos direitos da personalidade, com conexões que vão além dos aspectos mais corriqueiros, permeando toda a existência do sujeito.[2]

Quanto a sua estrutura, a sexualidade humana pode ser compreendida segundo quatro critérios elementares, quais sejam: o sexo, o gênero, a orientação sexual e a identidade de gênero. Trata-se de aspectos distintos, apesar de apresentarem uma ligação entre si, e que se revelam concomitantemente em cada indivíduo.

O primeiro critério a ser considerado é o sexo, elemento de fundo fenotípico, que, segundo o binarismo clássico ainda vigente, divide as pes-

[1] Pensando na sociedade da informação, em dados sensíveis e coleta/armazenamento de informações no mundo virtual é de se consignar que algumas redes sociais disponibilizam uma considerável gama de alternativas quando questiona acerca da sexualidade do indivíduo, como ocorre com o Facebook (na versão norte-americana do cadastro existem 50 opções).

[2] Leandro Reinaldo da Cunha. Identidade e redesignação de gênero: aspectos da personalidade, família e responsabilidade civil. 2 ed. Rio de Janeiro: Lumen Juris, 2018, p. 5.

soas em homens/machos e mulheres/fêmeas, segundo uma constatação normalmente realizada no momento do nascimento, considerando se o recém-nascido apresenta estrutura sexual externa composta de pênis e bolsa escrotal ou vagina[3]. Essa concepção tradicional ignora a situação de extrema relevância que recai sobre a figura do intersexo, indivíduo que apresenta uma configuração física dúbia, que não permite uma sólida definição com relação à inclusão do indivíduo na classificação de homem/macho ou mulher/fêmea[4].

Após considerar o sexo, cumpre trazer à apreciação o segundo aspecto componente da sexualidade, qual seja, o gênero, que se apresenta como um elemento de fundo sociocultural, vinculado às condutas, identidades, funções e representações ordinariamente atribuídas aos homens (masculino) ou às mulheres (feminino), sem que haja uma vinculação direta com o aspecto físico do sujeito[5].

Ato contínuo há de se tratar da orientação sexual, que há de ser compreendida como critério da sexualidade associado ao interesse ou atração afetivo-sexual que o sujeito apresenta ou, em linhas mais simples, a que gênero se destina o seu desejo[6]. Esse aspecto da sexualidade permite que o indivíduo seja considerado como heterossexual (atração por alguém de gênero distinto), homossexual (interesse por pessoa do mesmo gênero), bissexual (desejo manifestado por ambos os gêneros) e assexual (não revela atração de fundo sexual)[7].

O último dos aspectos da sexualidade a ser apresentado é a identidade de gênero, foco principal desse texto, que há de ser entendida como critério

[3] Evidente que a constatação do sexo biológico da pessoa vai além de uma mera constatação visual realizada pelo médico no momento do nascimento da criança, contudo esse é o critério ordinariamente considerado.

[4] Leandro Reinaldo da Cunha. Direito à indenização decorrente da ofensa à dignidade da pessoa humana do intersexual do livro INTERSEXO – Aspectos: Jurídicos, Internacionais, Trabalhistas, Registrais, Médicos, Psicológicos, Sociais e Culturais. São Paulo: Revista dos Tribunais, 2018, p. 196

[5] Mauricio Luis Mizrahi. Homosexualidad y transexualismo. Buenos Aires: Astrea, 2006, p. 92.

[6] Leandro Reinaldo da Cunha. Identidade e redesignação de gênero: aspectos da personalidade, família e responsabilidade civil. 2 ed. Rio de Janeiro: Lumen Juris, 2018, p. 45.

[7] Seria possível também considerar nesse critério um outro parâmetro classificatório, que seria o pansexual, conceito ainda não consolidado, que perpassa a ideia daquele que não vincula sua atração a um gênero ou aquele que tem sua atração direcionada a qualquer pessoa ou coisa.

que busca aferir a existência ou não de consonância entre o sexo atribuído no momento de seu nascimento e o gênero ao qual o sujeito reconhece pertencer. Segundo tal parâmetro se vislumbra duas classificações possíveis, quais sejam, os cisgêneros e os transgêneros, considerando a existência ou não de compatibilidade entre o sexo assinalado e o gênero esperado, lastreado na autodeterminação acerca do pertencimento.

Assim se denomina cisgênero aquele que revela uma expressão de gênero compatível com o sexo consignado em seu assento de nascimento, sendo considerado transgênero aquele que manifesta uma compreensão de pertencimento a um gênero que se mostra conflitante com o que seria de se esperar em face ao que constatado quanto ao seu sexo ao nascer.

Entre os transgêneros se inserem os transexuais, as travestis e os intersexuais, todos apresentando uma condição sexual de conflito entre o sexo assinalado ordinariamente e sua percepção de gênero, mas com características diferenciadoras entre si.

Os transgêneros, além de apresentar o conflito entre o sexo assinalado e a sua percepção de gênero, revelam uma ojeriza face a seus genitais, o fazendo ansiar pela realização de intervenções visando a compatibilização física, desejo que não se verifica nas travestis[8]. Os intersexuais, por sua vez, são vítimas claras de um equívoco na indicação do sexo dentro da perspectiva binária ante a sua condição física inconclusiva, que fez com que fosse registrado ao nascer como pertencente a um sexo que não se adequa à sua percepção de gênero[9].

É exatamente com relação aos indivíduos que se inserem na perspectiva dos transgêneros que se faz relevante apresentar as conquistas alcançadas em tempos recentes, bem como projetar as próximas lutas a serem estabelecidas.

2. Conquistas

Não são poucas as lutas entabuladas pela população LGBT[10], sendo certo que apesar de terem um fio condutor comum, cada um dos grupos mino-

[8] Simona Argentieri. Travestismo, transexualismo, transgêneros: identificação e imitação, Jornal de Psicanálise, 42:77, São Paulo, 2006, p. 176.

[9] Leandro Reinaldo da Cunha. Identidade e redesignação de gênero: aspectos da personalidade, família e responsabilidade civil. 2 ed. Rio de Janeiro: Lumen Juris, 2018, p. 32.

[10] Não se olvida aqui a utilização de outras mais siglas para designar esse grupo social, tais quais, LGBTI, LGBTQI, LGBTQI+.

ritários inseridos nesse contexto há de enfrentar situações específicas relativas às peculiaridades inerentes à natureza de sua realidade.

No caso específico dos transgêneros é possível se afirmar que os interesses manifestam-se, basicamente, em três searas distintas, envolvendo os aspectos relacionados às mudanças físicas, os pleitos de natureza civil e as questões de fundo penal.

2.1. Processo transgenitalizador

Inicialmente houve no Brasil a necessidade de se validar a perspectiva de que os tratamentos cirúrgicos buscados pelos transgêneros revestiam-se de natureza terapêutica a fim de viabilizar a sua realização.

As intervenções cirúrgicas desejadas pelos transgêneros já se mostraram questionadas, sob a alegação de que revelariam uma ofensa física permanente ao corpo do sujeito, caracterizando até mesmo o tipo penal da lesão corporal. No início da década de 70 do século passado ganhou notoriedade em território nacional o processo criminal promovido em face do médico Roberto Farina (processo 799/76 da 17ª Vara Criminal de São Paulo), por ter realizado cirurgia de redesignação sexual em uma transexual[11].

A questão atualmente já não mais se faz conflituosa, estando estabelecido o entendimento que os tratamentos médicos aos quais os transgêneros se submete são de natureza terapêutica, com o fulcro de garantir a saúde do indivíduo, em sua acepção mais plena. De atitude proscrita as operações de transgenitalização passaram a ser, atualmente, subvencionadas pelo Sistema Único de Saúde (SUS), regulamentada pela Resolução 2.803/13 do Ministério da Saúde.

Mesmo que represente uma enorme evolução e demonstre que em alguma medida o Poder Público tem ciência das necessidades dessa parcela da população, evidencia-se que a atuação estatal se mostra ainda bastante deficitária, sendo espelho disso o fato de existirem apenas 6 hospitais em todo o Brasil credenciados pelo Sistema Único de Saúde (SUS) a realizarem as intervenções cirúrgicas pertinentes ao processo de transgenitalização[12],

[11] Leandro Reinaldo da Cunha. Identidade de gênero e a licitude dos atos redesignatórios, Revista do Curso de Direito da Universidade Metodista de São Paulo – v. 10. São Bernardo do Campo: Metodista. 2013, p. 193.

[12] Hospital das Clínicas da Universidade Federal de Goiás/Goiânia (GO), Universidade Estadual do Rio de Janeiro – Hospital Universitário Pedro Ernesto/Rio de Janeiro (RJ), Hospital de Clínicas de Porto Alegre – Universidade Federal do Rio Grande do Sul/Porto

em realidade que faz com que haja uma considerável espera para ser atendido[13].

Ainda no que tange a questão da realização das intervenções médicas nota-se a existência de alguns impedimentos que causam espécie, como a imposição, conforme preconizado pela Resolução 2.803/13 do Ministério da Saúde, de que a idade mínima para tanto seria de 18 (dezoito) anos para procedimentos hormonais (Art. 14, § 2º, I) e 21 (vinte e um) anos para cirurgias, havendo, nesse último caso, que se atender ainda a um período de 2 (dois) anos com acompanhamento por equipe multiprofissional (Art. 14, § 2º, II), visando aferir se o interessado efetivamente enquadra-se na condição de transgênero.

Nessa mesma realidade ainda há que se consignar que originalmente o Sistema Único de Saúde (SUS) apenas subvencionava a realização do processo transgenitalizador para os transexuais femininos (MTF), nos termos dispostos na Resolução 1.955/10 do Conselho Federal de Medicina (CFM), e na Portaria 2.803 de 19 de novembro de 2013 do Ministério da Saúde, entendendo que a transição para os transexuais masculinos não seria plenamente albergada por se tratar de um procedimento ainda experimental[14].

No que se refere aos interesses dos transexuais masculinos, em recente posicionamento do Ministério da Saúde, por meio da Portaria GM n. 1.370,

Alegre (RS), Hospital de Clínicas da Faculdade de Medicina FMUSP/Fundação Faculdade de Medicina MECMPAS – São Paulo (SP) e Hospital das Clínicas/Universidade Federal de Pernambuco – Recife (PE), conforme consta do portal da Saúde do Ministério da Saúde [2], além do Hospital Estadual Mário Covas, em Santo André-SP.

13 A espera é de 7 a 10 anos.

14 A Resolução 1.955/10 d0 CFM, entre os seus considerando assevera que "CONSIDERANDO as dificuldades técnicas ainda presentes para a obtenção de bom resultado tanto no aspecto estético como funcional das neofaloplastias, mesmo nos casos com boa indicação de transformação do fenótipo feminino para masculino", e determina no art. 1º apenas tratamentos direcionados ao transexual feminino ("Autorizar a cirurgia de transgenitalização do tipo neocolpovulvoplastia e/ou procedimentos complementares sobre gônadas e caracteres sexuais secundários como tratamento dos casos de transexualismo.".

A Portaria 2.803 de 19 de novembro de 2013 do Ministério da Saúde em seu art. 15, reitera a questão experimental do procedimento.

Art. 15. O SUS realizará, em caráter experimental, os procedimentos de vaginectomia e neofaloplastia com implante de próteses penianas e testiculares, clitoroplastia e cirurgia de cordas vocais em pacientes em readequação para o fenótipo masculino, nos termos da Resolução nº 1.955, de 3 de setembro de 2010, do Conselho Federal de Medicina (CFM), que dispõe sobre a cirurgia de transgenitalismo e revoga a Resolução CFM nº 1.652 de 2002.

de 21 de junho de 2019, passou-se a incluir na Tabela de Procedimentos, Medicamentos, Órteses, Próteses e Materiais Especiais do SUS a "vaginectomia[15] e metoidioplastia[16] com vistas à transgenitalização feminino para masculino".

Ainda quanto as intervenções cirúrgicas se mostra inconsistente o regramento fixado na resolução que determina que as operações necessárias apenas poderão ser realizadas a partir dos 21 (vinte e um) anos. Tal restrição etária se faz temerária por se tratar de uma intervenção de natureza terapêutica que há de ser realizada assim que se entender clinicamente pertinente, independente da idade do interessado, respeitando a sua autonomia existencial. É no mínimo questionável posicionamento que impede que alguém que já tenha atingido a maioridade civil não possa passar por procedimento cirúrgico, de fundo terapêutico, por uma determinação normativa infundada.

Quanto a questão dos tratamentos hormonais visando a adequação do corpo do transgênero, em que pese o posicionamento indicado na referida resolução, o Conselho Federal de Medicina (CFM) já emitiu parecer autorizando a utilização de bloqueadores hormonais visando impedir que caracteres vinculados ao sexo venham a se estabelecer, asseverando que "essa assistência deve ocorrer o mais precocemente possível, iniciando com intervenção hormonal quando dos primeiros sinais puberais, promovendo o bloqueio da puberdade do gênero de nascimento (não desejado)"[17].

Desta sorte, ainda que a legislação existente apresente objeções equivocadas, pode-se afirmar que atualmente os interesses dos transgêneros no sentido de realizar adequações físicas no seu corpo a fim de aproximarem a sua imagem da sua compreensão de pertencimento de gênero são viáveis, permitindo que o indivíduo busque uma condição corpórea que o ajude a ter uma vida em condições mais próximas do ideal.

2.2. Direitos da personalidade e demais questões civis

No que se refere aos aspectos civis dos direitos dos transgêneros a maior conquista se estabeleceu com relação à possibilidade de alteração do nome e gênero nos documentos com o objetivo de adequá-los com relação à

[15] Procedimento que objetiva a remoção total ou parcial da vagina.

[16] Modalidade cirúrgica que cria um pênis a partir de um clitóris hormonalmente crescido.

[17] Processo-consulta CFM nº 32/12 – Parecer CFM nº 8/13.

identidade de gênero. Durante muito tempo a mudança de nome e gênero nos documentos de identificação pessoal dos indivíduos trans se mostrou repleta de dificuldades e incertezas, com decisões judiciais ora autorizando e ora negando tais pleitos, havendo ainda a discussão quanto a exigência ou não da realização de processo transgenitalizador prévio como requisito para o deferimento do pedido.

Contudo considera-se o ano de 2017 como um grande marco para os direitos civis dos transgêneros, com a decisão proferida pelo Superior Tribunal de Justiça (STJ) no REsp. 1.626.739, de relatoria do Min. Luis Felipe Salomão (4ª Turma), reconhecendo o direito da mudança de nome e gênero nos documentos de identificação pessoal do transexual, independente da existência de qualquer intervenção médica prévia. Na sequência, em âmbito internacional, já em 2018, a mesma questão foi enfrentada pela Corte Interamericana de Direitos Humanos (CorteIDH), na Opinião Consultiva 24/17, em decisão que se reveste de grande importância por trazer o entendimento quanto ao tema a ser extraído do Pacto de São José da Costa Rica, do qual o Brasil é signatário e que é parte integrante do sistema normativo pátrio com status constitucional, nos temos do § 3º do art. 5º da Constituição Federal.

Na Opinião Consultiva 24/17 a Corte Interamericana de Direitos Humanos (CorteIDH)[18] reconheceu a identidade de gênero como aspecto vinculado aos direitos humanos, e, portanto, merecedor de guarida, facultando-se aos transgêneros o pleito de alteração de nome e gênero baseado na autodeclaração, lastreada na sua percepção de pertencimento, sem qualquer requisito de intervenção ou tratamento médico prévio, nem mesmo a apresentação de qualquer sorte de laudo, mediante requerimento formulando administrativamente.

Ainda no mesmo ano de 2018 o Supremo Tribunal Federal (STF) julgou a ADI 4275, adotando posicionamento consoante ao apresentado pela Corte Interamericana de Direitos Humanos (CorteIDH), autorizando a alteração do nome e gênero nos documentos dos transgêneros, sem qualquer exigência atrelada à realização de processo transgenitalizador prévio, em pedido realizado diretamente perante o Cartório de Registro Civil das

[18] Leandro Reinaldo da Cunha. O posicionamento da corte interamericana de direitos humanos quanto à identidade de gênero, Revista dos Tribunais, RT: São Paulo, v. 107, n. 991, p. 227-244, mai. 2018.

Pessoas Naturais, mediante autodeclaração, tendo sido tal entendimento aplicado no julgamento do RE 670.422[19], em 15 de agosto de 2018 (*leading case* da Repercussão Geral 761[20])

Para complementar esse ciclo, ainda em agosto de 2018, o Conselho Nacional de Justiça (CNJ) apresentou o Provimento 73, com o objetivo de instrumentalizar o cumprimento da ADI 4275 (dotada de poder vinculante) pelos Ofícios de Registro Civil, que, na atual conjuntura nacional, diante da leniência legislativa, se mostra como o instrumento considerado para se atender aos interesses dos transgêneros para a alteração do prenome e do gênero em seus documentos de identificação pessoal, mesmo não possuindo natureza legislativa.

Ainda na esfera civil é possível se constatar um crescimento das ações de responsabilidade civil, com a definição de indenização por responsabilidade civil face a existência de ofensas e ataques fundados em preconceito em razão da identidade de gênero do indivíduo (situação que também tem incidência nas relações trabalhistas, em hipóteses de assédio moral). Nesse campo um dos elementos que vem causando uma série de enfrentamentos se relaciona à utilização do banheiro segundo a identidade de gênero, questão que gera uma enorme celeuma em outras nações, como nos Estados Unidos da América[21], e que aguarda posicionamento do Supremo Tribunal Federal (STF)[22].

[19] i) O transgênero tem direito fundamental subjetivo à alteração de seu prenome e de sua classificação de gênero no registro civil, não se exigindo, para tanto, nada além da manifestação de vontade do indivíduo, o qual poderá exercer tal faculdade tanto pela via judicial como diretamente pela via administrativa; ii) Essa alteração deve ser averbada à margem do assento de nascimento, vedada a inclusão do termo 'transgênero'; iii) Nas certidões do registro não constará nenhuma observação sobre a origem do ato, vedada a expedição de certidão de inteiro teor, salvo a requerimento do próprio interessado ou por determinação judicial; iv) Efetuando-se o procedimento pela via judicial, caberá ao magistrado determinar de ofício ou a requerimento do interessado a expedição de mandados específicos para a alteração dos demais registros nos órgãos públicos ou privados pertinentes, os quais deverão preservar o sigilo sobre a origem dos atos.

[20] Possibilidade de alteração de gênero no assento de registro civil de transexual, mesmo sem a realização de procedimento cirúrgico de redesignação de sexo.

[21] Leandro Reinaldo da Cunha. Vinícius Custódio Rios. Mercado transgênero e a dignidade da pessoa humana sob a perspectiva do capitalismo humanista, Revista dos Tribunais: RT, São Paulo, v. 105, n. 972, p. 165-184, out. 2016.

[22] RE 845779.

Desta maneira se verifica que em que pese a inexistência de legislação federal garantindo expressamente o direito de alteração do nome e do gênero do indivíduo a fim de adequá-los à identidade de gênero, o Judiciário quando instado a se manifestar, tem exercido suas atribuições e cumprido sua competência jurisdicional, garantindo o cumprimento dos preceitos constitucionais, dando provimento aos pleitos dos transgêneros.

2.3. Transgêneros e aspectos criminais

Algumas situações atreladas à seara do direito penal também tocam a realidade dos transgêneros, seja em razão de crimes contra eles praticados como também em relação ao cumprimento de pena desse grupo em específico, o que faz pungente tecer algumas considerações.

2.3.1. Criminalização da homotransfobia

Ainda que sem muita profundidade se faz imprescindível tratar da questão da criminalização da homotransfobia, questão objeto de apreciação do Supremo Tribunal Federal (STF) em 13 de junho de 2019, no julgamento da ADO 26 e MI 4.733, que entendeu ser aplicável os preceitos do art. 20 da Lei 7.716/1989, que criminaliza o racismo, aos atos de ofensa fundadas na orientação sexual e na identidade de gênero.

Como já mencionado anteriormente para que se possa formular considerações minimamente qualificadas sobre um tema é indispensável que se tenha conhecimento quanto aos termos que se relacionam à questão em apreço. Assim, entender a concepção jurídica de racismo configura-se primordial, não sendo possível qualquer análise acerca da questão sem o perfeito entendimento do que seja racismo sob o viés jurídico.

Ressalta-se que é justamente essa falta de conhecimento técnico que faz com que haja uma torrente de manifestações desprovidas de sustentação técnica, gerando ainda mais confusão na população, como se vislumbra de forma recorrente nas redes sociais.

Exatamente nos mesmo termos que já fora utilizado em outro julgamento[23] o Supremo Tribunal Federal (STF) analisou o racismo sob a sua perspectiva social, que difere do entendimento corriqueiro de que este

[23] Julgamento do caso Ellwanger (HC 82.424/RS) no qual o Supremo Tribunal Federal (STF) utilizou o conceito de racismo social como parâmetro para aplicar a Lei Antirracismo (Lei 7.716/89) em um caso de antissemitismo.

conceito se ateria apenas a questões vinculadas à cor da pele (colorismo), entendendo que racismo está na inferiorização de um grupo social em relação a outro, tendo-se em vista que todos os seres humanos pertencem à mesma raça.

Dessa maneira, sob a mesma perspectiva utilizada no julgamento do HC 82.424/RS em que se aplicou o conceito de racismo para uma situação de antissemitismo, entende-se que "a divisão dos seres humanos em raças resulta de um processo de conteúdo meramente político-social", não sendo um conceito afeito apenas a uma discussão acerca da cor da pele ou origem étnica das pessoas.

De sorte que ante a perfeita compreensão do que venha a ser entendido como racismo, não há que se falar que o Supremo Tribunal Federal (STF) tenha criado um novo tipo penal, tampouco que se trate da aplicação do previsto na lei 7.716/89 por analogia, sendo que a decisão da Corte Constitucional apenas interpretou o conceito previsto na lei e entendeu que este alberga as figuras de ofensas fundadas na identidade de gênero ou na orientação sexual, tal qual as que tem por fundamento a cor da pele.

Assim, ante a compreensão da acepção político social de raça e racismo, é de se pontuar que as ofensas em razão da identidade de gênero podem ser penalizadas com base no disposto na lei que criminaliza crimes resultantes de discriminação e preconceito racial (lei 7.716/89).

2.3.2. Cumprimento de pena e adequação ao sistema prisional

O Brasil possui um enorme contingente de pessoas presas, com uma massa carcerária de 726 mil pessoas presas, conforme dados de 2016 (Levantamento Nacional de Informações Penitenciárias Infopen)[24], constituindo a 3ª maior população carcerária do mundo, sendo uma característica posta a separação das pessoas quando do cumprimento da pena segundo o seu sexo. Dessa maneira o parâmetro utilizado para a definição do estabelecimento prisional no qual o indivíduo será recolhido tem sido, portanto, a informação consignada nos documentos do indivíduo, o que pode dar ensejo a situações delicadas.

É fato que a realidade do sistema prisional brasileiro é bastante severa, com contornos ainda mais perniciosos quando relacionado à comunidade

[24] Disponível em: <http:// dados.gov.br/dataset/infopen-levantamento-nacional-de-informacoes-penitenciariasl/resource/02f734ca-c7934625-9d7d-56df7b1a36ff> Acesso em: 24 jul. 2018.

LGBT, rotineiramente vítima de abusos em razão de sua sexualidade, o que faz com que se pontue pela necessidade de que essa minoria sexual venha a ser aprisionada em alas especificamente destinadas a ela, como ocorre em 15% (quinze por cento) das 1.420 unidades prisionais existentes no país.

Constata-se, assim, que na maioria das unidades prisionais brasileiras a população LGBT está em condição de vulnerabilidade extrema, com sua integridade em contínuo risco, e em situação de perigo ainda mais grave do que aquela ordinariamente enfrentada por aqueles que não se inserem nessa minoria sexual.

A utilização do parâmetro sexual para definir a unidade em que o indivíduo será encarcerado é medida que busca proteger a integridade e respeito à sua dignidade, preceitos que não são (ou não deveriam ser) relegados pelo fato de estarem presos.

> O sistema prisional brasileiro já se mostra totalmente atentatório, em sua quase totalidade, aos direitos e garantias mais elementares de qualquer cidadão, sendo de se considerar que no caso de uma minoria sexual tal circunstância acabaria por se mostrar ainda mais prejudicada, estando os parâmetros mais elementares da humanidade daquele indivíduo sob risco contínuo de violações que não podem ser fomentadas pelo Poder Público.[25]

A separação de homens e mulheres quando do cumprimento da pena é medida salutar, visando a proteção da integridade dos detentos, contudo se faz pertinente a discussão acerca de qual o parâmetro da sexualidade que deverá ser considerado para a indicação do local adequado para o encarceramento. Assim, o ponto crucial é se definir se prevalecerá o sexo ou o gênero do condenado, sendo certo que o usualmente utilizado é o aspecto físico (sexo) consignado nos documentos de identificação pessoal do sujeito.

O tema se mostra extremamente complexo em razão das características sexuais dos indivíduos, fazendo com que se faça necessária uma avaliação da questão quase que casuística. O entendimento mais ordinário seria por encaminhar as transexuais femininas para unidades prisionais destinadas para mulheres, não sendo tal medida adequada no caso dos transexuais masculinos que não tenham realizado o processo transgenitalizador, vez

[25] Leandro Reinaldo da Cunha. Identidade e redesignação de gênero: aspectos da personalidade, família e responsabilidade civil. 2 ed. Rio de Janeiro: Lumen Juris, 2018, p. 282.

que a sua condição genital ainda de mulher o exporia de maneira extrema em caso de cumprimento de pena em uma unidade prisional masculina.

A condição das travestis também se mostra delicada e de difícil solução, mas a sua condição sexual de manutenção da genitália masculina a conduz ao encarceramento em unidade prisional masculina, fazendo com que fique também exposta ao assédio e a violências sexuais contínuas, ante a sua apresentação social segundo o gênero feminino.

O tema acaba de ser enfrentado pelo Supremo Tribunal Federal, no dia 26 de junho de 2019, em decisão proferida pelo Min. Luis Roberto Barroso, em sede de cautelar, na Arguição de Descumprimento de Preceito Fundamental (ADPF) 527, em que se determinou que as transexuais femininas cumpram pena em presídios femininos, sem estender o mesmo direito às travestis[26]. Ainda que se trate de uma decisão de natureza cautelar e que não resolve a questão em sua totalidade é inegável a sua relevância no que tange à proteção de uma parcela dos transgêneros, constituindo-se, inegavelmente, como uma conquista a ser celebrada.

[26] Ementa: DIREITO DAS PESSOAS LGBTI. ARGUIÇÃO DE DESCUMPRIMENTO DE PRECEITO FUNDAMENTAL. TRANSEXUAIS E TRAVESTIS. UNIDADES PRISIONAIS EM QUE DEVE OCORRER O CUMPRIMENTO DE PENA. PROTEÇÃO CONTRA ABUSOS FÍSICOS E PSÍQUICOS. PRINCÍPIOS DE YOGYAKARTA.
1. Interpretação judicial controvertida da Resolução Conjunta da Presidência da República e do Conselho de Combate à Discriminação nº 1/2014, acerca das unidades prisionais e demais condições em que deve ocorrer o cumprimento de pena de transexuais e travestis.
2. Transexuais são pessoas que se identificam com o gênero oposto ao seu sexo biológico. Percebem seu corpo como inadequado e buscam ajustá-lo à imagem de gênero que têm de si. Travestis são pessoas que se apresentam para o mundo com o gênero oposto àquele correspondente a seu sexo biológico, mas não percebem seu corpo como inadequado e não desejam modifica-lo.
3. Direito das transexuais femininas ao cumprimento de pena em presídios femininos, de acordo com a sua identidade de gênero. Incidência do direito à dignidade humana, à autonomia, à liberdade, à igualdade, à saúde, vedação à tortura e ao tratamento degradante e desumano (CF/1988, art. 1º, III; e art. 5º, caput, III). Normas internacionais e Princípios de Yogyakarta. Precedentes: ADI 4275, red. p/ acórdão Min. Edson Fachin; RE 670.422, rel. Min. Dias Toffoli.
4. Divergência quanto ao tratamento a ser conferido às travestis. Notícia de minuta de resolução em debate entre órgãos com expertise na matéria. Insuficiência das informações constantes dos autos para proporcionar uma decisão segura. Necessidade de complementação da instrução do feito quanto a este ponto. Presença de *periculum in mora* inverso.
5. Cautelar parcialmente deferida para assegurar que transexuais femininas cumpram pena em presídio feminino.

3. Perspectivas

Mesmo com as conquistas descritas até aqui é evidente que ainda há um longo e árduo caminho a ser percorrido a fim de se garantir a todos os transgêneros o efetivo respeito aos parâmetros mínimos da cidadania previstos no ordenamento jurídico pátrio.

É essencial que o Poder Legislativo efetivamente cumpra suas atribuições e legisle no sentido de garantir a todos os transgêneros meios para que possam viver de forma digna, atendendo aos fins colimados não só na Constituição Federal, como também em documentos internacionais vinculados aos Direitos Humanos.

A leniência legislativa, fundada em um preconceito estrutural e arraigado na sociedade brasileira, não pode prosperar, sendo evidente o potencial nefasto de tal inação em um país que é internacionalmente conhecido por ser o que mais mata transgêneros e onde essa minoria social tem uma expectativa de vida de apenas 35 anos, enquanto para o restante da população é superior a 75 anos.

Não se pode admitir que o Poder Público se omita e permita que uma parcela da população venha a ser vítima de uma série de situações que se mostram atentatórias à dignidade da pessoa humana, fundamento da República Federativa do Brasil, ofendendo os elementos mais nucleares de um Estado que se afirma como democrático de direito. Nesse contexto é de se pontuar pela responsabilização do Estado face a tal omissão legislativa, pois o dano decorrente de tal inação não pode ser ignorado ante a sua amplitude e potencial lesivo[27].

Não se pode admitir que persista uma conduta de proteção insuficiente praticada pelo Estado em situações que envolvam direitos fundamentais, impondo-se "um conjunto de medidas normativas aptas a conferir a tutela necessária aos bens jurídicos mais importantes"[28] contra qualquer sorte de situação discriminatória.

A fim de afastar toda a ofensa reiteradamente sofrida pelos transgêneros se mostra premente a adoção de políticas públicas visando garantir o pleno acesso aos direitos que são ofertados a todo e qualquer cidadão mas que, por critérios atrelados à sexualidade, lhe são retirados, privando-os de uma vida minimamente digna.

[27] Leandro Reinaldo da Cunha. Identidade de gênero e a responsabilidade civil do Estado pela leniência legislativa. Revista dos Tribunais 962 p. 37-52, 2015.

[28] André Estefam. Homossexualidade, prostituição e estupro. São Paulo: Saraiva, 2016, p. 57.

Causa espécie pensar que inúmeros países no entorno do Brasil já apresentam legislação pertinente ao tema, tratando do assunto de forma a resguardar as necessidades básicas da população trans, como se dá com a Argentina (lei 26.743 de 2012) e no Uruguai (Lei 18.620 de 2009), com leis das mais evoluídas e adequadas.

A existência de uma lei federal garantindo aos transgêneros o direito à alteração de nome e gênero, a possibilidade de tratamento médico tão logo sua condição sexual seja constatada, sem a existência de um critério etário fixado aleatoriamente, o reconhecimento do direito de utilização de vestiários, banheiros e uniformes em consonância com sua identidade de gênero, bem como uma severa legislação apenando atitudes discriminatórias em razão da sexualidade e garantindo sua integridade física em caso de encarceramento seria medida que teria um impacto profundo na realidade vivenciada por essa minoria sexual, além de atender aos preceitos mais básicos dos direitos humanos e dos direitos fundamentais.

Muito ainda há que se conquistar, contudo é preponderante se salientar que o que se busca é apenas garantir que os transgêneros possam efetivamente gozar dos direitos que são garantidos a qualquer cidadão brasileiro, sem que a sua condição sexual seja um obstáculo a atingir uma vida plena. Aparentemente o que se busca é um objetivo simples, porém, pelas circunstâncias da sociedade brasileira, se mostra como uma luta de dimensões colossais para se atingir parâmetros mínimos de justiça.

Referências

ARGENTIERI, Simona. Travestismo, transexualismo, transgêneros: identificação e imitação, **Jornal de Psicanálise**. v. 42 n. 77: 167-185 São Paulo. dez. 2009.

CUNHA, Leandro Reinaldo da. **Identidade e redesignação de gênero: aspectos da personalidade, família e responsabilidade civil**. 2 ed. Rio de Janeiro: Lumen Juris, 2018.

_____. Direito à indenização decorrente da ofensa à dignidade da pessoa humana do intersexual. **INTERSEXO – Aspectos: Jurídicos, Internacionais, Trabalhistas, Registrais, Médicos, Psicológicos, Sociais e Culturais**, São Paulo: Revista dos Tribunais, 2018.

_____. *Identidade de gênero e a licitude dos atos redesignatórios*, **Revista do Curso de Direito da Universidade Metodista de São Paulo** – v. 10. São Bernardo do Campo: Metodista. 2013.

_____. *O posicionamento da corte interamericana de direitos humanos quanto à identidade de gênero*, **Revista dos Tribunais,** RT: São Paulo, v. 107, n. 991, p. 227-244, mai. 2018.

_____. *Identidade de gênero e a responsabilidade civil do Estado pela leniência legislativa*. **Revista dos Tribunais**, RT: São Paulo, n. 962 p. 37-52, 2015.

CUNHA, Leandro Reinaldo da. RIOS, Vinícius Custódio. Mercado transgênero e a dignidade da pessoa humana sob a perspectiva do capitalismo humanista, **Revista dos Tribunais**, RT: São Paulo, v. 105, n. 972, p. 165-184, out. 2016.

ESTEFAM, André. **Homossexualidade, prostituição e estupro**. São Paulo: Saraiva, 2016.

GONÇALVES, Camila de Jesus Mello. **Transexualidade e Direitos Humanos**. São Paulo: Juruá, 2014.

MIZRAHI, Mauricio Luis. **Homosexualidad y transexualismo**. Buenos Aires: Astrea, 2006.

10. Interesses Sociais e o Acoplamento entre Direito e Economia: a Regulação do Preço dos Medicamentos na Sociedade Globalizada

Gabrielle Kölling
Clayton Vinicius Pegoraro de Araújo

Introdução

No Brasil, oitavo mercado mundial de fármacos (conforme o Sistema Integrado de Saúde (SISSAÚDE), com receita anual de US$ 10 bilhões (mais de R$ 20 bilhões), estima-se que 30% da comercialização de medicamentos sejam informais, o que compreenderia a pirataria e a sonegação de impostos. O valor representa em torno de 25% do movimento do mercado farmacêutico brasileiro, e a estimativa dos fabricantes é baseada nos dados da Organização das Nações Unidas, uma vez que o Brasil não possui estatísticas oficiais sobre o assunto[1]. O mercado dos medicamentos ocupa um espaço bastante grande na economia e demanda intervenção estatal de caráter regulatório, seja na perspectiva econômica (controle de preços) ou na sanitária (boas práticas) para garantir o direito aos medicamentos seguros, eficazes e de qualidade.

Considerando o panorama geral apresentado até então, bem como o direito à saúde, a problemática reside justamente em: quais são os limites e as possibilidades de acoplamento entre o sistema da saúde, do direito e da economia, no Brasil, para que haja promoção dos medicamentos? Assim, o objetivo geral é analisar a regulação do preço dos medicamentos

[1] Faria, Geraldo Eduardo. **Pirataria e falsificação de medicamentos**. Porto Alegre: Sistema Integrado de Saúde, 2018. <http://www.sissaude.com.br/sissaude/userfiles/pirataria_medicamentos _geraldo _eduardo_faria.pdf>. Acesso em: 20 mar. 2018.

bem como o diálogo com o sistema econômico no viés brasileiro a partir de uma comparação com o sistema europeu.

No que diz respeito à metodologia de abordagem, utilizar-se-á o método sistêmico, ou seja, parte-se da observação de segunda ordem, para, então, observar, descrever e analisar. O referido método é capaz de abordar a complexidade inerente ao tema proposto, tendo em vista que a Teoria Sistêmica oferece categorias teóricas capazes de enfrentar o tema.

Quanto às técnicas, pode-se dizer que a bibliográfica será crucial para a análise de material já publicado acerca do tema, constituído, principalmente, de livros, artigos de periódicos e, atualmente, via eletrônica, nacionais e internacionais. A análise documental será relevante para os materiais que não receberam tratamento analítico. As fontes documentais podem ser documentos reservados em arquivos de órgãos públicos e instituições privadas (associações científicas), memorandos, regulamentos, ofícios, boletins.

1. Interações entre Direito e Economia no contexto do Estado Regulador

O mercado na área da saúde ganha espaço na medida em que há evolução dos sistemas biológico, da medicina e da saúde; há um contexto de demanda por medicamentos e por soluções para os problemas oriundos da disseminação veloz de novas doenças, vírus e bactérias. A própria (in) certeza do sistema da ciência em relação aos tratamentos mais adequados para as patologias coloca em cheque o mercado farmacêutico, que acaba "oportunizando" novas possibilidades de tratamentos. Assim, a relação da saúde com o mercado se fortifica. Não se pode esquecer que, considerando o direito à saúde, insculpido na Constituição como direito de todos e dever do Estado, gera demanda por políticas públicas. Essas, por sua vez, também geram demanda no mercado da saúde e, consequentemente, nos sistemas da economia, da política e do direito.

O sistema da economia reage aos ruídos ou irritações da cultura, da política, da tecnologia, do direito, da saúde, dentre outros. O contraste informacional com seu ambiente é condição para que o sistema opere, na expectativa de reduzir a diferença e a complexidade. Essa condição envolve outros sistemas funcionais (direito e política, por exemplo) que constantemente se encontram em troca informacional entre si, por meio de sucessivos e reiterados acoplamentos estruturais, fazendo com que a rede de informações que se estrutura no interior do sistema inclua informações novas de acordo com o código binário próprio do sistema.

A tomada de decisão no sistema político opera por meio do poder e, por outro, efetua-se no sistema econômico por meio do dinheiro. A diferenciação funcional da sociedade desencadeia os códigos específicos de cada sistema. O direito opera e decide por meio do código legal/ilegal, a política pelo código poder/não poder ou governo/oposição, a economia pelo código ter/não ter[2].

É nesse contexto das possíveis relações e interações entre os sistemas da política, do direito e da economia que se deve observar a figura do "Estado regulador", com foco na discussão da regulação do preço dos medicamentos com vistas a elidir ou minimizar a extensão da falsificação de medicamentos e, concomitantemente, estimular a acessibilidade aos medicamentos seguros, eficazes e de qualidade.

O artigo 174 da Constituição Federal faz alusão, de forma genérica, à atuação estatal na economia como agente normativo e agente regulador. A finalidade dessa atuação do Estado na economia é, portanto, exercitar as funções de fiscalização, incentivo e planejamento. A fiscalização engloba o poder de polícia que se trata de uma atividade da administração pública que pode limitar ou disciplinar direito, interesse ou liberdade, regula a prática de ato ou abstenção de fato, em razão de interesse público concernente à segurança, à higiene, à ordem, aos costumes, à disciplina da produção e do mercado.

Aragão[3] apresenta, na ótica do direito administrativo, a relação mútua entre o direito e economia:

A relação entre o Estado e a Economia é dialética, dinâmica e mutável, sempre variando segundo as contingências políticas, ideológicas e econômicas. Inegável, assim, uma relação de mútua ingerência e limitação: o Direito tem possibilidades, ainda que não infinitas, de limitar e de direcionar as atividades econômicas; e estas influenciam as normas jurídicas não apenas na sua edição, como na sua aplicação, moldando-as, também limitadamente, às necessidades do sistema econômico.

[2] LUHMANN, Niklas. **La sociedad de la sociedad**. México: Herder, colaboração Universidad Iberoamericana, 2007.

[3] ARAGÃO, Alexandre Santos de. **Agências reguladoras e a evolução do direito administrativo econômico**. Rio de Janeiro: Forense, 2004. p. 1.

> A relação entre direito e economia foi explicada, anteriormente, a partir da ótica dos sistemas sociais. Na observação de Aragão, as correlações sistêmicas são reforçadas, em que pese o autor não tenha utilizado categorias de Luhmann para a análise. Na análise do autor, nota-se a redefinição do papel do Estado na Economia e de suas relações com a sociedade. O Estado retira-se da condição de executor e prestador de serviços e adota uma posição de regulador. No contexto da saúde, isso é ainda mais palpável, visto que o Estado não tem estrutura suficiente para a produção de medicamentos gratuitos nos escassos laboratórios públicos do Brasil. Assim, não há outra alternativa a não ser regular a atividade da iniciativa privada.

Em uma análise mais dogmática da regulação, a regulação estatal da economia compreende um conjunto de medidas de caráter legislativo (aqui seriam as decisões coletivamente vinculantes do sistema da política), administrativas (o poder de polícia da vigilância sanitária para fiscalização e "regulação" via resoluções e portarias oriundas da ANVISA – sistema da saúde, dentre outras) e as convencionais, abstratas ou concretas, pelas quais o Estado, de maneira restritiva da liberdade privada ou meramente indutiva, determina, controla, ou influencia o comportamento dos agentes econômicos, impedindo, assim, que haja lesão aos interesses sociais[4].

A regulação da atividade econômica deve traduzir-se como algo essencial para a preservação dos direitos sociais, tais como o direito à saúde e aos medicamentos seguros, eficazes e de qualidade, fragilizados. Seguem as contribuições de Motta[5]:

> [...] a moderna atividade econômica é marcada pelo signo da competitividade, também correta é a afirmação de que para os serviços públicos as regras do livre mercado, sem freios, não podem ser aplicadas, o que demonstra, *prima facie*, a total inconveniência e inoportunidade de estes serem prestados no regime jurídico privado.

Considera-se um problema de saúde pública os elevados preços dos medicamentos, notadamente no que concerne aos dados sobre as compras

[4] ARAGÃO, Alexandre Santos de. **Agências reguladoras e a evolução do direito administrativo econômico**. Rio de Janeiro: Forense, 2004. As observações sistêmicas não são do autor, são da discente.

[5] MOTTA, Paulo Roberto Ferreira. **Agências reguladoras**. Barueri: Manole, 2003. p. 13.

de medicamentos: quase oito em cada dez compras de medicamentos são custeadas pelos pacientes, além disso, os preços dos medicamentos constituem variável importante na determinação do acesso a produtos farmacêuticos pela população[6].

Afinal, qual é a melhor possibilidade econômica para incrementar o acesso aos medicamentos seguros, eficazes e de qualidade? Alguma teoria econômica pode responder a essa demanda?

As disputas e os jogos de mercado estão inseridos na longa discussão do sistema da economia. Ao longo da história, cada sociedade teve que decidir quais mecanismos deveria adotar para lidar adequadamente com seus problemas econômicos e buscar soluções aceitas por sua população. Por essa razão, surgiram os chamados sistemas econômicos, que não são mais do que diferentes maneiras de organizar uma sociedade com o objetivo de resolver seus problemas econômicos básicos. As questões que norteiam os sistemas são: qual será o tipo de produção; como produzir e para qual público produzir. Nos medicamentos isso não é diferente, as questões farmacêuticas perpassam os seguintes temas: eleger quais medicamentos produzir; como produzir e para quem ou para qual população produzir.

Para Smith[7], a ideia principal é que a economia tende a se equilibrar sozinha e sem a necessidade de regulamentação por parte do Estado. Ou seja, a livre concorrência estabelece a produção, a satisfação de necessidades e a distribuição de renda. Entre os economistas clássicos, a expressão "laissez faire, laissez passer" é popular, ela está vinculada a ideia de que o melhor governo é o que menos intervém na economia. Essa escola é a precursora do liberalismo[8] econômico e do capitalismo.

[6] MIZIARA, Nathália Molleis; COUTINHO, Diogo Rosenthal. Problemas na política regulatória do mercado de medicamentos. **Rev Saúde Pública**, São Paulo, n. 49, v. 35. 2015. Disponível em: <http://www.scielo.br/pdf/rsp/v49/pt_0034-8910-rsp-S0034-89102015049005779.pdf>.

[7] SMITH, A. **A riqueza das nações**: investigação sobre sua natureza e suas causas. São Paulo: Abril Cultural, 1983.

[8] Pode-se dizer que o Estado Liberal Clássico começa a ser idealizado em um contexto histórico no qual à justificação patrimonial ou religiosa do poder, traduzida no governo da vontade do Príncipe, opõe-se o governo da razão e da soberania da vontade geral expressa no Parlamento através de normas gerais e abstratas e de direitos fundamentais. Dentre as ideias políticas que vão nortear a noção de Estado sobreleva a afirmação de que o governo deve ser limitado no sentido de que a única forma em que as instituições políticas de uma sociedade podem ser justificadas é se são suficientemente permissivas para que todos possam viver suas vidas por

O mercado era o instrumento para a abolição das classes, da desigualdade e do privilégio. Vejamos:

> Além de um mínimo necessário, a intervenção do Estado só asfixiaria o processo igualizador do comércio competitivo e criaria monopólios, protecionismo e ineficiência: o Estado sustenta a classe; o mercado tem a potencialidade de destruir a sociedade de classes[9].

A esfera econômica pode ser observada como uma ordem natural – não, portanto, como uma ordem moral – cujo funcionamento está baseado em

si mesmos. A outra face dessa concepção política é a ideia dos direitos fundamentais como barreira à interferência estatal, limitando, assim, o Estado.
É importante notar que as concepções liberais do Estado acabam por se confundir, em certa medida, com o contexto histórico do Estado de Direito, o qual era visto pela burguesia precipuamente como um conceito de luta política dirigida simultaneamente contra a imprevisibilidade do Estado Absolutista e as barreiras sociais legadas pela sociedade estamental. O Estado Liberal, portanto, acaba moldando os contornos do Estado de Direito – entendido a partir da proteção da liberdade e de direitos fundamentais – aos valores burgueses, notadamente a iniciativa privada, a segurança da propriedade e as exigências de calculabilidade próprias do sistema capitalista.
A adjetivação liberal do Estado de Direito traz consigo, também, o pressuposto teórico de três separações: a separação entre a política e a economia, a separação entre o Estado e a moral e a separação entre o Estado e a sociedade civil. A partir daí estrutura-se o Estado Liberal pelos direitos fundamentais, concebidos como esferas de autonomia a preservar a intervenção do Estado, pela divisão de poderes, que assegura o predomínio do corpo legislativo (pelo império da lei e pelo princípio da legalidade) e da força social que o hegemoniza, ou seja, a burguesia. Nesse sentido, o direito era identificado pela lei e sua titularidade era exclusiva do legislador, o qual "aparecia como único protagonista da juridicidade com preterição e quase total sacrifício do juiz", que nada mais era do que a boca da lei.
Assim, como forma de assegurar o desenvolvimento da burguesia e do então incipiente modelo econômico capitalista, os direitos fundamentais são estruturados como garantias da autonomia individual contra as invasões do soberano. Por outro lado, a divisão dos poderes se apresenta com uma manifesta ênfase no Poder Legislativo e uma total subordinação do Poder Judiciário à lei que, é claro, espelhava os valores burgueses. Nesse seio, o processo civil acabou refletindo a forma negativa e limitadora das ações do Estado. CASTANHEIRA NEVES, António. Entre o "legislador", a "sociedade" e o "juiz" ou entre "sistema, "função" e "problema": os modelos atualmente alternativos da realização jurisdicional do direito. **Boletim da Faculdade de Direito da Universidade de Coimbra**, Coimbra, v. 74, p. 19, 1998. separata; NOVAIS, Jorge Reis. **Contributo para uma teoria do estado de direito**. Reedição. Coimbra: Almedina, 2006. p. 78.

9 SMITH, A. **A riqueza das nações**: investigação sobre sua natureza e suas causas. São Paulo: Abril Cultural, 1983.

ações de indivíduos dispersos e heterogêneos, mas, em tese, organizados. Conforme Prado[10],

> Esses indivíduos buscam os próprios interesses privados, agem egoisticamente, e são guiados pela racionalidade instrumental, ou seja, pelo uso adequado de meios para a obtenção de fins não necessariamente justificáveis de um ponto de vista moral. Dito de outro modo, essa ordem não é baseada na benevolência, mas, ao contrário, funda-se no individualismo ganancioso e possessivo. Entretanto, ela funciona, se expande e gratifica a sociedade, pois se encontra coordenada anonimamente por um 'mecanismo' que Smith chama de mão invisível.

A escola neoclássica é representada por John Maynard Keynes, sua principal obra é "Teoria geral da ocupação, interesse e dinheiro", que foi publicada em 1936. A escola keynesiana reconhece que o mercado não é perfeito e que tem falhas em seu funcionamento, de modo que é necessário e essencial a intervenção do Estado na atividade econômica para corrigi-los. Keynes é o principal precursor do sistema de economia mista e do *Welfare State.*

Vejamos a diferença e o ponto comum entre o modelo Keynesiano e o modelo de Bem-Estar Social:

> O modelo Keynesiano e o modelo de Bem-Estar Social possuem como ponto de convergência a necessidade de intervenção do Estado na economia. O Keynesianismo prioriza a participação estatal na elaboração e execução das políticas monetárias e fiscais para se garantir níveis de produção e renda que provoquem o aumento do nível de emprego, já o modelo de Bem-Estar Social concentra suas bases na necessidade de proteção social[11].

Ou seja, enquanto o primeiro se preocupa prioritariamente com a geração de emprego, o segundo, tem como finalidade também a sustentabilidade desse último, através de mecanismos jurídicos que garantam direitos sociais, previdenciários e trabalhistas. No entanto, apesar da defesa da intervenção estatal como instrumento determinante para levar a econo-

[10] Prado, Eleutério F. S. Uma formalização da mão invisível. **Estud. Econ.**, [S.l.], v. 36, n.1, p. 47-65, 2006. Disponível em: <http://dx.doi.org/10.1590/S0101-41612006000100002.>.
[11] Duriguetto, Maria Lúcia; Montaño, Carlos. **Estado, classe e movimento social**. 3. ed. São Paulo: Cortez, 2011.

mia para o pleno emprego, nesse modelo macroeconômico, a iniciativa privada não perde totalmente a sua autonomia. De acordo com Keynes[12],

> [...] uma socialização algo mais ampla dos investimentos, será o único meio de assegurar uma situação aproximada de pleno emprego, embora isso não implique a necessidade de excluir ajustes e fórmulas de toda espécie que permitam o Estado cooperar com a iniciativa privada.

Assim, a economia passa a atuar de acordo com as decisões do Estado em determinados aspectos, mas não chega a ser controlada totalmente. As contribuições de Keynes deram lugar a um novo liberalismo que, embora mantendo o sistema de livre iniciativa, deu ao Estado um papel central que lhe foi negado pelos economistas clássicos. Uma das fragilidades é que, com o tempo, o gasto público dos diferentes governos que optaram por essa fórmula disparou e os diferentes Estados do Bem-Estar estão se tornando economicamente inviáveis.

A regulação econômica se refere às formas com que o Estado interfere na esfera econômica da sociedade. Na perspectiva de Posner[13], essa intervenção seria composta por "tributos e subsídios diversos, assim como controles administrativos e legislativos explícitos sobre taxas, ingresso no mercado e outras facetas da atividade econômica". Duas correntes teóricas principais tratam a respeito da regulação econômica. A Teoria do Interesse Público corresponde a uma análise normativa, baseada no princípio do interesse público, que sustenta que a sociedade demanda do Estado intervenções econômicas em situações em que o mercado gera resultados ineficientes ou desiguais[14]. As falhas de mercado mais comuns estariam relacionadas à provisão de bens públicos, às externalidades, à concorrência imperfeita (monopólios e oligopólios) e à assimetria de informação. Outra grande vertente teórica, a Teoria Econômica da Regulação, inspirada na Teoria da Captura, procura entender como a regulação de fato é feita, e para isso leva em conta aspectos políticos. Basicamente, essa teoria argumenta que a regulação econômica opera como um bem oferecido

[12] KEYNES, John M. **A teoria geral do emprego do juro e da moeda**. São Paulo: Atlas, 1982.

[13] POSNER, R. A. Theories of economic regulation. **The Bell Journal of Economics and Management Science**, [S.l.], v. 5, n. 2, p. 335-358, 1974.

[14] CAMPOS, H. A. de. Falhas de mercado e falhas de governo: uma revisão da literatura sobre regulação econômica. **Prismas**, [S.l.], v. 2, n. 8, p. 341-370, 2008.

num mercado, no qual reguladores são os ofertantes e regulados são os consumidores, e que muitas vezes a regulação é feita de forma a atender a interesses de grupos que disputam o controle do aparato estatal e o "capturam" para maximização dos seus próprios benefícios.

Gosta Esping nos adverte acerca da necessidade de definição do papel do welfare state na sociedade e as delimitações das suas funções:

> Se quisermos estudar os welfare states temos de começar com um conjunto de critérios que definam seu papel na sociedade. Este papel não é certamente gastar ou tributar; nem é necessariamente o de criar igualdade. Apresentamos uma estrutura para comparar welfare states que leva em consideração os princípios pelos quais os agentes históricos uniram-se e lutaram voluntariamente. Quando focalizamos os princípios incrustados nos welfare states, descobrimos agrupamentos, distintos de regimes, não meras variações de 'mais' ou 'menos' em torno de um denominador comum[15].

Considerando o cenário apresentado até então, faz-se necessário que o Estado garanta os direitos fundamentais, dentre eles, a saúde no contexto da livre competição consagrada no artigo 170, inciso IV da Carta Política[16] e amparada pela Lei n. 12.529/2011[17], que dispõe sobre prevenção e repressão às condutas tendentes à dominação do mercado.

2. Livre concorrência, a eficiência econômica e regulação do preço dos medicamentos como possibilidade de acesso na sociedade globalizada

Delgado[18], para que haja funcionamento eficiente da economia de mercado, é necessário que haja uma conjugação da livre concorrência com a eficiência econômica, por meio do:

[15] GOSTA ESPING, Andersen. As três economias políticas do welfare state. **Lua Nova**, São Paulo, n. 24, p. 85-116, 1991. Disponível em: <http://dx.doi.org/10.1590/S0102-64451991000200006>.

[16] **BRASIL. Constituição (1988). Constituição da República Federativa do Brasil de 1988. Disponível em:** <http://www.planalto.gov.br/ccivil_03/constituicao/constituicao.htm>.

[17] **BRASIL. Lei 12.529, de 30 de novembro de 2011.** Estrutura o Sistema Brasileiro de Defesa da Concorrência; dispõe sobre a prevenção e repressão às infrações contra a ordem econômica, e dá outras providências. Disponível em: <http://www.planalto.gov.br/ccivil_03/_ato2011-2014/ 2011/Lei/ L12529.htm>

[18] DELGADO, Joedson de Souza. Medicamentos: o preço da saúde. **Journal of Law and Regulation Revista de Direito Setorial e Regulatório**, [S.l.], v. 2, n. 1, p. 269-288, maio

> [...] crescimento da diversidade dos bens/produtos/serviços, qualidade em serviços pós-venda, conversão de benefícios aos consumidores (paciente, cliente e usuário), redução de preços como fator de acesso aos medicamentos considerados essenciais e continuidade a tratamentos de doenças crônicas, como diabetes, obesidade, hipertensão, entre outras.

Assim, é condição de possibilidade, como alternativa à fuga dos medicamentos falsos, discutir os aspectos da regulação econômica do mercado de medicamentos, bem como de concorrência no setor farmacêutico no que tange ao controle de preço[19], no contexto da Câmara de Regulação do Mercado de Medicamentos (CMED).

A dicotomia preço e acesso é inseparável: os laboratórios privados cobram preços relativamente altos pelos medicamentos porque suas invenções são patenteadas; logo, não há concorrência. Basta comparar a venda dos medicamentos genéricos com os medicamentos "de marca": a diferença de preço é grande. Para isso, tem-se a CMED.

As discussões acerca dos genéricos no contexto da regulação já estão bastante avançadas na Europa. Medicamentos genéricos são um instrumento chave para os governos sustentarem seus sistemas de saúde e controlar os gastos farmacêuticos. Esta contribuição dos medicamentos genéricos para a sustentabilidade dos sistemas de saúde europeus foi reconhecida pelo próprio setor farmacêuticos de alto nível, em alguns fóruns de discussão, visto que os medicamentos genéricos são uma oportunidade de obter tratamentos semelhantes a custos mais baixos[20].

2016. Disponível em: <http://www.ndsr.org/SEER/index.php?journal=rdsr&page=article&op=view&path%5B%5D=166>.

[19] O método de controle de preços, para Gaban, contempla quatro modalidades: (i) Preço-teto (*price cap*/preço cume) tem valor máximo estipulado para comercialização de produto/serviço; (ii) RPI–X *price cap* tem o valor da tarifa corrigido por um percentual estipulado pelo governo; (iii) *Benchmark regulation* emprega-se quando a firma detém o monopólio, criando outra inexistente e vitualmente eficiente, com a qual vai ser comparada para efeito dos reajustes das tarifas; e (iv) Padrões de desempenho (*yardisck comparison*) tem o reajuste tarifário calculado tendo como base o desempenho de outras firmas. GABAN, Eduardo Molan. Regulação econômica e assimetria de informação. **Revista de Direito Constitucional e Internacional**, São Paulo, v. 12, n. 46, p. 247, jan./mar. 2004.

[20] EUROPEAN COMMISSION. **Pharmaceutical Forum**: First Progress Report, 29 Sept. 2006. Disponível em: <http://ec.europa.eu/health/ph_overview/other_policies/pharmaceutical/pharma_ forum_progres_report092006_en.pdf>.

A OMS também enfatiza a redução de custos dos medicamentos e a potencial inserção dos genéricos nos sistemas de saúde. Isto sublinha a importância de obter informações sobre os preços dos genéricos na Europa, onde o preço é uma área de responsabilidade nacional dos Estados-Membros da UE. O preço dos medicamentos genéricos considera a discussão das políticas de mercados livres versus a regulação de preços. Os preços dos medicamentos genéricos europeus tendem a ser: a) um mercado livre de abordagem, onde os fabricantes são (relativamente) livres para definir preços de medicamentos genéricos; b) um pré-regulamento do sistema, onde há um genérico panorama de preços de medicamentos que são definidos em uma regulamentação base, e/ou por lei; ou c) uma combinação dessas duas abordagens[21].

Na Europa, a literatura indica que a penetração de medicamentos genéricos é mais bem-sucedida em países que permitem a "desregulação" do preço dos medicamentos do que em países que têm regulação de preços. Nos países onde um mercado livre prevalece, os fabricantes de medicamentos cobram preços "premium" antes e depois da expiração da patente, para atrair a entrada no mercado de medicamentos genéricos. Fabricantes de medicamentos genéricos estão envolvidos na competição de preços e são capazes de aumentar a sua quota de mercado, oferecendo reduções de preços em seus produtos. Como resultado, em países com preços livres, a diferença de preço entre o originador e medicamentos genéricos tende a ser maior do que em países com regulação de preços[22].

[21] GODMAN B. et al. Use of generics: a critical cost containment measure for all healthcare professionals in Europe? **Pharmaceuticals**, [S.l.], v. 3, p. 2470-2494, 2010.
GODMAN, B. et al. Combination of prescribing restrictions and policies to engineer low prices to reduce reimbursement costs. **Expert Rev Pharmacoecon Outcomes Res.**, [S.l.], v. 11, n. 1, p. 121-129, Feb. 2011.
GARUOLIENE, K. et al. European countries with small populations can obtain low prices for drugs: Lithuania as a case history. **Expert Rev Pharmacoecon Outcomes Res.** [S.l.], v. 11, n. 3, p. 343-349, Jun. 2011.

[22] SCHULZ, A. Evolving dynamics of US and European generics markets. **Journal of Generic Medicines**, [S.l.], v. 2, n. 1, p. 23-32, 15; 2004.
DYLST, P.; SIMOENS, S. Generic medicine pricing policies in Europe: current status and impact. **Pharmaceuticals**, [S.l.], v. 3, p. 471-81, 2010.
MAGAZZINI, L.; PAMMOLLI, F.; RICCABONI, M. Dynamic competition in pharmaceuticals. Patent expiry, generic penetration, and industry structure. **Eur J Health Econ**, [S.l.], v. 5, n. 2, p. 175-82, Jun. 2004.

Em contraste, nos países que dependem de preços regulados, a regulação reduz o preço do medicamento originador ao longo do ciclo de vida do medicamento, desencorajando, assim, a entrada no mercado de medicamentos genéricos[23]. A difusão limitada de medicamentos genéricos em tais os mercados restringem a concorrência de preços após a expiração da patente[24]. Em resposta a isso, alguns países, tais como a França, introduziram "alvos de substituição de genéricos" para sustentar a medicina genérica e promover a sua entrada no mercado e na concorrência de preços[25].

Uma pesquisa de mercado conduzida pela Associação dos Medicamentos Genéricos Europeus, em 2011, revelou que 80% dos países europeus impôs a regulação de preços e 20% aderiu ao preço de mercado livre[26]. Dos países com regulação de preços, 37% definiram o preço medicamentos genéricos a uma percentagem predeterminada abaixo do preço do medicamento de origem, 31% estabelecem um preço máximo para medicamentos genéricos e 16% com base no preço médio dos medicamentos em uma seleção de países europeus. O mecanismo usado para vincular os preços dos genéricos e medicamentos originadores podem produzir o seguinte incentivo: se um medicamento genérico precisa ter um preço de, por exemplo, 55% ou mais abaixo do preço de um medicamento originador ao longo do seu ciclo de vida, como é o caso em França, então os fabricantes de medicamento originador podem baixar preços em uma tentativa de conduzir medicamentos genéricos fora do mercado[27].

O mecanismo de regulação de preços também pode ter um impacto sobre a concorrência de preços e, portanto, pode influenciar a precificação de medicamentos genéricos. Um estudo norueguês relatou que um sistema de preços de referência estimulou a competição por genéricos em maior

[23] Dylst, P.; Simoens, S. Generic medicine pricing policies in Europe: current status and impact. **Pharmaceuticals**, [S.l.], v. 3, p. 471-81, 2010.

[24] Magazzini, L.; Pammolli, F.; Riccaboni, M. Dynamic competition in pharmaceuticals. Patent expiry, generic penetration, and industry structure. **Eur J Health Econ.**, [S.l.], v. 5, n. 2, p. 175-182, Jun. 2004.

[25] Sermet, C. et al. Ongoing pharmaceutical reforms in France: implications for key stakeholder groups. **Appl Health Econ Health Policy**, [S.l.], v. 8, n. 1, p. 7-24, 2010.

[26] EUROPEAN GENERIC MEDICINES ASSOCIATION. **2011 market review**: the European generic medicines markets. Brussels: European Generic medicines Association, 2011.

[27] Fraeyman, J. et al. Potential impact of policy regulation and generic competition on sales of cholesterol lowering medication, antidepressants and acid blocking agents in Belgium. **Acta Clinica**, Belgica, 2012.

medida e levou a preços mais baixos do que a regulação, ou seja, um sistema em que o regulador define um preço máximo que pode ser cobrado por um medicamento. A literatura recente sugere mecanismos que regulam os preços, tais como limites de preço ou uma referência sistema de preços reduz os preços dos medicamentos originários e genéricos, isso pode incentivar a concorrência de preços, além das reduções de preços impostas pela regulamentação de alguns países, por exemplo, Áustria, Lituânia, mas não noutros, como a Eslovénia ou a Espanha[28].

Ao definir referência preços, a maioria dos países levou em consideração os preços dos medicamentos existentes: o preço de referência baseou-se ou medicamentos com preços mais baixos (47% dos países), ou no menor preço medicamento genérico (21% dos países), ou no preço médio dos medicamentos (11% dos países), ou no preço médio dos medicamentos genéricos (5% dos países) ou em outras medidas (16% dos países). As referências dos preços foram estabelecidas por substância ativa (42% dos países) ou pela classe terapêutica (31% dos países) ou pela classe farmacológica (18% países) ou por outro mecanismo (9% dos países). Ao calcular o preço de referência em função dos preços dos medicamentos existentes, os fabricantes de medicamentos genéricos podem incentivar a competição. No entanto, deve-se notar que a concorrência não existe em todos os países que adotaram este mecanismo de fixação de preços de referência. Portanto, além de definir referência preços em função dos preços dos medicamentos existentes, alguns países estabeleceram uma diferença de preço mínimo fixo entre medicamentos genéricos e originadores (França, Itália e Portugal). Atualmente, existem discussões acerca dos descontos concedidos aos medicamentos genéricos, mas com intervenção estatal, no contexto da concorrência. Ademais, a Europa vive um problema piramidal de população, trata-se de uma era de envelhecimento populacional e aumento dos custos de saúde, os medicamentos genéricos são relevantes para permitir que os pacientes tenham acesso a medicamentos seguros, eficazes e de alta qualidade[29].

[28] PUIG-JUNOY, J. Impact of European pharmaceutical price regulation on generic price competition: a review. **Pharmacoeconomics**, [S.l.], v. 28, n. 8, p. 649-63. Aug. 2010

[29] DYLST, P.; VULTO, A.; SIMOENS, S. Tendering for outpatient prescription pharmaceuticals: what can be learned from current practices in Europe? **Health Policy**, [S.l.], v. 101, n. 2, p. 146-152, Jul. 2011.

No Brasil, a legislação infraconstitucional que versa sobre o tema está prevista na Lei n. 10.742/2003[30], bem como no Decreto n. 4.766/2003[31] que regula o comportamento do setor farmacêutico e cria a CMED como um órgão interministerial composto pelos Ministérios da Saúde, Fazenda, Desenvolvimento, Justiça e Casa Civil, que almeja a promoção da assistência farmacêutica à população. O instrumento para atingir essa finalidade é justamente o estímulo à oferta de medicamentos e à competitividade do setor em conformidade com a redução da assimetria de informação ao consumidor.

Para atingir a finalidade mencionada anteriormente, é imprescindível que haja regulação. Via de regra, a regulação técnica difere da regulação econômica em função de garantir a segurança, qualidade, inocuidade e substituição dos medicamentos agregada à regularidade da sua circulação e comercialização.

Todavia, as autoridades reguladoras e sanitárias enfrentam dificuldades bastante semelhantes àquelas existentes em outros setores econômicos que não são exclusivas do setor farmacêutico, quais sejam:

i) a especificidade das matérias reguladas e a dependência em relação aos conhecimentos técnicos e científicos;

ii) a velocidade das transformações socioeconômicas e das evoluções tecnológicas;

iii) a vinculação às atuações e cooperações internacionais, já que lidam com matérias sensíveis, que costumam ser objeto não apenas de leis nacionais, mas também de acordos bilaterais, acordos multilaterais e decisões de organismos supranacionais;

iv) a proximidade em relação às empresas do setor regulado e a necessidade de produção de decisões em constante diálogo com estes agentes econômicos, medicante convocações de audiências e consultas públicas[32].

[30] **BRASIL. Lei 10.742, de 6 de outubro de 2003.** Define normas de regulação para o setor farmacêutico, cria a Câmara de Regulação do Mercado de Medicamentos – CMED e altera a Lei nº6.360, de 23 de setembro de 1976, e dá outras providências. Disponível em: <http://www.planalto. gov.br/ccivil_03/leis/2003/l10.742.htm>.

[31] BRASIL. **Decreto 4.766, de 26 de junho de 2003.** Regulamenta a criação, as competências e o funcionamento da Câmara de Regulação do Mercado de Medicamentos-CMED. Disponível em: <http://www.planalto.gov.br/ccivil_03/decreto/2003/d4766.htm>.

[32] FONSECA, Gabriel Ferreira da. **Interpretação jurídica no Estado regulador**. Curitiba: Juruá, 2016.

O contexto de dificuldades na regulação é enfrentado pela ANVISA, que se apresenta, na atual conjuntura, como uma "agência piloto", no que concerne à implementação da Análise de Impacto Regulatório (AIR). Em função disso, desde 2007, a regulação tem a pretensão de incorporar à agenda a AIR para avaliar os prováveis benefícios, custos e efeitos das políticas regulatórias. É, pois, um processo ou instrumento para averiguação do risco regulatório e, consequentemente, de gestão do risco. Conta, ainda, com ferramentas e mecanismos de transparência, participação e *accountability*[33].

Nos setores da economia de mercado que são desregulamentados, a fixação dos parâmetros da concorrência decorre das próprias forças do mercado que atuam no controle da entrada e saída dos agentes, nos preços de fornecimento de matérias-primas e dos produtos finais, na oportunidade e quantidade de investimentos em pesquisa tecnológica[34]. Ou seja, estamos diante de um processo que é reflexo da sociedade completa.

É nesse contexto complexo que se deve observar que, em função das constantes modificações da sociedade, em velocidades altas, o direito encontra dificuldades de lidar com o cenário de transformações velozes. A dogmática jurídica apresenta várias dificuldades para lidar com a nova realidade social e normativa. Sem dúvidas, há a iminência da imposição de uma orientação do direito voltada ao futuro. Para Luhmann[35],

> [...] estaríamos diante da uma mudança da orientação social básica do passado ao futuro, o que conduz a que as decisões jurídicas em última análise apenas possam justificar-se por suas consequências, e não a partir do acervo de tipo normativo e fático. (tradução nossa).

A orientação para o futuro pode ser vislumbrada a partir das "orientações" oriundas da regulação, as chamadas "*soft law* ou códigos de conduta

[33] RAMALHO, Pedro Ivo Sebba. **Regulação e agências reguladoras governança e análise de impacto regulatório.** Brasília, DF: Casa Civil da Presidência da República, 2009. Disponível em: <http://portal.anvisa.gov.br/documents/33880/2125963/Regula%C3%A7%C3%A3o+e+Ag%C3%AAncias+Reguladoras+Governan%C3%A7a+e+An%C3%A1lise+de+Impacto+Regulat%C3%B3rio/61b3aa78-44c2-4370-a60e-230353578ca8>.

[34] SAMPAIO, Patrícia Regina Pinheiro. **Regulação e concorrência**: a autuação do CADE em setores de infraestrutura. São Paulo: Saraiva, 2013.

[35] LUHMANN, Niklas. **Sistema jurídico y dogmática jurídica**. Tradução de Ignacio de Otto Pardo. Madrid: Centro de Estudios Constitucionales, 1983. p. 23.

ou notas técnicas ou protocolos". São normas de caráter diretivo características de uma sociedade altamente complexa. De novo, volta-se ao ponto já discutido do "diálogo das fontes".

As orientações para o futuro, no contexto da ordenação econômica, surgem mediante a imposição de obrigações/regras de acesso a *essential facilities*[36] e do controle prévio de preços em mercados tendentes ao monopólio, oligopólio, escassez do produto, interferências do mercado externo, entre outros, tenciona, então, corrigir ou atenuar as falhas de mercado.

Na indústria farmacêutica, o controle dos preços está vinculado à inserção dos medicamentos genéricos no mercado, as patentes desses medicamentos já expiraram. Antes disso, ou seja, no ciclo de vida mercadológico, a substância inovadora é ofertada a preço mais caro em função do monopólio do detentor da patente[37].

Domingues[38] apresenta os principais desafios contemporâneos da regulação econômica, quais sejam:

> (I) controle do poder do monopólio; (II) controle dos lucros abusivos; (III) compensação para as externalidades; (IV) informação inadequada; (V) competição excessiva; (VI) desigualdade no poder de barganha; (VII) moral hazard[39]; (IX) paternalismo e (X) escassez.

Em função desses desafios, é essencial que haja regulação econômica para elaborar e implementar regras que garantam o adequado e equilibrado funcionamento do mercado farmacêutico.

[36] A teoria *essential facilities*, conforme Salomão Filho, é um tipo de comportamento anticompetitivo em que uma empresa com poder de mercado utiliza um "gargalo" em um mercado relevante (serviço essencial) ao negar o acesso de concorrentes no mercado. SALOMÃO FILHO, Calixto. **Direito concorrencial**. São Paulo: Malheiros, 2013.

[37] DANTAS, Alexis Toríbio; MENDONÇA, Pedro Alerrandro Saccol. Impactos concorrenciais da entrada dos medicamentos genéricos no mercado farmacêutico brasileiro de 2003 a 2007. **Análise Econômica**, Porto Alegre, ano 32, n. 58, set. 2014. Disponível em: <http://www.seer.ufrgs.br/ index.php/AnaliseEconomica/article/view/17460/31296>.

[38] DOMINGUES, Juliana Oliveira. Concorrência, regulação e desenvolvimento. In: ZANNOTA, Pedro; BRANCHER, Paulo (Org.). **Desafios atuais da regulação econômica e concorrência**. São Paulo: Atlas, 2010. p. 115.

[39] *Moral hazard* (em português, risco moral) é uma expressão utilizada para descrever a situação na qual alguém além do comprador paga pela compra desse. Ocorre quando um agente econômico, de posse de maiores informações que a outra (informação assimétrica), tem a possibilidade de mudar seu comportamento de acordo com os diferentes contextos nos quais ocorre a troca comercial.

É condição de possibilidade para a discussão a apresentação de três conceitos jurídico-econômicos[40], alinhados ao mercado de medicamentos de referência. Trata-se, pois, de uma contribuição do direito concorrencial denominado de *price cap regulation*[41]. Vejamos as definições:

> (1) Mercado relevante: Refere-se ao menor grupo de produtos e a menor área geográfica necessários para que único produtor ou vendedor possa impor um pequeno, mas expressivo e duradouro, aumento no preço.
>
> (2) Posição dominante: Refere-se à conduta anticompetitiva cujo efeito ou intento é eliminar ou obstar que outras firmas entrem em disputa com a dominante. O controle do mercado relevante é presumido em 20%.
>
> (3) Poder de mercado: Refere-se a uma empresa (ou um grupo de empresas) que é capaz de manter seus preços, de forma sistemática, isto é, acima do nível competitivo de mercado sem com isso perder sua participação no mercado[42].

Considerando os conceitos-chave em relação ao mercado e ao direito apresentados anteriormente, cabe contextualizar que a CMED foi criada em substituição à Câmara Setorial de Medicamentos (CAMED), extinta em junho de 2003, objetivando a ampliação de seus poderes até então comandada pelo Ministério da Justiça.

A CAMED estava adstrita a responsabilizar os laboratórios. A CMED, além de estabelecer critérios de regulação para o setor, apresenta regras e sanções à empresa que não pode divulgar ou praticar preços acima do definido. Contemporaneamente, CMED tem a função de autoridade reguladora, pois tem como finalidade mitigar as imperfeições de mercado, a partir dos aspectos normativo, fiscalizatório, sancionatório e solucionador de

[40] CONSELHO ADMINISTRATIVO DE DEFESA DA CONCORRÊNCIA (CADE). **Guia prático do CADE**: a defesa da concorrência no Brasil. 3. ed. Brasília, DF: CADE, 2007. p. 23-24. Disponível em: <http://www.cade.gov.br/publicacoes/guia_cade_3d_100108.pdf>.

[41] *Price-cap regulation*, para Ragazzo, é uma ferramenta que estimula a concorrência e a produtividade dos agentes econômicos através da estipulação de um preço-teto para os seus preços médios, corrigido com a evolução de um índice de preços ao consumidor, independentemente da sua capacidade de diminuir custo. RAGAZZO, Carlos Emmanuel Joppert. **Regulação jurídica, racionalidade econômica e saneamento básico.** Rio de Janeiro: Renovar, 2011. p. 143.

[42] DELGADO, Joedson de Souza. Medicamentos: o preço da saúde. **Journal of Law and Regulation / Revista de Direito Setorial e Regulatório,** [S.l.], v. 2, n. 1, p. 269-288, maio 2016. Disponível em: <http://www.ndsr.org/SEER/index.php?journal=rdsr&page=article&op=view&path%5B%5D=166>.

conflitos, podendo responsabilizar todos os agentes do setor farmacêutico (a indústria, o atacado e o varejo) com fundamento na Lei n. 10.742/2003. Conta com um Comitê Técnico-Executivo, formado por secretários dessas mesmas pastas, e com uma Secretaria Executiva exercida pelo Núcleo de Assessoramento Econômico em Regulação – NUREM/ANVISA.

A competência do Conselho Administrativo de Defesa Econômica (CADE) (consoante o art. 173, parágrafo 4º, CF/1988 e a Lei n. 12.529/2011) é prevenir e reprimir as condutas tendentes à dominação do mercado que possam comprometer a acessibilidade aos medicamentos. Hodiernamente, está restrita às situações pontuais vinculadas aos atos de concentração ou de condutas anticompetitivas do setor, visto que os preços se encontram regulados e controlados[43].

A CMED utiliza uma política de preços com ajuste anual para os medicamentos alopáticos. Já os fitoterápicos, os homeopáticos, os polivitamínicos, os anestésicos locais injetáveis odontológicos e os medicamentos de notificação simplificada[44] têm seus preços liberados e, consequentemente, possibilitam menos acessibilidade.

Como competência residual, a CMED poderá interferir nesses "preços liberados" caso esses estejam com preços muito altos. Em função da proteção aos consumidores e detentores do direito à saúde, a CMED poderá determinar que os preços baixem, ou, ainda, que os preços aumentem para equilibrar a relação da indústria com as perdas geradas pela inflação e pela desvalorização da moeda, em função do princípio do interesse público[45].

A regulação brasileira considera a estipulação de preço-teto após publicação do Índice Nacional de Preços ao Consumidor Amplo (IPCA). Este é dividido em três níveis de reajuste: os medicamentos de maior custo e de

[43] SAMPAIO, Patrícia Regina Pinheiro; GUIMARÃES, Heitor Campos de Azevedo. Competências da Autoridade concorrencial em setores regulados: considerações à luz da jurisprudência do Cade no setor de medicamentos. **Economic Analysis of Law Review**, [S.l.], v. 3, n. 2, p. 293, jul./dez. 2012. Disponível em: <http://portalrevistas.ucb.br/index.php/EALR/article/viewFile/3%20EALR%20281/ 3%20EALR%20281>.

[44] A Resolução da Diretoria Colegiada – RDC nº. 199, de 26/10/2006, anexo I, descreve quais são os medicamentos de notificação simplificada, a exemplo de glicerina, analgésicos, bicarbonato de sódio, etc. AGÊNCIA NACIONAL DE VIGILÂNCIA SANITÁRIA (ANVISA). **RDC nº. 199, de 26/10/2006.** Disponível em: <http://www.saude.se.gov.br/userfiles/pdf/5-RDC199.pdf>

[45] VIEIRA, Fernanda P.; REDIGUIERI, Camila F.; REDIGUIERI, Carolina F. **A regulação de medicamentos no Brasil**. Porto Alegre: Artmed, 2013.

baixa procura de mercado contemplam o índice menor de acomodação de preço, em função da acessibilidade[46]. Para o reajuste anual, consideram-se, ainda, o mercado varejista, as compras públicas e as vendas hospitalares, cujo cálculo é realizado pelo Índice Herfindahl-Hirschman (HHI).

A Lei nº. 10.742/2003 apresenta a metodologia de ajuste dos preços, bem como os critérios técnicos que levam em conta a produtividade da indústria, a variação de custos dos insumos e o nível de competição no setor produtor, além da inflação do período.

Em função do direito à saúde e do fomento à acessibilidade aos medicamentos seguros, eficazes e que qualidade, alguns medicamentos demandam maior "gasto" ou investimento para o setor público (via de regra, em função do caráter "essencial" de alguns medicamentos que consideram o perfil epidemiológico de um país como o Brasil) e recebem incentivo, ou seja, um desconto mínimo obrigatório para as compras públicas a ser aplicado ao preço fábrica deduzido de qualquer carga tributária na composição de preço de medicamentos. Trata-se de fomento à acessibilidade aos medicamentos.

Conforme observa Delgado, a exacerbada oneração de impostos e as oscilações da taxa cambial em dólar americano se apresentam como "vilões" dos preços dos medicamentos, o que desencadeia dificuldades de acesso da população aos medicamentos e gera desestímulo à inovação/descoberta de outras drogas[47].

O controle de preços e a respectiva variação estão intimamente vinculados à acessibilidade. Essas, por sua vez, são utilizadas pela indústria para influenciar ou fidelizar os consumidores. Veja-se a descrição da estratégia de mercado observada por Pereira, Hilal e Leal[48]:

46 Delgado, Joedson de Souza. Medicamentos: o preço da saúde. **Journal of Law and Regulation / Revista de Direito Setorial e Regulatório,** [S.l.], v. 2, n. 1, p. 269-288, maio 2016. Disponível em: <http://www.ndsr.org/SEER/index.php?journal=rdsr&page=article&op=view&path%5B%5D=166>.

47 Delgado, Joedson de Souza. Medicamentos: o preço da saúde. **Journal of Law and Regulation / Revista de Direito Setorial e Regulatório,** [S.l.], v. 2, n. 1, p. 269-288, maio 2016. Disponível em: <http://www.ndsr.org/SEER/index.php?journal=rdsr&page=article&op=view&path%5B%5D=166>.

48 Pereira, Edgard Antonio; HILAL, Juliana Munhoz; LEAL, João Paulo Garcia. O mercado brasileiro de refrigerantes, estratégias competitivas e a atuação da Coca-Cola quando do ingresso da Baesa. In: Pereira, Edgard Antonio; Lagroteria, Eleni; Leal, João Paulo

> Há empresas que se empenham mais fortemente na obtenção da fidelidade do consumidor via diferenciação de seus produtos, há outras que focam sua atuação na oferta de bens com apelo centrado em preços baixos e há aquelas que se situam no meio termo, esforçando-se moderadamente para diferenciar seus produtos e simultaneamente adotando estratégias de preço relativamente agressivas.

A estratégia mercadológica para genéricos usa lógica própria. Ela está pautada na divulgação do princípio ativo, bem como na oferta de descontos, bônus para balconistas e a melhoria da imagem no que concerne à qualidade. Para os de referência e similares, continua a estratégia de mostrar superioridade ou qualidade científica de ponta dos seus medicamentos, para, então, convencer os prescritores a receitar os medicamentos de referência ou similares[49].

O mercado brasileiro de medicamentos movimentou R$ 54,73 bilhões nos últimos 12 meses até agosto de 2017, com um crescimento (em reais) de 12,58% em relação ao mesmo período do ano anterior, o que representa 2,4% do mercado mundial, sendo o país o 8º em faturamento no ranking das vinte principais economias. Na América Latina, é o principal mercado, estando à frente do México (US$ 5,4 bilhões) e da Argentina (US$ 5,4 bilhões), conforme dados do Sindicato das Indústrias farmacêuticas do Estado de São Paulo[50].

Ainda de acordo com o SINDUSFARMA, a indústria farmacêutica instalada no país é composta por 492 empresas, das quais 123 multinacionais e 369 laboratórios nacionais. Dentro do mercado nacional de medicamentos, 239 empresas possuem preços registrados junto à Câmara de Regulação do Mercado de Medicamentos (CMED), ou seja, autorizadas a comercializarem medicamentos. Destas 239 empresas, 100 delas (42%) possuem capital de origem internacional e 139 (58%), possuem capital de origem

Garcia (Org.). **Concorrência e regulação**: estudos e pareceres econômicos. São Paulo: Singular, 2004. p. 131.

[49] PAPPINI JÚNIOR, Carlos. Market access e a nova modelagem de negócios da indústria farmacêutica no Brasil. **IHealth Business**, [S.l.], p. 3-6, jun. 2012. Disponível em: <http://ihbusiness.com.br/common/_data/artigo_pappini_julho_2012.pdf>. Acesso em: 28 mar. 2018.

[50] SINDICATO DAS INDÚSTRIAS FARMACÊUTICAS DO ESTADO DE SÃO PAULO (SINDUSFARMA). **Perfil da Indústria Farmacêutica**. São Paulo, 2017. Disponível em: <http://sindusfarma. org.br/Perfil_IF2017.pdf>.

nacional. As empresas multinacionais compõem aproximadamente 53,6% do mercado em faturamento e 37,5% em unidades vendidas, enquanto os laboratórios nacionais detêm cerca de 46,34% do mercado em faturamento e 62,5% em unidades vendidas. A indústria farmacêutica brasileira fechou o ano de 2015 com 86,9 mil empregos diretos, dos quais 55,14% estão nas empresas sediadas no Estado de São Paulo. Para o período, o emprego industrial paulista registrou uma pequena variação positiva de 0,32%. Segundo as estimativas do setor, os empregos indiretos atingem 600 mil empregados[51].

De acordo com a Associação da Indústria Farmacêutica de Pesquisa (INTERFARMA) (2018), os principais países emergentes serão responsáveis por 25% das vendas globais com produtos farmacêuticos em 2020, contra 23% em 2015. A participação dos Estados Unidos – o maior mercado de medicamentos do mundo – se manteve em 40%, enquanto que a participação da Europa será reduzida de 13%, em 2015, para 12% em 2020.

Em cinco anos, o Brasil passou de 10º para o 7º mercado mundial. A estimativa é que em 2020, o país seja o 5º do mercado, conforme apresentado na Tabela 3.

[51] Ibid.

Ranking de vendas mundial

Rank	2010	Index	Rank	2015	Index	Rank	2020	Index
1	USA	100	1	USA	100	1	USA	100
2	Japão	22	2 ▲	China	27	2	China	30
3 ▲	China	19	3 ▼	Japão	18	3	Japão	14
4	Alemanha	11	4	Alemanha	10	4	Alemanha	9
5 ▼	França	10	5	França	8	5 ▲	Brasil	8
6	Itália	7	6 ▲	Reino Unido	7	6	Reino Unido	6
7	Reino Unido	6	7 ▲	Brasil	6	7 ▲	Itália	5
8 ▼	Espanha	6	8 ▼	Itália	6	8 ▼	França	5
9	Canadá	6	9	Canadá	5	9 ▲	Índia	5
10 ▲	Brasil	5	10 ▼	Espanha	4	10 ▼	Canadá	4
11 ▲	Coreia do Sul	4	11 ▲	Venezuela	4	11 ▼	Espanha	4
12	Austrália	3	12 ▲	Índia	4	12 ▲	Rússia	3
13 ▲	Índia	3	13 ▲	Rússia	3	13 ▲	Coreia do Sul	3
14 ▼	México	3	14 ▼	Coreia do Sul	3	14 ▲	México	2
15 ▲	Venezuela	3	15 ▼	Austrália	3	15 ▲	Turquia	2
16 ▲	Rússia	2	16 ▼	México	2	16 ▼	Austrália	2
17 ▲	Polônia	2	17 ▲	Argentina	2	17 ▲	Arábia Saudita	2
18 ▲	Turquia	2	18	Turquia	2	18	Polônia	2
19 ▼	Suíça	2	19 ▼	Polônia	2	19 ▼	Argentina	1
20 ▼	Países Baixos	2	20 ▲	Arábia Saudita	1	20 ▲	Egito	1

Source: IMS Health, Market Prognosis, September 2015. ▼▲ Change in ranking over prior five years.

Fonte: IMS HEALTH.[52]

Para a INTERFARMA (2017), os gastos nos mercados desenvolvidos continuarão sendo impulsionados pelos medicamentos de referência e nos mercados emergentes pelas demais categorias de medicamentos. Estima-se que os medicamentos especializados serão responsáveis por metade dos gastos em medicamentos nos EUA e EU5 (França, Alemanha, Itália, Espanha e Reino Unido) impulsionados pelos medicamentos inovadores e a expectativa é que, em 2021, o gasto mundial em medicamentos chegue a US$ 1,5 trilhão, conforme apontado anteriormente.

[52] IMS Health, 2015 apud ASSOCIAÇÃO DA INDÚSTRIA FARMACÊUTICA DE PESQUISA (INTERFARMA). **Entendendo os medicamentos biológicos**. [S.l.], 2016. Disponível em: <http://www.interfarma.org.br/uploads/biblioteca/34-biologicos-site.pdf>.

Conclusões

Neste trabalho restou evidenciado que, para setores da economia de mercado que são desregulamentados, a fixação dos parâmetros de concorrência e da própria regulação são estabelecidos pelas próprias forças estabelecidas pelos *players* que atuam no controle da entrada e saída dos agentes, nos preços de fornecimento de matérias-primas e dos produtos finais, ou seja, trata-se de uma complexidade de processos e procedimentos refletidos numa sociedade atualmente composta em rede.

O mercado brasileiro para medicamentos genéricos usa lógica própria. Esta lógica se mostrou muito ligado à divulgação do princípio ativo, bem como na oferta de descontos, bônus para balconistas e para farmácias, bem como uma melhoria da imagem no que concerne à qualidade. Já para os medicamentos denominados como referência e similares, continua a estratégia de mostrar superioridade ou qualidade científica de ponta para atração dos consumidores finais de daqueles profissionais que os prescrevem.

Hodiernamernte, neste passo deglobalização das relaçoes sociais, o direito à saúde está envolvido e dessenvolvido em um ambiente altamente complexo e arriscado. A expectativa jurídica envolvida no quesito saúde, em carta medida com a judicialização e o acesso aos medicamentos, marca, também, a caracterização da sociedade contemporânea e do direito como um todo.

Neste contexto contexto, relizou-se uma análise da regulação do preço dos medicamentos bem como o diálogo com o sistema econômico dentro de um viés nacional a partir de uma comparação com o sistema europeu. Por fim, não se pode olvidar o marco teórico-metodológico da Teoria dos Sistemas Sociais, de Niklas Luhmann ofereceu respostas ao efeitos do sistema posto no Brasil, que se socorre da regulação e da intervenção no mercado dos medicamentos de modo deficitário, ao contrário de outros modelos adotados em países com viés de "desregulação" dos preços dos medicamentos, onde se observou um maior êxito na acessibilidade aos meios de tratamento das doenças.

Referências

AGÊNCIA NACIONAL DE VIGILÂNCIA SANITÁRIA (ANVISA). **RDC nº. 199, de 26/10/2006.** Disponível em: <http://www.saude.se.gov.br/userfiles/pdf/5-RDC199.pdf>

ARAGÃO, Alexandre Santos de. **Agências reguladoras e a evolução do direito administrativo econômico.** Rio de Janeiro: Forense, 2004.

BRASIL. Constituição (1988). Constituição da República Federativa do Brasil de 1988. Disponível em: <http://www.planalto.gov.br/ccivil_03/constituicao/constituicao.htm>.

BRASIL. **Decreto 4.766, de 26 de junho de 2003**. Regulamenta a criação, as competências e o funcionamento da Câmara de Regulação do Mercado de Medicamentos-CMED. Disponível em: <http://www.planalto.gov.br/ccivil_03/decreto/2003/d4766.htm>.

BRASIL. **Lei 10.742, de 6 de outubro de 2003**. Define normas de regulação para o setor farmacêutico, cria a Câmara de Regulação do Mercado de Medicamentos – CMED e altera a Lei nº6.360, de 23 de setembro de 1976, e dá outras providências. Disponível em: <http://www.planalto. gov.br/ccivil_03/leis/2003/l10.742.htm>.

BRASIL. **Lei 12.529, de 30 de novembro de 2011**. Estrutura o Sistema Brasileiro de Defesa da Concorrência; dispõe sobre a prevenção e repressão às infrações contra a ordem econômica, e dá outras providências. Disponível em: <http://www.planalto.gov.br/ccivil_03/_ato2011-2014/ 2011/Lei/ L12529.htm>

CAMPOS, H. A. de. Falhas de mercado e falhas de governo: uma revisão da literatura sobre regulação econômica. **Prismas**, [S.l.], v. 2, n. 8, p. 341-370, 2008.

CASTANHEIRA NEVES, António. Entre o "legislador", a "sociedade" e o "juiz" ou entre "sistema, "função" e "problema": os modelos actualmente alternativos da realização jurisdicional do direito. **Boletim da Faculdade de Direito da Universidade de Coimbra**, Coimbra, v. 74, p. 19, 1998. separata;

CONSELHO ADMINISTRATIVO DE DEFESA DA CONCORRÊNCIA (CADE). **Guia prático do CADE**: a defesa da concorrência no Brasil. 3. ed. Brasília, DF: CADE, 2007. p. 23-24. Disponível em: <http://www.cade.gov.br/publicacoes/guia_cade_3d_100108.pdf>.

DANTAS, Alexis Toríbio; MENDONÇA, Pedro Alerrandro Saccol. Impactos concorrenciais da entrada dos medicamentos genéricos no mercado farmacêutico brasileiro de 2003 a 2007. **Análise Econômica**, Porto Alegre, ano 32, n. 58, set. 2014. Disponível em: <http://www.seer.ufrgs.br/ index.php/AnaliseEconomica/article/view/17460/31296>.

DELGADO, Joedson de Souza. Medicamentos: o preço da saúde. **Journal of Law and Regulation / Revista de Direito Setorial e Regulatório,** [S.l.], v. 2, n. 1, p. 269-288, maio 2016. Disponível em: <http://www.ndsr.org/SEER/index.php?journal=rdsr&page=article&op=view&path%5B%5D=166>.

DOMINGUES, Juliana Oliveira. Concorrência, regulação e desenvolvimento. In: ZANNOTA, Pedro; BRANCHER, Paulo (Org.). **Desafios atuais da regulação econômica e concorrência**. São Paulo: Atlas, 2010.

DURIGUETTO, Maria Lúcia; MONTAÑO, Carlos. **Estado, classe e movimento social**. 3. ed. São Paulo: Cortez, 2011.

DYLST, P.; SIMOENS, S. Generic medicine pricing policies in Europe: current status and impact. **Pharmaceuticals**, [S.l.], v. 3, p. 471-81, 2010.

DYLST, P.; VULTO, A.; SIMOENS, S. Tendering for outpatient prescription pharmaceuticals: what can be learned from current practices in Europe? **Health Policy**, [S.l.], v. 101, n. 2, p. 146-152, Jul. 2011.

EUROPEAN COMMISSION. **Pharmaceutical Forum**: First Progress Report, 29 Sept. 2006. Disponível em: <http://ec.europa.eu/health/ph_overview/other_policies/pharmaceutical/pharma_ forum_progres_report092006_en.pdf>.

EUROPEAN GENERIC MEDICINES ASSOCIATION. **2011 market review**: the European generic medicines markets. Brussels: European Generic medicines Association, 2011.

FONSECA, Gabriel Ferreira da. **Interpretação jurídica no Estado regulador**. Curitiba: Juruá, 2016.

FRAEYMAN, J. et al. Potential impact of policy regulation and generic competition on sales of cholesterol lowering medication, antidepressants and acid blocking agents in Belgium. **Acta Clinica**, Belgica, 2012.

GABAN, Eduardo Molan. Regulação econômica e assimetria de informação. **Revista de Direito Constitucional e Internacional**, São Paulo, v. 12, n. 46, p. 247, jan./mar. 2004.

GARUOLIENE, K. et al. European countries with small populations can obtain low prices for drugs: Lithuania as a case history. **Expert Rev Pharmacoecon Outcomes Res**. [S.l.], v. 11, n. 3, p. 343-349, Jun. 2011.

GODMAN B. et al. Use of generics: a critical cost containment measure for all healthcare professionals in Europe? **Pharmaceuticals**, [S.l.], v. 3, p. 2470-2494, 2010.

GODMAN, B. et al. Combination of prescribing restrictions and policies to engineer low prices to reduce reimbursement costs. **Expert Rev Pharmacoecon Outcomes Res.**, [S.l.], v. 11, n. 1, p. 121-129, Feb. 2011.

GOSTA ESPING, Andersen. As três economias políticas do welfare state. **Lua Nova**, São Paulo, n. 24, p. 85-116, 1991. Disponível em: <http://dx.doi.org/10.1590/S0102-64451991000200006>.

IMS Health, 2015 apud ASSOCIAÇÃO DA INDÚSTRIA FARMACÊUTICA DE PESQUISA (INTERFARMA). **Entendendo os medicamentos biológicos**. [S.l.], 2016. Disponível em: <http://www.interfarma.org.br/uploads/biblioteca/34-biologicos--site.pdf>.

KEYNES, John M. **A teoria geral do emprego do juro e da moeda**. São Paulo: Atlas, 1982.

LUHMANN, Niklas. **La sociedad de la sociedad**. México: Herder, colaboração Universidad Iberoamericana, 2007.

LUHMANN, Niklas. **Sistema jurídico y dogmática jurídica**. Tradução de Ignacio de Otto Pardo. Madrid: Centro de Estudios Constitucionales, 1983.

MAGAZZINI, L.; PAMMOLLI, F.; RICCABONI, M. Dynamic competition in pharmaceuticals. Patent expiry, generic penetration, and industry structure. **Eur J Health Econ.**, [S.l.], v. 5, n. 2, p. 175-182, Jun. 2004.

MIZIARA, Nathália Molleis; COUTINHO, Diogo Rosenthal. Problemas na política regulatória do mercado de medicamentos. **Rev Saúde Pública**, São Paulo, n. 49, v. 35. 2015. Disponível em: <http://www.scielo.br/pdf/rsp/v49/pt_0034-8910-rsp--S0034-89102015049005779.pdf>.

MOTTA, Paulo Roberto Ferreira. **Agências reguladoras**. Barueri: Manole, 2003. p. 13.

NOVAIS, Jorge Reis. **Contributo para uma teoria do estado de direito**. Reedição. Coimbra: Almedina, 2006.

PAPPINI JÚNIOR, Carlos. Market access e a nova modelagem de negócios da indústria farmacêutica no Brasil. **IHealth Business**, [S.l.], p. 3-6, jun. 2012. Disponível em: <http:// ihbusiness.com.br/common/_data/artigo_pappini_julho_2012.pdf>. Acesso em: 28 mar. 2018.

PEREIRA, Edgard Antonio; HILAL, Juliana Munhoz; LEAL, João Paulo Garcia. O mercado brasileiro de refrigerantes, estratégias competitivas e a atuação da Coca-Cola quando do ingresso da Baesa. In: PEREIRA, Edgard Antonio; LAGROTERIA, Eleni; LEAL, João Paulo Garcia (Org.). **Concorrência e regulação**: estudos e pareceres econômicos. São Paulo: Singular, 2004. p. 131.

POSNER, R. A. Theories of economic regulation. **The Bell Journal of Economics and Management Science**, [S.l.], v. 5, n. 2, p. 335-358, 1974.

PRADO, Eleutério F. S. Uma formalização da mão invisível. **Estud. Econ.**, [S.l.], v. 36, n.1, p. 47-65, 2006. Disponível em: <http://dx.doi.org/10.1590/S0101-41612006000100002.>.

PUIG-JUNOY, J. Impact of European pharmaceutical price regulation on generic price competition: a review. **Pharmacoeconomics**, [S.l.], v. 28, n. 8, p. 649-63. Aug. 2010

RAGAZZO, Carlos Emmanuel Joppert. **Regulação jurídica, racionalidade econômica e saneamento básico.** Rio de Janeiro: Renovar, 2011. p. 143.

RAMALHO, Pedro Ivo Sebba. **Regulação e agências reguladoras governança e análise de impacto regulatório.** Brasília, DF: Casa Civil da Presidência da República, 2009. Disponível em: <http://portal.anvisa.gov.br/documents/33880/2125963/Regula%C3%A7%C3%A3o+e+Ag%C3%AAncias+Reguladoras+Governan%C3%A7a+e+An%C3%A1lise+de+Impacto+Regulat%C3%B3rio/61b3aa78-44c2-4370-a60e-230353578ca8>.

SALOMÃO FILHO, Calixto. **Direito concorrencial**. São Paulo: Malheiros, 2013.

SAMPAIO, Patrícia Regina Pinheiro. **Regulação e concorrência**: a autuação do CADE em setores de infraestrutura. São Paulo: Saraiva, 2013.

SAMPAIO, Patrícia Regina Pinheiro; GUIMARÃES, Heitor Campos de Azevedo. Competências da Autoridade concorrencial em setores regulados: considerações à luz da jurisprudência do Cade no setor de medicamentos. **Economic Analysis of Law Review**, [S.l.], v. 3, n. 2, p. 293, jul./dez. 2012. Disponível em: <http://portalrevistas.ucb.br/index.php/EALR/article/viewFile/3%20EALR%20281/ 3%20EALR%20281>.

SCHULZ, A. Evolving dynamics of US and European generics markets. **Journal of Generic Medicines**, [S.l.], v. 2, n. 1, p. 23-32, 15; 2004.

SERMET, C. et al. Ongoing pharmaceutical reforms in France: implications for key stakeholder groups. **Appl Health Econ Health Policy**, [S.l.], v. 8, n. 1, p. 7-24, 2010.

SINDICATO DAS INDÚSTRIAS FARMACÊUTICAS DO ESTADO DE SÃO PAULO (SINDUSFARMA). **Perfil da Indústria Farmacêutica**. São Paulo, 2017. Disponível em: <http://sindusfarma. org.br/Perfil_IF2017.pdf>.

SMITH, A. **A riqueza das nações**: investigação sobre sua natureza e suas causas. São Paulo: Abril Cultural, 1983.

VIEIRA, Fernanda P.; REDIGUIERI, Camila F.; REDIGUIERI, Carolina F. **A regulação de medicamentos no Brasil**. Porto Alegre: Artmed, 2013.

11. Limites e Possibilidades da Mediação Sanitária

Sandra Regina Martini
Ana Luísa Michelon

Introdução

O mundo do direito nem sempre está vinculado ao mundo da vida; porém, direito, corpo e vida estão intimamente ligados. Assim, a presença de conflitos é evidente. É preciso saber como estes conflitos são resolvidos, como são encaminhados, se é possível uma solução jurídica além da formalidade tradicional, como são resolvidas as disputas entre justiça e lei[1]. Um desses caminhos para a resolução dos conflitos é a mediação, que como afirma Resta recai sobre os "corpos" e "as almas"; é a disputa entre natureza e positividade. No caso específico da saúde, o corpo toma fortes dimensões, das quais o direito muitas vezes se apropria inadequadamente, tornando a demanda jurídica ainda mais complexa e reforçando as contradições sociais.

[1] Quando a justiça e a lei, com suas contraposições, seus reclames, suas disputas, são traduzidas no jogo da "vida", levam internamente a ideia da tensão que a "disputa" heráclita foi capaz de condensar em uma fórmula. O *vivente* da lei é todo inscrito no "campo" da dinâmica nunca pacificada, mas nunca esquecida, de alma e corpo; podemos lhe chamar disputa entre natureza e positividade, absoluto e contingente, imortalidade e mortalidade, ordenamento válido desde sempre e lei da cidade, justiça dos deuses e justiça do tirano: fórmulas não faltam – e todas confirmarão a necessidade do *èmpshycos* do *nomos*, também, senão sobretudo, quando ele for pontualmente negado e traído. O vivente, portanto, remete ao jogo da vida no qual "corpo" e "alma" serão não apenas representações, como também o discurso platônico não parece excluir, mas sim lugares nos quais se "encarna" o direito com todas as suas complexidades e contradições (Resta, 2008, p.8).

Para o tratamento dos conflitos entre corpo e alma[2], o judiciário[3] tradicionalmente impõe uma resposta exposta em uma estrutura normativa escalonada e hierarquizada, como a pensada por Kelsen[4]. É para romper essa estrutura que a mediação desponta como um instrumento eficaz na solução dos conflitos, fundamentada na razão comunicativa, na amizade e na fraternidade, pressupostos fundantes para um efetivo "estar entre", como deve ser o procedimento da mediação e da autocomposição dos conflitos.

1. Mediação como forma de resolução de conflitos

O instituto da mediação possui uma longa história, como destaca Juan Vezzulla (2001, p. 88):

> que os povos antigos costumavam adotar a mediação por sua busca pela harmonia interna e em prol da preservação da união necessária à defesa contra ataques de outros povos. Também no ocidente sua busca revela-se ligada

[2] O fato de que a origem do direito e da política modernos se deva ao artifício e à "convenção" encontra na dimensão da *empsychèin* não apenas uma razão mas também uma forte aceleração. Não se trata nem de um expediente retórico, nem de uma solução estilística. Talvez as incursões "científicas" possam ter influído marginalmente, mas a substância está na re-proposição de um modelo platônico de incorporação da soberania. O *nomos*, a lei, continuará a falar ao "político" também quando nele se queira ver, removendo a ide diao *pactum* que o precede e o funda, o caráter absoluto da decisão soberana. Bem ao contrário, a perda de antropomorfia do soberano que o reduz a *máquina, horologium, autòmaton* o garante ser, ao menos não de forma pré-definida, um dos competidores em jogo. A *chance* "maquiavélica" de conseguir a paz consiste, para a soberania, também na assunção de uma distância de segurança em respeito aos litigantes; a sua "terceridade" poderá ser assegurada pela distância das paixões e, não por acaso, pelo respeito à lei. Mas tudo isso pode ocorrer apenas se o "corpo" for animado por uma soberania que, não obstante artificial, seja performativamente capaz de impor e realizar a paz; "com a caneta e com a espada", ou seja, graças às leis e à "força legítima". O mecanismo hobbesiano vai além do uso metafórico da alma; esta conserva de fato a character (Resta, 2008, p. 18-19).

[3] A administração da justiça foi sempre exposta às "correntes sociais, políticas, culturais" e a disponibilidade do próprio juiz a tais influxos não depende da maior ou menor racionalidade dos sistemas institucionais, mas de sua propensão pessoal; poderíamos dizer que tudo depende do caso e da sorte ligadas à sua formação, ao ambiente em que vive, às suas preferências; assim escreve no trabalho dedicado à livre investigação do juiz e à ciência do direito (Resta, 2008, p. 31-32).

[4] Outro elemento relevante da Teoria Pura de Kelsen reside no fato de que, a partir da estrutura piramidal do ordenamento jurídico, o juiz também tem o poder de criar (produzir) o Direito. Ao aplicar o Direito na solução de uma controvérsia com amparo em norma jurídica geral e abstrata; hipotética e condicional, o magistrado acaba por criar uma norma individual e concreta para solucionar a lide [...] (Vianna, 2016, p. 100).

à procura da preservação da paz interna, que possa assegurar uma sociedade na qual se viva melhor e com condições de enfrentar a globalização sem perda da individualidade.

Obviamente as formas antigas de mediação fundamentaram o que hoje conhecemos como instituto da mediação, o qual busca a vida melhor. Cabe destacar que se na Antiguidade, em especial a ocidental, o entendimento de harmonia e de preservação interna era fundado em outros pressupostos, que se davam pelo fortalecimento das fronteiras e pelo afastamento das diferenças, hoje buscamos na mediação formas de ultrapassar todos os tipos de fronteiras. O que importa aqui é demarcar que a mediação tem uma memória.

No Brasil, somente em 2015 foi promulgada a lei da mediação (Lei nº 13.140) (BRASIL, 2015), considerada um marco de extrema relevância para o desenvolvimento desse instituto. Ainda assim não existe no ordenamento brasileiro uma legislação que discipline por completo a mediação nos tribunais. Esse instituto, com vistas a uma mudança de paradigma, vem se impondo como uma forma de construção transformativa fundamentada na razão comunicativa, na amizade e na fraternidade. Nesse sentido, oportunas são observações de Eligio Resta (2008, p. 105) "quando mediar indica efetivamente "mediar" e não apenas servir de instrumento, aparece como um meio-termo entre dois diferentes polos, mas cúmplices e rivais, nos quais um depende do outro. Dois litigantes compartilham, por exemplo, exatamente o que os separa".

A ideia de cúmplice/rivais apresentada por Resta (2008) nos dá a dimensão atual do sentido do mediar. De acordo com o autor, quando se litiga por alguma coisa com alguém, temos sempre o mesmo motivo que separa e aproxima ao mesmo tempo; assim, a função da mediação é descobrir que liames podem ser encontrados nestes polos. Em tal compreensão, percebe-se um avanço de uma outra forma de conhecimento, de relação, de comunicação. A mediação, ao conectar dois polos demonstra que não existe uma separação; e, se ela existir, é uma separação que pode unir, é um reconjugar de algo que está desvinculado pelo mesmo motivo que pode estar vinculado. É o jogo da ambivalência, onde o que separa pode unir.

Na mediação os mediandos[5] são os protagonistas, os responsáveis pela busca da solução dos seus conflitos. É um procedimento informal, célere,

[5] Mediandos: pessoas que buscam resolver seus conflitos através da mediação, com a orientação de um mediador (Nota das autoras).

confidencial, em que não há vencedor nem perdedor. O propósito é pacificar; para tanto, foca-se não nas posições dos mediandos, e sim nos seus verdadeiros interesses, em outro ângulo de análise, contemplando estabelecer soluções que possam atender efetivamente aos anseios expostos. Trata-se de um instituto cuja "finalidade é a satisfação das partes, ou seja, pacificação do conflito pelo encontro dos interesses de ambas e é por esse motivo que diversos autores mencionam que neste processo não há ganhadores ou perdedores [...]" (Ghisleni; Spengler, 2013, p. 48).

A base do instituto da mediação está no diálogo, na comunicação entre os envolvidos, permeada por relações de poder que condicionam e limitam as possibilidades dialógicas cuja premissa fundamental é a igualdade entre os mediandos – nenhuma das partes deve ser superior à outra. A não ser assim, o diálogo pode ter sua unidade rompida por discursos que defendem posições de poder iguais.

Em sua teoria da ação comunicativa, Habermas formula o conceito da emancipação humana que trata das relações entre os seres humanos, visando à sua compreensão. O ser humano é compreendido como um ser que aprende e desenvolve-se a partir de seu mundo da vida; e suas principais esferas – cultura, integração social e socialização – devem ser organizadas pelos princípios da ação comunicativa e autenticadas por um paradigma linguístico. Desse modo, pode-se afirmar que os seres humanos formam-se no mundo da vida por intermédio do agir comunicativo e de processos de aprendizagem, que propiciam ao indivíduo identificar-se com uma cultura, transmitir e renovar o saber cultural, integrar-se em uma sociedade, interagir socialmente e estabelecer laços de solidariedade entre os diversos membros do grupo, experienciar o processo de socialização, e consolidar um saber pessoal sobre si mesmo.

O potencial formativo do ser humano ancora-se nas relações que vier a estabelecer para sua evolução e construção moral, e simultaneamente para a evolução da sociedade. Frente aos desafios contemporâneos, o ser humano busca ser capaz de se emancipar individual e socialmente, e de construir ações sociais significativas, que precisam aliar crítica social e competência para ouvir e expor ideias, culminando no entendimento mútuo. Desta feita, "ser humano e sociedade adentram e progressivamente vão desenvolvendo a autonomia' e competência interativa" (Habermas, 1983, p.70).

Portanto, a comunicação em busca de entendimento é fundamento para o instituto da mediação. Os sujeitos devem percorrer o caminho do entendimento, que só será possível se construírem, juntos, uma definição comum de cada situação. A intenção é se chegar a um consenso sobre algo no mundo, restaurar a comunicação por meio do diálogo. Como diz Habermas (1984, p. 285-286), a ação comunicativa ocorre:

> [...] sempre que as ações dos agentes envolvidos são coordenadas, não através de cálculos egocêntricos de sucesso mas através de atos de alcançar o entendimento. Na ação comunicativa, os participantes não estão orientados primeiramente para o seu próprio sucesso individual, eles buscam seus objetivos individuais respeitando a condição de que podem harmonizar seus planos de ação sobre as bases de uma definição comum de situação. Assim, a negociação da definição de situação é um elemento essencial do complemento interpretativo requerido pela ação comunicativa.

O homem não reage simplesmente a estímulos do meio, mas atribui um sentido às suas ações, revelando pela linguagem suas percepções, intenções, seus desejos. É a partir desse referencial que Habermas vislumbra a possibilidade de que, por meio do diálogo, o homem possa retomar o seu papel de sujeito. A mediação transformadora ancora-se nessa possibilidade: os mediandos, ao terem seus valores morais percebidos e respeitados, alcançam o diálogo produtivo, garantidor da alteridade, da solidariedade, da autenticidade, da autonomia, da fraternidade.

Também Warat (2004. p. 203) considera o diálogo um elemento central para inclusão social. Para o autor é "[...] a única saída de um modelo de exclusão global do humano é o diálogo: não existe outro caminho a percorrer. Os problemas de uma comunidade não se resolvem com balas, resolvem-se mediando. O diálogo é a única coisa que pode dar o sentido do pertencimento a uma comunidade [...]".

Outra questão que garante a mediação transformadora centra-se no mediador. Ele, por meio de técnicas de comunicação, valores e habilidades, tem o poder de bloquear a comunicação alienante, e assim contribuir para o discurso não violento, levando à pacificação do conflito.

Acrescenta-se a isso que o mediador deve desenvolver habilidades de linguagem e comunicação em condições de conflitos, a fim de que os mediandos "se voltem para o que observam, sentem, precisam e assim consigam pedir especificamente, sem precisar apontar o erro na conduta do outro". Essa é a tese da comunicação não violenta – falar e ouvir – defendida por Marshall Rosenberg (2006, p. 48).

Entre as formas de comunicação alienante da vida que devem ser bloqueadas pelo mediador é possível citar "o uso de julgamentos moralizadores, que implicam que aqueles que não agem em consonância com nossos valores estão errados ou são maus; a negação da responsabilidade – por exemplo, nossa linguagem obscurece a consciência da responsabilidade com expressões "ter de", ou "fazer alguém sentir-se", como em "você me faz sentir culpado"; e fazer comparações e comunicar desejos na forma de exigências impede que nos relacionemos com compaixão uns com os outros. Tais formas de pensar só comunicam violência e não deixam claro qual a mudança desejada nem quais seus benefícios" (Rosenberg, 2006, p. 48).

A mediação pode ser definida como um processo cooperativo coordenado pelo mediador, em que são levados em consideração as dificuldades de comunicação, as escolhas mediadas por uma intenção e guiadas para atender a uma necessidade, e o comprometimento dos envolvidos com a solução buscada. "A mediação cria um novo espaço relacional de transparência que gera o desejo de colaborar e resgatar a presença de seres humanos autônomos, responsáveis e conscientes das consequências de suas ações e tomadas de decisões" (Baronio, 2016, p. 165-166).

Outra questão que deve ser abordada pela mediação diz respeito à percepção do conflito experimentada pela sociedade contemporânea, que transforma a parte como adversária apenas por apresentar objetivos distintos. Essa é a raiz do problema que atenta contra a pacificação social. Ao lado disso, apesar de em tese englobar tudo que houver entre dois extremos, o conceito de conflito, argumenta Vasconcelos (2017), deve ser ressignificado.

Intrínseco à condição humana,

> conflito não é algo que deva ser encarado negativamente. É impossível uma relação interpessoal plenamente consensual [...]. Quando compreendemos a inevitabilidade do conflito, somos capazes de desenvolver soluções autocompositivas. Quando o demonizamos ou não encaramos com responsabilidade, a tendência é que ele se converta em confronto e violência (2017, p. 21).

Da mesma forma, Warat (2004) privilegia a reconstrução positiva do conflito como pressuposto fundamental para o seu equacionamento. Para o autor, a mediação mostra o conflito como uma confrontação construtiva, revitalizadora; o conflito como uma diferença energética, não prejudicial, como um potencial construtivo. A vida como um dever conflitivo, que tem que ser vitalmente gerenciado.

Os conflitos não têm necessariamente um sentido negativo também para Spengler:

> nascem quando os papéis não são desempenhados de forma adequada (conforme as expectativas do grupo social). Tais conflitos são relações sociais, caracterizando-se como apenas um dos muitos meios de interação e convívio dentro de uma mesma sociedade (SPENGLER, 2016, p. 126).

Além disso, os conflitos operam e legitimam a mediação na medida em que produzem diferenciações e hierarquias nos discursos vinculados, o que estimula o reconhecimento do outro em sua singularidade.

Importa, pois, considerar que a mediação transformadora aposta no conflito, na contradição e na coexistência para construir uma outra realidade. E o conflito configura um instrumento da mediação transformadora que busca na autonomia e na alteridade um vínculo entre as partes.

A mediação não se reduz a "uma resolução psicoanalítica dos conflitos, um litígio, um modo normativo de intervenção nos conflitos, um acordo de interesses, um modo de estabelecer promessas" (WARAT, 2004, p. 68). E sim está voltada a projetar uma transformação social de respeito aos valores na solução de conflitos. Warat (2004, p. 67) entende esse valor positivo como:

> a inscrição do amor no conflito, uma forma de realização da autonomia, uma possibilidade de crescimento interior através dos conflitos, um modo de transformação dos conflitos a partir das próprias identidades, uma prática dos conflitos sustentada pela compaixão e pela sensibilidade, um paradigma cultural e um paradigma específico do direito, um direito da outridade, uma concepção ecológica do Direito, uma nova visão de cidadania, dos direitos humanos e da democracia.

O princípio clássico da justiça foi sintetizado na noção de justiça retributiva, na ideia de atribuir a cada um o que é seu. Com isso, o judiciário não consegue atingir às metas de forma eficaz. Na resolução dos conflitos, hoje se percebe a necessidade de uma mudança de paradigma, e não pode ser diferente na área da saúde em que o olhar humanizado se potencializa através da mediação sanitária.

2. Pressupostos da mediação sanitária

O direito à saúde não é efetivado concretamente como moldado pela Constituição de 1988; assim, ocorre a busca pela judicialização da saúde com o objetivo de atender às necessidades dos cidadãos. Diante do alto número de demandas, o Poder Judiciário, tornou-se ineficiente, conforme demonstram dados do CNJ na tabela[6] a seguir:

Tabela 1 – Relação de processos por assunto

Assunto	Quantidade de processos
Saúde (Direito Administrativo e outras matérias de Direito Público)	152.201
Fornecimento de medicamentos – SUS	420.930
Tratamento médico-hospitalar – SUS	135.849
Tratamento médico hospitalar e/ou fornecimento de medicamentos – SUS	242.684
Assistência à saúde/servidor público	35.356
Ressarcimento ao SUS	4.474
Reajuste da tabela do SUS	3.004
Convênio médico com o SUS	1.350
Repasse de verbas do SUS	1.044
Saúde (Direito Administrativo e outras matérias de Direito Público	152.201
Fornecimento de medicamentos – SUS	420.930
Tratamento médico-hospitalar – SUS	135.849
Tratamento médico hospitalar e/ou fornecimento de medicamento– SUS	242.684
Assistência à saúde/servidor público	35.356
Ressarcimento ao SUS	4.474
Reajuste da tabela do SUS	3.004
Convênio médico com o SUS	1.350
Repasse de verbas do SUS	1.044
Terceirização do SUS	1.328
Planos de saúde (Direito do Consumidor)	564.090
Serviços hospitalares – consumidor	32.172

[6] A tabela contempla todas as demandas sobre judicialização da saúde (de natureza cível, não criminal), considerando os processos ajuizados até 31/07/2017 e em trâmite no 1 grau, no 2 grau, nos juizados especiais, no Superior Tribunal de Justiça, nas turmas recursais e nas turmas regionais de uniformização (LIMA JR.; SCHULZE, 2018).

Planos de saúde (Direito do Trabalho)	76.090
Doação e transplante órgãos/tecidos	1.255
Saúde mental	6.739
Controle social e conselhos de saúde	2.850
Hospitais e outras unidades de saúde	13.125
Erro médico	83.728
Total	1.778.269

Fonte: Lima Jr. e Schulze, 2018.

As crises pelas quais o poder jurisdicional do Estado passa se devem à complexidade das relações sociais e seus litígios, resultando na insuficiência e ineficiência de instrumentos para solucioná-los. Além disso, os instrumentos utilizados não são democráticos, tendo em vista que apenas aplicam leis positivadas sem a ocorrência da transformação social necessária entre as partes (SPENGLER, 2010).

O problema da realização da justiça revela-se nas circunstâncias concernentes à própria dinâmica do mundo da vida e dos agentes que nela atuam. Na área da saúde, surge a mediação sanitária[7] como uma referência para o direito à saúde por ser uma proposta reformadora, moderna, democrática, solidária e de necessidade evidente na construção do direito à saúde de forma integral, universal, igualitária e humanizada.

Diante da necessidade de dar um novo rosto para a justiça, surge um direito que tutela e vale para todos, não porque pertencem a um grupo, a um território ou a uma classificação, mas porque são seres humanos. Nesse ponto, estabelece-se a grande diferença entre ser humano e ter humanidade. Ter humanidade é respeitar o outro e a outra simplesmente porque partilham da mesma natureza: a humanidade. Esta é uma atitude que requer responsabilidade e comprometimento (STURZA; ROCHA, 2014).

O desafio da justiça no processo de mediação sanitária se sedimenta com a afirmação de valores, interesses e concepções diversas e até mesmo contrastantes, desde que não sejam ultrapassados determinados limites.

[7] Pode-se mediar tudo o que se pode mediar e, performativamente, pode mediar quem pode mediar: a tautologia neste caso acrescenta algo e não se limita à inútil redundância. Há sugestões que podem ser indicadas pela estatística, pela geografia e pela hermenêutica. Entre dois valores comensuráveis, ou seja, que podem ser submetidos a critérios comuns de medida, correm diversos estágios escalonados que vão de um polo a outro, de um extremo a outro (RESTA, 2008, p. 105).

A mediação sanitária tem o condão de proporcionar uma perspectiva prática que se alimenta e nutre a partir de pressupostos que abarcam o sentido da vida e aqueles que nela estão envolvidos. Desse modo, pode-se afirmar que, para ficar mediado é preciso autenticidade, fraternidade, soliedariedade, moralidade, autonomia, alteridade.

A autenticidade é pressuposto fundamental para a mediação e para o mediador. Ela é importante para as partes que participam da mediação na medida em que o autoconhecimento depende da vontade de enxergar o que está além dos olhos, da percepção trivial; dá força para suportar o sofrimento e permite a autocompreensão. Assim, não há ninguém a ser enganado. Ela será a chave para o agir com sabedoria. O mediador deve "deixar o problema fervendo". Se deixar as partes mornas, será inútil ao trabalho, pois elas ficarão novamente frias. Para ficar mediado é necessário chegar ao ponto de ebulição, à transformação alquímica" (WARAT, 2004, p. 25). Portanto, nas relações, o segredo é a autenticidade: o pecado, a raiva, os ciúmes não são o problema.

Warat (2004) menciona outro aspecto a ser considerado para ser autêntico: as instituições. Segundo argumenta o autor, "as instituições matam a espontaneidade. As pessoas vivem nas instituições, não na vida. A vida tornou-se uma instituição, onde os deveres têm que ser cumpridos, onde um modelo tem que ser seguido [...]" (WARAT, 2004, p. 25). O ser autêntico, como ser harmonizado, mediado é aquele que rompe com as instituições e vive espontaneamente, sem ser prisioneiro de uma mente que acredita assegurar os acontecimentos.

A fraternidade é outro pressuposto que tem sua concretização na mediação sanitária. Conceito biopolítico por excelência, conserva todas as formas e paradoxos dos sistemas sociais contemporâneos. Pressupõe que a liberdade de um não se possa realizar sem a liberdade do outro; e, por isso, pode ser considerado na mediação sanitária como um pressuposto capaz de tornar outros pressupostos efetivos.

A fraternidade retorna hoje fortemente ligada aos ideais Iluministas: todos os homens são iguais, livres e deveriam viver em harmonia fraterna. Relaciona-se à ideia de identidade comum, de mediação. É um direito jurado conjuntamente, é um direito livre de obsessão de uma identidade legitimadora (VIAL, 2006).

Na sociedade contemporânea, é preciso acreditar que a fraternidade é o caminho para se consolidarem os direitos fundamentais. É o resgaste que traz novos desafios e recupera a velha ideia de ver o outro como um outro Eu. Mais do que isso, a fraternidade está fundada na lei da amizade, no compartilhar, no pactuar (STURZA; MARTINI, 2016).

A dialética da fraternidade incorpora as realidades psicoculturais das práticas sociais na medida em que contém em si mesma o exercício da cidadania. Disso resulta a ampliação de horizontes da práxis jurídica através da compreensão dos artefatos produtores da legitimidade no contexto da inter-relação entre o sistema constitucional normativista e o constitucionalismo democrático (MACHADO; MARTINI, 2018).

Por exemplo, a Lei nº 13.105, de 16 de março de 2015, que instituiu o Código de Processo Civil dialoga com o princípio da fraternidade ao estimular, de diversas maneiras, formas consensuais para tratamento dos conflitos, como ocorre na mediação e conciliação em que deve haver um reconhecimento recíproco das partes e uma solução pacífica do litígio. Da mesma forma, a Lei nº 13.140, de 26 de junho de 2015, ao dispor sobre a mediação entre particulares como meio de solução de controvérsias e a autocomposição de conflitos no âmbito da administração pública deve ser orientada pela fraternidade de modo a alcançar o tratamento do conflito (MACHADO; MARTINI, 2018).

A solidariedade também fundamenta a mediação sanitária: cada um deve fazer-se responsável pelo outro. Juntamente com o princípio de justiça a solidariedade é base para se construírem padrões universais da moralidade. Justiça e solidariedade complementam-se um ao outro.

Há uma estreita relação conceitual entre os princípios de solidariedade e de justiça propostos por Habermas com o de fraternidade que fundamenta o direito fraterno: há cooperação solidária entre os homens, seja pela sociedade ou pelo Estado, e é necessário que a justiça se efetive na integração social, sendo complementada pela solidariedade.

Habermas argumenta que o princípio de solidariedade entre os homens é o instrumento de complementação e fundamento para cidadania plena do indivíduo. Em outras palavras, o ponto de vista complementar da justiça é a solidariedade, pois:

> [...] este princípio tem sua raiz na experiência de que cada um deve fazer-se responsável pelo outro, porque todos devem estar igualmente interessados na integridade do contexto vital de que são membros. A justiça concebida deontologicamente exige, como sua outra face, a solidariedade. Não se trata, neste caso, de dois momentos que se complementam, mas de aspectos da mesma

> coisa. Toda moral autônoma tem que resolver, ao mesmo tempo, duas tarefas: ao reivindicar trato igual, e com ele um respeito equivalente pela dignidade de cada um, faz valer a inviolabilidade dos indivíduos na sociedade; e ao mesmo tempo em que exige a solidariedade por parte dos indivíduos, como membros de uma comunidade na qual são socializados, protege as relações intersubjetivas de reconhecimento recíproco. A justiça refere-se à igualdade da liberdade dos indivíduos que se determinam a si mesmos e que são insubstituíveis, enquanto a solidariedade refere-se ao bem, ou à felicidade dos companheiros irmanados em uma forma de vida intersubjetivamente compartilhada, e deste modo também à preservação da integridade dessa forma de vida. As normas não podem proteger um sem o outro, isto é, não podem proteger a igualdade de direitos e as liberdades dos indivíduos sem o bem do próximo e da comunidade a que eles pertencem [...] (Habermas, 2002, p. 75-76)

A solidariedade deve ser entendida, pois, como condição de justiça (Habermas, 2002). É preciso unir os aspectos da "autonomia de indivíduos que são insubstituíveis e da incorporação originária dos mesmos em formas de vida intersubjetivamente compartilhadas" (Habermas, 2002, p. 78-79), assim, devolvendo, para todo ser humano a autonomia e a dignidade que lhe competem.

A autonomia, outro princípio fundamental na mediação sanitária, diz respeito para Habermas à liberdade comunicativa, pressuposto no agir que se orienta pelo entendimento mútuo. Por essa razão, o autor entende que a autonomia é garantia para se alcançar a justiça e a democracia. Além disso, a partir da diferenciação entre moral e direito, Habermas introduz o seu modo de interpretar o conceito de autonomia apoiado no princípio do discurso (Habermas, 1988).

Assim, defende que, para uma norma ser universal é necessário o consenso; isto é, para que nos possamos nos sentir destinatários de direitos, é necessário o entendimento enquanto autores direito.

A moralidade também é considerada um princípio da mediação sanitária. Habermas sustenta que a moralidade é fruto de um processo argumentativo entre seres livres e autônomos: os valores de uma sociedade são construídos entre pessoas livres que dialogam e argumentam. Para o autor, os argumentos favoráveis à legitimação do direito devem ser compatíveis com os princípios morais da justiça e da solidariedade universal, e também da ética de uma conduta de vida autorresponsável, projetada conscientemente.

A alteridade tem o condão de restabelecer conexões com o outro, lastreadas em compreensão e consideração (Bush; Folger, 2010, p. 147). É por essa razão um princípio que permite transformar o conflito e de nos transformamos no conflito, tudo graças à possibilidade assistida de poder nos olharmos a partir do olhar do outro, e colocarmo-nos no lugar do outro para entendê-lo a nós mesmos (Warat, 2004). Para Warat (Warat, 2004, p. 62), "falar de alteridade é dizer muito mais coisas que fazer referência a um procedimento cooperativo, solidário, de mútua autocomposição".

A teoria do conflito situa a mediação, em especial, como uma semiótica da outricidade, que tenta interpretar o conflito a partir do lugar do outro. Chega ao segredo do outro para descobrir os efeitos internos do que o afeta. Warat constrói a teoria do conflito partindo da distinção do diferente e da diferença. Para ele, "o primeiro é a natural e em última instância, impenetrável presença do outro como diferente. Ora, duas pessoas diferentes podem, juntas, produzir a diferença, o novo no tempo e no conflito, tudo mediante um trabalho em relação às coisas diferentes que todos aportam" (Warat, 2004. p. 61- 62).

A mediação sanitária, alicerçada pelos pressupostos elencados, parte de uma proposta de reconstrução crítica do conflito, que deve ser capaz de valorizar os pontos positivos na argumentação dos envolvidos. Além disso, permite a compreensão do posicionamento dos envolvidos no conflito ou de qual(is) aspecto(s) desejam dar maior ênfase.

Eligio Resta afirma que a democracia e a jurisdição estão sendo colocadas em discussão. Conclui que é necessária uma reconsideração da relação entre "justiça e sociedade, que leve em conta o problema dentro da sociedade, onde se criam, juntos, os problemas e os remédios: retorna-se, então, ao ponto de partida, com uma boa dose de relativização do juiz e da justiça" (Resta, 2004, p. 131).

Fica claro que, na mediação sanitária, a admissão ao outro é garantida pelo discurso, ferramenta que juntamente os princípios ora elencados possibilita que se analise a essência do problema e que se equilibre os desejos das partes. Nesse mesmo sentido Warat (2004, p. 49-50) sustenta que a mediação é:

> terapia do reencontro que pretende inverter o olhar: a imagem do outro não como aquela que enxergamos. E sim, a imagem que nos olha, agora, e que nos interroga, e inquieta os andaimes muito bem solidificados de nosso ego e de nossa cultura.

> O outro, ao enxergamos, põe em questão o que nos acreditamos ser, e todas aquelas imagens que fazemos para classificá-lo e dominá-lo, enganando-o com nossas instituições, eliminando o que nos mexe e ameaça.
>
> O outro, agora, como oportunidade vital, é o ponto de apoio para os problemas de difícil solução.
>
> O outro pondo em marcha mecanismos da alma que sirvam para tomar uma posição ativa diante dos nossos conflitos.
>
> O outro permitindo aprender e renascer.

Nas palavras de Warat (2004, p.69), "estamos falando de uma possibilidade de transformar o conflito e de nos transformamos no conflito, tudo graças à possibilidade assistida de poder nos olhar a partir do olhar do outro".

Diante da necessidade de dar um novo rosto para a justiça, surge o Direito Fraterno, não baseado em etnocentrismos, cosmopolita. Um direito que tutela e vale para todos, não por pertencerem a um grupo, a um território ou a uma classificação, mas por serem seres humanos. Nesse ponto, estabelece-se a grande diferença entre ser humano e ter humanidade. Ter humanidade é respeitar o outro e a outra simplesmente porque partilham da mesma natureza: a humanidade. Esta é uma atitude que requer responsabilidade e comprometimento (Sturza; Rocha; 2014).

Conclusões

O estudo realizado analisou os limites e as possibilidades da mediação sanitária, a partir dos pressupostos da fraternidade, moralidade, eticidade, alteridade e autenticidade.

A Constituição Federal de 1988 deu especial tratamento no direito à saúde orientada pelos princípios fundamentais da universalidade, integralidade e equidade. Porém, mesmo tendo sido organizada por esses dispositivos legais, muitas garantias adquiridas mostram-se ineficientes. Conforme dados apresentados pelo CNJ, o número de demandas é crescente chegando a 1.778.269 até 31/07/2017, impossibilitando que o judiciário atue de forma isolada na solução questões relacionadas à saúde.

A mediação sanitária desponta como uma medida de resolução de conflitos na área da saúde em que as partes, por meio do diálogo, conseguem um melhor resultado para si e para o outro. Ao buscar apreender a mediação entre os usuários de saúde, estamos falando em um encontro em que há inclusão, participação, responsabilização e reconhecimento das pessoas. Essas noções, por sua vez, são garantidas pelos princípios da alteridade, solidariedade, autonomia, moralidade e fraternidade.

Os pressupostos da mediação sanitária vinculam uma relação horizontal, com base em estruturas do reconhecimento recíproco e possibilitam experiências de respeito mútuo; cria-se, assim, um novo paradigma para saúde, um direito ávido para ser amado e respeitado. Amado no sentido de autocuidado, respeitado, que resgata a dignidade da saúde como bem-estar para todos, possibilitando o exercício do direito à saúde no âmbito privado e público como garantia da cidadania.

Referências

BARONIO, Marilena. Um novo olhar sobre a mediação a partir dos fundamentos de Maturana. In: MARODIN, Marilene; MOLINARI, Fernanda (Org.). **Mediação de conflitos**: paradigmas contemporâneos e fundamentos para a prática. Porto Alegre: Imprensa Livre, 2016. p. 155-167.

BRASIL. Presidência da República. Casa Civil. Subchefia para Assuntos Jurídicos. Lei 13.140, de 26 de junho de 2015. **Diário Oficial [da] União**. Brasília, 2015. Disponível em: http://www.planalto.gov.br/ccivil_03/_ato2015-2018/2015/lei/l13140.htm. Acesso em: 04 jul. 2019.

BUSH, Robert; FOLGER, Joseph. **La promesa de mediación**. Buenos Aires: Granica, 2010.

GHISLENI, Ana Carolina; SPENGLER, Fabiana Marion. A mediação como instrumento de resolução de conflitos baseada na teoria da ação comunicativa de Habermas. **Pensar**, Fortaleza, v. 18, n. 1, p.47-71, jan./abr. 2013. Disponível em: https://periodicos.unifor.br/rpen/article/view/2449/pdf. Acesso em: 04 jul. 2019.

HABERMAS, Jürgen. **Para a reconstrução do materialismo histórico**. São Paulo: Brasiliense, 1983.

HABERMAS, Jürgen. **A teoria da ação comunicativa**: razão e racionalização da sociedade. Boston: Beacon Press, 1984. V. 1.

HABERMAS, Jürgen. **Teoria de la Acción Comunicativa**. Madrid: Taurus, 1988.

HABERMAS, Jürgen. Uma visão genealógica de teor cognitivo da moral. In: **A inclusão do outro**: estudos de teoria política. São Paulo: Loyola, 2002.

LIMA JR., Arnaldo Hossepian Salles; SCHULZE, Clenio Jair. Os números do CNJ sobre a judicialização da saúde em 2018. **Consultor Jurídico**, nov. 2018. Disponível em: https://www.conjur.com.br/2018-nov-10/opiniao-numeros-judicializacao-saude-2018 Acesso em: 19 jul. 2019.

MACHADO, Clara; Martini, MARTINI, Sandra Regina. Desjudicialização da saúde diálogos interinstitucionais e participação social: em busca de alternativas para o sistema. **Revista Estudos Institucionais**, v. 4, n. 2, p. 774-796, 2018. Disponível em: https://estudosinstitucionais.com/REI/article/view/190/281. Acesso em: 13 jul. 2019.

ROSENBERG. Marshall B. **Comunicação não violenta**: técnicas para aprimorar relacionamentos pessoais e profissionais. São Paulo: Ágora, 2006.

RESTA, Elígio. **O Direito Fraterno**. Santa Cruz do Sul: Edunisc, 2004.

RESTA, Eligio. **Diritto vivente**. Bari: Laterza, 2008.

SPENGLER, Fabiana Marion. Mediação: um retrospecto histórico, conceitual e teórico. In: **Mediação enquanto política pública**: a teoria, a prática e o projeto de lei. Santa Cruz do Sul: Edunisc, 2010. Disponível em: http://ead.tjrs.jus.br/navi_tjrs/agenda/pdf.php?%20COD_ARQUIVO=4309. Acesso em: 04 jul. 2019.

SPENGLER, Fabiana Marion. **Da jurisdição à mediação**: por uma outra cultura no tratamento de conflitos. 2. ed. Ijuí: Unijuí, 2016.

STURZA, Janaína Machado; ROCHA, Claudine Rodembusch. Direito e fraternidade: paradigmas para a construção de uma nova sociedade. CONGRESSO NACIONAL DO CONPEDI, 23. João Pessoa. **Anais**... João Pessoa, 2014. Disponível em: http://publicadireito.com.br/artigos/?cod=601c6bc71c748001. Acesso em: 04 jul. 2019.

STURZA, Janaína Machado, MARTINI, Sandra Regina. As dimensões da sociedade através da metateoria do direito fraterno: um espaço para a análise do direito à saúde. **Revista de Sociologia, Antropologia e Cultura Jurídica**, Curitiba, v. 2, n. 2, p. 990-1008, jul/dez. 2016. Disponível em: https://indexlaw.org/index.php/culturajuridica/issue/view/152. Acesso em: 23 abr. 2019.

VASCONCELOS, Carlos Eduardo. **Mediação de conflitos e práticas restaurativas**. 5. ed. rev. atual e ampl. Rio de Janeiro: Forense; São Paulo: Método, 2017.

VEZZULLA, Juan Carlos. **Mediação**: teoria e prática: guia para utilizadores e profissionais. Lisboa: Agora Publicações, 2001.

VIAL, Sandra Regina Martini. Direito fraterno na Sociedade Cosmopolita. **RIPE – Revista do Instituto de Pesquisas e Estudos**, Bauru, v. 1, n. 46, p. 119-134, jul./dez. 2006. Disponível em: https://core.ac.uk/download/pdf/79069559.pdf. Acesso em: 04 jul. 2019.

VIANNA, José Ricardo Alvarez. A ciência (pura) do direito em Hans Kelsen. **Revista do Direito Público**, Londrina, v. 11, n. 2, p.82-108, ago. 2016. Disponível em: http://www.uel.br/revistas/uel/index.php/direitopub/article/view/26963. Acesso em 19 jul. 2019.

WARAT, Luis Alberto. **Surfando na pororoca**: ofício do mediador. Florianopólis: Fundação Boiteux, 2004.

12. O Paradoxo da Judicialização das Relações Sociais na Sociedade de Informação: a Dificuldade do Diálogo na Sociedade da Democracia Informacional

Angélica Carlini

Introdução

Somos milhões de brasileiros e estrangeiros residentes no país conectados diariamente à rede mundial de computadores pelos mais diversos instrumentos, desde pequenos celulares que nos acompanham minuto a minuto até computadores, tabletes, televisões, relógios e outros mais que deverão aparecer nos próximos anos.

Estamos no tempo da IoT – Internet das Coisas, da IA – Inteligência Artificial, dos Learn Machins – Computadores que aprendem sozinhos e, tudo isso nos propicia ter acesso constante às informações que precisamos, de forma simples e usual e, dividir com os objetos as tarefas do cotidiano como pagar contas, fazer compras, enviar presentes entre outros.

A utopia era a de que em um mundo interconectado fossemos capazes de nos comunicar com muito mais facilidade, até porque é muito maior a capacidade de receber informações e adquirir conhecimentos necessários para solucionar problemas. O diálogo interpessoal em tempos de acesso constante à rede mundial está definitivamente facilitado pelos inúmeros meios de que dispomos, inclusive gratuitos e com capacidade para conectar diferentes pessoas em diferentes locais, ao mesmo tempo e até mesmo com imagens (Whatspp, Skype, entre outros).

As redes sociais se tornaram de acesso comum a todas as idades. Não são mais só espaços dos jovens fortalecidos pelo conhecimento tecnológico, são também o espaço dos mais velhos que migram para o mundo digital com cautela e dificuldade em alguns casos, mas, com a determinação necessária para aprender e conviver com essa nova possibilidade de contato com pessoas conhecidas e desconhecidas, espalhadas por todo o mundo.

O número de celulares aumentou de forma exponencial na maioria dos países do mundo e, não é exagero afirmar que no Brasil somos hoje, em números absolutos, uma comunidade de possuidores de telefones móveis significativamente maior que o número da população do país.

Há indícios, no entanto, de que toda essa facilidade de comunicação não tem correspondido a facilidade de compreensão, de entendimento e, principalmente, de construção de projetos comuns para as comunidades.

Episódios recentes relatados e conhecidos de todos ocorridos em especial durante o período da última campanha eleitoral para cargos executivos e legislativos no Brasil (2018), dão conta de comprovar que, de fato, temos vivido em uma sociedade com fortes traços de dificuldade de tolerância, de compreensão e, de alteridade.

Dados sobre o número de processos judiciais no Brasil também sinalizam que há evidente dificuldade de solução de conflitos ou, até mesmo, de delimitação de situações conflituosas que devam ser levadas ao judiciário e aquelas que poderiam ser solucionadas com o diálogo entre as partes.

Que reflexões podemos construir a partir do paradoxo da sociedade brasileira com numerosos mecanismos de comunicação e com notórias dificuldades de construir diálogos, soluções e principalmente, de prevenir situações de conflito?

Este trabalho pretende analisar o fenômeno do paradoxo da dificuldade do diálogo na sociedade informacional e, as consequências desse fenômeno especificamente no campo da judicialização, sem contudo nutrir a pretensão de esgotar o objeto de pesquisa dado aos limites decorrentes da natureza do trabalho.

Os estudos aqui apresentados são a continuidade da reflexão que teve início no programa de Doutorado em Direito Político e Econômico na Universidade Presbiteriana Mackenzie, concluído em 2012, cujos estudos versaram sobre judicialização da saúde pública no Brasil; e, os estudos realizados no pós-doutoramento no Programa de Pós-Doutorado da PUC do Rio Grande do Sul com estudos sobre a aplicação do fundamento republicano da dignidade da pessoa humana aos contratos de saúde suplementar. Em ambas as áreas da saúde, pública e privada, o fenômeno da judicialização se avulta e desperta a atenção.

Será judicializar a única forma de solucionar conflitos na sociedade de informação? As reflexões precisam se multiplicar se quisermos compreender e caminhar no sentido das mudanças que nos aproximem de outras formas de solução e de prevenção de conflitos.

1. Herança histórica autoritária no país que chama a "polícia" para resolver a política

Somos no Brasil uma sociedade de raízes profundamente autoritárias como afirma Lilia Moritz Schwarcz[1]. Ao organizar a forma de capitanias hereditárias para dar conta da grande extensão territorial que precisava ser ocupada, ao utilizar amplamente a mão de obra escrava para todas as atividades de produção e, ao cultivar a monarquia até os anos finais do século XIX, o Brasil admitiu a noção de que o proprietário de terras é dono de tudo e de todos, tem poder absoluto e, não precisa convencer pelo argumento apenas exercer seu poder e, se necessário, utilizar a violência.

Dono da vida de seus escravos, dono da vida das mulheres de sua família pelo exercício do poder patriarcal reconhecido pela Coroa e pela Igreja, dono de seus filhos homens para destiná-los aos negócios, à religião ou a outras funções de mando, o senhor de terras era também o detentor do poder político e o único legitimado a solucionar os problemas de sua comunidade com dinheiro, poder ou violência.

Somos um país que tem em sua herança cultural a figura de um *coronel,* vigoroso na obra de ficção de tantos autores consagrados, mas, também na realidade pura e nua da vida política e da construção do Estado e da República em que até hoje vivemos.

Como grupo social organizado cultivamos durante muitos anos acentuado gosto por poderes centralizados, seja aqueles decorrentes da influência da política econômica – cafeeira ou leiteira -, na chamada República Velha; seja aqueles decorrentes de políticos que se consagraram pelo carisma pessoal aliado com o vigor para o exercício do poder, inclusive ditatorial, como foi o caso de Getúlio Vargas. A par disso, a história política brasileira é entremeada de momentos em que os militares intervieram ou, ameaçaram intervir, sempre com apoio de substancial parcela da sociedade para que a "baderna" ou, os conflitos, fossem solucionados.

[1] SCHWARTZ, Lilia Moritz. *Sobre o Autoritarismo no Brasil.* S.Paulo: Cia das Letras, 2019.

Fosse este um trabalho de história social e política do Brasil e teríamos que obrigatoriamente analisar o movimento tenentista, a Coluna Prestes e tantas outras expressões de exercício do poder político com apoio da força militar, apoio de parte da sociedade civil e, quando não, a própria força militar liderando os debates políticos de parte da história recente do Brasil.

Vivemos no país períodos alongados de regimes de exceção mais precisamente de 1937 a 1947, com o Estado Novo de Getúlio Vargas e, de 1964 a 1985 com a ditadura militar. Longos 31 anos de exercício do poder político pela ameaça ou pelo uso da força, sem eleições, sem debates políticos institucionais, sem exercício democrático do diálogo ou de manifestações populares. Períodos que só não foram de completo silêncio e opressão em razão da resistência de grupos organizados e, de representações artísticas e culturais de crítica que sempre encontraram meios de sobreviver à violência e a opressão.

Disso tudo resulta um país que se reencontra com a democracia em 1985, elege a assembleia nacional constituinte de 1986, constrói nova Constituição Federal em 1988 e, finalmente, em 1989, vota para eleger o presidente da república pelo voto direto.

Mais recentemente, diante da comprovação de práticas de corrupção e de desvio de dinheiro público em quantidade muito significativa, a revolta da sociedade civil se manifestou nas ruas pedindo em alguns casos a volta de regimes de força que carregam o ideário de "colocar em ordem a baderna", de "arrumar a bagunça provocada pelos políticos", como se políticos se instalassem no poder por vontade própria e não fossem eleitos pelo mesmo povo que diante da frustração pretende não apenas substituí-los mas, também, chamar as forças armadas para prendê-los e ocupar os espaços de liderança política.

Não se pode negar, portanto, que a herança das práticas autoritárias está presente no ideário da sociedade brasileira que, diante das dificuldades econômicas, políticas e sociais parece preferir chamar "a força" do que debater exaustivamente os argumentos defendidos pelos diferentes grupos organizados, partidos ou forças políticas que existem e se manifestam.

Essa longa vivência no autoritarismo pode estar na raiz da dificuldade que a sociedade contemporânea brasileira possui para o diálogo e, consequentemente, a preferência pela judicialização e, em especial, para a dificuldade de dialogar com argumentos contrapostos sem que seja necessário utilizar da agressividade ou, da ruptura como formas de expressão de posições políticas.

O primeiro paradoxo, portanto, é o de uma sociedade que trabalhou intensamente para reconquistar as práticas democráticas, preferir retornar a modelos de força porque não consegue dialogar, argumentar ou, decidir de forma coletiva. É preciso sempre chamar alguém com "poder" para solucionar os pontos conflitantes e ignorar as possibilidades de solução ajustada, construída a partir do diálogo.

Uma sociedade que quer ser livre para se expressar, que deseja consumir todas as informações e conteúdos disponíveis em redes informacionais e que, ao mesmo tempo, não exerce o diálogo e diante de crises estruturais, outorga ao poder institucional a solução. Chama a "polícia" quando o debate se torna mais acirrado em torno de ideias díspares. Procura novamente a força do "coronel" para solucionar conflitos que são de ordem social e que somente pela composição de ideias e argumentos poderão ser solucionados.

2. Judicialização de conflitos: o juiz como fonte de decisões em uma sociedade que não quer dialogar

A juíza Andrea Pachá em sua experiência na vara da família, no Estado do Rio de Janeiro, foi instada a decidir um conflito entre um casal separado que ingressou com demanda processual para que o poder judiciário decidisse em qual escola o filho do casal deveria estudar. Os pais não chegavam a nenhum acordo sobre a escola, tinham opiniões diferentes sobre a melhor instituição para o filho e, acreditando que o conflito não poderia ser solucionado com o exercício do diálogo, levaram a decisão para o judiciário. Sobre esse caso específico, Andrea Pacha[2] escreve:

> "(...) Aquele caso era apenas um de uma série de conflitos similares que começaram a brotar na minha mesa, recentemente.
>
> Incapazes de conversar, discutir, fazer escolhas, as pessoas procuravam a justiça como substitutas da sua autoridade, numa verdadeira terceirização de suas obrigações.
>
> O cenário de uma sociedade infantilizada, sem capacidade para lidar com frustrações e contrariedades, sem autonomia para exercer a autoridade e impor limites, começara a se desenhar com frequência nos diversos processos que chegavam dia a dia.

[2] Pachá, Andréa. *A Vida Não é Justa. Encontros e desencontros, tragédias e comédias das histórias da Vara da Família recontadas com emoção e humor pela juíza.* R.de Janeiro: Agir, 2012, p. 82.

> O mais paradoxal era notar que aquelas mesmas pessoas repudiavam qualquer interferência em outras esferas, nas quais se julgavam competentes: achavam um absurdo se submeterem ao teste de bafômetro, consideravam uma ofensa um filho adolescente não poder frequentar uma casa noturna sem o responsável, ameaçavam processar a escola quando o rebento era repreendido na frente da turma por um comportamento inadequado, tentavam corromper o policial quando o filho era flagrado com um baseado ou dirigindo sem carteira.
>
> Queriam o Estado apenas quando escolhiam a oportunidade.

A situação é corriqueira no judiciário brasileiro. São milhões de demandas judiciais para solucionar conflitos de consumo, de contratos de longa duração como de serviços de saúde suplementar, telefonia celular móvel, televisão fechada, academias ou cursos; prestação de serviços bancários ou financeiros, em especial dos superendividados que não conseguem pagar seus débitos sem colocar em risco o mínimo necessário para sua dignidade; conflitos de família, de propriedade, separações de casais, pagamento de valores cobrados pelo poder público, entre tantos outros.

Todos esses conflitos são levados diariamente ao poder judiciário brasileiro que, evidentemente não dá conta de solucioná-los em pouco tempo e, ao deixá-los sem solução em prazo justo utilizam a pior prática que é a de colocar em suspenso a vida de milhões de pessoas que não sabem o que lhes acontecerá, porque dependem da solução judicial do conflito para prosseguir em suas vidas.

Também é preciso acrescentar ao volume de conflitos judicializados aqueles decorrentes de contratos e acidentes de trabalho, que ainda são destaque no número final da judicialização da vida brasileira contemporânea.

Nos últimos, a agenda dos juristas colocou temas como conciliação, mediação e arbitragem como prioritários para a solução de conflitos. Rios de tinta foram gastos para compreender o potencial da conciliação e da mediação para a solução de problemas mais comuns da vida cotidiana e, a arbitragem como ferramenta de solução dos casos tecnicamente mais complexos. Há consenso entre os juristas brasileiro de que mediação e conciliação se aplicam preferencialmente aos conflitos oriundos de relações de consumo e, a arbitragem para casos entre iguais e que necessitem de comprovação técnica e/ou documental para sua solução.

Aplicar a mediação ou a conciliação a situações de conflito familiar também originou grande produção intelectual pelos estudiosos de direito e, na esteira desses debates, surgiram os estudos sobre tribunais multiportas, uso da constelação familiar para solução de conflitos jurídicos e muitas outras experiências e teorias que precisam ser analisadas continuamente, tendo a realidade da vida como pano de fundo para que o direito não se desprenda daquilo que é efetivamente sua razão de existir, a realidade da vida cotidiana da pessoa humana que ele pretende proteger de forma concreta.

Nenhum desses mecanismos, no entanto, previne conflitos. Nenhum desses sistemas de solução de conflitos tem por objetivo capacitar o cidadão para o democrático exercício do diálogo ou, para o exercício da alteridade como competência social de analisar as razões a partir do viés do outro, daquele com o qual se dialoga e que possui ponto de vista diferente do nosso.

A Constituição Federal do Brasil possui amplo rol de direitos sociais prestacionais como saúde, educação, segurança, moradia, lazer, trabalho, assistência social, previdência social, que ao lado dos direitos fundamentais individuais e coletivos, garantem que o Estado viabilizará a vida com qualidade necessária para a garantia da dignidade humana. Para além da retórica e da previsão constitucional, a realidade tem sido pródiga em comprovar que efetivamos poucos direitos fundamentais e sociais e, que não raro, o acesso ao poder judiciário para conseguir garantir direitos é feito de forma individual e com profundo sentido egoístico.

Ao protocolar a petição inicial contendo um pedido a ser concretizado por sentença judicial, o cidadão não pretende que o sistema estatal que deve garantir direitos fundamentais e sociais prestacionais seja aprimorado ou, minimamente, mais eficiente. Ao contrário, esse debate sequer faz parte da argumentação elencada pelo intermediário legalmente habilitado, o advogado, para obter aquilo que seu representado necessita. O que o cidadão comum deseja quando ingressa no judiciário é concretização individualizada do direito social constitucional, ou seja, a vaga para que o filho possa ficar na creche enquanto ele trabalha; o leito no hospital para que a genitora possa ser operada; o medicamento que não foi encontrado no dispensário público. No plano das ações judiciais entre particulares o que o cidadão deseja é que o estado-juiz garanta a tranquilidade ameaçada pelo barulho do vizinho; a possibilidade de rescindir o contrato que a telefonia celular móvel só aceita desfazer com o pagamento de multa;

viabilizar o pagamento em parcelas do débito contraído junto a instituição bancária que cobra inúmeros valores nem sempre compreensíveis.

Todos são pedidos de caráter individualista que podem ser justos ou não, mas, que têm essa característica essencial: não pretendem mudar a forma como as relações se concretizam na sociedade, apenas pretendem corrigir aquela suposta falha de percurso que resultou no conflito naquele caso concreto.

Com histórico comprovado de serviços de péssima qualidade no âmbito dos direitos sociais prestacionais, o Estado brasileiro precisa de mecanismos mais eficientes para que os valores arrecadados sejam utilizados de forma racional, diligente, planejada e controlada. Esse papel é constitucionalmente exercido pelo legislativo e executivo municipal, estadual e federal e, deve ser acompanhado e fiscalizado pelos cidadãos, que são os maiores interessados em que os sistemas prestacionais funcionem de forma eficiente.

A experiência histórica acumulada já identificou que é preciso mais que isso para que uma sociedade seja democrática e politicamente organizada. É preciso que os cidadãos participem sistematicamente das decisões coletivas e não apenas daquelas de caráter individual, em especial que dialoguem sobre as prioridades para utilização do dinheiro público. Construir hospitais ou incrementar a atenção primária à saúde? Construir universidades ou ampliar a capilaridade do ensino fundamental? Asfaltar vias de acesso a bairros periféricos ou instalar primeiramente sistema de captação de esgotos? Essas são decisões de interesse social que devem ser amplamente discutidas por cidadãos e seus representantes escolhidos legitimamente pelo voto.

Como tem sido a participação dos cidadãos e cidadãs brasileiros na escolha política das prioridades e, consequentemente, na organização da sociedade?

A expressão da cidadania no Brasil tem sido exclusivamente o exercício do voto para escolha de legislativo e executivo dos três níveis – municipal, estadual e federal -, outras formas de participação no debate político e nas escolhas próprias da organização social têm ocorrido de forma muito modesta, quase sempre limitada a participação em partidos políticos, conselhos municipais ou, ainda, em organizações não-governamentais (associações e fundações de direito privado), com especificidades nos temas de atuação (proteção dos animais, dos idosos, de portadores de deficiência, de autistas, de cadeirantes, entre outros).

A fragmentação dos motivos que estimulam a participação social é intensa. Exemplo didático é a luta pelos direitos dos cidadãos que se identificam como LGBT que na atualidade, se encontram reunidos em torno da sigla LGBTQI+ – Lésbicas, Gays, Bissexuais, Transgêneros, Queer, Intersexuais e outros mais. No entanto, já existem aqueles que defendem que a sigla correta deve ser LGBTQQIAAACPPF2K, ou seja, devem ser garantidos os espaços para assexuados, simpatizantes, sem gênero, curiosos, pansexuaix, polissexuais, familiares, "dois espíritos" e kinks.

Se isso parece exagero para muitos é adequado para aqueles que estudam questões de gênero, porque quanto melhor estiverem identificados os diversos gêneros, mais fácil será compreender o fenômeno e garantir a cada um os direitos inerentes ao gênero escolhido para ser vivenciado.

A diversidade, a fragmentação, são características próprias das sociedades contemporâneas e, a rigor, não se constituem em dificuldade para nenhuma das áreas do conhecimento, sobretudo para o Direito. A dificuldade do Direito é outra e bastante complexa: como garantir poder social para todos os atores de tal modo que compreendam quais os direitos que possuem, que esses direitos não são absolutos e, que essa informação/conhecimento deve orientar as pessoas para que evitem os conflitos sociais e não para que os deflagrem?

3. O poder social pelo Direito e a solução dos conflitos pelo diálogo

A estrutura jurídica de uma sociedade política organizada é construída para regular o fato concreto. Mas o fato ocorre antes da regulação jurídica o que torna o Direito uma ciência social que só tem aplicabilidade após o conhecimento do caso concreto, de seus contornos e peculiaridades. Assim, a legalização do divórcio somente ocorreu depois que muitos casais já haviam decidido viver com outros companheiros e companheiras, após haverem se separado daqueles com os quais haviam se casado civilmente. Da mesma forma, muitos casais do mesmo gênero optaram por partilhar afeto e bens materiais e, somente muito tempo depois, o Direito autorizou a união estável de pessoas do mesmo gênero.

A vida real acontece sem o Direito. E o Direito pode tudo, menos modificar a realidade! Pode organizar, ajustar, regular, direcionar, mas não pode mudar a realidade. Ela continuará acontecendo e o Direito virá sempre depois, para regular o que já existe e já se pratica no âmbito das relações sociais.

Se a história comprova que essa é uma verdade inerente ao Direito, é preciso pesquisar o quanto o Direito esteja contribuindo na sociedade de informação para que as pessoas se apoderem de conhecimento jurídico e compreendam a partir desse conhecimento, que não possuem direitos absolutos e sim relativos porque vivem em sociedade e, que possuem deveres decorrentes do fato de que vivem em sociedade e não podem pretender possuir direitos sem a contrapartida de deveres.

Alguns deveres são legais e se não forem cumpridos resultarão na aplicação de sanções pelo Estado. Outros deveres são sociais e sua compreensão decorre do conhecimento adquirido na vida prática e, no acúmulo de informações que é possível obter na atualidade nas redes sociais, páginas da rede mundial de computadores, troca de mensagens pelos diversos aplicativos existentes para isso.

Assim, a correta noção de público e privado; a convicção de que o público pertence a todos e deve ser protegido e respeitado porque, do contrário, todos os contribuintes serão instados a custear a manutenção do bem público utilizado indevidamente ou, de forma predatória; o respeito ao fato de que nossos direitos não podem ser exercidos em excesso e que excesso significa causar problemas para os outros, que convivem na mesma sociedade; todos esses aportes culturais e intelectuais deveriam ser próprios aos cidadãos de sociedades política e democraticamente organizadas, em particular na atualidade quando as informações circulam com velocidade e em enorme quantidade.

O Direito deveria ser emancipador no sentido de que seu conhecimento pudesse permitir a cada pessoa compreender melhor seu papel social, de forma a exercê-lo com plenitude de direitos e deveres? Essa indagação que pode parecer ingênua para alguns é pertinente na sociedade contemporânea, de fragmentação de direitos e de uso intensivo de informações.

O Direito fragmentado é um sinal vigoroso de que as pessoas possuem maiores informações e conhecimento, ampliam suas possibilidades de autodeterminação pessoal e social e querem ser respeitadas nos mínimos direitos que possuem. Veganos, transgêneros, adeptos de mobilidade urbana pelo uso de bicicletas, todos desejam ter seus direitos respeitados e exercê-los o mais amplamente possível e, na mesma medida, devem conhecer seus deveres sociais e cumpri-los tão rigorosamente quando exigem seus direitos.

Não é, no entanto, o que se percebe na sociedade que vivemos. Estamos juridicamente organizados, temos direitos e deveres, inundados por informações verdadeiras ou falsas, mas, também, com instrumentos para aferir a veracidade das informações e nos apropriarmos somente com aquelas que sejam comprovadamente verídicas. Apesar disso, somos uma sociedade que não compreende limites para seus direitos e se vê às voltas com conflitos que deveriam ser solucionados pelos próprios atores sociais, sem a necessidade de intermediação do Estado, seja pela mediação, conciliação, arbitragem ou processo judicial.

O fornecedor de produtos e serviços tem que possuir mecanismos para solução de conflitos e, pessoal capacitado para esse trabalho, sem que seja necessário que o consumidor utilize Estado para garantir seus direitos; casais em conflito devem buscar informações para construir as melhores soluções para sua separação, em especial para garantia do bem-estar de seus filhos; vizinhos em conflitos precisam dialogar e encontrar soluções viáveis para que não seja preciso depender de um terceiro para ditar as regras de comportamento aceitável em casos de som alto, barulho excessivo, ocupação de vagas de garagem.

A sociedade que se apropria de informações de forma contínua e, amplia sua capacidade de sujeito de direitos deve, da mesma forma, utilizar essas informações para respeitar direitos alheios, responsabilizar-se pelo cumprimento de deveres e assumir o protagonismo na solução de conflitos.

O Estado não pode ser o único responsável pela solução de conflitos até porque, se não forem solucionados com participação ativa das partes será sempre solução que se pode questionar, lamentar e interpretar como pouco justa. As soluções mais justas e, por isso mesmo, menos questionadas, são aquelas construídas pelos atores sociais empenhados em resolver e que buscam o resultado porque estão cientes de que são os melhores pares para encontrar a melhor solução. O campo dos negócios empresariais tem vasta experiência acumulada na construção de soluções entre pares que, não raro, se tornam paradigmáticas para outros negócios em decorrência do alto grau de eficiência encontrado.

Sociedade informada e com novos direitos conhecidos e apropriados é uma face importante da moeda. A outra face, no entanto, merece reflexão e pesquisa: viabilizar que os atores sociais se apropriem de informações sobre seus deveres sociais e, nessa medida, se tornem protagonistas da solução de conflitos.

Conclusões

A sociedade brasileira contemporânea vive momentos diferentes de todos os demais já vividos ao longo da história. As transformações decorrentes de uma sociedade de informação que compartilha dados a todo momento, que possui inúmeros locais de busca de informações e conhecimento, que democratiza o acesso à informação a partir de um *smartphone* acessível a grande parte da população brasileira, que recebe informações de formas muito diversas e constante ao longo do dia, são transformações que precisam ser analisadas e estudadas por todos os ramos do conhecimento, em especial pelo Direito.

O Direito brasileiro constitucional garantiu a todos os brasileiros e estrangeiros residentes no país um vasto rol de direitos fundamentais, individuais e coletivos; e, de direitos sociais prestacionais, que devem ser concretizados pelo Estado. Assim, do direito à livre manifestação do pensamento ao direito à saúde, brasileiros e estrangeiros residentes no país se encontram amplamente protegidos e, podem ser protagonistas da tarefa de exigir a concretização desses direitos.

O fenômeno da judicialização que o Brasil vive já há muitos anos, vinte no mínimo, aponta que estamos preparados para a defesa individual de direitos, mas, pouco maduros política e socialmente para a defesa coletiva. Substituímos o diálogo pela sentença judicial e, isso não fez o Estado mais eficiente na concretização de direitos sociais prestacionais. Judicializamos muito e continuamos com péssimos serviços de saúde, segurança e educação, entre outros.

No plano dos direitos privados a judicialização não é menor. É muito amplo o número de processos judiciais que têm por objetivo a solução de conflitos de família, de consumo ou de relações de trabalho, propriedade e vizinhança. Somos detentores de direito, mas não somos protagonistas de soluções.

A sociedade brasileira contemporânea tem acesso a informações, pode ter acesso a conhecimento, amplia suas possibilidades de identificação de novos direitos em muitas áreas das relações sociais, porém não assume o protagonismo na solução de conflitos remetendo-os para a solução do Estado.

É paradoxal que os sujeitos sociais mais empoderados com informações e direitos não sejam, na mesma medida, os detentores da capacidade social de atuar para evitar e solucionar conflitos de forma a que a solução construída em conjunto seja eficiente e satisfatória.

O Direito pode ser emancipador e, no entanto, os atores sociais contemporâneos têm evitado permitir que isso aconteça. Na sociedade de informações do século XXI as soluções de conflitos ainda atendem a requisitos e práticas do século XVIII.

Paradoxo de nosso tempo? Ou, comprovação de que a construção da cidadania também exige um novo sujeito, que rompa as limitações do espaço e dos desejos privados para se construir como cidadão social e historicamente responsável pela sociedade livre, justa e solidária que todos almejamos?

Novos estudos, pesquisas e reflexões precisam ter por objeto esse paradoxo para que possamos avançar na emancipação política e social.

Referências

PACHÁ, Andréa. *A Vida Não é Justa. Encontros e desencontros, tragédias e comédias das histórias da Vara da Família recontadas com emoção e humor pela juíza.* R.de Janeiro: Agir, 2012.

SCHWARTZ, Lilia Moritz. *Sobre o Autoritarismo no Brasil.* S.Paulo: Cia das Letras, 2019.

13. Até quando Esperar? O *hactivismo* como ferramenta para a tutela de vulnerabilidades na sociedade de consumo

Jorge Acosta Junior
Marcos Catalan

> Com tanta riqueza por aí,
> onde é que está, cadê sua fração?
> Até quando esperar?
> A plebe ajoelhar esperando a ajuda de Deus.
> Até quando esperar?
> A plebe ajoelhar esperando a ajuda do divino Deus.
> *Plebe Rude.*

Introdução

As linhas adiante cosidas buscam refletir sobre um tema que ao transbordar a necessária proteção normativa dos consumidores no Brasil se espraia através do quadro político-jurídico hodierno e, ainda, de algumas de suas relações mais intimas com a Sociedade. Nascidas no movimento de teares alimentados pela perspectiva social do Direito, as linhas grafadas neste opúsculo emergem entremeio à historicidade que carrega consigo algum nível de pré-compreensão acerca das possíveis intersecções entre o hacktivismo e a tutela de vulnerabilidades na Sociedade de Consumo. Elas também almejam antecipar parte das transformações sociais, político-ideológicas e tecnológicas gestadas no território brasileiro, em especial, no que toca à vigência do Direito oficial que lhe configura e é por elas configurado.

Também por isso, vale advertir que este estudo – de cunho socio jurídico – tem por lastro teorias sociais de base[1] que permitem que a crítica aqui proposta seja marcada pela *policentricidade*: fenômeno explicitado no enfrentamento da ordem jurídica piramidal e do positivismo estatal gestados na Modernidade que legitima a contestação, pela sociedade civil, do controle que lhe é imposto por meio do direito oficial[2].

Como é possível intuir, a referida perspectiva epistêmica permite melhor compreender a complexidade impregnada ao direito do consumidor enquanto fenômeno e ferramenta a ser utilizada para mediar, também, a necessidade – talvez, a imperiosidade – do acesso humano às Tecnologias da Informação e Comunicação (TICs) e exige, obviamente, ter em mente o necessário descarte da crença transformada em certeza pelo *senso comum* no que toca à soberania estatal e as suas relações recíprocas com o Direito: a *monocentricidade* – metodológica e, portanto, propositalmente descartada – permite perceber o caráter *plural* e *internormativo* das fontes jurídicas, principalmente, quando colisões discursivas que almejam *dizer o direito*[3] são tão difundidas nos fluxos informacionais que dão vida e movimento às novas formas de poder estruturadas a partir de uma perspectiva radial e não mais radicular.

E não se descarta o apelo à transdisciplinaridade como instrumento da teoria crítica, por permitir desempenhar o papel de prospectar, pedagogicamente, novas epistemologias que permitam lidar com as contradições do paradigma Moderno e, mais pontualmente, com a influência da expansão material do capitalismo, bem como, com a centralidade da moderna cultura liberal-burguesa na formatação de dois importantes paradigmas

[1] Ver: CASTELLS, Manuel. *Comunicación y poder.* Madrid: Alianza editorial. 2009. Para uma perspectiva voltada aos movimentos sociais: SIERRA-CABALLERO, Francisco. Ciberactivismo y movimientos sociales. El espacio público oposicional en la tecnopolítica contemporánea. *Revista Latina de Comunicación Social*, n. 73, p. 980-990, 2018. Acerca da soberania tecnológica: SIERRA, Bernardo González. Criptopunks and Latin America: from technological sovereignty to the era of the leaks. *Teknokultura*, v. 12, n. 3, p. 549-576, 2015. De uma perspectiva voltada para os limites dos direitos humanos na era da cibercultura global: ACOSTA JUNIOR, Jorge. O paradoxo dos direitos humanos: cibercultura, wikileaks e o controle sistêmico hegemônico. *Revista Conversas e Controvérsias*, v. 4, n. 2, p. 42-61, ago./dez. 2017.

[2] ARNAUD, André-Jean. *O direito entre modernidade e globalização*: lições de filosofia do direito e do estado. Trad. Patrice Charles Wuillaume. Rio de Janeiro: Renovar, 1999. p. 212-213.

[3] ARNAUD, André-Jean. *Governar sem fronteiras: entre a globalização e pós-globalização*: crítica da razão jurídica. Rio de Janeiro: Editora Lumen Juris, 2007, v. 2. p. 184-185.

hegemônicos: o racionalismo metafísico-natural intimamente atado ao jusnaturalismo e o racionalismo lógico-instrumental que dá vida ao positivismo jurídico)[4].

Aliás, aqui considerado o atual estágio de hegemonia neoliberal e a tendencial colonização da vida pelo Mercado, a *sociologia jurídica crítica do consumidor*[5] reveste-se de especial importância ao enfocar a *emancipação* e os desdobramentos prático-teóricos que possam ser produzidos no rompimento das instâncias jurídicas solidificadas e no fomento a outros modos de ver e dizer o Direito.

A seu turno, forjada no complexo imbricamento havido entre a sociedade da informação e as muitas formas de consumo que ela propõe, a cultura *hacktivista*, desde sua origem, busca antagonizar as estruturas de poder e fomentar o mais amplo acesso à Internet e, com isso, a experimentação da mais plena liberdade de informação e de expressão.

A intervenção da cultura *hacker*, portanto, emerge como estratégia *contra-hegemônica* que busca escancarar as contradições da cultura jurídica *monocêntrica*, pois, quando ameaçado, em muitos cenários, somente restará aos consumidores procurarem proteção em condutas desveladas no ativismo social – função simbólica do Direito –, em especial, quando se tem como premissa que a própria semântica de *consumidor* pode ser pensada como uma força social desafiadora, alternativa e insurgente às condições do capitalismo periférico brasileiro.

1. A privatização da telefonia no Brasil: aspectos relevantes

A característica informacional da sociedade reflete as circunstâncias sociais, políticas e jurídicas da produtividade e competitividade das novas unidades e (ou) agentes na economia em redes, também dependentes das redes do capitalismo global. O traço distintivo do *global* corresponde às particularidades das atividades produtivas, consumo e circulação e riquezas, juntamente com os demais elementos que compõem a referida atividade: o capital, o trabalho, a matéria-prima, a administração, a informação, a tecnologia e os mercados.

[4] WOLKMER, Antonio Carlos. *Teoría crítica del derecho desde américa latina*. Trad. Alejandro Rosillo Martínez. México: Akal/Inter Pares, 2017. p. 14-23.

[5] ACOSTA JUNIOR, Jorge. Para uma sociologia jurídica crítica do consumidor. *Revista de Direito do Consumidor*, a. 26, v. 113, p. 251-268, set./out. 2017.

A *rede*, por sua vez, denota as novas condições históricas de interação, principalmente, no âmbito da prática empresarial[6] e, sob a influência da forma *informacional*, orienta o fluxo dos processos de socialização e civilidade[7] e as suas relações com *um tempo e espaço comunicacionais* deveras distintos do tempo e espaço impregnados à Modernidade.

Por isso, o que se destaca na atual revolução tecnológica, não é a *centralidade* de conhecimentos ou informação, e sim, a capacidade da utilização de ambos para a geração de conhecimento e de dispositivos de processamento e comunicação da informação, retroalimentando um processo que parece fadado ao *eterno retorno.*

Cabe salientar, ainda, a aptidão desse sistema tecnológico informado por lógica própria – por transformar todas as informações em um sistema comum de informações – para processar os dados com os quais é alimentado de forma cada vez mais veloz, maior e com custo cada vez menor em uma rede de distribuição e recuperação com potencialidade ubíqua[8].

Indubitavelmente imersa nesse circuito global, a instalação das vias informacionais no Brasil dependeu das estruturas socioeconômicas do chamado setor das *telecomunicações* e, evidentemente, foi marcada por um sem número de desdobramentos político-jurídicos desnudados aqui em seus momentos mais relevantes.

No final da década de noventa, no Brasil, o acesso à Internet se tornou parte do setor das telecomunicações. O modelo objetivava obter a universalização do acesso às telecomunicações por intermédio do mercado concorrencial e competitivo de concessionárias que, também, seriam responsáveis pelo desenvolvimento industrial e tecnológico do setor.

A expectativa da sociedade brasileira crédula nas promessas do governo Fernando Henrique Cardoso foi frustrada: a generalização do serviço deixava a desejar e a política governamental optou por atender os lobistas financeiros e utilizar a mídia para manter a boa aparência do projeto[9].

[6] CASTELLS, Manuel. *A sociedade em rede.* 8. ed. Trad. Roneide Venancio Majer. São Paulo: Paz e Terra, 2005, v. 1. p. 119.

[7] ACOSTA JUNIOR, Jorge; KNEBEL, Norberto Milton Paiva. Smart cities no atual estágio da cidade-empresa: perspectivas tecnopolíticas para o direito à cidade. *Revista de Direito Urbanístico, Cidade e Alteridade*, v. 4, n. 2, p. 1-15, 2018.

[8] CASTELLS, Manuel. *A sociedade em rede.* 8. ed. Trad. Roneide Venancio Majer. São Paulo: Paz e Terra, 2005, v. 1. p. 69.

[9] DANTAS, Marcos. *A lógica do capital-informação*: a fragmentação dos monopólios e a monopolização dos fragmentos num mundo de comunicações globais. 2. ed. Rio de Janeiro: Contratempo, 2002. p. 11-13.

Monica Piccolo Almeida observa que o projeto de privatização brasileiro se sustentou num discurso extremamente frágil que aludia à crise das estatais enquanto fruto da inoperância administrativa e incompetência burocrática, mesmo quando o quadro de crise das estatais nos anos oitenta havia se consolidado por conta das diretrizes políticas e econômicas adotadas e que utilizavam as estatais como captadoras de crédito externo e, assim, como mecanismo de contenção da inflação[10].

É preciso perceber que a privatização é fruto de um projeto histórico que ladeia o comando político-econômico do Brasil. A crise para a sua implementação foi criada pelo próprio sistema político, responsável por promover a fragmentação das estatais existentes e sua entrega da estrutura e responsabilidade pelas telecomunicações ao setor privado[11].

Aliás, apenas um país no mundo possuía um modelo tão radicalmente privado como esse: o Estados Unidos da América. O modelo norte-americano é exceção em relação aos outros países no mundo e possui condições econômicas e sociais completamente diferentes do Brasil e, embora houvesse a possibilidade de coexistência de um mercado aberto e uma grande operadora nacional, a Telebrás foi liquidada, fatiada e entregue às transnacionais.

Marcos Dantas atribui esta ação à necessidade de o presidente Fernando Henrique Cardoso sustentar a moeda criada em seu governo. A Telebrás, se vendida na sua totalidade, alcançaria preço impraticável mesmo para as maiores companhias telefônicas globais. Estimava-se de US$ 13 bilhões a US$ 30 bilhões. Assim, a divisão da referida estatal emergira como pressuposto inafastável para a sua venda[12].

O primeiro passo foi em 1995 com a alteração da Constituição Federal de 1988, com a Emenda Constitucional nº 8, que retirou o monopólio das telecomunicações do Estado. Em 1996 a Lei 9.295/96, a "Lei mínima

[10] ALMEIDA, Monica Piccolo. *Reformas neoliberais no Brasil*: a privatização nos governos Fernando Collor e Fernando Henrique Cardoso. Rio de Janeiro. Tese (Doutorado) Universidade Federal Fluminense, Instituto de Ciências Humanas e Filosofia. Departamento de História, 2010. p. 350-351.

[11] DANTAS, Marcos. *A lógica do capital-informação*: a fragmentação dos monopólios e a monopolização dos fragmentos num mundo de comunicações globais. 2. ed. Rio de Janeiro: Contratempo, 2002. p. 35.

[12] DANTAS, Marcos. *A lógica do capital-informação*: a fragmentação dos monopólios e a monopolização dos fragmentos num mundo de comunicações globais. 2. ed. Rio de Janeiro: Contratempo, 2002. p. 36-37.

de Telefonia Celular" regulamentou de forma breve a organização e os serviços no setor das telecomunicações. Essa lei estabeleceu a forma que se daria a competição no mercado de telefonia celular, assim, logo após a sua aprovação, iniciou-se, por parte do Ministério das Comunicações os procedimentos para que tais grupos econômicos operassem na telefonia celular[13]. Durante o processo de abertura do mercado das telecomunicações foi editada a Lei Geral das Telecomunicações (Lei nº 9.472 de 1997). Além de regulamentar o mercado e atualizar as disposições sobre as telecomunicações, foi criada a Agência Nacional de Telecomunicações – Anatel.

O que irá se suceder no Brasil a partir de então é a consolidação de uma formação hegemônica no setor das telecomunicações. Em 1997, a Lei das Telecomunicações tornou possível a privatização do setor. No dia 29 de julho de 1998 o governo federal vendeu as 12 *holdings* em leilões consecutivos na Bolsa de Valores do Rio de Janeiro, três delas de telefonia fixa, uma de longa distância e oito de telefonia celular.

A Telecomunicações Brasileiras S. A. (TELEBRÁS) foi reorganizada e consolidada em apenas quatro empresas[14] de serviços fixos: (1) Empresa Brasileira de Telecomunicações (EMBRATEL); (2) Telecomunicações de São Paulo (TELESP) (concessionária do estado de São Paulo, futura Telefônica); (3) a Tele Norte Leste (conjunto de concessionárias na região norte e leste do país); (4) Tele Centro Sul (concessionárias da região centro oeste e sul). Além de mais 10 empresas de serviços móveis, separadas das empresas fixas, simultaneamente, integraram o processo quando da comercialização de 10 novas licenças para a prestação de tais serviços. Após a privatização, acabaram consolidadas em quatro grandes grupos: Vivo/Telefônica, Claro, Oi e TIM[15].

O estudo de Pachi Filho sobre os sentidos atribuídos à Lei Geral das Telecomunicações no discurso incorporado pelos jornais brasileiros é cate-

[13] COSTA, Vilson Aparecido da. *Privatização e reestruturação das telecomunicações no Brasil e seus impactos sobre a criação e destruição do emprego.* Ribeirão Preto. Dissertação (Mestrado) Faculdade de Economia, Administração e Contabilidade de Ribeirão Preto da Universidade de São Paulo, 2008. p. 23-24.

[14] O ente deve ser tratado como *sociedade empresária*. A dogmática jurídica significa *empresa* como atividade, como movimento, portanto. No texto optamos pela linguagem coloquial no que toca a esse aspecto.

[15] PEREIRA, Marcelo de Carvalho. *O setor de internet no Brasil*: uma análise da competição no mercado de acesso. Rio de Janeiro: Banco Nacional de Desenvolvimento Econômico e Social, 2014. p. 80.

górico e pode auxiliar a descrever o processo de infiltração e estabilização hegemônica. Ao utilizar os princípios teóricos-metodológicos da Análise de Discurso para investigar a "Lei da Privatização" – como chamada pelos jornais –, o autor conclui que houve um deslocamento das redes de memórias pela formação discursiva. A mídia tornou legítima a privatização do setor das comunicações ao enunciar um movimento que não pode ser dissociado de sua dimensão política e (ou) econômica ao tratá-lo como algo puramente técnico, descrevendo o funcionamento da lei de modo a saturar os sentidos a ela atribuídos[16].

O domínio do setor das telecomunicações pela formação hegemônica de regimes transnacionais estabeleceu-se, assim, durante o período da privatização. Tal hegemonia virá a ser combatida pela identidade coletiva *Anonymous* quando ameaçada a inclusão – o acesso à Internet – no ciberespaço, pois, como explica Carvalho, a Internet pegou carona na privatização das telecomunicações[17].

Oportuno lembrar que em abril de 1995, o Ministro das Comunicações Sérgio Motta anuncia o acesso à internet como um serviço de valor adicionado, por meio da Norma nº 004/1995 do Ministério das Comunicações:

> [...] (b) Serviço de Valor Adicionado: serviço que acrescenta a uma rede preexistente de um serviço de telecomunicações, meios ou recursos que criam novas utilidades específicas, ou novas atividades produtivas, relacionadas com o acesso, armazenamento , movimentação e recuperação de informações; c) Serviço de Conexão à Internet (SCI): nome genérico que designa Serviço de Valor Adicionado, que possibilita o acesso à Internet a Usuários e Provedores de Serviços de Informações[18].

Como se percebe, o acesso à Internet foi tratado como um serviço "adicional" a ser ofertado pelas operadoras telefônicas. A importância do acesso à Internet foi relegada a segundo plano, um retrato crítico para o acesso à banda larga e o exercício de um direito notadamente fundamental.

[16] Pachi Filho, Fernando Felício. Efeitos de sentido da lei geral das telecomunicações no discurso de jornais. *Raído*, v. 3, n. 6, p. 45-60, jul./dez. 2009. p. 58-59.

[17] Carvalho, Marcelo Sávio Revoredo Menezes de. *A trajetória da internet no Brasil*: do surgimento das redes de computadores à instituição dos mecanismos de governança. Rio de Janeiro. Dissertação (Mestrado) Universidade Federal do Rio de Janeiro. Engenharia de Sistemas e Computação, 2006. p. 138.

[18] MINISTÉRIO DAS COMUNICAÇÕES, norma nº 004/1995.

É verdade que em 2003, com a chegada de Luiz Inácio "Lula" da Silva no cargo de presidente da República multiplicam-se programas de inclusão digital, principalmente, com a abertura de telecentros, com acesso gratuito à Internet. O aumento das políticas de inclusão digital evidenciou o vazio impregnado à infraestrutura no setor das telecomunicações, isto é, a ausência de banda larga em grande parte do território nacional. É manifesto o fracasso do mercado em estruturar o acesso digital por meio da implantação de estruturas básicas de banda larga. Em 2009, o presidente Lula lançou o Plano Nacional de Banda Larga (PNBL). Diante do PNBL, as operadoras telefônicas adotaram medidas para bloquear as tentativas estatais de generalização do acesso digital de modo a descumprirem as demandas estatais sem que sanções lhes fossem aplicadas[19].

Em 2011, durante o governo de Dilma Rousseff negociações acerca dos *Termos de compromisso para o plano de banda larga popular* foram, gradativamente, cortadas e, embora, no ano de 2014, quando candidata à reeleição, Dilma Rousseff tenha participado de eventos ligados à inclusão digital e seu novo governo tenha cogitado reativar o Fórum Brasil Conectado, tais iniciativas não ocorreram: isso se traduz nas projeções não atingidas do PNBL de conectar mais de 35 milhões de domicílios antes de dezembro de 2014. O PNBL apresenta resultados insignificantes e pouco transparentes.

Os planos populares que deveriam ser ofertados pelas operadoras são ocultados nos seus sites e televendas ou manipulados obrigando os usuários a contratarem serviço de telefonia juntamente com a conexão fixa[20] e, atualmente, é possível afirmar a completa falência do Plano Nacional de Banda Larga (PNBL), em especial, por ter sido minado – como se pode intuir – pela concessão de privilégios juridicamente legitimados em favor de operadoras transnacionais.

19 Silveira, Sérgio Amadeu da. Para além da inclusão digital: poder comunicacional e novas assimetrias. In: Bonilla, Maria Helena Silveira; Pretto, Nelson De Luca (Orgs.). *Inclusão digital*: polêmica contemporânea [online]. Salvador: EDUFBA, 2011. p. 49-50.

20 Alimonti, Veridiana. O programa nacional de banda larga e o banda larga para todos: a perspectiva da sociedade civil. In: Knight, Peter; Feferman, Flavio; Foditsch, Nathalia. (Orgs.). *Banda larga no Brasil*: passado, presente e futuro. São Paulo: Figurati, 2016. p. 79-84.

2. Hacktivismo, o caso #OpOperadoras e sua íntima relação com a proteção dos consumidores no Brasil

Sob as lentes forjada pela sociologia jurídica do consumidor, a tensão *sujeito/mercado de consumo* fornece a consciência da necessidade histórica que induz o Mercado a colonizar a Sociedade e, obviamente, de regulá-la de modo estratégico e consoante seus interesses[21]. Tais estratégias provocam consequências diretas tanto na efetividade material, como na normatividade consumerista, pois, a legitimidade na tomada de decisões acerca do acesso à Internet acabou sendo atribuída aos "sócios" de sociedades anônimas gigantescas e associadas em escala mundial.

Segundo Willis Santiago Guerra Filho, tais atores, por terem a capacidade de reunir o cabedal de recursos necessários para a produção do bem econômico maior (*know-how*), compõem a administração da estrutura da rede, usurpando o papel outrora ocupado pelo Estado-nação[22]; enquanto isso, a periferia da sociedade mundial fica à mercê de (re)descrições constitucionais que privilegiem a tendência de privatização e acumulação do capitalismo transnacional, como foi visto anteriormente e, embora o paradigma da sociedade da informação incorpore a ideia de que o poder está distribuído por todo âmbito social, o Estado, em uma perspectiva histórica, atua como artifício preponderante para pôr em funcionamento os mecanismos do poder.

A dependência entre o Estado e outras fontes de poder insere uma reflexão central quanto a capacidade do Capital como sujeito a emitir padrões de consentimento na produção discursiva que possibilitem a ingerência do social no aparato tecnológico.

Como será visto a seguir, o ano de 2016 no Brasil apresenta um importantíssimo caso de fechamento das instâncias decisórias por parte das operadoras, ou seja, a manifesta *deriva da tutela* de números absurdos de usuários. Por consequência, o levante hacktivista dos consumidores-informacionais pode ser compreendido como apto a demonstrar o sentido socialmente atribuído ao acesso à Internet fora da administração tecno-corporativa das redes.

[21] DARDOT, Pierre; LAVAL, Christian. *A nova razão do mundo*: ensaio sobre a sociedade neoliberal. Trad. Mariana Echalar. São Paulo: Boitempo, 2016.

[22] GUERRA FILHO. Willis Santiago. A sociedade da sociedade mundial. *Revista Brasileira de Sociologia do Direito*, v. 2, n. 1, p. 74-84, jan./jun. 2015.

Ao expor as contradições do sistema jurídico hegemônico a *#Op.Operadoras* apresenta ao paradigma informacional um marco de articulação discursiva e manifestação política direta na rede social. Trata-se de alternativa contra-hegemônica que se delineou no campo discursivo durante a tentativa de rentabilização da rede operada pelo bloco hegemônico do setor das telecomunicações.

A decodificação das mensagens que se busca comunicar por meio deste estudo pressupõe compreender os principais pontos da articulação discursiva do movimento *Anonymous* na *#OpOperadoras* que expressam e deslocam o sentido do direito do consumidor assumido pela sociedade civil pela via da cultura hacktivista[23].

No dia 11 de fevereiro de 2016, após a operadora *Vivo* emitir um comunicado sobre a incorporação da prática de bloqueio dos usuários que ultrapassassem o limite de dados de sua franquia de banda larga. A articulação das operadoras de telefonia transparece na fala de Carlos Baigorri, superintendente de competição da Anatel, afirmando que o fim dos planos ilimitados seria um benefício aos consumidores. Por conseguinte, o CEO da *Vivo*, Amos Genish afirmou não ser necessário o diálogo com o órgão regulador brasileiro – no caso, a Anatel –, mas, apenas avisar, com antecedência, os consumidores.

No dia 11 de abril de 2016 ocorreu o primeiro evento comunicativo a partir da página *Anonymous Brasil*[24] no Facebook, com a orientação de que o limite da franquia seria apenas para os novos consumidores, sendo

[23] O hacktivismo é uma instância política da cibercultura que fornece novos caminhos para a participação social, levando em consideração o avanço tecnológico e promovendo de forma positiva uma radicalização da democracia, ver: KAHN, Richard; KELLNER, Douglas. Globalization, Technopolitics, and Radical Democracy. In: DAHLBERG, Lincoln; SIAPERA, Eugenia (edit.). *Radical democracy and the internet*. New York: Palgrave Macmillan, 2007. p. 34. Ainda, a prática hacktivista fornece uma identidade social que afronta as formas de opressão do capitalismo pela estabilização do sentido democrático. Desdobra-se a ação direta como expressão político-popular via ciberespaço, a liberdade de informação do ciberespaço transforma-se no espaço de luta da democracia radical, ver também: JORDAN, Tim. Online direct action: hacktivism and radical democracy. In: DAHLBERG, Lincoln; SIAPERA, Eugenia (edit.). *Radical democracy and the internet*. New York: Palgrave Macmillan, 2007. p. 86. Sobre democracia radical, ver: LACLAU, Ernesto; MOUFFE, Chantal. *Hegemonia e estratégia socialista*: por uma política democrática radical. São Paulo: Intermeios; Brasília: CNPQ, 2015.

[24] ANONYMOUS BRASIL. 2016a. Mensagem postada pelo autor na rede social Facebook em 11 de abr. 2016. Em: https://www.facebook.com/AnonBRNews/photos/a.286106798104849.59790.276935342355328/978356745546514/?type=3&theater. Acesso em: 13 julho 2019.

assim, sugeriram aos consumidores não atualizarem seus contratos como forma de resistência, pois, por trás das atualizações contratuais realizadas pelas operadoras estaria a limitação, afirmando – *não aceitem atualizar seus planos de internet fixa!*

A página também continha a contextualização do discurso adotado pelas operadoras e sua relação com as vias políticas estatais. Assumindo um tom jocoso e sarcástico, a célula *Anonymous* afirmou na ocasião que os partidos políticos e as companhias de Telecom aliaram-se na tentativa de rentabilização da rede informacional.

No dia 13 de abril a *Vivo*, a partir de seu porta-voz, declarou a intenção de expandir a lucratividade da rede; as demais operadoras recuaram. Ante a pressão do Ministro das Comunicações, André Figueiredo, a Superintendência de Relações com Consumidores da Anatel suspendeu a possibilidade da franquia de dados pelo prazo de 90 dias, entretanto, no dia 18 de abril, o presidente da Anatel João Resende, contrariando a decisão do SRC, declarou apoiar a medida de limitar o tráfego de dados.

Diante deste cenário, ante à incerteza que envolvera o acesso à Internet, em 18 de abril de 2016 teve início a *#OpOperadoras*, com interessante contribuição discursiva que reflete desde as práticas comerciais em relação aos clientes, o uso da Internet como fonte de lucratividade, alusões ao princípio de neutralidade da rede e a redefinição discursiva da dimensão a ser socialmente atribuída ao *direito à Internet*.

> A limitação do consumo de dados é uma prática recorrente no mercado dos provedores de internet. Entre os provedores de internet móvel é algo que se tornou parte integral do modelo de negócio, praticado por todas as empresas e ignorado apenas em pacotes de alto custo. Entre os provedores de conexões fixas, apesar de existirem atualmente contratos com limitações baseadas em pacotes de dados, poucas empresas aplicam sanções aos clientes que os ultrapassam, pois há um receio os efeitos de tais sanções em um ambiente de concorrência onde existem grandes jogadores que não trabalham com o mesmo modelo. Assistimos hoje a tentativa de uma prática de Truste (o acordo entre tantas empresas de grande porte por um modelo de cobrança exige uma combinação e articulação de extrema complexidade) entre as maiores empresas de comunicação do país com o objetivo de reformular completamente as regras do mercado de telefonia, pois seus principais serviços foram abandonados a ponto de linhas telefônicas fixas só serem vendíveis para os clientes através de vendas casadas. A utilização de telefones para ligações ou trocas de SMS,

não existem mais motivos para interurbanos ou chamadas internacionais, e os serviços de televisão à cabo (também oferecidos pelas mesmas empresas) também tem perdido sua clientela para versões online: a internet tornou obsoleta a principal forma de arrecadação destas empresas, que agora procuram uma forma de extrair mais recursos da utilização da rede[25].

A identidade Anonymous reflete no ciberespaço a subjetividade do *consumidor-informacional.* Mediante suas #operações, a #OpOperadoras constituiu um discurso próprio que apela *contra* o "dizer o direito" mercadológico posto no espaço público, muitas vezes, como a única leitura possível. Primeiramente, buscou informar o leitor, explicando a limitação do acesso e correlato consumo. Continuamente, a #OpOperadoras construiu um ponto argumentativo que denunciava a prática de truste entre os operadores de telefonia e que buscava reformular esse mercado.

Na segunda parte do discurso inaugural da *#OpOperadoras*:

> [...] a mera intenção de lucratividade do setor não pode ser simplesmente compreendida e aceita de forma passiva, pois a internet se tornou mais do que um mero serviço opcional e supérfluo. É através da rede que hoje pode-se ter acesso a inúmeros serviços públicos, a internet se tornou meio de expressão artística, política e um canal de comunicação de uso intensivo. O modelo de cobrança proposto esbarra em inúmeras barreiras, onde a capacidade criativa da rede (observada nos gif's, vídeos e podcasts de opinião, cultura e ciência) será sujeita a uma maior cobrança para acesso, violando completamente as prerrogativas de neutralidade de acesso ao conteúdo. O mesmo pode ser dito de uma dupla cobrança dos usuários destes serviços de streamming de áudio e vídeo pagos, onde será cobrado taxas extras para se assistir a um filme comprado em uma loja virtual ou para baixar um jogo comprado nestes espaços. O resultado final será a prejudicial aos inúmeros produtores de conteúdo, a diminuição da relevância da rede para a comunicação da população e uma constante elitização deste espaço antes tão celebrado por seu teor democrático, já afirmado como Direito Humano pela ONU. É importante notar que a cobrança de pacotes de dados não é uma tendência mundial, já sendo notório o maior custo de acesso à rede na América Latina em relação a outros luga-

[25] ANOYMOUS BRASIL. 2016b. Mensagem postada pelo autor na rede social Facebook em 1º jul. 2016. Em:https://www.facebook.com/AnonBRNews/photos/a.286106798104849/983456635036525/?type=3&theater. Acesso em 13 julho 2019.

res do planeta. A transformação deste direito em uma barreira econômica é uma contradição que parece ser inerente à um país desigual que transforma todo e qualquer tipo de acesso à melhores condições de vida e de desenvolvimento cultural, educacional e financeiro em uma oportunidade de extrair mais riqueza de sua população. #Anonymous.[26]

A segunda e última, parte do discurso de abertura da *#OpOperadoras* é reveladora de uma argumentação minuciosa, de pontos nodais antagônicos que fornecem a oposição da cultura *hacktivista* em relação ao argumento de rentabilização da rede. O tratamento da Internet como mera intenção de lucratividade do setor das telecomunicações deve ser combatido. Para a cultura hacktivista – na tensão de consumidor-informacional – a rede representa uma enorme capacidade criativa e democrática e o modelo de cobrança ameaça a neutralidade de acesso ao conteúdo.

Além de articular o direito à Internet como Direito Humano – tal qual confirmado pela ONU –, o *Anonymous* buscou estimular a reflexão sobre condições de desigualdade tão características na América Latina, destacando o custo elevado do acesso à Internet nos países que a integram. Por consequência, a limitação do acesso à Internet significa mais oportunidade da contínua extração das riquezas da população latino-americana.

Com o lançamento da *#OpOperadoras* o *canal-célula AnonOpsBrazil* publicou no *site* Youtube[27] o vídeo: *#OpOperadoras: Anonymous declara guerra contra as operadoras*. Esse discurso construído pela identidade *Anonymous* adotou uma dimensão organizativa focada em recrutar indivíduos para a causa. A descrição do vídeo estabelece os seguintes tópicos: "(a) Junte-se ao canal do IRC; (b) Tutorial Ataque DDoS; (c) *Exposed* do Presidente da Anatel e Diretores das Operadoras; (d) Dados do Presidente da Vivo; (e) Tutorial – O que fazer com *exposed*?; (f) Saiba como se juntar a Anonymous; (g)Vazamento de documentos da Oi". E, enquanto a célula *AnonOpsBrazil* organizava a ação direta online[28] via plataforma Youtube e expunha

[26] ANOYMOUS BRASIL. 2016b. Mensagem postada pelo autor na rede social Facebook em 1º jul. 2016. Em:https://www.facebook.com/AnonBRNews/photos/a.286106798104849/983456635036525/?type=3&theater. Acesso em 13 julho 2019.

[27] YOUTUBE. 2016. *#OpOperadoras: Anonymous declara guerra contra as operadoras*. Em: https://www.youtube.com/watch?v=gJFTrG2NzaE&t=6s. Acesso em: 13 julho 2019.

[28] A *ação direta online* assume esta quebra de barreiras dos acessos democráticos liberal-tradicionais. É pela necessidade de demonstrar a fragilidade das organizações que dominam

os dados pessoais dos líderes das organizações a serem antagonizadas, a célula *Anonymous Brasil*[29] no Facebook exibiu no dia 22 de abril de 2016 o resultado da ação do dia anterior, publicando a mensagem de um técnico da Anatel que constatara problemas na rede. Segundo a mensagem houve um ataque enorme de DDoS, destaca que os endereços IPs (*Internet Protocol*) dos dispositivos são de origem internacional.

A *ação direta online* posta em andamento pela identidade *Anonymous* pode ser lida como uma nova forma de manifestação do consumidor-informacional. Ao utilizar o ciberespaço como Espaço Público Oposicional[30], o movimento anônimo e hacktivista derrubou o acesso à diversas plataformas das operadoras[31] e da Anatel[32], forçando, a partir de *memes* e ameaças, um pedido de renúncia do atual presidente do órgão regulador, João Resende.

Os meses de maio, junho e julho procedem com novos recrutamentos via Facebook, ataques DDoS aos sites das operadoras de telefonia e da Anatel por parte da identidade *Anonymous*. Em 10 de agosto de 2016, João Resende renunciou ao cargo de presidente da Anatel. Com sua efetiva saída, o órgão regulador publica um relatório declarando que a medida cautelar de 90 dias foi insuficiente e inadequada para questão. A argumentação jurídica do órgão regulador fundamental seu posicionamento

o setor social que o poder destituinte expressa a contraposição verdadeira à formação histórica hegemônica. A ação direta *online* permite a semântica do consumidor perturbar as organizações do sistema econômico e o órgão regulador. Derrubada de sites por meio de ataques DDoS (*Destributed Denial of Service*), exposição de dados pessoais dos líderes e funcionários das organizações, roubo de dados, sequestro de computadores, são táticas para conquistas na *guerra de posições*, trata-se de impor as pressões de aprendizagem no setor social.

[29] ANONYMOUS BRASIL. 2016c. Mensagem postada pelo autor na rede social Facebook em 22 abr. 2016. Em: https://www.facebook.com/AnonBRNews/photos/a.286106798104849.59790.276935342355328/984306658284856/?type=3&theater. Acesso em: 13 julho 2019.

[30] SIERRA-CABALLERO, Francisco. Ciberactivismo y movimientos sociales. El espacio público oposicional en la tecnopolítica contemporánea. *Revista Latina de Comunicación Social*, n. 73, p. 980-990, 2018.

[31] ANONYMOUS BRASIL. 2016d. Mensagem postada pelo autor na rede social Facebook em 25 abr. 2016. Em: https://www.facebook.com/AnonBRNews/photos/a.286106798104849.59790.276935342355328/986089291439926/?type=3&theater. Acesso em: 13 julho 2019.

[32] ANONYMOUS BRASIL. 2016e. Mensagem postada pelo autor na rede social Facebook em 25 abr. 2016. Em: https://www.facebook.com/AnonBRNews/photos/a.286106798104849.59790.276935342355328/985963704785818/?type=3&theater. Acesso em: 13 julho 2019.

a partir da resolução[33] de direitos humanos editada pela ONU e constantemente destacada pela identidade *Anonymous*.

A *#OpOperadoras* retornou, rapidamente, no dia 12 de janeiro de 2017, quando o ministro da Ciência, Tecnologia, Inovação e Comunicações (MCTIC) Gilberto Kassab declarou que o governo e a Anatel estavam avaliando a possibilidade de criação de planos com limite de uso de dados[34]. No mesmo dia foi posta em movimento *ação direta online* que revelou dados da Anatel e informações pessoais do ministro Gilberto Kassab. O Facebook retirou a publicação da célula *Anonymous Brasil* com os dados do ministro.

No dia seguinte o novo presidente da Anatel, Juarez Quadros, afirmou o engano do ministro Gilberto Kassab, declarando que não haveria nenhum tipo de limitação do acesso à banda larga fixa ou controle do tempo[35]. O próprio Gilberto Kassab volta atrás, anunciando que o MCTIC e o governo federal atuariam em defesa do *direito dos consumidores*, não permitindo a mudança contratual articulado pelas operadoras de telefonia.

3. Tutelando vulnerabilidades na provisoriedade de uma conclusão

Inegavelmente, são muitos os paradoxos e dilemas que emergem no entrechoque dos ideais que informam, de um lado, a experimentação de liberdades negativas e positivas atribuídas a seres, supostamente, racionais e, de outro, a opressão totalizadora, sútil e dissimulada, promovida pelo Mercado nas suas muitas ações excludentes.

O tratamento de tais aporias impõe resgatar aspectos que tocam a fundamentalidade do direito dos consumidores no Brasil – o que inclui, obviamente, o direito ao acesso a bens e serviços –, bem como, a inafastável vulnerabilidade que marca o DNA das referidas personagens[36] face à voracidade, força e inteligência do Mercado. Em tal contexto, aliás, é possível

[33] RESOLUÇÃO ONU. 2016. nº70/1. A/HRC/32/L.20. Em: http://www.un.org/ga/search/view_doc.asp?symbol=A/HRC/32/L.20. Acesso em: 13 julho 2019.

[34] R7. 2017. Banda larga fixa pode ter franquia de dados em 2017, diz Kassab. Em: http://noticias.r7.com/economia/banda-larga-fixa-pode-ter-franquia-de-dados-em-2017-diz-kassab-13012017. Acesso em: 13 julho 2019.

[35] TECMUNDO. 2016. *Anatel admite que errou sobre franquia e bate em preços de planos*. Em: https://www.tecmundo.com.br/anatel/108511-anatel-admite-errou-franquia-bate-precos-planos.htm. Acesso em: 13 julho 2019.

[36] CATALAN, Marcos. Uma ligeira reflexão acerca da hipervulnerabilidade dos consumidores no Brasil. In: Ricardo Sebastián Danuzzo. (Org.). *Derecho de daños y contratos*: desafíos frente a las problemáticas del siglo XXI. Resistencia: Contexto, 2019. p. 35-50.

pinçar na literatura jurídica especializada alusões à vulnerabilidade legislativa ou política intimamente atada à colonização do Direito pelo Mercado[37] e à instrumentalização daquele, por esse, nos cenários neoliberais que se espalham pelo globo[38].

De outra banda, não há dúvidas acerca do fato de que há um importante papel político a ser assumido por consumidores que, mesmo quando, emocionalmente, subjugados por promessas de "felicidade, convívio social profícuo, juventude, alegria e diversão"[39], são titulares do poder de promover, em distintos graus, a subversão das *regras de um jogo* criado pelo Mercado.

> *Los actores que son soberanos de sí mismos, de su propia voluntad, y de los propios deseos no solo tienen la capacidad de continuar queriendo lo que han elegido, sino, sobre todo, la capacidad de no quererlo más si las condiciones cambian o se vuelven insatisfactorias. Por cierto, no todos los actores sociales, estarán en condiciones de sostener, con convicción el papel normal de consumidor, ni todas las mercancías, los lugares o los tiempos de consumo facilitarán del mismo modo la articulación de retóricas de justificación. Una parte importante de la política del consumo está, por lo tanto, esencialmente vinculada con esto: los actores sociales son llamados no sólo a desmercantilizar cuanto les es ofrecido en el mercado, sino también, a hacerlo mediante la negociación con visión normativa, y no uniformemente disponible, de cómo es correcto consumir y encarar el papel de consumidor*[40].

É importante perceber, enfim, que a referida desnaturalização pode ser percebida em fenômenos tão distintos quanto o são (a) os boicotes ao consumo de determinados produtos, (b) ao comércio solidário e equitativo, (c) aos grupos de compra locais e suas ligações com a agricultura familiar e sustentável[41] ou, ainda, (d) aos bancos populares, (e) a feiras orgânicas e (f) brechós populares e, que podem ser identificados – comprovando,

[37] MORAES, Paulo Valério dal Pai. *Código de defesa do consumidor*: o princípio da vulnerabilidade no contrato, na publicidade e nas demais práticas comerciais. Porto Alegre: Síntese, 1999.

[38] DARDOT, Pierre; LAVAL, Christian. *A nova razão do mundo*: ensaio sobre a sociedade neoliberal. Trad. Mariana Echalar. São Paulo: Boitempo, 2016.

[39] SASSATELLI, Roberta. *Consumo, cultura y sociedad.* Trad. Heber Cardoso. Amorrortu: Buenos Aires / Madrid, 2012. p. 173.

[40] SASSATELLI, Roberta. *Consumo, cultura y sociedad.* Trad. Heber Cardoso. Amorrortu: Buenos Aires / Madrid, 2012. p. 216.

[41] SASSATELLI, Roberta. *Consumo, cultura y sociedad.* Trad. Heber Cardoso. Amorrortu: Buenos Aires / Madrid, 2012. p. 243.

assim, parte importante da tese da autora –, com alguma facilidade, pelo observador atento às nuances da Sociedade de Consumo. Sem dúvida, ela ainda pode ser notada na atuação do *Anonymous* naquele longínquo e saudoso Brasil de 2016 ...

Referências

ACOSTA JUNIOR, Jorge. O paradoxo dos direitos humanos: cibercultura, wikileaks e o controle sistêmico hegemônico. *Revista Conversas e Controvérsias*, v. 4, n. 2, p. 42-61, ago./dez. 2017.

ACOSTA JUNIOR, Jorge. Para uma sociologia jurídica crítica do consumidor. *Revista de Direito do Consumidor*, a. 26, v. 113, p. 251-268, set./out. 2017.

ACOSTA JUNIOR, Jorge; KNEBEL, Norberto Milton Paiva. Smart cities no atual estágio da cidade-empresa: perspectivas tecnopolíticas para o direito à cidade. *Revista de Direito Urbanístico, Cidade e Alteridade*, v. 4, n. 2, p. 1-15, 2018.

ALIMONTI, Veridiana. O programa nacional de banda larga e o banda larga para todos: a perspectiva da sociedade civil. In: KNIGHT, Peter; FEFERMAN, Flavio; FODITSCH, Nathalia. (Orgs.). *Banda larga no Brasil*: passado, presente e futuro. São Paulo: Figurati, 2016.

ALMEIDA, Monica Piccolo. *Reformas neoliberais no Brasil*: a privatização nos governos Fernando Collor e Fernando Henrique Cardoso. Rio de Janeiro. Tese (Doutorado) Universidade Federal Fluminense, Instituto de Ciências Humanas e Filosofia. Departamento de História, 2010.

ANONYMOUS BRASIL. 2016a. Mensagem postada pelo autor na rede social Facebook em 11 de abr. 2016. Em: https://www.facebook.com/AnonBRNews/photos/a.286106798104849.59790.276935342355328/978356745546514/?type=3&theater. Acesso em: 13 julho 2019.

ANONYMOUS BRASIL. 2016b. Mensagem postada pelo autor na rede social Facebook em 1º jul. 2016. Em: https://www.facebook.com/AnonBRNews/photos/a.286106798104849/983456635036525/?type=3&theater. Acesso em 13 julho 2019.

ANONYMOUS BRASIL. 2016c. Mensagem postada pelo autor na rede social Facebook em 22 abr. 2016. Em: https://www.facebook.com/AnonBRNews/photos/a.286106798104849.59790.276935342355328/984306658284856/?type=3&theater. Acesso em: 13 julho 2019.

ANONYMOUS BRASIL. 2016d. Mensagem postada pelo autor na rede social Facebook em 25 abr. 2016. Em: https://www.facebook.com/AnonBRNews/photos/a.286106798104849.59790.276935342355328/986089291439926/?type=3&theater. Acesso em: 13 julho 2019.

ANONYMOUS BRASIL. 2016e. Mensagem postada pelo autor na rede social Facebook em 25 abr. 2016. Em: https://www.facebook.com/AnonBRNews/photos/a.286106798104849.59790.276935342355328/985963704785818/?type=3&theater. Acesso em: 13 julho 2019.

ARNAUD, André-Jean. *Governar sem fronteiras: entre a globalização e pós-globalização*: crítica da razão jurídica. Rio de Janeiro: Editora Lumen Juris, 2007, v. 2.

ARNAUD, André-Jean. *O direito entre modernidade e globalização*: lições de filosofia do direito e do estado. Trad. Patrice Charles Wuillaume. Rio de Janeiro: Renovar, 1999.

CARVALHO, Marcelo Sávio Revoredo Menezes de. *A trajetória da internet no Brasil*: do surgimento das redes de computadores à instituição dos mecanismos de governança. Rio de Janeiro. Dissertação (Mestrado) Universidade Federal do Rio de Janeiro. Engenharia de Sistemas e Computação, 2006.

CASTELLS, Manuel. *A sociedade em rede*. 8. ed. Trad. Roneide Venancio Majer. São Paulo: Paz e Terra, 2005, v. 1.

CASTELLS, Manuel. *Comunicación y poder*. Madrid: Alianza editorial. 2009.

CATALAN, Marcos. Uma ligeira reflexão acerca da hipervulnerabilidade dos consumidores no Brasil. In: Ricardo Sebastián Danuzzo. (Org.). *Derecho de daños y contratos*: desafíos frente a las problemáticas del siglo XXI. Resistencia: Contexto, 2019.

CATALAN, Marcos. *O direito do consumidor em movimento*: diálogos com tribunais brasileiros. 2. ed. Porto Alegre: Unilasalle, 2018.

COSTA, Vilson Aparecido da. *Privatização e reestruturação das telecomunicações no Brasil e seus impactos sobre a criação e destruição do emprego*. Ribeirão Preto. Dissertação (Mestrado) Faculdade de Economia, Administração e Contabilidade de Ribeirão Preto da Universidade de São Paulo, 2008.

DANTAS, Marcos. *A lógica do capital-informação*: a fragmentação dos monopólios e a monopolização dos fragmentos num mundo de comunicações globais. 2. ed. Rio de Janeiro: Contratempo, 2002.

DARDOT, Pierre; LAVAL, Christian. *A nova razão do mundo*: ensaio sobre a sociedade neoliberal. Trad. Mariana Echalar. São Paulo: Boitempo, 2016.

GUERRA FILHO. Willis Santiago. A sociedade da sociedade mundial. *Revista Brasileira de Sociologia do Direito*, v. 2, n. 1, p. 74-84, jan./jun. 2015.

JORDAN, Tim. Online direct action: hacktivism and radical democracy. In: DAHLBERG, Lincoln; SIAPERA, Eugenia (edit.). *Radical democracy and the internet*. New York: Palgrave Macmillan, 2007.

KAHN, Richard; KELLNER, Douglas. Globalization, Technopolitics, and Radical Democracy. In: DAHLBERG, Lincoln; SIAPERA, Eugenia (edit.). *Radical democracy and the internet*. New York: Palgrave Macmillan, 2007.

LACLAU, Ernesto; MOUFFE, Chantal. *Hegemonia e estratégia socialista*: por uma política democrática radical. São Paulo: Intermeios; Brasília: CNPQ, 2015.

MORAES, Paulo Valério dal Pai. *Código de defesa do consumidor*: o princípio da vulnerabilidade no contrato, na publicidade e nas demais práticas comerciais. Porto Alegre: Síntese, 1999.

PACHI FILHO, Fernando Felício. Efeitos de sentido da lei geral das telecomunicações no discurso de jornais. *Raído*, v. 3, n. 6, p. 45-60, jul./dez. 2009.

PEREIRA, Marcelo de Carvalho. *O setor de internet no Brasil*: uma análise da competição no mercado de acesso. Rio de Janeiro: Banco Nacional de Desenvolvimento Econômico e Social, 2014.

RESOLUÇÃO ONU. 2016. *nº70/1. A/HRC/32/L.20*. Em: http://www.un.org/ga/search/view_doc.asp?symbol=A/HRC/32/L.20. Acesso em: 13 julho 2019.

R7. 2017. *Banda larga fixa pode ter franquia de dados em 2017, diz Kassab.* Em: http://noticias.r7.com/economia/banda-larga-fixa-pode-ter-franquia-de-dados-em-2017-diz-kassab-13012017. Acesso em: 13 julho 2019.

SASSATELLI, Roberta. *Consumo, cultura y sociedad.* Trad. Heber Cardoso. Amorrortu: Buenos Aires / Madrid, 2012.

SIERRA-CABALLERO, Francisco. Ciberactivismo y movimientos sociales. El espacio público oposicional en la tecnopolítica contemporánea. *Revista Latina de Comunicación Social,* n. 73, p. 980-990, 2018.

SIERRA, Bernardo González. Criptopunks and Latin America: from technological sovereignty to the era of the leaks. *Teknokultura,* v. 12, n. 3, p. 549-576, 2015.

SILVEIRA, Sérgio Amadeu da. Para além da inclusão digital: poder comunicacional e novas assimetrias. In: BONILLA, Maria Helena Silveira; PRETTO, Nelson De Luca (Orgs.). *Inclusão digital:* polêmica contemporânea [online]. Salvador: EDUFBA, 2011.

TECMUNDO. 2016. *Anatel admite que errou sobre franquia e bate em preços de planos.* Em: https://www.tecmundo.com.br/anatel/108511-anatel-admite-errou-franquia-bate-precos-planos.htm. Acesso em: 13 julho 2019.

WOLKMER, Antonio Carlos. *Teoría crítica del derecho desde américa latina.* Trad. Alejandro Rosillo Martínez. México: Akal/Inter Pares, 2017.

YOUTUBE. 2016. *#OpOperadoras: Anonymous declara guerra contra as operadoras.* Em: https://www.youtube.com/watch?v=gJFTrG2NzaE&t=6s. Acesso em: 13 julho 2019.

14. A Publicidade, o Controle de Ilicitude no Direito do Consumidor e a Prática de *Storytelling*

Luiz Fernando Afonso

Introdução

São grandes os desafios a serem enfrentados na pós-modernidade. Um deles é a perda de integridade nas relações humanas, que se revela, entre outras formas, na violação dos deveres de veracidade entre as pessoas. E a preocupação em estudar o direito do consumidor na pós-modernidade, em especial a publicidade realizada no mercado de consumo, tem origem na evidente desigualdade entre as partes contratantes – o fornecedor e o consumidor, o que evidencia ainda mais a importância do cumprimento do dever de veracidade.

O proposito aqui é apresentar uma análise mais aprofundada sobre a publicidade de produtos e de serviços no mercado de consumo e, com isso, contribuir para uma efetiva regulação dessa prática, pelo Estado e pela sociedade civil, mediante a atuação das associações de defesa do consumidor para fazer valer, no âmbito do mercado de consumo, a observância de valores como boa-fé, veracidade, solidariedade, respeito ao livre exercício da autonomia da vontade do consumidor e preservação do seu soberano direito de escolha.

Como cediço, o Código de Defesa do Consumidor Brasileiro estabeleceu um regime de controle da publicidade, a fim de evitar ilicitudes nas práticas publicitárias, ilicitudes estas classificadas pelo legislador consumerista com enganosidade e abusividade.

A enganosidade, em particular, tem a análise da ilicitude centrada nos atributos do produto ou do serviço. A interpretação que se faz do regramento do Código de Defesa do Consumidor tem como escopo avaliar se a publicidade, de fato, revela com precisão quais são os atributos do produto ou do serviço, ou seja, se o fornecedor age com boa-fé e se respeita o dever de veracidade ao propagandear os atributos e as qualidades de seus produtos/serviços.

O consumidor, parte vulnerável na relação de consumo, por não dispor de conhecimento técnico especializado confia nas informações prestadas pelos fornecedores. Hoje, ancorado no direito fundamental à informação, o consumidor tem autoridade para exigir que o Estado exerça a sua função de fiscalizar o cumprimento deste dever e direito básico consagrado no Código de regência, a fim de evitar que ocorram ilicitudes, especialmente nas práticas publicitárias.

O novo cenário, que teve início na segunda metade do século XX e se aperfeiçoa constantemente, exigiu a definição de regras mais claras com respeito à veiculação da publicidade enganosa, caracterizando-a como verdadeiro ato ilícito, em reforço ao regime de boa-fé e de veracidade estabelecido pelos artigos 30, 35, 36, 37 e 38 do Código de Defesa do Consumidor.

A preocupação com esses valores de integridade e de equilíbrio das relações de consumo só tende a aumentar em função do surgimento de novas técnicas publicitárias, que se desenvolveram mediante a criação de novos mecanismos de comunicação, como as redes sociais em geral (Facebook, Instagram, Twitter e blogs), e de novos formatos da publicidade, como o *storytelling*.

O *storytelling*, a propósito, é uma nova técnica publicitária e se revelou um artifício pós-moderno para contar histórias sobre o fornecedor e sobre a marca com o objetivo de estimular o consumidor a adquirir produtos ou contratar serviços, atribuindo-lhes história e credibilidade. Resgatando um antigo costume de contar histórias, a publicidade percebeu que falar sobre o fornecedor e sobre a marca poderia dar maior credibilidade ao produto/serviço, o que renderia frutos e lucros no mercado de consumo.

Na pós-modernidade, os consumidores deixaram de comprar produtos e serviços simplesmente pelos atributos que têm e pelos meros benefícios que oferecem. Os consumidores pós-modernos querem mais: querem experiências, especialidade e, ao mesmo tempo, querem acreditar e sentir confiança em seus fornecedores.

O papel da publicidade na sociedade pós-moderna mudou; do simples fornecimento de informação sobre os bens que os fornecedores colocam no mercado, passou a trabalhar também na construção de uma imagem em torno de variedade de atributos do produto/serviço. O propósito do fornecedor com essa tarefa é se destacar no mercado e, assim, dar maior credibilidade ao produto, atingir o consumidor e despertar nele o desejo de compra. A almejada construção de credibilidade de imagem e de marca tem no *storytelling* um aliado fundamental.

No Brasil, a publicidade é ainda pouco discutida, mas este cenário precisa mudar[1]. A mudança começa com o aprofundamento da interpretação dos dispositivos legais que regem a proteção e a defesa do consumidor em face de práticas ilícitas de publicidade, especialmente, a publicidade enganosa.

Em decorrência do texto contido no §1º do artigo 37 do Código de Defesa do Consumidor, a publicidade enganosa tem sua interpretação restrita aos atributos do produto/serviço, como se pode inferir da redação do referido texto normativo. Então, com a atenção voltada para a interpretação restrita desse dispositivo legal, procurou-se pensar, refletir e analisar se nos dias atuais ela é suficiente para abarcar todos os formatos de publicidade hoje disponíveis, seus novos meios de divulgação e especialmente os novos elementos usados pela atividade publicitária para atrair consumidores no mercado de consumo.

Assim, com lentes de foco mais ampliado, sugere-se o reexame da interpretação até então conferida ao disposto no artigo 37, § 1º, do Código de Defesa do Consumidor para a construção de justificativas necessárias para um exame especial deste dispositivo, atribuindo-lhe uma interpretação mais avançada, mais completa e mais adequada ao mercado de consumo pós-moderno.

[1] Em 2015, por exemplo, foram oito decisões judiciais proferidas pelo STJ sobre o tema da publicidade; no primeiro semestre de 2016, foram apenas quatro decisões judiciais (que trataram de revisão de penalidades aplicadas pelo Procon, publicidade para crianças e em serviços de turismo). Ao digitar a expressão "publicidade enganosa", a busca resultou em apenas 61 documentos (acórdãos). Não há acórdãos repetitivos, nem decisões monocráticas sobre o tema na Corte Especial. BRASIL. Superior Tribunal de Justiça. *Jurisprudência* [Busca]. Disponível em: <http://www.stj.jus.br>. Acesso em: 11 nov. 2016.

1. A publicidade na sociedade pós-moderna de consumo e a nova prática do *storytelling*

1.1. Conceito e finalidade da publicidade

Conceitualmente, publicidade significa tornar público; é o ato ou o efeito de fazer alguém ou alguma coisa conhecidos e aceitos pelo público. Pode também ser entendida como o conjunto de meios de comunicação utilizados para tornar conhecida uma pessoa, uma empresa ou um produto. É, enfim, o material de divulgação.

O Código de Autorregulamentação Publicitária Brasileiro, ao contrário do Código de Defesa do Consumidor, que não traz nenhuma definição a respeito, publicidade consiste na prática de estimular, nas pessoas, o consumo de bens e serviços.

Herman Benjamim, apontando a dificuldade de definição do que seria publicidade, menciona o conceito formulado pelo Comitê de Definições da *Americam Association of Advertising Agencies* (AAAA), segundo o qual "publicidade é qualquer forma paga de apresentação impessoal e promoção tanto de ideias, como de bens ou serviços, por um patrocinador identificado"[2].

Publicidade, enfim, incorpora as funções de tornar público, induzir, convencer, persuadir. Pode-se dizer, portanto, que constitui um conjunto de informações transmitidas ao consumidor para nele despertar o desejo de consumir. É, em suma, o esforço de comunicação do fornecedor para informar a existência de seu produto/serviço e criar as condições para a respectiva "venda".

Como atividade econômica que é, a publicidade pode ser entendida como conjunto de mecanismos de aproximação de consumidores e fornecedores com o inquestionável objetivo de venda de produtos/serviços e obtenção de lucro. Sua função precípua, portanto, está em aproximar fornecedores que desejam vender e consumidores que desejam comprar produtos e/ou contratar serviços.

A publicidade tem ainda a função de ressaltar as qualidades dos produtos/serviços oferecidos no mercado, persuadir as pessoas a adquiri-los. Outra função auxiliar a esse é lembrar os consumidores que já detêm o produto alvo da publicidade, que podem recomendá-lo ou mesmo adquiri-lo novamente. Em resumo, duas são as principais funções da publicidade:

[2] BENJAMIM, Antonio Herman Vasconcelos e. *Código Brasileiro de Defesa do Consumidor comentado pelos autores do anteprojeto.* São Paulo: Forense, 2011. p. 322.

comunicar a existência de um determinado produto ou serviço e convencer o consumidor a adquiri-lo.

1.2. A publicidade e a construção da imagem do fornecedor

A publicidade, além de divulgação de determinado produto/serviço no mercado de consumo, também atua como instrumento de divulgação da imagem do fornecedor e de sua marca, a fim de despertar confiança e credibilidade no consumidor. É certo que os consumidores adquirem produtos de marcas em que confiam. Os fornecedores, por intermédio da publicidade, procuram despertar a confiança nos consumidores com a criação de uma imagem sólida.

Não custa lembrar que no afã de solidificar a marca no mercado consumidor, muitos fornecedores acabam induzindo o consumidor comprar/contratar movido pela confiança depositada na imagem e na marca divulgadas e, contrariando recomendações dos profissionais do marketing, mantêm ao longo de anos o mesmo logo, o mesmo design, exatamente para consolidar uma boa imagem no mercado.

Nesse sentido, pode-se dizer que, hoje, na sociedade pós-moderna de consumo, vendem-se não apenas produtos/serviços, mas também, e principalmente, a boa imagem, a boa marca, a credibilidade e o signo de confiança do fornecedor no mercado de consumo.

Em um mundo pós-moderno, de intensa comunicação por meio da internet e de redes sociais, o consumidor ainda aposta na tradição como mecanismo de confiança nos produtos e nos serviços colocados no mercado de consumo. O fornecedor constrói a sua imagem para esse fim, contando muitas vezes histórias que jamais existiram, induzindo o consumidor em erro.

As histórias contadas pelos fornecedores na publicidade têm a intenção de dar credibilidade ao produto em decorrência da tradição que lhe é atribuída, valorizando assim a imagem. Os consumidores acreditam que consomem um produto cuja tradição conferida pelo tempo os avaliza. Essa prática pode ser lícita, desde que haja veracidade nas informações prestadas pelo fornecedor em relação a sua marca.

1.3. Os desafios da publicidade em tempos pós-modernos

O desafio da publicidade em tempos pós-modernos sugere exatamente a necessidade de os fornecedores de produtos/serviços se adequarem a um comportamento novo, mais rígido, que impõe um cuidado maior com a forma e com o conteúdo da mensagem publicitária transmitida aos consumidores.

A publicidade sempre foi avessa a regras, pois é inimaginável impor aos publicitários limites à sua criação. Contudo, se a criação é um desafio constante vivido pela publicidade, adequar-se à boa-fé e ao dever de veracidade se tornou mais um desafio que deverá ser enfrentado por fornecedores e profissionais da publicidade no presente.

A sociedade civil não admite mais a ocorrência de ilicitudes na prática profissional publicitária. A sociedade quer confiar, quer a garantia de procedência, quer boa-fé na ação do fornecedor, quer que os desejos e os anseios dos consumidores sejam efetivamente correspondidos; quer, por fim, que as histórias contadas sobre a marca, sobre o produto ou sobre os serviços sejam, de fato, verazes.

Com esse novo comportamento, que deve comandar a elaboração e a veiculação de peças publicitárias, pretende-se evitar a contaminação do mercado com ilicitudes que influenciem a real percepção dos consumidores sobre produtos e serviços colocados no mercado.

A mensagem dirigida ao consumidor deve ser clara, precisa e acima de tudo veraz. Por essa razão, qualquer tentativa do fornecedor de enganar o consumidor com mensagens não verazes, na tentativa de convencê-lo da credibilidade da sua marca, do seu produto ou do seu serviço deverá ser afastada do sistema.

O controle requerido da publicidade não pode ser um entrave à sua prática porque, como mecanismo de comunicação fornecedor-consumidor, ela é essencial ao exercício da atividade econômica. O que se advoga é que a publicidade não pode enganar, mas sim deve estar orientada pela boa-fé e pela ética, pois só assim cumprirá a sua função social.

1.4. *Storytelling*: um mecanismo publicitário da sociedade de consumo pós-moderna

Um dos mecanismos utilizados na contemporaneidade para convencimento do consumidor a adquirir produtos e a contratar serviços é a publicidade contadora de histórias, ou, na expressão na língua inglesa, o *storytelling*.

Contar histórias[3] não é propriamente uma novidade no longo desenvolvimento da civilização. A sua utilização para o convencimento do consu-

[3] A arte de contar histórias remonta a um dos mais antigos ancestrais da humanidade: credita-se ao homem de Cro-Magnon a prática da arte rupestre de expressar em desenhos bastante rudimentares os fatos vivenciados pelos habitantes da Terra em tempos pré-históricos.

midor a adquirir produtos e/ contratar serviços com base na credibilidade que essa história atribui à imagem do fornecedor, à sua marca e ao produto ou serviço é uma novidade constatada no ambiente pós-moderno.

Na prática publicitária, o *storytelling*, em breve resumo, compreende: (i) apreensão das histórias dos clientes para utilização, na medida do possível, como ilustração da campanha de comunicação; (ii) determinação do público-alvo para construção de uma narrativa orientada; (iii) enquadramento da mensagem publicitária como história; e, por fim, (iv) coerência no ato de "contar" idêntica história para todos os consumidores.

A origem da palavra *storytelling* não é muito precisa, mas há muito tempo é conhecida a característica e a capacidade do ser humano de contar histórias, materializadas em livros, seriados, novelas, filmes etc. *Storytelling* é uma das mais antigas formas de transmissão de conhecimento, pois, de fato, a todo tempo o homem está contando histórias, verdadeiras ou não.

De fato, uma história bem contada, autêntica e criativa, convence, faz uma conexão emocional e pessoal, inspira uma atitude e fica gravada na memória do destinatário da mensagem. A novidade em tempos pós-modernos, porém, é a utilização dessas histórias com vistas à publicidade para venda de produtos e/ou contratação de serviços no mercado de consumo.

Já é conhecida a capacidade que as histórias contadas têm de captar a atenção dos consumidores e, por isso, transformaram-se em mecanismos de convencimento para aquisição de produtos ou contratação de serviços no mercado de consumo. A ideia fundamental é contar uma história certa para o público consumidor que o fornecedor pretende atingir e poder aumentar as vendas, convencer novos consumidores, promover a fidelização daqueles já existentes, perfazendo assim o que toda empresa deseja: vender e obter lucro.

Em tempos de excesso de informação, de comunicação frenética, de diversidade de meios de comunicação social, especialmente na internet, e de relações fluidas, líquidas e superficiais, destacar-se no meio da multidão poderá significar a concretização de negócios promissores.

Nesse novo cenário de incertezas, de excesso de informação, de liquidez nas relações humanas e de elevado risco nos produtos e serviços colocados no mercado de consumo, o *storytelling* é um mecanismo útil na medida em que contar uma história interessante pode ser uma forma eficaz de prender a atenção de alguém, especialmente a de um consumidor.

O *storytelling*, analisado pelo prisma da publicidade e do consumo, nada mais é do que apropriação, pelo mercado publicitário, de consagradas técnicas de narração. Na prática, revela a tentativa de apresentar ao público consumidor uma história única do fornecedor, relativamente ao produto ou serviço, criando uma relação de proximidade entre ambos, além de destacá-lo entre os congêneres. O uso do *storytelling* na publicidade se resume a uma questão de relevância: dar destaque, sair do comum, 'combater a dispersão'.

O *storytelling* é uma considerado uma técnica muito eficaz para dar vida e credibilidade à marca de produtos/serviços, pois para se tornar significativa a marca precisa ampliar a sua presença na memória do consumidor. O resultado é uma poderosa estratégia de marketing: a utilização de um mecanismo que visa dar credibilidade ao produto/serviço, baseado na garantia de procedência da marca veiculada na publicidade. Conta-se uma história, portanto, para que a marca do produto/serviço ganhe a confiança do consumidor.

A confiança na marca é muitas vezes gerada pelo sentimento de segurança que a tradição revelada pela história contada incorpora ao produto/serviço colocado no mercado. Os exemplos de como a história contada invoca a tradição, que por consequência entrega credibilidade ao produto/serviço são inúmeros. Igualmente, há um sem-número de empresas que aportam na sua marca o vocábulo "desde" para comunicar ao consumidor o tempo que a marca está no mercado, certas de que aos olhos dos consumidores representa confiança e credibilidade.

O papel do direito nesse mundo pós-moderno de possibilidades de ocorrência de riscos e de danos difusos é justamente observar esse novo movimento publicitário e regulá-lo de acordo com os ditames da boa-fé.

2. A publicidade ilícita no código de defesa do consumidor e a prática do *storytelling* – a ampliação do conceito de enganosidade para além dos atributos do produto ou do serviço

2.1. Um novo cenário para a publicidade no século XX: a marca ganha relevo e o controle encontra justificativas

Pelo que foi dito até aqui, pode-se dizer que em uma sociedade pós-moderna – resultante das escolhas mal feitas pela modernidade e das profundas mudanças ocorridas ao longo do século XX, a publicidade é um mecanismo que molda necessidades, gera desejos e seduz consumidores.

As estratégias publicitárias transformaram o consumo em um verdadeiro remédio para a crise constatada pela pós-modernidade: medo, angústia, desilusão são razões constantemente apresentadas para justificar o consumo e o excesso de consumo.

Se antes, na modernidade, a preocupação estava essencialmente no produto, na fabricação de bens; se o foco estava na produção de coisas porque a chave para o desenvolvimento estava na fábrica, as descobertas da pós-modernidade e as profundas mudanças ocorridas na sociedade do século XX, mormente com o advento da sociedade de informação, tornaram-se um peso para os fabricantes.

Os custos em demasia e a dificuldade de administração e de controle da produção, foco do mercado, atribuíam pesada responsabilidade aos administradores das fábricas, razão pela qual se percebeu uma necessidade de diminuir custos, pois no mercado de consumo pós-moderno venceria aquele produto que custasse ou que pesasse menos.

O ajuste necessário para assegurar sobrevivência no mercado de consumo pós-moderno provocou uma avalanche de fusões e de aquisições, resultando em empresas que parecem cada vez maiores, mas na verdade são cada vez menores em termos de produção. Nesse cenário, a marca ganhou destaque. Os fornecedores passaram a distinguir os produtos com a sua marca distintiva, o que se resolveu chamar de "plano de *branding*" ou "gestão de marca".

Outro motivo, no entanto, foi determinante para a marca ganhar destaque no mercado de consumo pós-moderno: se na pós-modernidade a produção passou a ser realizada em grande escala porque assim o mercado exigia, a marca seria então o toque distintivo, ou seja, a maneira de distinguir os produtos colocados no mercado de consumo.

No decorrer do século XX, os produtos passam a ser concebidos também como conceito, como estilo de vida e como experiência. Nesse contexto, a marca e a publicidade se destacam: a marca se torna essencial para a corporação pós-moderna e a publicidade passa a ser o veículo utilizado para levar a marca ao portentoso mercado de consumo. Em outras palavras, a publicidade não seria mais apenas um mecanismo de informação sobre os atributos dos produtos/serviços colocados no mercado de consumo; a marca, por sua vez, passou a ser um mecanismo de construção de uma imagem diante da extraordinária produção (produtos/serviços) de larga escala para o mercado de consumo pós-moderno. Mas não foi só.

O consumidor também começou a adquirir produtos e serviços influenciado pelas marcas.

Klein leciona sobre esse movimento ao dizer que "da noite para o dia, 'marca, não produtos!' tornou-se o grito de guerra de um renascimento do marketing liderado por uma nova estirpe de empresas que se viam como 'agentes de significado' em vez de fabricantes de produtos. O que mudava era a ideia de o que – na publicidade e na gestão de marcas – estava sendo vendido. Segundo o velho paradigma, tudo o que o marketing vendia era um produto. De acordo com o novo modelo, contudo, o produto sempre é secundário ao verdadeiro produto, e a venda de uma marca adquire um componente adicional que só pode ser descrito como espiritual. A publicidade trata de apregoar o produto. O *branding*, em suas encarnações mais autênticas e avançadas, trata de transcendência corporativa. [...] Os produtos que florescerão no futuro serão aqueles apresentados não como 'produtos', mas como conceitos: a marca como experiência, como estilo de vida. [...] Nunca mais o mundo corporativo se inclinaria para rezar diante do altar do mercado de produtos. De agora em diante, venerariam somente imagens de mídia estampadas. Ou, para citar Tom Peters, o homem da marca: "Marca" Marca! Marca!!! É essa a mensagem [...] para o final dos anos 90 e para o futuro".[4]

Para acompanhar as mudanças radicais na forma de ver o mercado de consumo, os fornecedores buscaram novas formas de narrativas que permitem construir e fortalecer a imagem e a marca de seus produtos/serviços, e isso significa inspirar no consumidor confiabilidade, credibilidade e segurança ao adquirir determinado bem.

A marca, dessa forma, começou a agregar valor para a empresa, não raro, até mesmo superior ao seu valor patrimonial. Nessa corrida, os investimentos com publicidade ficaram cada vez mais altos ante a justificativa de que o consumidor deveria ser constantemente lembrado da existência da marca. Para tanto, nada melhor do que uma história bem contada como intuito de fazer com que o consumidor sempre lembrasse a marca distintiva e o produto/serviço a ela associado. Essa distinção característica da marca fez surgir nos publicitários a ideia de construir histórias conhecidas como *storytelling* ou "histórias contadas".

[4] KLEIN, Naomi. *Sem logo*: a tirania das marcas em um planeta vendido. Rio de Janeiro: Record, 2004.

A ideia de que a publicidade é apenas uma forma de promoção de produtos e serviços sem qualquer comprometimento com a informação verdadeira está absolutamente superada. As práticas de marketing, em especial a publicidade, são essenciais para a realização de atos de consumo; é por intermédio da peça publicitária que o consumidor conhece o produto ou o serviço. A liberdade absoluta na publicidade é algo do passado, superado pela ideia de que, como todas as demais atividades econômicas, a publicidade deve ser controlada.

Portanto, na sociedade contemporânea de consumo, é necessário estabelecer parâmetros e controles para a publicidade e, assim, evitar a ocorrência de ilicitudes contra aquele que é essencialmente vulnerável ao apelo para aquisição de produtos/serviços.

O direito não poderia ficar distante dessa realidade. O legislador, com o diploma legal consumerista (CDC), procurou estabelecer um regime de vedação de práticas ilícitas para a publicidade no Brasil, criando as figuras das publicidades abusiva e enganosa. Se o padrão anterior permitia ampla liberdade na elaboração de peças publicitárias, hoje, com a substancial mudança deste padrão no mercado de consumo pós-moderno, é certo que deverá ser controlada e punida a publicidade que desrespeitar as obrigações previstas no Código de Defesa do Consumidor, como informação, boa-fé e principalmente veracidade.

A publicidade, portanto, não é uma atividade livre pois há um direito fundamental, atribuído ao consumidor, de exigir veracidade. O Código de Defesa do Consumidor representou, nesse sentido, um verdadeiro marco para a atividade publicitária ao estabelecer parâmetros de controle da ilicitude da publicidade, que ainda não havia no direito brasileiro. Criou, de fato, um verdadeiro sistema de cooperação para salvaguardar o mercado de consumo.

A autorização normativa para um efetivo controle da publicidade não representa uma patrulha ideológica, como acreditam muitos profissionais da publicidade. Na verdade, o que houve foi uma mudança do padrão ético da prática publicitária. Se antes tudo era permitido em prol de uma suposta, mas inexistente liberdade de expressão criativa dos publicitários, o padrão ético de uma sociedade pós-moderna exige maior regulação, pois essa liberdade pode tornar-se arbitrariedade capaz de causar danos a um número incalculável de consumidores.

A nova ética do mercado de consumo, que premia a boa-fé, permite o exercício da liberdade de escolha relativamente ao modo como os indivíduos querem viver e como os consumidores querem consumir. Trata-se de nova e aperfeiçoada convivência baseada em uma inteligência compartilhada que pretende viabilizar um consumo mais racional e menos agressivo do ponto de vista da informação veiculada e da mensagem transmitida ao mercado de consumo.

Na pós-modernidade, em que risco e insegurança se mostram prevalentes, justifica-se a mudança do padrão ético ao permitir um olhar mais crítico sobre a publicidade e autorizar uma maior fiscalização. Há, de fato, um novo momento para a publicidade, longe das patrulhas ideológicas e mais perto da ética e da boa-fé; um ambiente que respeita o consumidor e trata o consumo como exercício de cidadania.

A preocupação do mercado de consumo deve ser com os aspectos éticos da publicidade. Para que se tenha uma atividade econômica sadia, é necessário que as práticas publicitárias tenham como foco o seu aspecto ético, apoiado por valores caros para o coletivo.

Nesse controle da publicidade, que têm fundamento na própria Constituição Federal não há qualquer sacrifício ao exercício da livre iniciativa, reconhecida constitucionalmente aos cidadãos e aos agentes econômicos, entre eles os fornecedores e os publicitários.

Apesar de não gravitar em torno dos direitos fundamentais, a publicidade foi regulada, em parte, pelo texto constitucional, no artigo 220. No ambiente constitucional, a publicidade comercial é qualificada como atividade econômica e não como manifestação de pensamento, o que autoriza a intervenção do Estado. São os próprios mecanismos constitucionais (defesa do consumidor como direito fundamental) que servem como anteparo ao exercício livre e ilimitado da publicidade comercial. Por outro lado, esse controle da publicidade, por ser constitucional, também não é absoluto ou ilimitado, encontrando seus limites no próprio texto constitucional.

Trata-se, de fato, de um controle com o objetivo de viabilizar na prática o princípio da ação estatal no mercado de consumo, contido no inciso II do artigo 4º do CDC, que prevê a atuação governamental no sentido de proteger efetivamente o consumidor de distintas formas: por iniciativa direta; por incentivos à criação e ao desenvolvimento de associações representativas; pela presença do Estado no mercado de consumo; e, ainda, pela garantia dos produtos/serviços em padrões de qualidade, segurança, durabilidade e bom desempenho.

Portanto, em sede legal, adotou-se o modelo de transparência, de honestidade e de cooperação do Código de Defesa do Consumidor, que exige uma participação efetiva do Estado, seja de modo preventivo, seja de forma repressiva, para impedir qualquer ação de fornecedores ávidos por vender seus produtos, que viole direitos dos consumidores.

A obrigação prevista no texto do Código de Defesa do Consumidor de bem informar, de não praticar enganosidades nem abusividades deriva da própria ação dos fornecedores que pretendem colocar seus produtos/serviços no mercado de consumo. Portanto, ao criar e veicular publicidades, em nenhuma hipótese ou circunstância poderão os fornecedores agir com desrespeito à boa-fé que lhe é exigida na prática do consumo. Os fornecedores não são obrigados a fazer publicidade, mas se o fazem, devem respeitar os parâmetros instituídos pela ética e pela boa-fé.

A justificativa do controle da publicidade, afora os caráteres constitucional e legal, também tem como suporte a proteção constitucional da dignidade da pessoa humana, derivada do imperativo categórico de Kant, que diferenciava o preço e a dignidade. É o respeito pelo outro como regra de ética maior e como fator representativo da dignidade da pessoa humana que deve dirigir a prática publicitária, orientando seus agentes – fornecedores e publicitários – a evitar enganosidades e abusividades.

O consumidor não é e não pode ser considerado objeto da relação de consumo, pois, como ser humano que é, tem dignidade e ela deve ser respeitada. É em nome do respeito à dignidade da pessoa humana que o controle estatal sobre a publicidade encontra legitimidade constitucional.

O controle da publicidade surge, portanto, como mecanismo de fiscalização acerca do cumprimento do dever de informação, mormente quando o descumprimento pode acarretar riscos à vida, à saúde e à segurança dos consumidores no mercado de consumo.

Há, de fato, uma esfera social de solidariedade e de corresponsabilidade que impõe ao Estado o dever de fiscalizar justamente o cumprimento do dever de bem informar. Se há vínculo jurídico estabelecido pela publicidade, se há obrigação de bem informar derivada deste vínculo jurídico que se estabeleceu com o anúncio publicitário, então há o dever do Estado de controlar a atividade publicitária que usa a criação como mecanismo de sedução e de convencimento de consumidores a adquirir produtos/serviços colocados no mercado de consumo.

A publicidade pode ser considerada uma arte, mas arte dirigida para a venda deve ser controlada pelo Estado. A publicidade não pode ser considerada uma manifestação puramente artística; ela é uma criação para o comércio, desenvolvida pela atividade empresarial. Não sem razão, a publicidade comercial, apesar de ter assento constitucional, está fora do âmbito de proteção constitucional dos direitos fundamentais, diferentemente do que ocorre com a liberdade de expressão puramente artística e com a defesa do consumidor.

O publicitário não pode pensar que tem liberdade plena e que jamais erraria na condução de sua atividade de criação – a publicidade. A possibilidade de errar existe e dela decorre a sua responsabilização em face do público consumidor.

A possibilidade de erro, justamente, dá substância à necessidade de controle e de fiscalização estatal da publicidade enquanto atividade econômica, como acontece com todas as outras atividades da mesma natureza, seja por meio de órgãos administrativos de proteção e de defesa do consumidor; seja pelo juiz, que terá o poder-dever de agir para inibir a atividade publicitaria ilícita, em qualquer modalidade.

Nessa senda, o que se pretende, na verdade, é um efetivo controle sobre o poder do fornecedor de seduzir o consumidor. A sedução do consumidor, bem sabemos, é legítima, o que não se admite é que ilicitudes se aproximem do raio de ação da publicidade, nem condutas contrárias à ética e à boa-fé, violando a dignidade do consumidor. Esse é o objetivo do controle estatal da publicidade, que está muito distante da ideia de inibir a atividade do publicitário ao evitar o exercício de um poder de sedução inescrupuloso e nocivo.

No âmbito do mercado, a força do fornecedor e a correspondente vulnerabilidade do consumidor determinam o conteúdo do discurso comercial, não raro obrigando as empresas a orientar as mensagens de forma a maximizar seus lucros. Por essa razão, a mensagem comercial não seria uma manifestação da liberdade individual ou da manifestação artística do publicitário, não estando, assim, protegida pela garantia constitucional da liberdade de expressão e de manifestação de pensamento.

A publicidade é manifestação eminentemente de conteúdo comercial, produzida com o intuito de aumentar receitas e maximizar lucros, fato que revela a sua natureza econômica e, portanto, passível de controle estatal.

O discurso comercial revelado pela publicidade constitui, enfim, a informação que o fornecedor deve transmitir ao consumidor e não se confunde com manifestação da liberdade de expressão. Na prática publicitária, a liberdade de expressão e de manifestação de pensamento dá lugar à liberdade de oferta econômica e ao dever de informar, razão pela qual se pode afirmar que na publicidade não há manifestação de pensamento. O que há é uma criação cuja finalidade é apresentar determinado produto/serviço ao mercado de consumo. Nela deverão constar, além dos atributos imaginados pelo seu criador, todas as informações necessárias para o correto e completo entendimento pelo consumidor daquilo que se lhe pretende oferecer, sob pena de caracterizar-se como prática ilícita, seja pela informação errônea, seja pela ausência de informação.

Não se pode justificar as falsas publicidades como expressão da liberdade de expressão e de manifestação de pensamento, que, como apontado, não autoriza a violação do dever de veracidade. Aos publicitários é permitido despertar no consumidor a vontade de adquirir determinado produto ou contratar um serviço, porém sem descurar do dever jurídico de bem informar e de acima de tudo ser veraz.

A publicidade, enfim, veicula informação e não expressão de pensamento. Por isso, são infundadas as alegações dos publicitários que justificam seus erros sob o manto da liberdade de manifestação criativa do pensamento. A liberdade de expressão não socorre a via artística quando utilizada no seu formato comercial, no intuito de atrair consumidores aos produtos veiculados pelas publicidades. Ademais, não existe liberdade de manifestação de pensamento quando as pessoas são manipuladas, quando não conseguem, por razões provocadas pelos próprios fornecedores de produtos/serviços, decidir de forma independente, segundo suas próprias concepções e valores.

Portanto, a concepção de publicidade como informação de conteúdo comercial legítima o controle por parte do Estado para coibir enganosidades e abusividades.

Portanto, os publicitários não poderão afastar a aplicação das normas de proteção e de defesa do consumidor, embasando a sua conduta na liberdade constitucional de manifestação do pensamento. E se assim fosse – e não é –, a garantia da livre manifestação de pensamento não é absoluta. O papel do Estado no que tange à liberdade de manifestação de pensamento é garantir, de forma positiva, o pluralismo e a livre circulação de ideias.

Então, no mundo pós-moderno não se pode, em prol da proteção da liberdade de expressão de um sujeito, arranhar o direito à incolumidade da informação pertencente a outro; não pode o sistema violar o direito inalienável do consumidor à informação veraz sob a alegação de proteção do direito – nesta visão, inexistente – à liberdade de expressão e de manifestação de pensamento.

Apesar de algumas posições divergentes da doutrina, a maioria afasta o controle estatal da atividade publicitária dos direitos de liberdade de expressão e de livre manifestação de pensamento, que não poderão ser atribuídos a fornecedores e publicitários.

Têm razão aqueles que concordam com a ideia de que a publicidade é atividade intelectual, artística e de comunicação, no entanto, o seu mais importante atributo, o conteúdo econômico, descaracteriza-a como produção artística pura. Em outras palavras, como atividade destinada à venda de produtos e à contratação de serviços, a publicidade é eminentemente atividade econômica, passível de controle estatal.

O controle estatal da publicidade, por óbvio, não visa a impedir a liberdade de criação dos publicitários; o intuito é evitar o abuso de direito. Os publicitários são livres para criar, porém dentro de parâmetros razoáveis determinados tanto pelo texto constitucional como pela lei ordinária.

No controle da atividade publicitária, especialmente para o Estado-Juiz, não há discricionariedade, pois a resposta correta está dada pelo texto constitucional, abalizado pelos princípios da razoabilidade e da proporcionalidade.

A Constituição Federal, enfim, ao assegurar (i) a dignidade da pessoa humana como fundamento da República Federativa do Brasil; (ii) a proteção e a defesa do consumidor como direito fundamental em face do Estado e dos particulares; (iii) a livre iniciativa condicionada ao atendimento dos demais princípios da ordem econômica; e (iv) a comunicação social, observado o disposto em seu texto, autoriza o poder de controle pelo Estado da publicidade comercial.

O objetivo do legislador originário foi garantir o cumprimento do dever de informação veraz por parte de fornecedores de produtos/serviços no mercado de consumo.

Acrescente-se que, como mecanismo apto a gerar vínculo jurídico e obrigação entre fornecedores e consumidores e como verdadeiro instrumento de sedução do ente mais frágil da relação de consumo, a publicidade tem seus limites regulados na Constituição Federal, no Código de Defesa do Consumidor e em demais leis esparsas, como acontece com o cigarro e com as bebidas alcóolicas, cuja liberdade de criação publicitária é controlada.

O Código de Defesa do Consumidor, quanto ao controle efetivo da publicidade, não definiu o que seria publicidade. Nesse ponto, agiu bem o legislador consumerista quando se restringiu a definir as espécies de publicidades ilícitas, elencando a publicidade enganosa e abusiva nos parágrafos primeiro e segundo do artigo 37 do Código de regência. Mas isso não quer dizer que essas seriam as únicas ilicitudes praticadas no mercado de consumo no que tange à publicidade. Como todo mecanismo de fiscalização das atividades de consumo, a relação de práticas publicitárias ilícitas não é exaustiva, razão pela qual toda publicidade que viole o sistema de proteção e de defesa do consumidor será considerada ilícita.

Além disso, se antes a regulação acerca da veracidade das informações contidas na publicidade se restringia à análise dos atributos do produto/serviço, hoje, no mundo pós-moderno, cuja sociedade busca o consumo como sinônimo de felicidade, esta mesma regulação deve voltar os olhos para outros mecanismos utilizados que podem não ter relação direta com os atributos do produto/serviço, mas estão vinculados à imagem e à marca que tem no mercado de consumo. O controle e a fiscalização devem caminhar lado a lado em ambas as situações, de modo a evitar a prática de ilicitudes.

Definitivamente, o conceito de enganosidade extraído no parágrafo primeiro do artigo 37 do Código de Defesa do Consumidor não é mais suficiente diante das novas práticas de marketing e de publicidade adotadas no mercado de consumo, razão pela qual uma releitura e uma nova interpretação, mais ampla, são necessárias.

2.2. A publicidade ilícita no Código de Defesa do Consumidor

A caracterização da ilicitude da publicidade está diretamente vinculada ao abuso no exercício do direito previsto pelo artigo 187 do Código Civil.

Criar e veicular peças publicitárias estão entre os direitos dos profissionais da publicidade. O que não se admite, no entanto, é o exercício abusivo, quando o publicitário cria e veicula peças publicitárias falando o que não poderia falar (publicidade enganosa), deixando de falar o que deveria (publicidade enganosa por omissão), violando princípios éticos vigentes na sociedade brasileira (publicidade abusiva), ou criando histórias fantasiosas, que não existem de fato e são vendidas e percebidas pelos consumidores como se verdadeiras fossem.

Além dessas hipóteses, há vedação expressa no artigo 36 do Código de Defesa do Consumidor da mensagem publicitária subliminar, aquela que o fornecedor tenta apresentar o seu produto/serviço utilizando mecanismo que não desperta no consumidor, imediatamente, a sua identificação como publicidade.

Nesse sentido, pode-se afirmar que existe um padrão de boa-fé exigido para o exercício da publicidade, que impõe restrições à informação errada, à ausência de informação, à informação eticamente restrita e à tentativa de fazer publicidade travestida, restrições estas que devem ser observadas e atendidas no trato da publicidade no Brasil.

Ressalte-se que ao avaliar uma publicidade enganosa ou abusiva o operador do direito não deve ater-se à conduta do fornecedor, pois pouco importa qual tenha sido a intenção do fornecedor. A avaliação acerca da enganosidade ou da abusividade da publicidade é objetiva, assim como é a análise do consumidor destinatário da publicidade.

Portanto, a avalição objetiva da peça publicitária deixa de lado a análise da intenção do fornecedor, se havia ou não ânimo de enganar; de violar a boa-fé e a veracidade. Objetivamente, a publicidade será enganosa se violar o dever de veracidade; será abusiva se violar o dever de transmitir mensagem ética.

2.3. A enganosidade

"O legislador demonstrou colossal antipatia pela publicidade enganosa". Essa afirmação de Benjamin resume bem o entendimento do legislador consumerista acerca da publicidade enganosa. Essa "colossal antipatia" do sistema de proteção e de defesa do consumidor com a publicidade enganosa surge da constatação de que o consumidor tem o direito fundamental de não ser enganado.

O Código de Defesa do Consumidor, ao tratar da publicidade enganosa, criou um novo dever, um dever de "veracidade especial", que deve ser cumprido por todo fornecedor que utiliza mecanismos de marketing para oferecer seus produtos/serviços no mercado de consumo.

O legislador certamente se baseou na ideia de mundo pós-moderno que abriga a sociedade de informação e permite um real e efetivo aumento da velocidade da comunicação e consequentemente de troca de informações para exigir respeito à veracidade e à boa-fé como valores fundamentais. Soma-se o fato de na sociedade informacional pós-moderna o risco de ocorrência de dano ter aumentado consideravelmente com os novos mecanismos de comunicação. O direito, nesse contexto, não pode esquivar-se de regulamentar essa troca dinâmica de informações, especialmente quando se trata de venda de produtos/serviços no mercado de consumo.

A preocupação do legislador consumerista com a norma estampada no artigo 37, § 1º, que elevou à categoria de princípio o dever de veracidade e de boa-fé da prática publicitária, tipificando como ilícita a publicidade enganosa, foi justamente demonstrar o interesse da sociedade em evitar que informações, especialmente as de caráter publicitário, induzam o consumidor em erro, prejudiquem a sua autonomia da vontade e impeçam o livre exercício do direito de livre escolha do consumidor.

Na enganosidade, o consumidor é levado a adquirir determinado produto ou contratar determinado serviço com informações, que não são verazes e devem, portanto, com fulcro no Código de Defesa do Consumidor, ser extirpadas do mercado de consumo. Na verdade, revelam patologias como aquelas tentativas do fornecedor de convencer o consumidor sobre a credibilidade da sua marca, dos seus produtos/serviços com base em histórias contadas (*storytelling*) que, depois, descobrem-se não ser verdadeiras.

Informações sobre a história da marca dão credibilidade e têm o propósito de atrair o consumidor para adquirir o produto ou contratar o serviço por acreditar nas informações veiculadas. Contudo, vale frisar, se houver ofensa ao dever de veracidade, na intenção de induzir o consumidor em erro, a publicidade será caracterizada como enganosa e o responsável punido com os rigores impostos pelo Código de Defesa do Consumidor. Mas isso ainda não acontece porque a análise da enganosidade é tão somente em relação aos atributos do produto/serviço.

A leitura simples que se faz hoje do Código de Defesa do Consumidor revela uma enganosidade relativa exclusivamente aos atributos do produto/serviço. As novas práticas do mercado, no entanto, exigem uma leitura mais ampla do disposto no artigo 37, § 1º, do diploma consumerista, que dê nova roupagem à enganosidade diante das novas práticas do mercado de consumo da pós-modernidade.

O produto/serviço não chega diretamente ao consumidor quando uma publicidade é veiculada. Na verdade, o que alcança primeiramente o consumidor é a imagem moldada pela publicidade. Desse fato decorre o dever de o produto/serviço corresponder exatamente aos atributos que apresenta no mundo fenomênico, real. Do contrário, haverá violação do dever de veracidade por incutir na mente do consumidor uma falsa noção da realidade, caracterizando a ilicitude que se pretende ver extirpada do sistema jurídico brasileiro.

A prática comercial que lança mão da publicidade enganosa é muito grave, não só porque atinge o consumidor, mas também porque prejudica a concepção de um saudável sistema de concorrência entre fornecedores.

No cenário pós-moderno, a qualidade e o preço dos produtos/serviços deixaram de servir como instrumentos de concorrência. Hoje, marca e imagem, de fato, definem as escolhas dos consumidores porque dão credibilidade ao fornecedor e ao produto/serviço. A bem da verdade, ao veicular informações sobre produtos/serviços que não condizem com a realidade, o fornecedor pretende obter vantagem em relação ao concorrente, o que caracteriza a concorrência desleal.

O reconhecimento da publicidade enganosa (i) não exige prova da enganosidade de fato, bastando que a ilicitude seja em potencial; (ii) dispensa a análise de boa-fé do fornecedor, uma vez que a enganosidade é analisada objetivamente; (iii) materializa-se nas alegações ambíguas e nas parcialmente verdadeiras; (iv) também ocorre no silêncio, como ausência de informação positiva; (v) considera o fato de uma prática poder ser considerada normal para um grupo de fornecedores, mas nem por isso deixará de ser enganosa; (vi) admite que o seu *standard* não é fixo, podendo ser avaliado com maior intensidade em face de consumidores com vulnerabilidade acentuada, aqueles especialmente protegidos por lei.

Do conceito de enganosidade, extraem-se os elementos que, são fundamentais para a exata compreensão da tese que se pretende defender: abertura do conceito; falsidade da mensagem, ainda que parcial; e indução em erro, ainda que caraterizada a omissão do fornecedor.

O conceito de enganosidade deve ser aberto, uma vez que, segundo o texto normativo, o objeto de análise do intérprete será "qualquer modalidade de informação ou comunicação de caráter publicitário". Essa abertura do conceito deverá permitir que outras situações sejam submetidas ao tipo legal dessa ilicitude e não apenas aquelas relativas exclusivamente aos atributos do produto/serviço. A abertura do conceito de enganosidade dá sustentação à proposta de uma releitura do conceito de enganosidade para torná-lo mais amplo, abrangente e que contemple os novos mecanismos de publicidade decorrentes dos movimentos da sociedade de consumo pós-moderna concebidos no fim do século XX e no limiar do século XXI.

Assim, se na pós-modernidade outros formatos de comunicação publicitária foram criados ou descobertos pelo homem, uma releitura e uma adaptação dos conceitos legais também são necessárias para acompanhar o dinamismo do mercado de consumo atual. Em outras palavras, é preciso alargar o conceito de publicidade enganosa para abarcar o maior número de situações, com vistas à manutenção de um mercado de consumo saudável.

Além da abertura do conceito legal de enganosidade, outro elemento da publicidade enganosa a ser analisado é a falsidade da mensagem. Ainda que parcial, a falsidade da mensagem é considerada ilicitude porque ofende os princípios da veracidade e da boa-fé. A publicidade não pode conter informações inverídicas, qualquer que seja o motivo, em decorrência dos deveres objetivos e específicos de veracidade e de boa-fé, a serem observados pelos fornecedores na elaboração e na veiculação peça publicitária.

Ao definir como ilícita a publicidade que veicula informações falsas, a preocupação do legislador é fundamentalmente com a possibilidade de o consumidor ser induzido em erro e, assim, ver violados os seus direitos à saudável formação da autonomia da vontade e ao livre exercício do direito de escolha.

A análise da indução em erro é abstrata e objetiva porque independe da intenção do fornecedor de enganar. A eventual boa-fé do fornecedor não será objeto de análise por ocasião do controle da publicidade, o que torna a sua caracterização desalinhada com os conceitos de culpa e dolo, cuja aferição é, portanto, desnecessária. Na caracterização da publicidade enganosa, portanto, vale o simples fato de o consumidor ter sido induzido em erro pela peça publicitária.

Da leitura do artigo 37, § 1º, do Código de Defesa do Consumidor, infere-se que o parâmetro de caracterização da enganosidade é a informação essencial do produto/serviço. É, de fato, sobre a informação essencial que incidirá a falta de verdade ou a omissão de informação.

Segundo o dispositivo legal em comento, a informação essencial estaria diretamente relacionada a distintos atributos do produto/serviço: natureza, características, qualidade, quantidade, propriedades, origem, preço, entre outros. Esse conceito, vale lembrar, deve ser ampliado diante dos novos mecanismos de comunicação de que se vale a publicidade para convencimento do consumidor.

A propósito, o vocábulo "essencial" está intimamente ligado ao convencimento do consumidor para aquisição de produto ou contratação de serviço. É essencial porque justamente determina se a informação veiculada fez ou faria o consumidor decidir pela aquisição do produto/serviço, ou não.

Informação essencial enganosa, portanto, é aquela que está em desconformidade com a realidade, sua presença ou ausência é capaz de induzir o consumidor em erro.

Enfim, uma simples leitura do disposto no artigo 37, § 1º, do Código de Defesa do Consumidor permite inferir que publicidade enganosa é aquela capaz de induzir o consumidor em erro, por ação ou omissão, em razão da veiculação pelo fornecedor de mensagem inteira ou parcialmente falsa acerca dos atributos dos produtos/serviços.

Mas a leitura simples que se tem hoje não é suficiente para garantir proteção ao consumidor em face da dinâmica da sociedade de consumo pós-moderna. O conceito deve ser ampliado para que novas situações não albergadas pela concepção restrita de publicidade enganosa sejam objeto de proteção jurídica.

2.4. A ampliação do conceito de enganosidade para além dos atributos do produto ou do serviço. O reconhecimento do direito fundamental do consumidor à veracidade na publicidade e a enganosidade especial do *storytelling*

O alargamento do conceito de enganosidade comentado na seção anterior para classificar como espécie de publicidade enganosa a intenção ilícita do fornecedor de convencer o consumidor a comprar produtos ou contratar serviços, com histórias contadas sobre si mesmo, sobre sua marca ou sobre seu produto/serviço é uma exigência do respeito aos deveres de boa-fé e de veracidade no âmbito das relações de consumo.

A grande preocupação do mercado de consumo, dos fornecedores e dos publicitários com a imagem e com a marca dos seus produtos/serviços é resultado do novo formato de atividade publicitária que surgiu em decorrência das mudanças que se desenvolveram ao longo do século XX, cujos exemplos mais concretos são os novos mecanismos de comunicação como a internet e as redes sociais.

A comunicação mudou, fruto das mudanças já relatadas, e a publicidade acompanhou essa mudança, razão pela qual a sua regulação deve se adaptar a esse novo cenário. Nessa esteira, uma nova arte de convencimento de consumidores surge: a preocupação do fornecedor com a sua imagem e com a sua marca para distinguir e valorizar o próprio produto/serviço e respectivos atributos.

Essa mudança histórica nos objetivos da publicidade deve espraiar-se para o direito, especialmente a interpretação dos dispositivos legais. Se a interpretação combina com antigos aspectos da publicidade, que privilegiavam o produto/serviço *per se*, deve ela adaptar-se à nova realidade pós-moderna. Desta feita, a enganosidade prevista em lei não poderá ficar circunscrita apenas aos atributos do produto/serviço, mas sim acompanhar a evolução da publicidade, dirigir-se à marca e a outros mecanismos de convencimento do consumidor, mormente aquele que conta histórias sobre o fornecedor e sobre a marca com a intenção clara de transmitir confiança e credibilidade.

Bom exemplo nesse sentido tem assento no disposto no artigo 66 do Código de Defesa do Consumidor que trata de afirmações falsas ou enganosas para tipificação penal. Ao qualificar as hipóteses de ação ou omissão falsa ou enganosa do consumidor, o legislador restringiu a aplicação do texto a situações relativas exclusivamente aos atributos do produto/serviço. De acordo com o referido artigo, configura ilícito penal a publicidade que faz afirmação falsa ou enganosa, ou omite informação relevante sobre natureza, característica, qualidade, quantidade, segurança, desempenho, durabilidade, preço ou garantia de produtos/serviços. A formatação legal desse tipo penal é mais um ingrediente para amalgamar a afirmação de que é preciso se proceder a uma mudança de paradigma com relação à interpretação da enganosidade do Código de Defesa do Consumidor, para que não seja restritiva.

Com efeito, o *storytelling* (contar histórias), utilizado como novo mecanismo de marketing, cuja influência sobre o consumidor não é contemplada pela interpretação que se faz hoje do artigo 37, § 1º, do Código de Defesa do Consumidor, não tem, em si, uma ilicitude. A ilicitude reside em fantasiar algo como se verdade fosse. O exagero e a fantasia poderão fazer parte dos mecanismos de criação da peça publicitária, desde que não induzam o consumidor em erro, propalando inverdades tão somente para convencê-lo a adquirir produtos ou contratar serviços. Mais, a atitude ilícita do fornecedor e do publicitário também se caracteriza quando a peça publicitária veiculada procura suscitar o sentimento de empatia do consumidor, seja pela fantasia, seja pelo exagero. Nada impede que o fornecedor conceba uma fantasia ou exagero na sua peça publicitária, mas deve ficar claro para o consumidor que há, de fato, um exagero ou que a história contada é fantasiosa porque, caso contrário, será caracterizada essa enganosidade especial, que ainda não é contemplada na interpretação que se faz do artigo 37, § 1º, do Código de Defesa do Consumidor.

Acrescente-se que a interpretação atual deste dispositivo do diploma consumerista não é suficiente para coibir o novo formato de prática publicitária ilícita, justificando, assim, a necessidade de uma ampliação, justamente para aproveitar a abertura do conceito de enganosidade. É que na época da concepção do Código de Defesa do Consumidor a preocupação do legislador residia apenas na prática realizada pelo fornecedor para vender seus produtos/serviços. Houve um significativo avanço nesse sentido: o fornecedor "vende" muito mais que produtos/serviços; vende marca, imagem, experiência, credibilidade e confiança.

Nessa senda, o estudo da nova interpretação a ser dada ao artigo 37, § 1º, do Código de Defesa do Consumidor, que considera enganosos outros mecanismos de publicidade, exigiu um duplo esforço de análise: primeiro, quanto às justificativas de controle jurídico da publicidade; segundo, quanto ao exame das razões da ilicitude do *storytelling* como novo mecanismo de publicidade, que convence consumidores não pela simples divulgação dos atributos do produto/serviço, mas por levar ao conhecimento do consumidor histórias sobre a marca do produto/serviço ou do próprio fornecedor, para diferenciá-lo dos demais e criar o sentimento de credibilidade.

Não é demais lembrar que a questão relevante que provocou a presente reflexão reside na possibilidade de as histórias contadas, mediante o mecanismo do *storytelling*, não serem verdadeiras, somando-se o fato de a interpretação de enganosidade que se faz hoje a partir do Código de Defesa do Consumidor não ser suficiente para reprimir tal conduta.

O problema do uso do *storytelling* na peça publicitária, consistente em contar uma história para qualificar a marca do fornecedor, é justamente noticiar como verdadeiro um fato que não aconteceu, com o único intuito de encantar o consumidor e convencê-lo a adquirir o seu produto ou contratar o seu serviço.

O Código de Defesa do Consumidor preencheu, como mencionado, o espaço que os regulamentos existentes até a sua edição e autorregulamentação não tinham conseguido suprir, qual seja, a efetiva regulação da publicidade comercial no Brasil. Mas é preciso, como dito, ampliar a sua interpretação de acordo com as práticas da sociedade atual.

Se antes do CDC o controle da atividade publicitária era centrado nas figuras do fornecedor e do mercado, quando as leis de regência eram o Código Comercial e o Código Civil de 1916 – ambos textos normativos do fim do século XIX e início do século XX –, com a publicação do diploma consumerista o controle da publicidade voltou a sua preocupação para o consumidor, como personagem vulnerável da relação de consumo e que demandava proteção efetiva. Em outras palavras, se antes predominava no mercado de consumo a máxima *caveat emptor* ("o comprador que se acautele"), no sistema de proteção e de defesa do consumidor prevalece a ideia estampada pela máxima *caveat praebitor* ("o fornecedor que se acautele"), não havendo espaço algum para o *dolus bônus.*

O sistema implantado pelo Código de Defesa do Consumidor estabeleceu o direito subjetivo do consumidor à informação correta. A motivação para a compra de determinado produto/serviço passa a ser relevante e a ter conteúdo jurídico. A marca e a imagem do fornecedor, como sabido, desempenham uma função importante na decisão do consumidor de preferir determinado produto/serviço na medida em que geram credibilidade e confiança. Por sua vez, as histórias contadas sobre a marca e a imagem do fornecedor devem, sim, contar com a respectiva regulamentação.

O *storytelling* é empregado para motivar a compra de produtos ou a contratação de serviços; é uma forma de atribuir credibilidade e confiança à imagem do fornecedor e à sua marca. Por isso, a análise da prática publicitária do *storytelling* ganha importância quando se tem em mente a necessidade de verificar o cumprimento dos deveres de informação, veracidade, transparência, honestidade e cooperação exigidos nas relações estabelecidas entre fornecedores e consumidores no mercado de consumo.

Storytelling é, enfim, um novo, e especial, tipo de enganosidade porque induz o consumidor em erro no momento mais importante da contratação, isto é, na formação do seu convencimento. Essa é, pois, a razão de se pugnar pelo efetivo controle desta técnica publicitária, consoante a nova intepretação aqui proposta para o artigo 37, §1º do Código de Defesa do Consumidor. A interpretação corrente, que dá ao dispositivo legal autorização para o controle da publicidade apenas em relação às informações sobre produtos/serviços não serve mais para a publicidade pós-moderna porque trata o *storytelling* que não traz informações verdadeiras como mera fantasia ou simples brincadeira do fornecedor.

A técnica do *storytelling* é utilizada sobretudo para fixar a imagem do fornecedor e principalmente das marcas, não raro o maior patrimônio da empresa. As histórias contadas ajudam a construir a marca e a imagem do fornecedor para o público consumidor; auxiliam o consumidor a acreditar na qualidade dos produtos/serviços, já que lhe confere solidez, confiança e credibilidade.

Ao contar uma história inverídica sobre a marca, sobre a empresa ou sobre aqueles que as conceberam, o fornecedor e seu agente publicitário induzem o consumidor em erro. Dada a relevância que essa história representa na decisão do consumidor na medida em que cria uma garantia de procedência do produto/serviço, eventual desvio que represente desrespeito ao dever de veracidade caracterizará não uma simples brincadeira ou fantasia mas uma prática publicitária ilícita, incorrendo o agente nas sanções civis, penais e administrativas trazidas nos artigos 37, §1º, 56, 66 e 67, todos do Código de Defesa do Consumidor.

Enfim, a indução em erro, própria da publicidade enganosa, reside no fato de o consumidor pensar que está adquirindo um produto ou contratando um serviço, cujo fornecedor ou marca tem história, sem saber que tudo não passa de um engodo. Como ocorre em toda publicidade, o elemento persuasão está presente na prática do *storytelling*: o fornecedor deseja, de fato, persuadir o consumidor a adquirir determinado produto ou contratar determinado serviço levado pela história que lhe foi contada.

O problema, na verdade não está na tentativa de persuasão do consumidor, mas sim na intensidade dessa persuasão e nos mecanismos utilizados para tanto, como a técnica de contar histórias que na realidade não aconteceram. A antijuridicidade, por seu lado, também não está na interpretação que hoje se faz do artigo 37, § 1º, do Código de Defesa do Consumidor, baseada na ideia de que os fornecedores venderiam tão somente produtos/serviços, como mencionado linhas atrás. A condenação como prática ilícita recai sobre a inveracidade das histórias contadas, a ponto de comprometer o exercício da vontade livre e consciente do consumidor, dando lugar a uma manifestação de vontade formada ao sabor do ímpeto mercadológico (mais vendas, mais lucros) de fornecedores de produtos/serviços e seus respectivos publicitários.

Haveria, por essa razão, um sentimento ilusório do exercício da autonomia da vontade e da liberdade de escolha pelo consumidor. Enfim, o *storytelling* ilícito reduz e compromete a escolha livre e consciente consumidor; é uma violação ao dever geral de boa-fé, que percorre todo o Código de regência. O fornecedor não pode de modo algum presumir que o consumidor saberá que a história contada não condiz com a realidade; que se trata de mera fantasia. Fato é que, fantasia ou não, isso precisa ficar claro para o consumidor, do contrário, configurar-se-á a ilicitude.

Bom salientar que essa afirmação está despida de qualquer intenção de inviabilizar a prática publicitária do *storytelling*. A intenção é evidenciar a necessidade de controle, com vistas à formação sadia da vontade do consumidor.

A atividade publicitária, enfim, não poderá ser considerada uma atividade comercial imune às atividades de controle, seja pelo Estado, seja pela sociedade civil, porque assim a Constituição Federal e a legislação ordinária determinam. Ademais, qualquer iniciativa de fornecedores e de seus respectivos publicitários de "contar histórias" para formar o convencimento dos consumidores, mormente quanto à credibilidade de sua marca e de seu produto, deve respeitar os comandos impostos pelo Código de Defesa do Consumidor, sob pena de ser reconhecida a prática de ilicitude no mercado de consumo.

Por derradeiro, cabe dizer que o *storytelling* não é mera fantasia ou simples brincadeira do fornecedor e de seu publicitário, quanto à divulgação dos atributos de seus produtos/serviços, como querem aqueles que interpretam restritivamente a enganosidade da regra do artigo 37, § 1º, do Código de Defesa do Consumidor. É importante ir além no entendimento porque em uma sociedade informacional pós-moderna, cujos mecanismos de convencimento do consumidor aumentam a cada dia, é necessário ampliar a interpretação do referido dispositivo, dar nova roupagem à enganosidade e ao mesmo tempo compreender a extensão dos novos mecanismos de marketing adotados pelos fornecedores, a fim de fazer valer a boa-fé e a veracidade, que tanta importância têm nas relações vividas no mercado de consumo.

Conclusões

O Código de Defesa do Consumidor é um importante instrumento legislativo de regulação das práticas do mercado de consumo e de proteção dos vulneráveis, especialmente no que concerne à publicidade de produtos e de serviços.

Se antes da edição do Código de Defesa do Consumidor não havia regramento para as práticas comerciais, entre elas a publicidade, hoje o cenário é diferente. O consumidor passou a ser protegido contra ilicitudes praticadas pela publicidade no mercado de consumo, que o legislador definiu como enganosas e abusivas.

A interpretação corrente acerca do disposto no artigo 37, § 1º, do Código de Defesa do Consumidor restringe a análise da enganosidade aos atributos do produto/serviço, conclusão decorrente da leitura do próprio texto normativo e do momento em que o Código de Defesa do Consumidor foi concebido. Então, para abarcar a dinâmica das técnicas atualmente utilizadas, é necessário e urgente proceder a uma nova interpretação desse dispositivo, mais ampla e mais efetiva, para que a análise da enganosidade abarque todos os mecanismos utilizados por fornecedores e por publicitários para o convencimento do consumidor.

Na dinâmica do mercado de consumo da pós-modernidade, novos mecanismos de convencimento do consumidor foram descobertos e desenvolvidos. O fornecedor, percebendo a necessidade de se destacar no mercado, passou a utilizar a antiga prática de contar histórias, também conhecida como *storytelling*, para dar ao produto/serviço credibilidade e angariar a confiança dos consumidores.

A prática do *storytelling* pode ser considerada uma enganosidade especial, quando o seu conteúdo fere principalmente os postulados da veracidade e da boa-fé, que decorre de uma nova e mais alargada intepretação que deve ser conferida ao artigo 37, §1º, do Código de Defesa do Consumidor.

A interpretação do artigo 37, §1º, do Código de Defesa do Consumidor deve, pois, estar em consonância com as novas realidades do mercado de consumo e com os novos mecanismos de comunicação. Da forma como hoje se interpreta o referido dispositivo legal, que foca a análise da enganosidade nos atributos do produto/serviço, a prática do *storytelling* seria admitida em qualquer hipótese ante o argumento de que se trata de simples brincadeira ou mera fantasia do fornecedor e de seu publicitário para promover um produto/serviço no mercado de consumo.

De par com a interpretação aqui proposta, mais elástica e mais adequada aos princípios que regem o sistema de proteção e de defesa do consumidor – e que se coaduna com a realidade pós-moderna e as mudanças que provocou na sociedade de consumo –, não deve permitir que o fornecedor, no desejo irrefreável de vender mais, apresente ao consumidor uma história que, de fato, não existiu.

Enfim, o ambiente da sociedade de consumo pós-moderna, de riscos e incertezas, exige um novo e unânime pensamento, uma nova forma de interpretar as normas de proteção e de defesa do consumidor, de modo a dar-lhe mais efetividade.

Uma das novas formas de conferir efetividade ao sistema protetivo do consumidor é aprofundar a interpretação do disposto no artigo 37, parágrafo único, do Código de Defesa do Consumidor. O objetivo primordial é afastar a interpretação que hoje se faz e que se atém aos atributos do produto/serviço, para que a análise da enganosidade também se faça nos demais – e novos – mecanismos de convencimento do consumidor como contar histórias (*storytelling*) inverídicas sobre o fornecedor, sua imagem e sua marca para dar credibilidade ao produto/serviço. Esse comportamento, além de enganoso, contamina a autonomia de vontade do consumidor, com prejuízo para o exercício do seu direito de escolha. Ademais, enganar o consumidor com histórias contadas que não correspondem à verdade é conduta desonesta; denota falta de transparência e falta de cooperação dos fornecedores com seus consumidores, valendo lembrar que viola o dever de boa-fé e de veracidade, devendo, portanto, ser banida se se pretende um mercado de consumo sadio e livre de ilicitudes.

Referências

ADAMES, Yahisbel. A Hollister mentiu sobre sua própria história. *Exame.Com*. 21 jul. 2015. Disponível em: <http://exame.abril.com.br/marketing/a-hollister-foi-mesmo-criada--em-1922-como-diz-descubra/>. Acesso em: 21 jul. 2016.

ALPA, Guido. *Il diritto dei consumatori*. Roma: Laterza,1999.

ALMEIDA, Aliette Marisa S. D. N. Teixeira de. A publicidade enganosa e o controle estabelecido no Código de Defesa do Consumidor. *Revista de Direito do Consumidor*, São Paulo, RT, 53/11, p. 25-55, jan./mar. 2005. Doutrinas Essenciais Direito do Consumidor.

ALMEIDA, Carlos Ferreira de. *Direito do consumo*. Coimbra: Almedina, 2005.

ARAGÃO, Alexandre Santos de. Liberdade de expressão comercial. *Revista Eletrônica de Direito Administrativo e Econômico*, Salvador, n. 6, maio-julho 2006.

ARRUDA ALVIM, Thereza Wambier; ARRUDA ALVIM, Eduardo, MARINS, James. *Código de Defesa do Consumidor comentado*. 2. ed. São Paulo: Revista dos Tribunais, 1995.

ALPA, Guido. *Il diritto dei consumatori*. Roma-Bari: Laterza, 1999.

BAUDRILLARD, Jean. *A sociedade de consumo*. Lisboa: Edições 70, 2008.

BAUMANN, Zygmund. *Amor líquido* – sobre a fragilidade dos laços humanos. Rio de Janeiro: Zahar, 2009.

______; BORDONI, Carlo. *Estado de crise*. Rio de Janeiro: Zahar, 2016.

BECK. Ulrich. *Sociedade de risco*. Rumo a uma outra modernidade. Tradutor Sebastião Nascimento. São Paulo: Editora 34, 2007.

BENJAMIM, Antonio Herman Vasconcelos e. O controle jurídico da publicidade. *Revista de Direito do Consumidor*. São Paulo, Revista dos Tribunais, RDC9/25, p. 57/105, 1994. (Doutrinas Essenciais de Direito do Consumidor).

______. *Código Brasileiro de Defesa do Consumidor comentado pelos autores do anteprojeto*. São Paulo: Forense, 2011.

BESSA, Leonardo Roscoe. *Relação de consumo e aplicação do Código de Defesa do Consumidor*. 2. Ed. São Paulo: Revista dos Tribunais, 2009.

CALAIS-AULOY, Jean; TEMPLE, Henri. *Droit de la consommation*. 9. ed. Paris: Dalloz, 2015.

CANCLINI, Nestor Garcia. *Consumidores e cidadãos*. Rio de Janeiro: Ed. da UFRJ. 2010.

CANOTILHO, José Joaquim Gomes. *Direito constitucional e teoria da Constituição*. 7. ed. Coimbra: Almedina, 2010.

CARVALHO, Jorge Morais. *Manual de direito do consumo*. Coimbra: Almedina, 2014.

CAVALIERI FILHO, Sérgio. *Programa de direito do consumidor*. São Paulo: Atlas, 2008.

CHAVES, Rui Moreira. *Regime jurídico da publicidade*. Coimbra: Almedina, 2005.

COMPARATO, Fabio Konder. A proteção do consumidor. *Revista de Direito Público*. São Paulo, RT, vol. 80, 1986.

CORDEIRO, Antonio Manuel da Rocha e Menezes. *Da boa-fé no direito civil*. Coimbra: Almedina, 2001.

DIAS, Lucia Ancona Lopez de Magalhães. *Publicidade e direito*. São Paulo: Revista dos Tribunais, 2013.

FALCÃO, David. *Direito do consumo* – coletânea de legislação fundamental. Coimbra: Almedina, 2015.

FEDERIGHI, Suzana Maria Pimenta Catta Preta. *Publicidade abusiva* – incitação à violência. São Paulo: Juarez de Oliveira, 1999.

FILOMENO, José Geraldo Brito. *Código de Defesa do Consumidor comentado pelos autores do anteprojeto*. Rio de Janeiro: Forense, 2011.

FONSECA, Patrícia Galindo da. Origens e fundamentos do direito do consumidor brasileiro. In: _____; RAMOS, Fabiana D'Andrea; BOURGOIGNIE, Thierry (Org.). *A proteção do consumidor no Brasil e no Quebec*: diálogos de direito comparado. Niterói: Ed. da UFF, 2013.

FONTENELLE, Lais (Org.). *Criança e consumo*. 10 anos de transformação. Local: Instituto Alana, ano.

FROTA, Mario. *Direito europeu do consumo* – reflexo das políticas de consumidores da União europeia. Curitiba: Juruá, 2007.

FURLAN, Valeria C. P. *Princípio da veracidade nas mensagens publicitárias*. *Revista de Direito do Consumidor*, São Paulo, RT, p. 241-282. Doutrinas Essenciais de Direito do Consumidor.

GLOBO.COM. Economia. *Histórias contadas pelas marcas Diletto e Do Bem vão parar no Conar.* 25.11.2014. Disponível em: <http://g1.globo.com/economia/midia-e-marketing/noticia/2014/11/historias-contadas-pelas-marcas-diletto-e-do-bem-vao-parar-no-conar.html>. Acesso em: 21 jul. 2016.

GRINOVER, Ada Pelegrini *et al. Código Brasileiro de Defesa do Consumidor comentado pelos autores do anteprojeto.* São Paulo: Forense, 2011. v. I.

GRUDMANN, Stefan. *A proteção funcional do consumidor*: novos modelos de consumidor à luz das teorias recentes. Novas tendências do direito do consumidor – rede Brasil-Alemanha de pesquisas em direito do consumidor. São Paulo: Revista dos Tribunais, 2015.

GUIMARÃES, Paulo Jorge Scartezzini. A informação ao consumidor e a responsabilidade civil solidária. *Revista de Direito do Consumidor.* São Paulo: Revista dos Tribunais, n. 38, 2001.

HENRIQUES, Isabella Vieira Machado. *Publicidade abusiva dirigida à criança.* Curitiba: Juruá, 2008.

KLEIN, Naomi. *Sem logo*: a tirania das marcas em um planeta vendido. Rio de Janeiro: Record, 2004.

LEAL, Ana Luiza. Toda empresa quer ter uma boa história. Algumas são mentira. 23 out. 2014. *Exame.Com.* Disponível em: <http://exame.abril.com.br/revista-exame/marketing-ou-mentira>. Acesso em 21 jul. 2016.

LIPOVETSKY, Gilles. *A felicidade paradoxal* – ensaio sobre a sociedade de hiperconsumo. São Paulo: Companhia das Letras, 2006.

______; SERROY, Jean. *A estetização do mundo* – viver na era do capitalismo artista. São Paulo: Companhia da Letras, 2015.

MALTEZ, Rafael Tocantins. *Direito do consumidor e publicidade* – análise jurídica e extrajurídica da publicidade subliminar. Curitiba: Juruá, 2011

MARQUES, Cláudia Lima. Vinculação própria através da publicidade? A nova visão do Código de Defesa do Consumidor. *Revista de Direito do Consumidor.* São Paulo, Revista dos Tribunais, 10/7, 1994. (Doutrinas Essenciais de Direito do Consumidor).

______. *CDC comentado.* São Paulo: Revista dos Tribunais, 2013.

______. *Contratos no Código de Defesa do Consumidor* – O novo regime das relações contratuais. 8. ed. São Paulo: Revista dos Tribunais, 2016.

______; GSELL, Beate. *Novas tendências do direito do consumidor* – rede Alemanha-Brasil de pesquisas em direito do consumidor. São Paulo: Revista dos tribunais, 2015.

______; MIRAGEM, Bruno. *Constitucionalidade das restrições à publicidade de bebidas alcoólicas e tabaco por lei federal* – diálogo e adequação do princípio da livre iniciativa econômica à defesa do consumidor e da saúde pública (art. 170, CF/88). Doutrinas Essenciais Direito do Consumidor. São Paulo: Revista dos Tribunais, 2011. v. III.

______; BENJAMIN, Antonio Herman V. e; MIRAGEM, Bruno. *Comentários ao Código de Defesa do Consumidor.* 4. ed. São Paulo: Revista dos Tribunais, 2013.

MARTINS-COSTA, Judith. *A boa-fé no direito privado* – critérios para a sua aplicação. São Paulo: Marcial Pons, 2015.

MIRANDA, Jorge. *Manual de direito constitucional.* Direitos fundamentais. Coimbra: Coimbra Editora, 2000. t. IV.

MIRAGEM, Bruno; MARQUES, Cláudia Lima (Org.). *Doutrinas essenciais de direito do consumidor*. Proteção da confiança e práticas comerciais. São Paulo: Revista dos Tribunais, 2011. v. III.

______. *Curso de direito do consumidor*. 5. ed. São Paulo: Revista dos Tribunais. 2014.

NERY JUNIOR, Nelson. *O regime da publicidade enganosa no Código de Defesa do Consumidor*. Doutrinas Essenciais Direito do Consumidor. São Paulo: Revista dos Tribunais, 2011. v. III.

NUNES JUNIOR, Vidal Serrano. *Publicidade comercial, proteção e limites na Constituição de 1988*. São Paulo: Verbatim, 2015.

OLIVEIRA, Amanda Flávio de. *Código de Defesa do Consumidor não é expressão de paternalismo jurídico*. 2.3.2016. Disponível em: <http://www.conjur.com.br/2016-mar-02/garantias-consumo-codigo-defesa-consumidor-nao-expressao-paternalismo-juridico>. Acesso em: 28 out. 2016.

PFEIFFER, Roberto Augusto Castellanos. *Defesa da concorrência e bem-estar do consumidor*. São Paulo: Revista dos Tribunais, 2015.

PRATA, Ana. *A tutela constitucional da autonomia privada*. Coimbra: Almedina. Coimbra, 1982.

RAGAZZI, Jose Luiz Ragazzi; HONESKO, Raquel Schlommer; HONESKO, Vitor Hugo Nicastro. *Código de Defesa do Consumidor comentado*: doutrina e jurisprudência. São Paulo: Verbatim, outubro de 2009.

RAMSAY, Iain. O controle da publicidade em um mundo pós-moderno. *Revista de Direito do Consumidor*. São Paulo, Revista dos Tribunais, RDC 4/1992, número especial, p. 26-41, out./dez. 1992.

REICH, Norbert. Algumas proposições para a filosofia da proteção do consumidor. *Revista dos Tribunais*, RT, n. 728, p. 11-36, junho 1996.

ROCHA, Silvio Luiz Ferreira da. *O controle jurídico da publicidade no CDC, 20 anos do Código de Defesa do Consumidor*. Estudos em homenagem ao Professor José Geraldo de Brito Filomeno. São Paulo: Atlas, 2010.

RODYC, Wilson Carlos. O controle da publicidade. In: MARQUES, Claudia Lima; MIRAGEM, Bruno (Org.). *Doutrinas essenciais*. Direito do consumidor. Proteção da confiança e práticas comerciais. São Paulo: Revista dos Tribunais, 2011. v. III.

SCHMITT, Cristiano Heineck. *Consumidores hipervulneráveis* – a proteção do consumidor idoso no mercado de consumo. São Paulo: Atlas, 2013.

SILVA, João Calvão. *Responsabilidade civil do produtor*. Coimbra: Almedina, 1990.

SILVA, Marcus Vinicius Fernandes Andrade da. *O direito do consumidor e a publicidade*. São Paulo: MP, 2008.

SILVA, Renata Celi Moreira da; CHAUVEL, Marie Agnes. O consumidor pune o comportamento socialmente irresponsável das empresas? *Anais*... IV Congresso Nacional de Excelência em gestão, 31 de julho a 02 de agosto de 2008, Niterói, RJ.

SOARES, Ricardo Maurício Freire. *A nova interpretação do Código Brasileiro de Defesa do Consumidor*. São Paulo: Saraiva, 2009.

SODRE, Marcelo Gomes. *A construção do direito do consumidor*: um estudo sobre as origens das leis principiológicas de defesa do consumidor. São Paulo: Atlas, 2010.

TEIXEIRA, Aliette Marisa S.D.N. A publicidade enganosa e o controle estabelecido pelo Código de Defesa do Consumidor. *Revista de Direito do Consumidor*. São Paulo, Revista dos Tribunais, RDC 53/11, jan./mar. 2005.

TOMASETTI JUNIOR, Alcides. O objetivo de transparência e o regime jurídico dos deveres e riscos de informação nas declarações negociais para consumo. *Revista de Direito do Consumidor*, São Paulo, RT, 4/52, 1992.

VEJA.COM. *Diletto e Do Bem são investigadas pelo Conar por inventar histórias*. 26 nov. 2014. Disponível em: <http://veja.abril.com.br/economia/diletto-e-do-bem-sao-investigadas-pelo-conar-por-inventar-historias/>. Acesso em: 27 jul. 2016.

VEIGA, Felipe Barreto. *Consumidor deve ser avisado se a história contada em propaganda for fictícia*. Disponível em: <http://consultor-juridico.jusbrasil.com.br/noticias/154574159/consumidor-deve-ser-avisado-se-historia-contada-em-propaganda-for-ficticia>. Acesso em: 1º dez. 2014.

XAVIER, José Tadeu Neves. Os limites da atuação publicitária na condução de comportamentos sociais: o valor da ética no controle jurídico da publicidade. *Revista de Direito do Consumidor*, São Paulo, RT, v. 21, n. 81, p. 117-143, jan./mar. 2012.

15. A Sociedade da Informação, Transparência e Opacidade: o Caso do Reconhecimento dos Saberes Tradicionais da Lei de Acesso à Biodiversidade

Jean Carlos Dias

Introdução

Para pensar a sociedade da informação é importante ter em perspectiva o paradigma do qual ela deriva e, paradoxalmente, convive, uma vez que os processos de transformação social raramente podem ser pensados sob uma ótica determinista com rompimento de estágios bem definidos e categoricamente distintos e historicamente segmentados, sobretudo na complexidade dos nossos dias.

As sociedades, assim, não se transformam em blocos, nem tampouco implantam novos estados, rompendo e superando os estágios anteriores e, assim, sistematicamente e progressivamente, inaugurando cenários inteiramente novos (Bell, 1999, p. 48).

Isso é ainda mais claro quando se tem em vista que não se pode mais pensar a realidade social sem adotar uma perspectiva global em que as sociedades coexistem.

As sociedades, logo, são diferentes e comportam suas próprias regras de interação internas e se modificam de forma particular e desigual, muitas vezes, estabelecendo zonas de convergência, espaços de diálogo internacional de compartilhamento de valores, objetivos e instituições, mas que não as absorvem e integram completamente e as mesmo tempo.

A crença na "evolução" das sociedades em direção a alguma meta ou padrão ideal, derivada de concepções políticas autoritárias, vem sendo paulatinamente abandonada. Em troca, uma abordagem mais pragmática sustentada numa visão do que é localmente desejável, possível e sustentável vem a cada dia ganhando corpo.

É por isso que é cada vez mais complexa a tarefa de categorizar as sociedades contemporâneas uma vez que nelas convivem simultaneamente os vários estágios, elementos caracterizadores, concepções de mundo, valores e instituições.

Por outro lado, tendo em perspectiva as limitações das tentativas de descrever as sociedades como tipos fechados, alguns aspectos podem ser pinçados para caracterizar certos processos sociais, disseminados no tempo e no espaço, para então verificar a possibilidade de utilizá-los em um nível específico de comparação.

Essas possíveis comparações são uteis e cabíveis não para valoração dos estágios sociais de cada população do ponto de vista axiológico, mas sim para identificar o surgimento de novos paradigmas que informam os processos de interação social. No presente caso, observando este pano de fundo, o presente ensaio pretende refletir acerca da ideia da opacidade nas chamadas sociedades da informação e seus impactos sobre a construção de marcos jurídicos possivelmente excludentes.

Para tanto, serão abordadas, a possível caracterização das sociedades da informação, o conceito de opacidade e a sua migração para a constituição de conceitos jurídicos, em especial, os relacionados aos conhecimentos tradicionais, como um possível padrão que possa ser generalizado para outros objetos da regulação jurídica.

A hipótese central é de que a opacidade se configura como elemento determinante nas deliberações públicas a respeito da regulação de certos objetos jurídicos e que a omissão em reconhecê-la, pode, inclusive, no plano pragmático, inviabilizar alguns aspectos relevantes dos processos sociais correspondentes.

Como objeto indutor da hipótese será examinada a legislação brasileira que regular os conhecimentos tradicionais, sugerindo que se trata de caso exemplar de impacto da opacidade nas regras jurídicas.

1. A sociedade de informação: caracterização dos seus processos

Para uma tentativa de descrição da chamada sociedade da informação é preciso tem em vista, os modelos teóricos dos processos sociais, em especial, os fatores que têm sido adotados como caracterizadores. (BELL, 1999, p. 167). As sociedades que concentraram processos sociais fincados em estruturas industriais, reuniram, comparativamente, certos elementos comuns que podem ser tomados como indicativos desses padrões de interação (Pekari, 2005, P.60).

Desse modo, os processos industriais têm um foco claro na informação imediatamente aplicável, ou seja, na informação desenvolvida para o desenvolvimento desses próprios processos. Há nesse caso uma centralidade do emprego incremental da informação. Assim, o reconhecimento da informação depende, essencialmente, da sua capacidade de emprego imediato na produção e alavancagem dos resultados perseguidos. A utilidade imediata, portanto, é decisiva (Pekari, 2005, P.65).

Exatamente por isso estimula-se uma reflexão focada na eficiência dos processos em uma perspectiva progressiva, sempre capaz, em tese, de aperfeiçoá-los. Esses processos devem ser entendidos como abrangendo não somente o aspecto técnico, que envolve a engenharia, organização e administração dos parques produtivos, mas também envolvendo as relações entre pessoas, inclusive as do trabalho, o financiamento e apoio à pesquisa científica, bem como, por óbvio, as relações econômicas e políticas correlatas. Isso move o design institucional (Fitzgerald, 1999, P. 145) e molda as relações sociais em direção a esse objetivo.

O aperfeiçoamento desses processos industriais, por sua vez, é entendido por todos os agentes sociais, como ganhos competitivos no cenário concorrencial, no plano das organizações empresariais, mas também como ganhos políticos e econômicos no plano interno e também internacional. (Bell, 1999, p. 181).

Isso faz com que a busca por informação seja centralizada e territorial, ou seja, o âmbito primário da inovação é mais concentrado no próprio processo industrial e seus espaços, de modo que o seu *locus* é o da produção. Ao mesmo tempo, as vantagens obtidas são traduzidas politicamente como conquistas nacionais ou mesmo regionais. Isso gera uma apropriação derivada, de natureza política que incorpora esses avanços como um atributo de um governo ou de um Estado. (Coutinho, Lisbôa, 2011, p.8)

Essa sequencias de incorporações centrais e territoriais gera um efeito de apropriação que estanca o fluxo informacional. Os avanços são considerados conquistas nacionais e implicam numa reserva de circulação. Essa reserva gera um fluxo de informação segmentado em dois níveis. O primeiro nível diz respeito aos agentes sociais, cada um recebe a informação necessária para seu próprio âmbito de atuação, filtrada, de modo a garantir a melhor performance e o menor ruído comunicacional possível. O segundo nível, é da socialização da informação, que se torna cada vez maior o quanto menor for seu interesse estratégico. Isso faz com que a inovação circule em intervalos e seja incorporada sequencialmente, gerando os efeitos incrementais sucessiva e paulatinamente.

A concentração desses processos em certas sociedades tem impacto decisivo sobre a qualidade, forma de pesquisa e apropriação da informação. Conquanto não seja impositivamente abrangente, pois outros processos sociais também estão gerando informações simultaneamente, são importantes porque tendem a influenciar um espectro relativamente amplo de relações sociais, econômicas e jurídicas.

Sendo esse o cenário que pode servir como caracterizador de sociedades que tem intensa presença desses processos, como configurar a sociedade da informação? É exatamente tomando esse modelo como parâmetro que se pode enfrentar esse desafio. (Webster. 2006. P. 38)

Os processos industriais, como vimos, enfatizam a informação imediatamente aplicada, ou seja, aquela necessária ao seu aperfeiçoamento. Os processos da sociedade da informação, contudo, tem uma feição distinta. O foco é centrado na informação "teórica" e de múltiplas e indefinidas aplicações. Isso quer dizer que a informação não é produzida para um fim específico, mas como um dado decorrente de uma investigação que pode, inclusive, não ter em seu horizonte qualquer aplicação. De outro lado, como a inovação não surge correlata a um fim, ela acaba sendo multifuncional. (Webster. 2006. P. 53)

Logo, não é adotada uma perspectiva instrumental do conhecimento. O foco passa a ser a construção de novos paradigmas e marcos de pensamento, sem uma destinação específica, mas que podem ser empregados em vários planos de aplicação.

A utilidade, portanto, não é um objetivo imediato. O despertar para problemas teóricos geram dados que não se destinam ao *locus* produtivo, embora isso possa acontecer. Isso possibilita que, ao mesmo tempo, a informação "bruta", ou seja, teórica, desencadeie um novo *input* nos processos industriais, não, porém, de forma centralizada nem intencional.

Isso retoma a ideia que antes expusemos que esses processos não são excludentes, pelo contrário, em grande parte das sociedades contemporâneas são complementares e não guiados por qualquer forma de determinismo.

É isso que faz com que a informação teórica e de múltiplas aplicações não intencionalmente vinculadas se torne, em certo sentido, amplamente promocional, pois pode ser absorvida de várias formas por diversos processos industriais e relações sociais, econômicas e jurídicas correlatas. (WEBSTER. 2006. P. 38). É esse modo de geração que implica em um ambiente global de circulação obstando a uma apropriação local dessa informação. A apropriação ou controle político se torna inviável porque a circulação é também não política e, mais, fundamentalmente não estatal. A decorrência é uma descentralização da produção da informação e de uma ampla circulação, desta feita no plano global e politicamente indeterminado. Logo, o ambiente de circulação é transnacional.

Mesmo quando Estados se organizam para limitar ou controlar esse espaço, especialmente por meio de regras jurídicas, as formas não estatais de circulação garantem uma ampla transferência dos dados e, com isso, uma impossibilidade de bloqueio e, também, de apropriação.

Isso faz com que o fluxo, segmentado nos processos industriais, seja contínuo, amplamente disponível a todos os interessados e ao mesmo tempo, sem qualquer direcionamento. (WEBSTER. 2006. P. 58). Esse fluxo contínuo não é especificamente endereçado nem filtrado, desse modo há incessante circulação e ampla socialização imediata. Isso implica numa profunda dificuldade de precificar essa informação pelos métodos tradicionais da economia.

Ao lado desse cenário mais amplo construído a partir do contraponto com as sociedades industriais, há um ambiente totalmente novo e sem paralelo na história humana. Nas sociedades da informação as máquinas são construídas e utilizadas para criar, arquivar, processar e comunicar informação. A percepção de que a mente humana detém a exclusividade da memória e resgate criativo da informação foi claramente superada pelo emprego de construtos capazes de, eficientemente, articular dados de forma massiva.

Esse maquinário, voltado exclusivamente para gestão de quantidades imensas de informação e seu processamento, gera um novo contingente de recursos intelectuais, operativos que eram na sociedade industrial essencialmente dependentes da mente humana (BLUME, 1999, P. 328). A gestão desses dados, além disso, não é local, mas interligado em máquinas distribuídas pelo mundo todo, gerando uma comunicação continua, acessível e organizada, sem a necessidade de intervenção humana direta em cada dado.

As redes de computadores permitem o trânsito de quantidades de informação nunca antes possível, inclusive, metadados, de modo a tornar essa informação disponível a cada possível interessado. Essa é uma descrição de uma sociedade que contempla aspectos claramente distintos do que ocorreu antes, forçando a uma profunda transformação do modo como pensamos, nos relacionamos, vemos o mundo, fazemos negócios, enfim, uma mudança profunda de cultura.

2. Novos atores, exclusão e opacidade na sociedade da informação

Na seção anterior foi demonstrado que as sociedades da informação podem ser caracterizadas e entendidas a partir de novos parâmetros. Se a podemos caracterizar a partir da produção prioritária de informação teórica de múltiplas aplicações, de uma abrangência global, da produção descentralizada e essencialmente privada, e mediante um fluxo contínuo; parece claro que se está diante de uma sociedade altamente inclusiva.

Todos os indivíduos parecem ser claramente incluídos nesse modelo e seus processos. Há uma abrangente incidência descritiva tomando como panorama as sociedades atuais.

Contudo, essa premissa tem que ser examinada com maior detalhe. O indivíduo na sociedade da informação, por tudo o que foi antes exposto, só pode ser entendido como estando integrado a esses processos que, pelo menos parcialmente, o define.

O correspondente imediato da sociedade da informação, assim, é o indivíduo da informação, sempre integrado aos meios quer permitem que aqueles elementos que definem esse novo modelo de sociedade estejam nele integrados.

Assim, o indivíduo tem sempre a possibilidade de estar integrado, o mesmo acesso é garantido aos grupos de indivíduos integrados nos mesmos processos.

Não há, deste modo, espaço para descriminação numa sociedade que se concebe interligada e mediada por um fluxo de dados contínuo e despersonalizado. Quando se põe essa noção em teste, porém, se percebe que as antigas exclusões, de gênero, raça, religião, entre outras, certamente não parecem ter um lugar quando se pensa em processos sociais mediados por máquinas que organizam, difundem e controlam os dados produzidos, não tendo importância os atributos do ser humano produtor da informação.

De outra maneira, pode ser sustentado que a sociedade da informação pretende superar as distinções que, em certa medida, separavam a humanidade em grupos concorrentes ou mesmo antagônicos. Há que se ter em vista, porém, que as sociedades da informação ao mesmo tempo que pretendem superar as exclusões antigas, produzem novas, ainda mais críticas. A sociedade da informação, promove, por meio de seus processos uma transformação radical de relações jurídicas, econômicas e sociais consolidadas.

Essa transformação, em certo sentido, decorre da introdução de novos paradigmas que alteram substancialmente os comportamentos e mesmo atividades que já estavam normalizados no plano social. Os grupos e indivíduos envolvidos nessas relações tradicionais e, assim, juridicamente reguladas, agora, são os novos excluídos porque eles mesmos não estão inseridos naqueles processos que caracterizam a sociedade da informação (Cordini, 2005-2006, P. 432).

Logo, é de esperar que as relações tradicionais de trabalho, de consumo e mesmo as afetivas sejam em alguma medida afetadas. (Bell, 1999, p. 270). É evidente que a automatização das relações de consumo impacta, de forma perceptível, as atividades e relações tradicionais, gerando uma nova gama de excluídos, e novos protagonistas. Há exemplos bem estudados.

Nos Estados Unidos, tem sido amplamente divulgado pelo jornalismo especializado que o comércio eletrônico está devastando a indústria de shopping centers, considerada ela mesma uma atividade de superação do comércio de rua. Estima-se que um quarto dos shopping centers venha a fechar as portas nos próximos anos. A principal causa é perda da importância da "loja", isto é, do fundo de comércio para os consumidores contemporâneos, de modo que esses espaços comerciais cada vez mais estão sendo fechados.

Esse fenômeno promove diversas camadas de novos excluídos. Com o fim das lojas físicas várias categorias de empregados deixarão de ter seu espaço de trabalho. De certo modo, o encontro entre o consumidor e o fornecedor, direto e eletrônico, retira todos os intermediários da transação, fazendo com que várias indústrias e empregos sejam extintos.

Relações jurídicas tradicionais como a de consumo, de emprego, portanto, são fortemente impactadas, gerando novos excluídos e novos atores, desta feita, os especialistas em comercio eletrônicos e tecnologias que passam a ocupar o antigo espaço destinados aos departamentos de "vendas".

Naturalmente, os novos excluídos podem ser capacitados a desempenhar outras funções, mas o ponto de reflexão aqui, é que as relações de trabalho e de consumo se alteram com a expansão dos processos insertos na sociedade da informação, gerando novos atores, mas também descredenciando e inviabilizando os agentes tradicionais (Cordini, 2005-2006, P. 435).

Outro exemplo é a indústria da informação. Jornais e revistas impressas tinham uma franca hegemonia, porém a internet, ancorada nos processos da sociedade da informação, simplesmente gerou uma transformação do setor.

Muitos veículos impressos simplesmente não conseguiram acompanhar essa revolução e foram obrigados a fechar as portas vendo seu espaço sendo ocupado por agentes de produção de informação descentralizados, mais ágeis, eficientes e, em alguns casos, imparciais.

Esse embate, contudo, não foi destrutivo para todo o setor, empresas mais flexíveis conseguiram assimilar a transformação tecnológica e escapar da anunciada morte dos jornais impressos. A esse respeito Everett expõe:

> *"Newspapers in the past seemed to fear technology. Now recognizing that technology is becoming the way of the future, newspapers are adapting and reaping many of the consequential benefits. As competition continues to challenge newspapers, it is highly unlikely that newspapers will ever return to the way they were decades ago. Newspapers are finally 'coming to terms with the inevitable high-tech future'".* (Everett, 2011. P. 102)

O caso, aqui de acesso a informação, também implica numa alteração da relação entre o consumidor e o fornecedor da informação, que deixa de ser formado por grandes conglomerados, embora estes tenham tido que se adaptar. Os jornais e revistas que não conseguiram de adaptar foram excluídos desse mercado, e, assim, foram substituídos tanto por agentes descentralizados como por empresas mais fortes que assimilaram a transformação tecnológica.

A introdução da internet foi considerada como muitos como um golpe nas grandes companhias, no entanto, como se viu houve uma remodelagem do mercado e adaptação. Logo, a sociedade da informação impacta o Direito na medida que altera as bases de relações jurídicas tradicionais, trazendo transformações profundas que forçam a uma readequação dos sistemas normativos.

Esses impactos são perceptíveis tanto na regulação das relações jurídicas essencialmente privadas como também na regulação e proteção dos direitos fundamentais, que, também, passam por transformações.

A produção descentralizada da informação, em fluxo contínuo e multifuncional e global tem implicações relevantes acerca dos direitos fundamentais relacionados às liberdades de expressão, consciência, religiosa e mesmo a de imagem (Mularonif, 2005-2006. P 41).

Esse tema é extremamente complexo, mas muito presente na realidade da disseminação da informação nas redes sociais e da pulverização dos meios de conexão com a internet. Novas arenas de debate estão sendo estabelecidas, criando novos espaços políticos, sem, contudo, a garantia das liberdades necessárias. (Mularonif, 2005-2006. P. 420)

É nesse contexto que as liberdades e seu exercício, estão sendo repensadas. Isso porque, ao mesmo tempo, há a consagração de novos espaços de debate, mas também, novos excluídos (Pekari, 2005. P.69).

O discurso intolerante, autoritário, o terror, entre outros, são formas de esmaecimento da alteridade que, em última instância tornam o outro invisível lhe negando a condição de agente de discurso de igual valor em um ambiente democrático.

Essa multiplicidade de exclusões apenas demonstra que, ao lado de uma ampla feição inclusiva, convive no projeto das sociedades da informação, uma opacidade persistente que torna invisíveis os sujeitos que nela não se integram ou que são descartados na evolução de seus processos. Desse modo, na dinâmica de sua consolidação, a opacidade é gerada como um subproduto, uma externalidade que precisa ser considerada e discutida de forma ampla por todos os envolvidos.

3. Opacidade e reconhecimento

A consolidação das sociedades da informação, implica, como exposto, também na formação de uma agenda em que a opacidade seja reconhecida e, naturalmente, considerada como um aspecto a ser evitado, revertido ou compensado. Um dos aspectos mais importantes dessa agenda é a garantia de acesso à informação e o reconhecimento da participação na sua produção.

Isso, promove a necessidade de adequação de conceitos estruturantes na produção de conhecimento em geral, e, mais especificamente tem grande influência na concepção da propriedade intelectual. O relatório MacBride foi amplamente discutido e serviu de base para um debate internacional acerca dos fluxos informacionais, ainda que não tenha garantido a normatização em termos de instrumentos jurídicos internacionais, o fato é que foi reconhecida uma assimetria profunda nos fluxos de informação entre as diversas regiões do mundo. (Ladeira,2012, P. 668)

A assimetria de informação, abordada pelo relatório, decorria da percepção de um fluxo controlado, centralizado, aplicado, isto é, nos moldes assumidos pela sociedade industrial. Exatamente pelo interesse estratégico e nacional, muitas das conclusões do documento foram simplesmente ignoradas ou tiveram circulação restrita. Se é certo que o relatório foi marcado por um contexto específico em que o tratamento da informação foi adstrito a um parâmetro distinto do atual, não resta dúvida que parte de suas considerações podem ser extrapoladas para a atualidade.

Nesse sentido, na atualidade, a agenda de consolidação das sociedades da informação, trata os dados em um cenário pós-industrial, e, portanto, as assimetrias têm que ser reavaliadas. Não que as desigualdades deixaram de existir, mas que ganharam ainda mais complexidade quando se tem em vista os atributos próprios desse novo modelo. (Cordini, 2005-2006, P. 434)

Essas assimetrias podem e devem ser consideradas sob diversos pontos de vista, mas no presente momento, é preciso manter o foco em um caso específico: a proteção jurídica da propriedade intelectual. A propriedade intelectual segue o modelo de produção da informação das sociedades industriais, por isso sua regulação é essencialmente voltada para a aplicação imediata, é territorial e centralizada, nacional e de fluxo segmentado.

Ocorre que, no atual cenário, a informação e o conhecimento não são mais produzidos sob esse paradigma. As fontes são muito mais amplas e mesmo as possíveis influências, teorias testes, são muito mais tênues e difusas. (Simitis, 1986-1987, P.711). A regulação jurídica, então, está diante de um novo desafio, que é o de conceber as formas de reconhecimento da participação na produção do conhecimento no cenário das sociedades da informação.

É preciso estender as análises de modo a adotar uma perspectiva inclusiva dos diversos sujeitos na produção do conhecimento, ou, dito de outra forma, é preciso afastar a opacidade. Pode-se objetar que esse dado da realidade não exige uma mudança profunda das premissas da normatização, mas significaria ignorar o próprio contexto em que a informação é produzida nos nossos dias.

Em outra direção pode ser sustentado que não há caso de legislação contemporânea marcada pela opacidade de tal modo que se possa criticá-la a partir daí. Na seção seguinte será examinado esse argumento.

4. O caso da lei de acesso à biodiversidade (13.123/2015)

Na esteira do protocolo de Nagoya, o Brasil decidiu regular o acesso à biodiversidade editando a referida norma, que regula o tema. No Art. 1º, a norma estabelece como seu objeto a disposição sobre "bens, direitos e obrigações". Como se percebe a unidade mínima de regulação no caso não é a informação em si e sua produção, mas o efeito patrimonial e obrigacional da informação.

De logo, se percebe que o eixo analítico da regra está assentado em um tipo de apropriação que emula o paradigma das sociedades industriais. Embora se possa afirmar que se trata apenas do início da norma, que seus demais dispositivos podem reformular esse ponto de partida, parece não ser esse o caso. A norma enfrenta uma profunda tensão primeiramente por tratar de forma dissociada o acesso ao patrimônio genético e o conhecimento das comunidades tradicionais, como se não fosse possível em rigor uma fusão dos dois objetos regulados.

Isso deriva evidentemente, da adoção de uma perspectiva opaca em relação aos agentes da proteção e conservação do patrimônio genético, claramente as comunidades tradicionais estão excluídas nesse ponto de partida. Ao mesmo tempo que se propõe a disciplinar o acesso, estudo e pesquisa da biodiversidade, a norma inclui entre os seus objetivos, uma proposta de apropriação nacional, local, aplicada, enfim, o padrão industrial.

O objeto lateral, assim, acaba se tornando mais importante que o núcleo declarado da regulação. Mas esse não é o ponto focal que está em debate nesta seção.

O art. 9º define o conhecimento tradicional associado, estabelecendo que esse exige o prévio consentimento informado. Isso quer dizer, que a comunidade produtora desse conhecimento pode franquear o acesso de terceiros desde que atendidas a garantia de informação adequada e os outros requisitos legais.

Tal disposição, assim, supõe que seja possível identificar a comunidade produtora desse conhecimento, sendo ela, por sua vez, que compartilhará os efeitos patrimoniais das aplicações nos termos do art. 10 da mesma norma. Este mesmo dispositivo define claramente que o conhecimento tradicional é um direito de natureza coletivo, isto posto, não apropriável individualmente. O §2º do mesmo art. 9º, ao tratar do conhecimento tradicional associado de origem não identificável, estabelece que nesse caso, não há necessidade de consentimento.

Pois bem, isso ocorre porque a própria norma define esse tipo de conhecimento como o impossível de "vincular a sua origem a, pelo menos, uma população indígena, comunidade tradicional ou agricultor tradicional".

E porque isso é importante no conjunto da legislação? Porque o tipo de reconhecimento da origem, identificável ou não, tem consequências sobre a distribuição do resultado econômico das aplicações desenvolvidas. Quando é identificável a comunidade individualizada receberá o resultado, quando isso não ocorrer, o resultado será destinado a um fundo.

A esse respeito Boff: "Como a lei faz distinção entre conhecimento tradicional identificável, aquele que se atribui a um determinado grupo, e não identificável, aquele difuso. Neste caso, o valor do percentual vai para um fundo comum" (Boff, 2015, P.120). O fundo comum é o Fundo Nacional para a Repartição de Benefícios – FNRB, que é de propriedade da União e gerido pelo Ministério do Meio Ambiente. Isso significa, na prática, que esses recursos entram no orçamento da União e como sabido, terão difícil retorno social.

O problema central, contudo, é que a norma ao prever a possibilidade de um conhecimento cuja origem não é identificável e estabelecer um método específico de distribuição do resultado econômico, está, claramente, reconhecendo a opacidade quanto a autoria desse conhecimento.

Na agenda de consolidação da sociedade da informação é claramente estabelecido que os autores devem ser reconhecidos quanto às suas contribuições para o conhecimento gerado. No entanto, ao reconhecer a possibilidade de origem não identificável a norma claramente permite que a comunidade autora seja ignorada e não tenha sua contribuição reconhecida.

Isso porque a norma em nenhum momento estabelece qual é o procedimento para considerar uma origem como "não identificável".

Diante dessa lacuna, o governo federal editou várias normas complementares que cometem ao Ministério do Meio Ambiente a gestão do patrimônio genético brasileiro (Conselho de gestão do patrimônio genético instituído pelo decreto nº 8.772, de 2016, e, entre outras, a Portaria nº 422, de 6 de novembro de 2017 que estabelece aspectos procedimentais). Isso quer dizer, portanto, que o governo federal assumiu integralmente, sem qualquer participação das possíveis comunidades interessadas, a prerrogativa de estabelecer a autoria.

Isso quer dizer que ao invés de tratar as informações independentemente de sua aplicação, no que diz respeito ao seu modelo de reconhecimento, o Estado, assumiu o paradigma das sociedades industriais ao criar um procedimento institucional ((FITZGERALD, 1999, P.163) de certificação em vez de um paradigma aberto e democrático. Pode ser sustentado que esse é o modelo possível, mas isso supõe uma concepção de Estado em que este é detentor dos critérios de validação de conhecimento, independentemente dos atos sociais tradicionais.

Há, assim, uma profunda contradição, a norma condiciona o reconhecimento dos saberes tradicionais, por definição não estatais, desde que eles sejam aprovados pelos critérios estatais e burocráticos de certificação.

Embora a própria distribuição assimétrica dos resultados seja por si só um demonstrativo evidente da opacidade na formulação dessa política pública, talvez não seja esse o núcleo do problema, mas sim a impossibilidade de conciliar dois paradigmas sociais distintos. Ao mesmo tempo em que há um avanço em direção aos parâmetros da sociedade da informação, com amplo acesso e pleno reconhecimento de contribuições, ainda que difusas e imprecisas, mas sempre prestigiadas e suscetíveis de personalização, como no universo virtual, ao mesmo tempo a proteção do conhecimento tradicional está limitado a um paradigma industrial, em que as contribuições das populações humanas são obscurecidas e atreladas a uma racionalidade burocrática muitas vezes comprometidas e parciais.

Conclusões

As transformações sociais estão em curso, porém as concepções teóricas, cada vez mais, procuram explicar os processos de transformação pela inserção e desenvolvimento de novos fatores que resultam nas mudanças das relações sociais, do conhecimento e da própria concepção de mundo no âmbito global. Esses paradigmas, contudo, estão em constante tensão, as sociedades contemporâneas não superam etapas e evoluem, mas sim se tornam complexas por abrigar funcionamentos profundos que se chocam com novas percepções.

Essas tensões e projetos em desenvolvimento acabam por eclodir tanto em conflitos entre pessoas ou grupos, entre visões de mundo, mas também entre concepções de transparência e opacidade que aparecem ao mesmo tempo regendo fenômenos sociais simultaneamente. É especialmente notável que essas tensões ocorram no ambiente estatal de produção normativa, como o da Lei 13.303/2015, demonstrando que o papel de mediação do Estado está ele mesmo em crise.

A perspectiva das sociedades industriais, seus processos e relações, foi claramente empregada na formulação da Lei de acesso à biodiversidade deixando de lado um conjunto de aspectos da contemporaneidade que são descritos a partir do paradigma das sociedades da informação. A opacidade, que oculta as comunidades tradicionais, e a substituição de um amplo processo deliberativo por uma verdade burocrática, centralizada, nacional, regional e institucional certamente torna questionável a possibilidade de entendimento da norma como uma produção equalizada com o mundo atual.

Referências

BELL, Daniel. **The Coming of Post-Industrial Society**. New York: Basic Books. 1999.

BLUME, Peter. Changes in the sources of law in information society. **International Review of Law, Computers & Technology**, New York, p. 324-335, V. 13. n. 3. 1999

BOFF, Salete Oro. Acesso aos conhecimentos tradicionais: repartição de benefícios pelo "novo" marco regulatório. **Revista Direito Ambiental e Sociedade.** Caxias do Sul, P. 110-127,v. 5, n. 2. 2015

CORDINI, Giovanni. The society of information and constitutional laws. **Southern Illinois University Law Journal**. Carbondale, p. 429-467 v. 30. 2005-2006.

COUTINHO, Clara; LISBÔA, Eliana. Sociedade da informação, do conhecimento e da aprendizagem: desafios para educação no século XXI. **Revista de Educação**. Lisboa, p. 5-22, vol. xviii, nº 1, 2011.

EVERETT, Elizabeth. Transformation of Newspapers in Technology Era. **The Elon Journal of Undergraduate Research in Communications**. Greensboro, P. 102-115,Vol. 2, No. 2, Fall 2011.

FITZGERALD, Brian. Software as discourse? A constitutionalism for information society. **Alternative Law Journal**, Melbourne, P. 144-149, vol. 24, no. 3, jun – 1999

LADEIRA , João Martins. O Relatório MacBride e a gênese do debate internacional sobre trocas desiguais nas indústrias de comunicação. **Revista Famecos,** p. 666-680, Porto Alegre, v. 19, n. 3. set/dez 2012.

MULARONIF, Antonella. The society of information: freedom, pluralism, resources. **Southern Illinois University Law Journal** . Carbondale, p. 417-428, v. 30. 2005-2006.

PEKARI, Catrin. The information society and its policy agenda: towards a human rights-based approach. **Revue Quebecoise de Droit International**. Quebec, p. 57-74, n. 18, 2005.

SIMITIS. Spiros. Reviewing privacy in an information society. **University of Pennsylvania Law Review**. Philadelphia, p. 707-746, v. 135. 1986-1987.

WEBSTER, Frank. **Theories of the Information Society**. New York. Routledge. 3a ed. 2006.

16. Os Descaminhos e Retrocessos da Legislação Brasileira e as Respectivas Implicações no Contexto da Justiça Socioambiental

Rafael Tocantins Maltez
Letícia Alves Assumpção

Introdução

Afirma-se que vivemos no Antropoceno, no qual humanos substituíram a natureza como a força ambiental dominante na Terra, sendo capazes de moldar a estrutura geológica do planeta e a própria evolução. Como consequência, as atividades antrópicas começaram a ter um impacto global significativo no clima e no funcionamento dos ecossistemas. Cumpre destacar que o ser humano, apesar de afirmar sua supremacia sobre todas as demais formas de vida do planeta e de ser o único titular da natureza, outorgando-se a si próprio o direito de dominá-la, explorá-la, espoliá-la em seu único e exclusivo benefício, desconsiderando os interesses e as necessidades dos demais seres vivos e da própria Terra, é dominante por fatores circunstanciais fruto do acaso da evolução natural e do continuum biológico.

Desde *Silent Spring* [Primavera Silenciosa][1], de 1962, de Rachel Carson, tem-se despertado para a questão da crise ambiental, que está intimamente ligada à crise social. Michel Serres entende que a crise ambiental pode ser explicada pela ausência de voz da Biogeia (a Vida e a Terra). Apesar de haver interferência simbiótica desse terceiro excluído, o próprio Mundo

[1] Carson, Rachel. *Primavera Silenciosa.* Tradução de Claudia Sant'Anna. São Paulo: Editora Gaia, 2010. Carson documentou os efeitos deletérios dos pesticidas no ambiente, particularmente em aves, e que o DDT causava a diminuição da espessura das cascas de ovos, resultando em problemas reprodutivos e em morte.

(a água, o ar, a terra, flora e fauna, o conjunto das espécies vivas, a Biogeia) sempre foi preterido do contrato social[2]. Para Leff, a crise ambiental é uma crise civilizatória e do conhecimento, a qual coloca em risco não apenas a biodiversidade do planeta, mas a vida humana[3].

Segundo o estudo publicado em 1972 pelo MIT, "Os limites do crescimento", sob o patrocínio do Clube de Roma, a crise ambiental é efeito de um processo descontrolado de sinergia cumulativa de crescimentos destrutivos (econômico, demográfico e tecnológico) e preveniu que a busca indefinida do crescimento é incompatível com os "fundamentos" do planeta. O *Millenium Assessment Report*, relatório das Nações Unidas baseado nos trabalhos de 1360 especialistas de 95 países, publicado em Tóquio em 30 de março de 2005, demonstra que a atividade humana abusa das capacidades de regeneração dos ecossistemas a ponto de comprometer objetivos econômicos, sociais e sanitários. De acordo com o Relatório Planeta Vivo 2006, da WWF, o crescimento econômico excessivo choca-se com os limites da finitude da biosfera. A capacidade de regeneração da Terra já não consegue acompanhar a demanda: o ser humano transforma os recursos em resíduos mais rápido do que a natureza consegue transformar esses resíduos em novos recursos. O Relatório Planeta Vivo 2018, da WWF, confirma os anteriores, no sentido de que a forma como alimentamos, abastecemos e financiamos nossa sociedade e economia está levando a natureza e os benefícios que ela nos fornece ao limite.

[2] SERRES, Michel. *Tempo de crise*: o que a crise financeira trouxe à tona e como reinventar nossa vida e o futuro. Tradução Clóvis Marques. Rio de Janeiro: Bertrand Brasil, 2017, p. 49.

[3] Segundo o festejado doutor em Economia do Desenvolvimento pela Sorbonne, "esta crise ambiental foi gerada pela racionalidade teórica, formal e instrumental da ordem econômica e jurídica em que se fundou a modernidade que rege os processos atuais de globalização. A destruição ecológica e a degradação socioambiental foram resultados das práticas inadequadas de uso do solo e dos recursos naturais, que dependem de paradigmas teóricos, de padrões tecnológicos e de um modelo depredador de crescimento, que maximizam os lucros econômicos no curto prazo, revertendo seus custos ecológicos sobre os sistemas naturais e sociais". Entende que a degradação ambiental – a morte entrópica do planeta – é resultado das formas de conhecimentos, pensamentos e entendimentos por meio dos quais a humanidade construiu o mundo e o destruiu, coisificando-o, de maneira que hoje o que predomina é uma supereconomicização do mundo, ou seja, todos os entes e coisas foram traduzidos em valores econômicos, o que talvez, segundo Leff, seja a fonte mais profunda da crise ambiental (LEFF, Enrique. *Discursos sustentáveis*. Tradução de Silvana Cobucci Leite. São Paulo: Cortez, 2010, p. 20-21, 82-84, 186 e 190).

O plano jurídico-normativo pouco leva em consideração essa profunda crise ambiental de origem antropogênica que está em curso. Por outro lado, na era pós-industrial no contexto da globalização, do neoliberalismo, da desregulamentação e das estruturas continentais em rede, passou-se a excluir e pulverizar, quando não dilapidar, os modos existências dos povos originários, das populações tradicionais, dos habitantes locais, com uma padronização dos modos de ser, existir e fazer individuais e coletivos. Para além de um choque de culturas, está em andamento uma imposição e substituição.

De acordo com Serres, a palavra "crise" vem do grego κρινω, *crinô*, que significa julgar, pelo que se nota sua origem jurídica. Trata-se de uma *decisão* tomada por um júri. "Decisão", por seu turno, pode se referir a cortar em dois. Essa decisão estabelece um caminho que se bifurca. Julgamento e escolha. No que concerne ao léxico médico, a crise descreve o estado de um organismo que enfrenta o crescimento de uma doença, infecciosa, nervosa, sanguínea, cardíaca, até um ápice catastrófico que põe em risco o todo. Nessa situação, dita crítica, o corpo toma uma decisão, quando ultrapassado o limite: ou ele morre ou envereda um caminho completamente distinto. Ao tomar outro caminho, sobrevive e sai da crise, curando-se. A cura indica um estado novo, como que modelado pelo organismo com novos recursos. A crise lança o corpo na direção da morte ou na direção de uma novidade que o force a inventar e inovar[4].

Crise socioambiental pode ser entendida como o estado de um organismo que enfrenta o crescimento de uma doença, abrindo-se dois caminhos. Dessa forma, iremos analisar se a tendência da legislação socioambiental brasileira representa um caminho novo apto a enfrentar e contribuir na superação dessa crise, ou está em retrocesso, descontruindo conquistas fruto de intensa luta e participação, ao utilizar as mesmas ultrapassadas fórmulas da racionalidade econômica dominante, de precificar, coisificar e mercantilizar o mundo, a natureza, a vida, os seres, a qual a gerou e vem agravando-a.

1. Os retrocessos normativos relacionados à proteção socioambiental

Da leitura da legislação socioambiental, principalmente a partir de 2004, verifica-se que seu objeto passou a não ser mais a proteção do meio ambiente

[4] Serres, Michel. *Tempo de crise*: o que a crise financeira trouxe à tona e como reinventar nossa vida e o futuro. Tradução Clóvis Marques. Rio de Janeiro: Bertrand Brasil, 2017, p. 9-12.

natural, da vida, da saúde, do equilíbrio ecológico, dos modos de viver e existir das populações locais, mas, vem se propondo a estabelecer regras de crescimento, espoliação e exploração econômica do Planeta, de forma incessante, sem trégua ou descanso, até sua exaustão e eventual colapso[5].

A Lei n. 10.925/2004 reduz as alíquotas do PIS/PASEP e da COFINS incidentes na importação e na comercialização do mercado interno de agrotóxicos. Além disso, a comercialização de venenos agrícolas é beneficiada com redução de 60% da base de cálculo do Imposto sobre Circulação de Mercadorias e Prestação de Serviços (ICMS) em razão do Convênio nº 100/97 do Conselho Nacional de Política Fazendária – CONFAZ, bem como há isenção total do Imposto sobre Produtos Industrializados (IPI) de determinados tipos de agrotóxicos, pelo Decreto 7.660/2011. Deixa de haver arrecadação de bilhões por ano (penas em 2018, o Brasil deixou de arrecadar R$ 2,07 bilhões em razão da isenção fiscal dos agrotóxicos), em produto não essencial que deveria ser banido, pois comprovadamente causa inúmeros e significativos danos aos seres vivos e ao planeta, lembrando que é possível a agricultura sem uso de agrotóxicos[6]. Para João Alfredo Teles Melo, "estamos incentivando uma atividade que não é essencial. O que é essencial é o que está relacionado à vida humana, neste caso temos isenção fiscal para uma atividade que causa morte"[7].

Enquanto o Brasil deixa de arrecadar com os agrotóxicos, a Política e o Plano Nacional de Agroecologia e Produção Orgânica sofre com a falta de orçamento. Segundo Marcelo Novaes, a maior parte dos agrotóxicos é utilizada na produção de *commodities* agrícolas destinados à exportação. "A soja, milho, algodão e cana respondem por mais de 78% do agrotóxico

[5] Diamond, PhD em fisiologia e biofísica de membranas pela Universidade de Cambridge e vencedor do prêmio Pulitzer, fez relevante estudo sobre as sociedades que desapareceram e chegou à conclusão que o ponto comum de todas elas consistiu no esgotamento, pela exploração até a exaustão, dos bens ambientais (DIAMOND, Jared. *Colapso:* como as sociedades escolhem o fracasso ou o sucesso. Tradução de Alexandre Raposo. 10ª edição. Rio de Janeiro: Record, 2014).

[6] A respeito: MALTEZ, Rafael Tocantins. *Direito ambiental e segurança alimentar*: a questão jurídica dos insumos químicos e da agricultura orgânica. *In* PERES, Tatiana BONATTI/ FAVACHO, Frederico (organizadores). *Novos temas do direito do agronegócio*. Rio de Janeiro: Lumen Juris, 2018.

[7] Conferir artigo do Professor Teles Melo, "Os benefícios fiscais para os agrotóxicos: um debate acerca de sua (in) constitucionalidade a partir do Estado de Direito Ambiental e da ordem pública ambiental" (RJurFA7, Fortaleza, v. 13, n. 1, p. 84-101, jan./jun. 2016)

consumido no país. Ou seja, estamos subvencionando os grandes proprietários, complexos agroindustriais e empresas exportadoras". Um estudo publicado na revista Saúde Pública de autoria de Wagner Soares e Marcelo Firpo de Souza Porto revela que para cada dólar gasto com a compra de agrotóxicos no Paraná, são gastos U$$1,28 no tratamento de intoxicações agudas. "Para os efeitos crônicos, como o câncer por exemplo, que demoram mais tempo para aparecer e há uma dificuldade de estabelecer um nexo causal [...] Os prejuízos são enormes do ponto de vista financeiro, social e humano", calcula a pesquisadora em saúde pública da Fundação Oswaldo Cruz (Fiocruz), Aline Gurgel[8].

A Lei n. 11.284/2006 (Gestão de Florestas Públicas) utiliza inúmeras vezes o termo "exploração": dos recursos ambientais; dos recursos minerais; de recursos pesqueiros ou da fauna silvestre; dos produtos e serviços florestais; do objeto da concessão.

O Decreto n. 6.640/2008 modificou totalmente o Decreto n. 99.556/1990, permitindo a antes vedada destruição de cavidades naturais subterrâneas consideradas relevantes, para possibilitar exploração econômica de minérios em áreas cavernícolas[9].

A Lei n. 12.187/2009 que instituiu a Política Nacional sobre Mudança do Clima, ou seja, deveria estar mais preocupada com a degradação ambiental e com a irracionalidade do atual modelo que está a causar as mudanças climáticas, reforça o atual pensamento predominante de continuidade do crescimento e da produção, estabelecendo que os objetivos da Política Nacional sobre Mudança do Clima deverão estar em consonância com o desenvolvimento sustentável a *fim de buscar o crescimento econômico*, apresentando instrumentos para fomentá-lo, como linhas de crédito e financiamento específicas de agentes financeiros públicos e privados, a serem disponibilizadas por instituições financeiras.

A Lei n. 12.651/2012, que deveria dispor sobre a proteção da vegetação, repete à exaustão o termo "exploração" (florestal", "da vegetação", "agroflorestal", "de potencial de energia hidráulica", "econômica da Reserva Legal", "seletiva", "anual", "de florestas", "de espécies", "econômica"), bem

[8] < https://contraosagrotoxicos.org/entenda-porque-a-isencao-fiscal-de-agrotoxicos-e-o-incentivo-que-mais-desfavorece-o-brasil/> e < https://contraosagrotoxicos.org/audiencia-publica-na-pgr-ataca-isencoes-fiscais-a-agrotoxicos/>. Acesso em 28.06.2019.

[9] A respeito: MALTEZ, Rafael Tocantins. *Proteção jurídica e gestão das cavidades naturais subterrâneas:* a atividade minerária e o desenvolvimento sustentável. Brasília: Sê-lo, 2016.

como termos e conceitos relacionados à economia ("*suprimento* de *matéria-prima* florestal" "controle da origem dos *produtos* florestais", "instrumentos *econômicos* e *financeiros*", "reafirmação da importância da *função estratégica* da *atividade agropecuária*, "*crescimento econômico*", "*mercados* nacional e internacional", "uso *produtivo* da terra", "criação e mobilização de *incentivos econômicos*", "promover o desenvolvimento de *atividades produtivas*", "uso *econômico*", "benefícios *econômicos*", "Zoneamento Ecológico-*Econômico*", "benefícios de ordem *econômica*"). Sintomático o art. 1º-A que coloca a exploração florestal, o suprimento de matéria-prima florestal e os instrumentos econômicos e financeiros na frente (no *caput*) do desenvolvimento sustentável (que foi relegado ao parágrafo), com o claro propósito de subjugar a natureza à exploração econômica. Ademais, e o ponto mais polêmico, promoveu anistia administrativa e penal a degradadores ambientais. Não tem por objetivo a proteção da flora e da Terra Viva, mas o atendimento precípuo dos interesses de poucos e determinados grupos econômicos. Se o código fosse verdadeiramente florestal, deveria tratar da proteção da vegetação com vistas, por exemplo, aos seguintes objetivos: estabilização das condições climáticas; perenização das fontes de suprimento de água doce, defesa dos solos contra a erosão, controle das inundações por meio da compensação do ciclo hidrológico, defesa da biodiversidade, e quiçá, defesa das populações e culturas locais, notadamente porque existem aquelas que habitam nas florestas e seu modo de vida as preservam. Essa lei ficou conhecida como Código Rural.

A Lei n. 13.123/2015, na mesma toada, ao invés de tratar da proteção da biodiversidade e do conhecimento tradicional da população indígena, da comunidade tradicional e do agricultor tradicional, estabeleceu outro mero instrumento econômico, repetindo à exaustão, em seus 48 artigos, 37 vezes expressão "exploração econômica" e dispondo de instrumentos legitimadores da espoliação desses vulneráveis.

Em 2016, houve o início do rebaixamento institucional da política agrária com a promulgação do Decreto n. 8.780/2016 que transferiu a Secretaria Especial de Agricultura Familiar e do Desenvolvimento Agrário e a Secretaria da Agricultura Familiar para a Casa Civil da Presidência da República, bem como transferiu para a Casa Civil da Presidência da República as competências de promoção do desenvolvimento sustentável do segmento rural constituído pelos agricultores familiares e de delimitação das terras dos remanescentes das comunidades dos quilombos e determinação de suas demarcações. Quatro meses depois, esse decreto foi revogado pelo Decreto n. 8.865/2016, o qual transferiu a Secretaria Especial de Agricultura Familiar e do Desenvolvimento Agrário do Ministério do Desenvolvimento Social e Agrário para a Casa Civil da Presidência da República, bem como transferiu do Ministério do Desenvolvimento Social e Agrário para a Casa Civil da Presidência da República as competências de reforma agrária, de promoção do desenvolvimento sustentável do segmento rural constituído pelos agricultores familiares e de delimitação das terras dos remanescentes das comunidades dos quilombos e determinação de suas demarcações.

Em dezembro de 2016, a Medida Provisória n. 756 alterou os limites do Parque Nacional do Rio Novo, da Floresta Nacional do Jamanxim e criou a Área de Proteção Ambiental do Jamanxim. A Medida Provisória n. 758 alterou os limites do Parque Nacional do Jamanxim e da Área de Proteção Ambiental do Tapajós, sendo esta convertida na Lei n. 13.452/2017. Parque Nacional é Unidade de Conservação de Proteção Integral, cujo objetivo geral é preservar a natureza, sendo admitido apenas o uso indireto dos seus recursos naturais. É de posse e domínio públicos, sendo que as áreas particulares incluídas em seus limites serão desapropriadas. A visitação pública está sujeita às normas e restrições estabelecidas no Plano de Manejo da unidade, às normas estabelecidas pelo órgão responsável por sua administração e àquelas previstas em regulamento. A Floresta Nacional, embora seja uma Unidade de Conservação de Uso Sustentável, é de posse e domínio públicos, sendo que as áreas particulares incluídas em seus limites devem ser desapropriadas. É admitida a permanência de populações tradicionais que a habitam quando de sua criação. Já a Área de Proteção Ambiental, Unidade de Uso Sustentável, cuja a intensidade de proteção é significativamente menor em relação às de Proteção Integral, pode ser constituída por terras públicas ou privadas, sendo que nestas cabe ao proprietário estabelecer as condições para pesquisa e visitação pelo público; não há obrigatoriedade de zona de amortecimento; a realização de pesquisas científicas não depende de aprovação prévia; a exploração comercial de produtos, subprodutos ou serviços obtidos ou desenvolvidos a partir dos recursos naturais, biológicos, cênicos ou culturais ou da exploração da imagem não dependerá de prévia autorização; admite-se atividades de liberação planejada e cultivo de organismos geneticamente modificados.

A Proposta à Emenda Constitucional 55/2016 – ou PEC 241/2016 (PEC do teto dos gastos públicos), da qual resultou a EC 95/2016, ao limitar o aumento dos gastos públicos afetou diversas áreas, freou investimentos em saúde e educação, incluindo investimentos no PRONERA – Programa Nacional de Educação na Reforma Agrária, que mantinha, entre outros, programas de educação e qualificação em agricultura familiar.

Ainda em 2016, a Pauta Positiva – Biênio 2016-2017[10] foi entregue ao Governo Federal pelo Instituto Pensar Agropecuária (IPA) e pela Frente Parlamentar Agropecuária (FPA), da qual depreende-se: "*Como demonstração de rompimento com a atual política, eivada de ideologias contrárias ao setor, e da busca pela retomada do* desenvolvimento econômico, *que continuará sendo capitaneada pelo setor agropecuário, as medidas imediatas passam pela garantia da ordem pública e da segurança jurídica. E, de imediato, pela melhoria do ambiente de* negócios, *visando principalmente à retomada do sistema de* crédito *ao setor, proporcionando o amplo* acesso a recursos financeiros *no Brasil (públicos e privados) e no Exterior*". Pedem a retomada do crescimento do segmento produtivo rural e o fortalecimento do Ministério da Agricultura, "*que passará a gerenciar todo o processo de reorganização do setor. No comando dessa pasta, é imprescindível a presença de um líder diferenciado, que tenha conhecimento profundo do setor e que tenha, principalmente, estreito relacionamento com as entidades representativas e com as lideranças políticas. Essa é condição indispensável para que tenha o necessário apoio a fim de implantar todas as mudanças que o setor mais exitoso da nossa* economia *necessita*". Pedem também a "*revisão das recentes demarcações de áreas indígenas/quilombolas, bem como de desapropriações para fins de reforma agrária*". Sustentam que índios não têm o direito originário sobre as terras que ocupam. Pleiteiam indenização pelas terras reconhecidas como tradicionalmente ocupadas por índios. Defendem a aprovação de mais agrotóxicos e com mais rapidez, para defesa da *competitividade*. Por fim defendem a precarização e flexibilização das relações trabalhistas. Pretendem transformar o CONAMA em órgão consultivo, em vez de deliberativo.

O Decreto n. 9.608/2019 reduziu de modo significativo a composição do Conama, de 96 conselheiros para 23. Antes da modificação, era eclética e constituída por representantes dos segmentos diretamente interessados na temática ambiental, o que permitia amplo debate no exercício da competência deliberativa. O decreto fechou os espaços de diálogo, privilegiando o setor privado, tornado o Conama um conselho de confederações das atividades econômicas, pois é o segmento de maior peso agora, con-

[10] Disponível em: <https://www.socioambiental.org/sites/blog.socioambiental.org/files/blog/pdfs/pauta_bancada_ruralista.pdf>. Acesso em 27.06.2019

tando com 10 representantes. Os estados perderam representação. Havia uma cadeira para cada um dos 26 estados e uma para o Distrito Federal. Agora, são cinco cadeiras que serão representadas por um estado de cada região geográfica. Os municípios não serão mais representados por 8 membros, mas por apenas 2 membros. O número de cadeiras variava conforme a composição ministerial, já que cada ministério e secretaria tinha direito a um representante. Agora apenas os ministérios da Economia (ME), Infraestrutura (MI), Agricultura (MAPA), Minas e Energia (MME), do Desenvolvimento Regional (MDR), Casa Civil e secretaria de governo da presidência da República mantêm representantes. A sociedade civil – que incluía os ambientalistas, representantes dos trabalhadores rurais, dos povos indígenas, dos povos tradicionais, dos policiais militares e corpos de bombeiros e da academia –, possuía 23 representantes. Agora são 4 membros escolhidos por sorteio e isso impede que tenham representatividade. O decreto também excluiu as representações regionais. São assentos rotativos, sendo que os novos membros serão escolhidos por sorteio e terão mandato de apenas um ano. O decreto veta que um conselheiro da sociedade civil seja reconduzido. O ICMBio, a ANA (Agência Nacional de Águas) e o Ministério Público foram excluídos. Há assentos permanentes para a Confederação nacional da indústria, transportes, agricultura, serviço e comércio. As organizações da sociedade civil não. Isso restringe a participação de setores, dando grande poder ao governo federal e aos empresários na questão ambiental.

A Medida Provisória n. 870/2019, convertida na Lei n. 13.844/2019, deslocou o Serviço Florestal Brasileiro, órgão gestor do processo de concessão de florestas públicas para exploração de produtos e serviços florestais, da estrutura do Ministério do Meio Ambiente para a integrar o Ministério da Agricultura.

A mesma Medida Provisória n. 870/2019 revogou o inciso II do caput e os §§ 2º, 3º e 4º do art. 11 da Lei nº 11.346/2006, de modo a levar à extinção do Conselho Nacional de Segurança Alimentar e Nutricional/Consea[11]

[11] Órgão que tinha por objeto a segurança alimentar dos brasileiros e representava um "um espaço institucional para o controle social e participação da sociedade na formulação, monitoramento e avaliação de políticas públicas de segurança alimentar e nutricional, com vistas a promover a realização progressiva do direito humano à alimentação adequada" (<http://www4.planalto.gov.br/consea/acesso-a-informacao/institucional/o-que-e-o-consea>. Acesso em 30.06.2019).

na estrutura organizativa do Sistema Nacional de Segurança Alimentar e Nutricional (SISAN).

O Consea nasceu de um longo processo de luta da sociedade civil por maior participação em decisões governamentais para garantia do direito humano à uma alimentação adequada. De caráter consultivo, tratava-se de um órgão cuja competência institucional consistia no controle social na formulação, execução e monitoramento da Política Nacional de Segurança Alimentar e Nutricional. Era o "espaço institucional para o controle social e participação da sociedade na formulação, monitoramento e avaliação de políticas públicas de segurança alimentar e nutricional, com vistas a promover a realização progressiva do Direito Humano à Alimentação Adequada, em regime de colaboração com as demais instâncias do Sisan"[12], tendo em sua composição, como representantes da sociedade civil, organizações da sociedade civil, ONG's, movimentos sociais, instituições religiosas e associações profissionais[13].

A ideia da constituição de um conselho de segurança alimentar teve início com formulações oriundas da década de 80. Em 1985 foi elaborado pela Secretaria do Planejamento do então Ministério da Agricultura o documento: Segurança Alimentar: proposta de uma política contra a fome. Neste documento, havia proposta de ligação do conselho à Presidência da República. Em março do ano seguinte ocorre a I Conferência Nacional de Alimentação e Nutrição, na qual também há indicação da criação do Conselho Nacional de Alimentação e Nutrição (CNAN), com características semelhantes à proposta feita pelo Ministério da Agricultura em 1985[14].

A promulgação da Constituição de 1988 foi essencial para a construção das políticas sociais de segurança alimentar, dos movimentos sociais contra a fome e pela segurança alimentar e nutricional.

Em 1991, é instituída a CPI da Fome no Congresso Nacional[15], destinada a examinar as causas da fome e a iminente ameaça à segurança ali-

[12] <http://www4.planalto.gov.br/consea/acesso-a-informacao/institucional/o-que-e-o-consea>. Acesso em 30.06.2019.

[13] <http://www.ipea.gov.br/participacao/images/pdfs/relatoriosconselhos/120409_relatorio_seguranca_alimentar.pdf>, página 17. Acesso em 30.06.2019.

[14] <http://www.ipea.gov.br/participacao/images/pdfs/relatoriosconselhos/120409_relatorio_seguranca_alimentar.pdf> página 17. Acesso em 30.06.2019.

[15] <https://www.camara.leg.br/proposicoesWeb/prop_mostrarintegra;jsessionid=9BDFAED8747948CA1C73AFB4391440AD.proposicoesWeb2?codteor=1243740&filename=Dossie+-PRC+84/1991+CPIFOM . Acesso em 01.07.2019.

mentar. Mapeia-se a fome no Brasil[16]. Criado, em 1993, e sob demanda da sociedade civil articulada nos movimentos *Ética na Política* e *Ação da Cidadania Contra a Fome, a Miséria e pela Vida*, o Consea foi a primeira tentativa de elevar o debate sobre segurança alimentar e nutricional para uma arena política intersetorial, plural e participativa. Pelo caráter transitório do então governo e pela frágil inserção do tema na agenda política brasileira, o conselho foi extinto em 1994, um ano após sua proposição. Em 2003, é recriado o Consea como órgão especial de aconselhamento do Presidente da República[17].

Após campanha liderada pelo órgão em prol do Direito Humano à Alimentação Adequada, aprova-se, em 2010, a Emenda Constitucional n 64, que introduziu a alimentação como direito social[18], instituindo-se, no mesmo ano a Política Nacional de Segurança Alimentar e Nutricional (PNSAN) por meio do Decreto 7.272[19].

Nesse sentido, Patricia Constante Jaime, nutricionista, doutora em Saúde Pública e professora da Faculdade de Saúde Pública da USP, assevera que o Consea tinha papel relevante na democratização da administração pública e conformação de uma agenda política sinérgica entre agricultura, alimentação, nutrição, saúde, meio ambiente, sustentabilidade e justiça social. Representava um espaço de consolidação da participação da sociedade nas políticas voltadas à promoção de sistemas alimentares saudáveis e sustentáveis e de defesa de uma agenda da administração pública que defenda os cidadãos da violação do direito humano à alimentação adequada. Novas expressões da insegurança alimentar, como a perda dos padrões alimentares tradicionais, o aumento do consumo de alimentos ultraprocessados, a obesidade e a exposição da população a alimentos contaminados por agrotóxicos a transgênicos, ganham proporções epidêmicas. Os sistemas alimentares, incluindo os processos de produção, transforma-

[16] Mapa da fome, volume I: <http://www.ipea.gov.br/portal/images/stories/PDFs/o-mapa-da-fome-vol1.pdf.>, vol II: <http://www.ipea.gov.br/portal/images/stories/PDFs/o-mapa-da-fome-vol2.pdf> e vol. III: http://www.ipea.gov.br/portal/images/stories/PDFs/o-mapa-da-fome-vol3.pdf. Acesso em 01.07.2019.

[17] <http://www4.planalto.gov.br/consea/acesso-a-informacao/legislacao/decretos/807.pdf/view>. Acesso em 01.07.2019.

[18] <http://www.planalto.gov.br/ccivil_03/constituicao/emendas/emc/emc64.htm>._Acesso em 01.07.2019.

[19] <http://www.planalto.gov.br/ccivil_03/_ato2007-2010/2010/decreto/d7272.htm>. Acesso em 01.07.2019.

ção, distribuição, marketing e consumo de alimentos, estão fortemente relacionados à transição alimentar e nutricional observada nas últimas décadas. O Consea assumiu a defesa da dimensão sociocultural da alimentação e da valorização de um sistema alimentar justo, saudável e sustentável, tanto do ponto de vista social como ambiental, valorizadas e protegidas a biodiversidade, a comida de verdade sem veneno e os padrões alimentares tradicionais com o respeito e o resgate das identidades, memórias e culturas alimentares. Fez, assim, a defesa do alimento como elemento central da vida, um direito social, um bem material e imaterial e parte do patrimônio cultural do povo e da nação brasileira. Há que se reconhecer o choque paradigmático com setores que, em outro extremo, veem o alimento apenas como mercadoria dotada de valor monetário, em uma economia nacional ancorada nas commodities agropecuárias. O Consea representou espaço de governança, engajamento e diálogo independente entre Governo e Sociedade Civil. Compreender a formação de uma agenda de política de segurança alimentar e nutricional significa considerar que pode refletir ou não os interesses dos diferentes setores da sociedade, a depender do grau de democracia participativa, de mobilização de cada setor e de institucionalização de mecanismos que viabilizem a participação dos sujeitos, em especial dos mais vulneráveis e dependentes da ação do Estado[20].

Pois bem, ao aprovar a Medida Provisória 870/2019, o Congresso Nacional recriou o CONSEA, inserindo-o no Ministério da Cidadania. O Presidente da República, ao sancionar respectiva a lei, no dia 18 de junho de 2019, vetou a recriação do CONSEA, com a justificativa de que houve, por parte do Congresso, "invasão de prerrogativas, pois o Legislativo não poderia criar órgãos do Executivo".

No dia seguinte após o veto, o governo publicou a Medida Provisória n. 886/2019, que novamente trata da reestruturação de órgãos da Presidência da República. Nela, diversos dispositivos vetados com a justificativa de "invasão de prerrogativa" foram reeditados, menos a recriação do CONSEA.

Somente nos primeiros seis meses de 2019 foram liberados 239 agrotóxicos, entre os quais mais de 10 substâncias proibidas em outros países,

[20] Disponível em: <https://jornal.usp.br/artigos/por-que-o-conselho-nacional-de-seguranca-alimentar-e-nutricional-e-necessario/>. Acesso em 28.06.2019.

a exemplo do Imazetapir, Sulfentrazona e Fipronil. O Sulfoxaflor e o Glifosado estão associados à mortandade de abelhas[21]:

- Ato nº 1 de 9 de janeiro de 2019: torna público o registro de 28 produtos, sendo que quatro são altamente tóxicos (Imazetapir) e um é extremamente tóxico (Metomil), além de quatorze produtos muito perigosos ao meio ambiente, segundo classificação oficial[22].
- Ato nº 4 de 17 de janeiro de 2019: torna público o registro de 10 produtos, sendo dois altamente tóxicos (Deltametrina e Azoxistrobina) e três extremamente tóxicos (Difenoconazol e Dibrometo de Diquate) além de oito destes produtos são muito perigosos ao meio ambiente, segundo a classificação oficial[23].
- Ato nº 7 de 4 de fevereiro de 2019: torna público o registro de 19 produtos, sendo dois altamente tóxicos (Glifosato) e um extremamente tóxico (Metomil Nuvalurom). Ainda, cinco destes produtos são muito perigosos ao meio ambiente e um é altamente perigoso, segundo a classificação oficial[24].
- Ato nº 10 de 18 de fevereiro de 2019, nº 17 de 19 de março de 2019; torna público o registro de 29 produtos, sendo sete altamente tóxicos (Diflubenzurom, Tebutiurom e Imazapique) e seis são extremamente tóxicos (Difenoconazol, Clorotalonil, 2,4-D e Glifosato). Além disso, dezoito destes produtos são muito perigosos ao meio ambiente, segundo classificação oficial[25].
- Ato nº 24 de 9 de abril de 2019: torna público o registro de 31 produtos, sendo dois altamente tóxicos (Nicossulfurom e Imidacloprido)

[21] <https://reporterbrasil.org.br/2019/01/governo-liberou-registros-de-agrotoxicos-altamente-toxicos/>. Acesso em 28.06.2019. < https://www.greenpeace.org/brasil/blog/alianca-pelas-abelhas/>. Acesso em 28.06.2019.

[22] Disponível em: < http://www.in.gov.br/web/guest/materia/-/asset_publisher/Kujrw0TZC2Mb/content/id/58547404/do1-2019-01-10-ato-n-1-de-9-de-janeiro-de-2019-58547126>. Acesso em 30.06.2019.

[23] Disponível em: < http://www.in.gov.br/materia/-/asset_publisher/Kujrw0TZC2Mb/content/id/59812507>. Acesso em 30.06.2019.

[24] Disponível em: < http://www.in.gov.br/web/guest/materia/-/asset_publisher/Kujrw0TZC2Mb/content/id/62786205/do1-2019-02-11-ato-n-7-de-4-de-fevereiro-de-2019-62785969>. Acesso em 30.06.2019.

[25] Disponível em: < http://www.in.gov.br/web/guest/materia/-/asset_publisher/Kujrw0TZC2Mb/content/id/64365728/do1-2019-02-21-ato-n-10-de-18-de-fevereiro-de-2019-64365509>. Acesso em 30.06.2019.

e dezesseis extremamente tóxicos (Fluazinam, Mancozebe, Clorpirifós, Mesotriona, Tebuconazol, Bifentrina, 2,4-D, Clorotalonil e Fludioxonil). Ainda, quinze destes produtos são muito perigosos ao meio ambiente, segundo a classificação oficial[26].

- Ato nº 34 de 16 de maio de 2019: torna público o registro de 31 produtos, cinco altamente tóxicos (Imidacloprido e Fipronil), oito são extremamente tóxicos (Glifosato, Lambda-Cialotrina, Difenoconazol e Indoxacarbe). Além de treze destes produtos muito perigosos ao meio ambiente e um altamente perigoso, segundo a classificação oficial[27].
- Ato nº 42 de 19 de junho de 2019: torna público o registro de 42 produtos, quatro altamente tóxicos (Tebutiurom, Tiodicarbe, Flutolanil e Oxicocloreto de Cobre) e quatorze extremamente tóxicos (Mesotriona, Difenoconazol, Hexazinona, 2,4-D, Glifosato e Ametrina). Ainda, vinte e dois destes produtos são muito perigosos ao meio ambiente e dois são altamente perigosos, segundo a classificação oficial[28].

O direito à alimentação introduzido na Constituição pela emenda n. 64 tem inspiração na Declaração Universal dos Direitos Humanos de 1948 e na Declaração e Programa de ação de Viena de 1993, que prevê o direito humano à alimentação adequada ao contexto e às condições culturais, sociais, econômicas, climáticas e ecológicas de cada pessoa, etnia, cultura ou grupo social[29]. Ao extinguir órgão de aconselhamento sobre segurança alimentar e liberar agrotóxicos de forma acelerada, retira-se da população o direito constitucional à alimentação, que deve ser segura e adequada, prejudicando a saúde de toda a população. São violações aos direitos humanos acompanhadas da destruição do meio ambiente que ofendem em particular o direito à vida, à saúde, à água e à alimentação da nossa e de outras

[26] Disponível em: < http://www.in.gov.br/materia/-/asset_publisher/Kujrw0TZC2Mb/content/id/70888852>. Acesso em 30.06.2019.

[27] Disponível em: < http://www.in.gov.br/web/dou/-/ato-n-34-de-16-de-maio-de-2019-113230352>. Acesso em 30.06.2019.

[28] Disponível em: <http://www.in.gov.br/web/dou/-/ato-n-42-de-19-de-junho-de-2019-167261071>. Acesso em 30.06.2019.

[29] http://www4.planalto.gov.br/consea/comunicacao/artigos/2014/direito-humano-a-alimentacao-adequada-e-soberania-alimentar

nações, pois estamos transferindo a outros estados substâncias que provocam danos ao meio natural e à saúde.

Quanto à demarcação de terras indígenas, a Medida Provisória 886/2019, transferiu sua identificação e demarcação para a alçada do Ministério da Agricultura. A MP reverteu deliberação do Congresso Nacional, que subordinou a demarcação ao Ministério da Justiça. Esta medida provisória foi assinada um dia após o sancionamento da Lei n. 13.844/2019, oriunda da MP n. 870/2019, cujo texto que saiu das duas Casas Legislativas reservou a identificação e demarcação de terras à Fundação Nacional do Índio (Funai), órgão que foi vinculado ao Ministério da Justiça. Originalmente, o texto da MP previa a demarcação a cargo da pasta da Agricultura e a Funai subordinada à pasta da Mulher, Família e Direitos Humanos. A MP 886/2019 retorna a demarcação ao Ministério da Agricultura. A medida provisória manteve na Justiça os assuntos relacionados aos direitos dos índios, com exceção da questão fundiária. Houve suspensão da MP no dia 24 de junho de 2019 pelo Ministro do STF Luis Roberto Barroso, por violar o direito originário dos indígenas à posse das terras por eles tradicionalmente ocupadas, dando falso tratamento isonômico aos índios em relação aos demais atores da sociedade[30].

2. Análise sociambiental dos retrocessos

Constata-se que há tendência à exclusão progressiva da participação comunitária e à normatização da espoliação e exploração do planeta e dos seres vivos vulneráveis. Para se promover o crescimento econômico, fala-se muito mais em exploração do que proteção, reparação, recuperação, restauração, reconstrução, responsabilidade, resiliência, prevenção, mitigação, dignidade.

Nesse contexto, a economia se instituiu como um paradigma totalitário e onívoro do mundo, que codifica todas as coisas, todos os objetos, todos os bens, inclusive ecológicos e culturais, assim como toda forma de vida, em termos de capital, para submetê-los à lógica do mercado[31], estabelecendo que tudo o que não tem um preço, não tem valor. A natureza é transformada em objeto-produto, os alimentos em commodities, os animais em

[30] Disponível em: <https://istoe.com.br/barroso-suspende-mp-que-transfere-demarcacao-de-terras-indigenas-para-agricultura/>. Acesso em 27.06.2019.

[31] LEFF, Enrique. *Discursos sustentáveis*. Tradução de Silvana Cobucci Leite. São Paulo: Cortez, 2010, p. 20, 21, 84, 186 e 190.

meros recursos a serem explorados[32], inclusive para serem caçados "por diversão", o conhecimento tradicional associado e o material genético em objeto de apropriação privada e em bens de consumo. A natureza (a terra nutriz, a diversidade biológica, os ecossistemas, os processos ecológicos, as funções ambientais, aos quais devemos a continuidade, a sustentabilidade e o desenvolvimento da vida terrestre, inclusive humana), que não foi forjada ou produzida em um processo humano, é reconvertida e tratada pelas normas meramente como mercadoria e reduzida à cifras monetárias[33],

Dessa forma, seguindo esse paradigma, a opção do legislador vem sendo privilegiar uso econômico da Terra, da cultura e da vida, com o objetivo de aumentar de modo infinito a produção, como se o mecanismo de funcionamento adequado dos ecossistemas e dos processos ecológicos essenciais estivesse unicamente submetido à vontade do ser humano e às regras econômicas[34] e como se não houvesse necessidades e sistemas de controle

[32] Segundo Capra, "A economia gozou de muito prestígio durante a segunda metade do século XX, mas hoje ela lida apenas com uma parte restrita da realidade – coisas que são compradas e vendidas (seu vocabulário nos desvincula da realidade ecológica; animais tornam-se "produtos agropecuários" ou "peles"; montanhas passam a ser "recursos minerais"). A visão ecológica do mundo é a popularidade oposta da visão estreita da economia. Ela reconhece que o verdadeiro produto interno bruto de uma nação é biológico e não industrial; ele é criado pelas bactérias verde-azuladas que são, em última análise, os únicos produtores da terra. Ela valoriza cada aspecto extremamente complexo da teia da vida que predominou na terra durante quatro bilhões de anos – e hoje sustenta os seres humanos. O pensamento ecológico lança mão de todos os recursos da ciência para ver como a vida opera e como nós podemos nos adaptar de modo responsável aos seus padrões" (Capra, Fritjof. *Alfabetização Ecológica:* a educação das crianças para um mundo sustentável. São Paulo, Cultrix, 2006, p. 72). A maior riqueza é a biodiversidade que a espécie humana destrói a cada dia de forma exponencial. Os humanos estão provocando a sexta extinção em massa (e talvez a última). A respeito: Kolbert, Elizabeth. *A sexta extinção:* uma história não natural. Rio de Janeiro: Intrínseca, 2015.

[33] O futuro legislativo perpetua esse padrão. Conforme Projeto de Lei n. 2.362/2019: "O patrimônio fundiário imobilizado pelos proprietários rurais brasileiros a favor do meio ambiente foi estimado pelo doutor Evaristo de Miranda da Embrapa em mais de 3 trilhões de reais, com um custo de manutenção pago pelo produtor de 20 bilhões de reais por ano. Não é demais reafirmar que o Brasil é o país que mais preserva sua vegetação nativa e o produtor rural é personagem central desta preservação, ao bancar do próprio bolso a conservação de um quarto do território nacional" Contudo: "Somente quando for cortada a última árvore, pescado o último peixe, poluído o último rio, que as pessoas vão perceber que não podem comer dinheiro" (Provérbio Indígena).

[34] Enquanto o processo econômico segue seu curso conforme as leis da oferta e da procura, da produtividade e do consumo, a natureza se comporta conforme as leis da natureza (Leff, Enrique. *Discursos sustentáveis*. Tradução de Silvana Cobucci Leite. São Paulo: Cortez, 2010, p. 136).

próprios do Planeta[35]. Vem-se adotando o caminho do ultrapassado conceito de que o meio ambiente é apenas um substrato inerte à serviço da economia que pode ser explorado sem trégua e sem limite.

Portanto, a legislação não é mais aquela que se volta à proteção da flora, da fauna, da cultura, dos vulneráveis, à recuperação de áreas degradadas, à reponsabilidade dos poluidores e degradadores, mas instrumento normativo que regulamenta a exploração econômica do meio ambiente, natural e cultural, minimizando responsabilidades, legitimando o desmatamento, a poluição, a devastação, a extinção de espécies, o ecocídido e a hecatombe ambiental, comprometendo o equilíbrio ecológico e, portanto, a sadia qualidade de vida e sua própria existência, inclusive por meio de anistia a infratores e poluidores em relação a sanções administrativas e penais ambientais, como ocorreu no caso específico do Código Rural, cujos respectivos dispositivos foram julgados constitucionais pelo STF, existindo ainda tentativas para ampliar ainda mais a anistia[36], além de extinguir a reserva legal, esta justificada pela atual racionalidade econômica[37].

[35] Conforme Lovelock, "existe uma necessidade preponderante que reduz ainda mais a capacidade de carga da Terra, que são as necessidades da própria Gaia. Há muito mais em termos de sobrevivência além das necessidades humanas. Para sustentar o clima e a composição da Terra, Gaia precisa dos ecossistemas, das florestas e outras vegetações do solo e das algas dos oceanos para sustentar a vida. Do contrário, nosso planeta avançaria de modo inexorável para um estado de equilíbrio intoleravelmente quente e completamente árido, algo que acabaria se tornando uma mistura entre Marte e Vênus" (Lovelock, James. *Gaia: alerta final.* Rio de Janeiro: Intrínseca, 2010, p. 88).

[36] < https://www.congressonacional.leg.br/materias/medidas-provisorias/-/mpv/135060?fbclid=IwAR1DiMXnNSZm93IcVjfCYHADnVQYhuqIBwgUPJkw88si8gM8co88GCZsU4E>. Acesso em 30.06.2019.

[37] Projeto de Lei n. 2362/2019: "Revoga o Capítulo IV – Da Reserva Legal, da Lei Nº 12.651, de 25 de maio de 2012, que dispõe sobre a proteção da vegetação nativa, para garantir o direito constitucional de propriedade". Foi apresentada a seguinte justificativa: "Certamente, quando se examina a realidade da preservação ambiental no Brasil, chega-se à conclusão de que o país é um dos que mais preserva sua vegetação no mundo. Não são poucos os dados que demonstram o país como exemplo internacional de preservação da floresta e de sua vegetação. Nenhuma outra nação pode dar receitas prontas de conservação para o Brasil. Não há pertinência no clamor ecológico fabricado artificialmente por europeus, norte-americanos e canadenses e imposto ao país e a seus produtores rurais, chegando a determinar, segundo interesses políticos e comerciais estrangeiros, o rumo de nossa produção, desenvolvimento e legislação ambiental [...] Hoje, o papel de uma certa ecologia radical, fundamentalista e irracional é impedir nosso desenvolvimento e abrandar a concorrência para permitir a expansão da agropecuária em outros grandes países produtores que tem padrões de preservação bastante inferiores aos nossos".

O fomento à produção econômica brasileira (que está fundada principalmente na agropecuária industrial[38], que consiste basicamente em monocultura de soja, cana e milho transgênicos à base de agrotóxicos e criação de animais à base de modificações genéticas, aplicação massiva de hormônios, antibióticos e vacinas, e na mineração, que se caracteriza por ser excludente e predatória[39], além de causadora de catástrofes[40]) se dá por meio da degradação ambiental que solapa as condições de sustentabilidade do planeta; não visa a alimentação saudável, a qualidade de vida, a proteção da diversidade de modos culturais de produção de alimentos e ao equilíbrio ecológico[41], mas ao mercado, principalmente externo (se a produção brasileira visasse à erradicar a fome interna, não haveria fome no Brasil[42]), e ao aumento do PIB, do crescimento econômico, da produ-

[38] Pode-se destacar, como principais efeitos da exploração agropecuária: o desmatamento, a perda da biodiversidade, a degradação do solo, erosão, desertificação, destruição dos metabolismos naturais da terra fértil, o esgotamento dos mananciais, a contaminação do solo, ar e água, a geração de resíduos, mudança no clima. Interessante a observação de Lutzenberger: diante da majestade da Hileia Amazônica, por exemplo, o tecnocrata só enxerga um imenso vazio, não passando de uma mina de divisas a ser rapidamente explorada para a manutenção, sempre mais acelerada, do processo de demolição (LUTZENBERGER, José. *Gaia o planeta vivo (por um caminho suave)*. Porto Alegre: L&PM, 2012, p. 86). A lógica do bombeiro-piromaníaco tornou-se a norma, desconectada da realidade e das cadências naturais.

[39] A respeito: MALTEZ, Rafael Tocantins. *Proteção jurídica e gestão das cavidades naturais subterrâneas:* a atividade minerária e o desenvolvimento sustentável. Brasília: Sê-lo, 2016.

[40] Por exemplo Mariana e Brumadinho.

[41] O equilíbrio ecológico, a preservação da biodiversidade e a qualidade de vida, além de serem valores intrínsecos, são condições fundamentais para a sustentabilidade de própria economia. O mundo da economia e da produção é mera circulação de valores e preços de mercado, um sistema que se alimenta de uma natureza excluída dos fatores de produção. A teoria economia constitui-se como um paradigma ideológico-teórico-político que gerou um mundo que hoje transborda sobre suas externalidades: entropização dos processos produtivos, alterações dos equilíbrios ecológicos, destruição dos ecossistemas, esgotamento dos recursos naturais, degradação ambiental, aquecimento global (LEFF, Enrique. *Discursos sustentáveis*. Tradução de Silvana Cobucci Leite. São Paulo: Cortez, 2010, p. 20-21).

[42] Segundo Talita Furtado, advogada e pesquisadora do Núcleo de Trabalho, Meio Ambiente e Saúde (Tramas) da Universidade Federal do Ceará (UFC) e professora no curso de Direito da Universidade Federal Rural, o argumento de que ao desonerar agrotóxicos diminuímos o preço dos alimentos é insustentável. "Temos um modelo de agricultura químico-dependente e não autossuficiente. O agronegócio está produzindo *commodities*, e são essas *commodities* que estão consumindo esses agrotóxicos. Precisamos lembrar que quem produz alimentos para o consumo interno é a agricultura familiar. Desse ponto de vista, o pacote químico é intensivamente utilizado para a produção de *commodities* e não de alimentos. Disponível

tividade, da competitividade[43], únicas palavras de ordem admitidas como possibilidade existencial; qualquer outra é taxada de utópica, impossível, sonhadora. Contudo, pertinente destacar, o PIB com o qual se avaliam o sucesso ou o fracasso das economias nacionais não mede as respectivas externalidades negativas e, tampouco, a qualidade de vida[44]. Se PIB e o crescimento econômico produzissem mecanicamente o bem-estar e a qualidade de vida, certamente viveríamos hoje, brasileiros, assim como os chineses e indianos, num verdadeiro paraíso.

em <https://contraosagrotoxicos.org/audiencia-publica-na-pgr-ataca-isencoes-fiscais-a-agrotoxicos/>. Acesso em 28.06.2019.

[43] O Projeto de Lei n. 2.362/2019 confirma: "Definitivamente, é urgente a conciliação profunda e permanente entre proteção do meio ambiente, crescimento econômico e geração de oportunidades para os brasileiros. O país precisa produzir mais e explorar com racionalidade seus recursos naturais. Para tanto, é preciso flexibilizar dispositivos com excesso de rigidez e que ferem de morte o princípio constitucional do direito à propriedade privada e os objetivos nobres de crescimento econômico e geração de oportunidades. Precisamos produzir e vender mais [...] Removido tal entrave, poderemos expandir a produção agropecuária, gerar empregos e contribuir para o crescimento do país, atendendo interesses legítimos e nacionais, além de preservar, como nenhum outro país faz, o meio ambiente. Em particular, é necessidade ocupar mais ainda a região amazônica e explorar os seus recursos naturais, transformando-os em riquezas, ou seja, completar o projeto nacional e dar concretude à integração nacional"

[44] Trata-se de verdadeiro dogma da Sociedade Industrial pós-moderna a qual insiste que precisamos crescer sempre e que qualquer desaceleração nas taxas de aumento do PIB é considerada recessão ou desastre econômico. Contudo, o PIB é simples medida de fluxo de dinheiro e nada diz sobre aquilo que esse fluxo faz na sociedade, se coisas desejáveis ou perniciosas. Dessa forma, o PIB é uma medida de fluxo de produção e representa a soma (em valores monetários) de todos os bens e serviços finais produzidos numa determinada região (quer sejam países, estados ou cidades), durante um período determinado. Soma indistintamente criação de riqueza, como quando se colhe soja ou se constroem casas, com consumo de capital irrecuperável, como quando se consome minério ou se devasta a Floresta Amazônica. Ele também adiciona do lado positivo os gastos de tratamento médico, hospital, funerária, os custos de congestionamento no tráfego, os custos com acidentes, os gastos com litígios e convulsões sociais, os gastos bélicos. Nesse conceito, pode-se considerar as sociedades do ponto de vista fático, as mais descontroladas e doentes, como as que mais cresceram. Tudo que faz o PIB subir pode ser considerado como "desenvolvimento". Os custos sociais ou ecológicos serão os custos do "progresso". Contudo, nessas contas não se levam em consideração a felicidade pessoal, a harmonia social, a integração Ser Humano-Natureza (LUTZENBERGER, José. *Gaia o planeta vivo (por um caminho suave)*. Porto Alegre: L&PM, 2012, p. 29-30). Robert Kennedy observou que "o PIB mede praticamente tudo, exceto o que torna a vida digna de ser vivida". Dessa forma, o PIB pode aumentar enquanto a maioria das pessoas de um país fica mais pobre, ou proporcionalmente não tão rica, pois o PIB não considera o nível de desigualdade de renda de uma sociedade.

Portanto, a atual tendência da legislação dá suporte a uma economia que continua a se manter em sua abstração do mundo físico, na negação das leis-limites da natureza, da complexidade ecossistêmica, das condições e variáveis ecológicas de sustentabilidade e da entropia, ou seja, a não reversibilidade das transformações da energia e da matéria[45], dando continuidade ao paradigma que sustenta o pensamento hegemônico e responsável pela crise ambiental, e por isso, esta continuará a avançar na medida em que há mais crescimento econômico baseado no consumo destrutivo da natureza, com sua submissão completa à economia linear e unitária que vai drenando a vida no planeta, cujo modelo é responsável pelo solapamento das próprias bases de sustentabilidade, o que tornará a Terra um lugar sem condições de proteger, abrigar ou reger a vida, inclusive humana.

As previsões do Painel Internacional sobre Mudança Climática e dos principais e mais autorizados estudos científicos parecem não abalar essa opção de retrocessos. Cientistas importantes concordam que o sistema de produção em massa do atual modelo não pode continuar sem causar um colapso no ecossistema, pois, conforme visto, rompe o tecido ecológico, vulnerabiliza os territórios, desnaturaliza, objetiva a natureza e coisifica o mundo. A necessária transição para um modelo que considere a sustentabilidade, a segurança ecológica, a cultura local foi deixada aos desígnios do mercado mais que à construção de alternativas baseadas em estudos prospectivos sobre a degradação das relações sociais, dos interesses locais, do risco ecológico, de catástrofes industriais e do desencadeamento do colapso ambiental, dando-se mais importância aos imperativos do crescimento econômico ilimitado e à estabilidade macroeconômica, como se fosse possível superar uma crise, negando-se o real e adotando-se as mesmas soluções que a provocou.

Verifica-se, portanto, uma irresponsabilidade organizada por parte do Estado, pois as violações à natureza-que-deixou-de-ser são negociadas e impostas "de forma legítima" por via legislativa.

[45] Para Leff, "a entropia aparece hoje como a linha básica de argumentação contra a pretensão de um crescimento sem limites da economia, da reversibilidade dos processos econômicos e da substituição entre capital financeiro, produtivo e natural, de uma economia convertida no processo impulsionador da morte entrópica do planeta ao induzir um consumo e transformação crescente de matéria e energia" (LEFF, Enrique. *Discursos sustentáveis*. São Paulo: Cortez, 2010, p. 42).

Conforme Serres, se estamos numa crise, não cabe uma volta atrás. As expressões “retomada” ou “reforma” não fazem sentido. Se bem se trata de uma crise, não pode haver retomada, pois acarretaria uma nova crise ante a repetição, caindo-se num círculo. Portanto, para superá-la é preciso inventar o novo, traçar novos caminhos[46], adotar outra lógica, mudar de paradigma. Em suma, sendo a crise ambiental uma crise do conhecimento e de civilização, a saída dessa crise reclama um novo saber.

Então, qual seria o caminho a ser adotado e seguido? Alguns apontam para o desenvolvimento sustentável, que é aquele que atende às necessidades das gerações presentes sem comprometer a possibilidade de as gerações futuras atenderem a suas próprias necessidades (Relatório Brundtland), não sendo possível a utilização dos bens ambientais além da capacidade de reposição, de sustento, de renovação do planeta. Apesar, das críticas, tem como pilar a harmonização das seguintes vertentes: *desenvolvimento econômico, proteção do meio ambiente*, e *equidade social* (progresso social). O progresso econômico, que é apenas um meio/instrumento (não é um fim em si mesmo) para o desenvolvimento social e preservação das culturas locais, não prescinde da proteção ambiental, ao revés, dela depende. As atividades econômicas não podem ser exercidas em desarmonia com os princípios destinados a tornar efetiva a proteção ao meio ambiente (art. 170, VI, da CF). Sem meio ambiente ou num planeta morto não há economia[47]. Portanto, deve-se considerar a variável e a sustentabilidade ecológica[48] no

[46] SERRES, Michel. *Tempo de crise*: o que a crise financeira trouxe à tona e como reinventar nossa vida e o futuro. Tradução Clóvis Marques. Rio de Janeiro: Bertrand Brasil, 2017, p. 9-12.

[47] Etimologicamente “econômica” (oikos+nomos) são as normas da casa e a ecologia (oikos+logos), o estudo da casa. Obviamente as normas estão no âmbito do estudo, e não o inverso. A economia é apenas parte do todo ecológico. Contudo, hoje, a economia sobrepõe-se à ecologia, subvertendo a lógica e a racionalidade e por isso mesmo, causadora de uma crise ambiental sem precedentes e que está levando a vida humana à hecatombe. “Quando aparece essa consciência da crise ambiental nos anos 1960 e 1970, começou a surgir o pensamento de que o mundo não deveria ser regido por uma racionalidade econômica. Dentro do pensamento sistêmico então em voga, pensou-se que a economia era um sistema que deveria sujeitar-se a um ecossistema global mais amplo, o da Terra pensada como um macrossistema, e que a economia deveria acoplar-se e adaptar-se às condições e leis ecológicas que são as que asseguram a sustentabilidade do planeta” (LEFF, Enrique. *Discursos sustentáveis*. Tradução de Silvana Cobucci Leite. São Paulo: Cortez, 2010, p. 88).

[48] O princípio da sustentabilidade consiste no dever de proteger e restaurar a integridade dos sistemas ecológicos da Terra. A sustentabilidade é o princípio mais fundamental do ambiente. A sustentabilidade ecológica (da vida) não deve ser entendida como uma forma

processo decisório de políticas públicas e iniciativas econômicas privadas ou públicas. Conforme entendimento do STF: "A incolumidade do meio ambiente não pode ser comprometida por interesses empresariais nem ficar dependente de motivações de índole meramente econômica, ainda mais se tiver presente que a atividade econômica, considerada a disciplina constitucional que a rege, está subordinada, dentre outros princípios gerais, àquele que privilegia a 'defesa do meio ambiente' (CF, art. 170, VI) [...]"[49].

Será considerado sustentável apenas o desenvolvimento que não comprometa a capacidade de suporte, renovação, desenvolvimento e manutenção dos ecossistemas, com a preservação de sua vitalidade e integridade, sem ultrapassar os limites do planeta, bem como respeitadas as culturas locais, os laços sociais, os modos de viver e existir característicos das comunidades tradicionais[50].

concorrente com a prosperidade social e econômica. É simplesmente a base de ambos. O tema da sustentabilidade ecológica é descrito pelo conceito de integridade ecológica. Além da beleza terminológica de combinar integridade natural com integridade da pessoa humana (expressa como "dignidade" e "potencial"), a integridade ecológica é um conceito científico e ético. A proteção e a restauração da integridade ecológica exigem os melhores conhecimentos disponíveis sobre os fatos ecológicos e o compromisso ético com a sua importância global. Os seres humanos não competem com a vida na Terra, mas tem o objetivo de existir como parte integrante dela. A preocupação com os sistemas ecológicos da Terra está no cerne do princípio da sustentabilidade. Nenhum outro meio é possível senão a referência aos sistemas ecológicos e sua integridade. Se for possível perceber a integridade dos ecossistemas como uma preocupação comum da humanidade, termos capturado a essência da sustentabilidade. Pode haver um debate em curso sobre os meios de preservar a integridade ecológica, mas o fim em si não deve ser contestado. Se fizermos isso, vamos iniciais um exercício, literalmente, de risco de vida. A sustentabilidade tem por objetivo preservar a integridade dos ecossistemas e, ao mesmo tempo, reconhecer que os seres humanos fazem parte destes ecossistemas. Na prossecução da proteção da integridade ecológica, a sustentabilidade reflete a preocupação mais fundamental da existência humana, ou seja, o desejo de viver, sobreviver e se reproduzir (Bosselman, 20156, p. 104-105). Enrique Leff sobre o conceito de sustentabilidade: "é o que os ecossistemas e a sociedade podem gerar como potencial produtivo, não o que o mercado pode internalizar e produzir dentro de uma racionalidade econômica *contra natura*" (Leff, Enrique. *Discursos sustentáveis.* Tradução de Silvana Cobucci Leite. São Paulo: Cortez, 2010, p. 141).

49 ADI-MC 3.540 de 1º.09.2005.

50 "Essa rede viva global desenvolveu-se, evoluiu e diversificou-se no decorrer dos últimos três bilhões de anos sem jamais se romper. A característica marcante da "casa Terra" é a sua capacidade intrínseca de sustentar a vida. Na qualidade de membros da comunidade global de seres vivos, temos a obrigação de nos comportar de maneira a não prejudicar sua capacidade intrínseca. Esse é o sentido essencial da sustentabilidade ecológica. O que é sustentado numa

Considerando que a crise ambiental não para de se agravar, com perda exponencial da biodiversidade, extinção de espécies, poluição do solo, do ar, da água, desertificação, desmatamento incessantes, aumento expressivo dos desastres industriais, dizimação das populações tradicionais, dos índios, e de suas respectivas culturas, há quem coloque em dúvida a premissa de que seria possível compatibilizar o atual modelo econômico (que tem por fundamento o crescimento infinito, o crescimento pelo crescimento, a produção pela produção, com objetivo em si mesmo[51]) e que considera a natureza e a cultura somente e na medida em que podem ser convertidos em mercadoria que gere lucro[52], com a proteção ambiental.

Não é viável somente se pensar no aumento de produtividade, da competitividade e num crescimento econômico infinito, sem pensar nas implicações e consequências dessa estratégia que leva em consideração apenas

comunidade sustentável não é o crescimento econômico nem o desenvolvimento, mas toda a teia a da vida da qual depende, a longo prazo, a nossa própria sobrevivência. A comunidade sustentável é feita de tal forma que seus modos de vida, seus negócios e sua economia, suas estruturas físicas e suas tecnologias não se oponham à capacidade intrínseca da natureza de sustentar a vida" (CAPRA, Fritjof. *As conexões ocultas:* ciência para uma vida sustentável. São Paulo: Cultrix, 2005, p. 224).

51 "A ideia de que o crescimento econômico constitui um fim em si implica que a sociedade seja um meio" (François Flahaut).

52 Nesse sentido Serge Latouche esclarece: "Ocultamos, em particular, a questão de saber de onde viemos: de uma sociedade de crescimento – ou seja, de uma sociedade fagocitada por uma economia cuja única finalidade é o crescimento pelo crescimento. É significativa a ausência de uma verdadeira crítica da sociedade de crescimento na maioria dos discursos *ambientalistas*, que só fazem enrolar nas suas colocações sinuosas sobre o desenvolvimento sustentável [...] O "desenvolvimento sustentável", invocado de forma encantatória em todos os programas políticos, "tem como única função, precisa Hervé Kempf, 'conservar os lucros e evitar a mudança de hábitos quase sem alterar o rumo'". O professor emérito de economia da universidade de Paris-Sud XI (Orsay), após constatar a evidência da afirmação de "que um crescimento infinito é incompatível com um mundo finito e que tanto nossas produções como nossos consumos não podem ultrapassar as capacidades de regeneração da biosfera", afirma que "em compensação, são muito menos bem-aceitas as consequências incontestáveis de que essas mesmas produções e esses mesmos consumos devem ser reduzidos [...] e que a lógica do crescimento sistemático e irrestrito (cujo núcleo é a compulsão e a adição ao crescimento do capital financeiro) deve portanto ser questionada, bem como nosso modo de vida". Conclui que "o crescimento hoje só é um negócio rentável se seu peso recair sobre a natureza, as gerações futuras, a saúde dos consumidores, as condições de trabalho dos assalariados e, mais ainda, sobre os países do sul" (LATOUCHE, Serge. *Pequeno tratado do decrescimento sereno.* Tradução Claudia Berliner. São Paulo: Editora WMF Martins Fontes, 2009, p. XIII-XIV e p. 10 e 39).

números. Esse atual modelo de "desenvolvimento" mostra-se pouco duradouro[53], porque não é ecologicamente sustentável.

Dessa forma, o desenvolvimento sustentável, para fazer sentido, deve ter caráter *qualitativo* e não meramente quantitativo e depende, além da proteção ambiental, da "convivialidade". Desenvolvimento não significa crescimento. Crescimento tem caráter quantitativo e não está comprometido com o bem-estar, a saúde e a qualidade de vida[54].

Kenneth Boulding opôs a economia de *cowboy*, em que a maximização do consumo se apoia na predação e na pilhagem dos recursos naturais, à economia do cosmonauta, "para o qual a Terra se tornou uma nave espacial única, desprovida de reservas ilimitadas, seja para dela extrair, seja para nela verter seus poluentes"[55].

Para Pierre Rahbi, deve-se passar da lógica do lucro sem limites à do ser vivo. Sugere a agroecologia, que é perene, como ética de vida e técnica agrícola, a qual permite que as populações retomem sua autonomia, segurança e salubridade alimentares, ao mesmo tempo em que regeneram e preservam seus patrimônios alimentares. Aduz que produzir e consumir localmente se impõe como uma necessidade para a segurança das populações em relação a suas necessidades elementares e legítimas. Sem se fechar aos intercâmbios complementares, os territórios se tornariam então berços autônomos valorizando e cuidando de seus recursos locais. Agricultura de dimensão humana, artesanato, pequenos comércios etc. deveriam

[53] Mais significativa a expressão francesa *développement durable*: desenvolvimento sustentável é o desenvolvimento durável.

[54] Na certeira análise de Edgar Morin, "nossa civilização, que anunciava o bem-estar material, suscitou o mal-estar espiritual e não suprimiu imensos bolsões de indigência material. Ela fez com que identificássemos o bem-estar qualitativo com bem-estar quantificativo. Especialistas e governantes ainda acreditam que o bem-estar e os males da sociedade desaparecerão com o desenvolvimento econômico e o crescimento. É preciso, porém, repensar o desenvolvimento e a própria ideia de desenvolvimento. Tal como o concebemos hoje, puramente indexado ao crescimento quantitativo dos bens, o desenvolvimento cria mais problemas do que resolve e, no fundo, é insustentável, inclusive como "desenvolvimento sustentável". É necessário, então, sair do reino exclusivo do quantitativo, que não sabe enxergar senão o crescimento do PIB, o número de desempregados, e não o desespero dos desempregados [e dos empregados também]. É necessário substituir o quantitativo 'mais, mais!' pelo qualitativo 'menos, porém melhor'" (MORIN, Edgar. *Meus filósofos*. 2ª ed. Tradução: Edgard de Assis Carvalho e Mariza Perassi Rosco. Porto Alegre: Sulina, 2014, p. 162).

[55] *Apud* LATOUCHE, Serge. *Pequeno tratado do decrescimento sereno*. Tradução Claudia Berliner. São Paulo: Editora WMF Martins Fontes, 2009, p. 16.

ser reabilitados para que o maior número possível de cidadãos pudesse se tornar novamente ator da economia[56].

José Lutzenberger sugere o caminho suave/brando, segundo o qual o dogma do crescimento dá lugar ao equilíbrio sustentável e à qualidade de vida; progresso não seria mais medido com o índice tão irreal e simples como o fluxo de dinheiro e movimentação de produtos, mas a qualidade de vida, o bem-estar, a integração dos seres humanos em seu ambiente, o qual deve ser mais belo, mais saudável, mais rico em Vida, com Vida mais diversificada; mais estável, mais cultura (valorizando-se as culturas locais), mais arte, lazer, intercâmbio e harmonia social e alegria de vida. A ênfase está na qualidade e não na quantidade[57].

Nicholas Georgescu-Roegen, a partir de constatação da impossibilidade de um crescimento infinito num mundo finito e de que o processo econômico não pode contrariar a lei da entropia, defende a necessidade de substituir a ciência econômica tradicional por uma bioeconomia[58].

Para Leff, a solução passaria pela transição para uma nova racionalidade ambiental que oriente a construção da sustentabilidade; pela estabilização da dinâmica populacional; pela reorientação dos padrões tecnológicos e das práticas de consumo; pela ruptura de obstáculos epistemológicos e barreiras institucionais para instaurar um campo das ciências ambientais e legitimar os saberes ambientais; pela inovação de conceitos, métodos de pesquisa e produção de conhecimentos orientados para as ciências da complexidade e para a abertura das ciências para um diálogo de saberes culturais e populares; e pela construção de novas formas de organização produtiva, baseadas nos potenciais da natureza e na criatividade das culturas[59]. Propõe uma revolução copernicana na economia para passar do econocentrismo – da economia como centro ao redor do qual gira o mundo – a uma economia arraigada nos fundamentos e nos processos da vida. Do ambiente que aparece como um custo na economia ao ambiente como potencial produtivo e como um direito de reapropriação de um patrimônio

[56] RAHBI, Pierre. *Por uma simplicidade feliz*. Tradução Marcelo Mori. São Paulo: Martins Fontes, 2016, p. 95 e 118-119.

[57] LUTZENBERGER, José. *Gaia o planeta vivo (por um caminho suave)*. Porto Alegre: L&PM, 2012, p. 48-49.

[58] GEORGESCU-ROEGEN, Nicholas. *O decrescimento:* entropia, ecologia, economia Tradução Maria José Prerillo Isaac. São Paulo: Editora Senac, 2012.

[59] LEFF, Enrique. *Discursos sustentáveis*. Tradução de Silvana Cobucci Leite. São Paulo: Cortez, 2010, p. 167.

biocultural, considerando que a ecologia é produtiva, os ecossistemas produzem biomassa, registram uma produtividade primária decorrente do processo fotossintético e dos processos de criação e geração de vida. A transição para a sustentabilidade implica a paulatina desconstrução da economia antiecológica e entropizante e a construção de uma economia neguentrópica[60], a qual consiste na transformação de energia solar em biomassa. Os transformadores mais eficientes são os ecossistemas organizados como ecossistemas produtivos e não como provedores de "matérias-primas" e estoques de recursos naturais, que vão se esgotando um a um, até que a escassez de recursos isolados se converte em uma escassez global[61].

3. As violações contra os povos e comunidades tradicionais

Questão diretamente relacionada com a destruição da natureza e do atual modelo são as constantes violações sofridas pelos povos e comunidades tradicionais[62] à sua tradicionalidade, à sua autodeterminação, a seu modo de ser, de existir, se relacionar, viver, como povo.

[60] Nas palavras de Leff: "Isso implica levar a economia a um estado de equilíbrio entrópico-neguentrópico. O atual modelo produtivo e a racionalidade econômica que o gera são essencialmente insustentáveis, pois geram um processo de crescimento baseado no consumo crescente de recursos naturais de baixa entropia, na destruição paulatina das condições ecológicas de sustentabilidade e na produção crescente de calor. Sua própria construção paradigmática lhe imprime a necessidade de crescer destruindo suas próprias bases ecológicas de sustentabilidade, degradando seu ambiente e gerando entropia. A própria essência da racionalidade econômica impede-a de se adaptar às condições ecológicas do planeta e sujeitar seu crescimento aos ritmos de renovação da base de recursos. A única possiblidade de deter o colapso ecológico provocado pelo processo econômico é a construção de uma nova racionalidade produtiva, fundada no incremento da produtividade neguentrópica baseada na fotossíntese – o único processo neguentrópico do planeta –, que depende da conservação e restauração da organização ecossistêmica para maximizar a produtividade econtecnológica baseada nos potenciais da natureza e da cultura". Esclarece que a "vida é o único fenômeno neguentrópico, isto é, que absorve energia solar através da fotossíntese e cria biomassa, e esta é o fundamento da produtividade ecológica. Toda racionalidade econômica foi contra esses processos organizadores da vida: alimentar a agricultura com petróleo, destruir as florestas e, junto com elas, os saberes tradicionais e o tecido social das culturas que tradicionalmente viveram manejando suas florestas" (LEFF, Enrique. *Discursos sustentáveis*. Tradução de Silvana Cobucci Leite. São Paulo: Cortez, 2010, p. 167, p.80 e 90). A racionalidade dominante encobre a complexidade ambiental.

[61] LEFF, Enrique. *Discursos sustentáveis*. Tradução de Silvana Cobucci Leite. São Paulo: Cortez, 2010, p. 29-30.

[62] De acordo com o Decreto nº 6.040, de 7 de fevereiro de 2007, que institui a Política Nacional de Desenvolvimento Sustentável dos Povos e Comunidades Tradicionais, povos e comunidades

O Conselho Nacional dos Direitos Humanos – CNDH, órgão criado pela Lei nº 12.986, de 2 de junho de 2014, constatou diversas agressões e desrespeito à dignidade dessas comunidades[63]. Por exemplo, em Caiçaras da Praia do Sono, em Paraty (RJ), o território está ameaçado pela especulação imobiliária, com a construção de condomínios de luxo, que os impedem de ir à praia pescar e ter acesso livre ao seu território. Esse fenômeno é planetário. Naomi Klein, em aprofundado estudo sobre a ascensão do capitalismo dos desastres, no qual aproveita-se das catástrofes para a ocupação das áreas desocupadas para construção de empreendimentos de turismo de luxo nos mais recônditos lugares do planeta, como ocorreu no Sri Lanka[64].

Conforme o Relatório sobre os direitos dos povos e comunidades tradicionais[65], a desterritorialização dos povos e comunidades tradicionais é uma violação praticada desde a colonização, sendo mais vulneráveis à expropriação e à grilagem, que acontecem de forma violenta por mecanismos privados, como milícias e pelo próprio Estado. Destaca que o direito de acesso e posse da terra é além de um meio de produção, essencial à vida, ao modo de ser, estar e existir no mundo, às suas identidades, como moradia, trabalho digno, prática e experiência de sua cultura, meio ambiente ecologicamente equilibrado e equivalente à autonomia da vida doméstica, familiar e à liberdade. A violência da desterritorialização é um processo de exclusão territorial e social, sendo categorias intrínsecas, uma complementando a outra. As duas justapostas se referem, além da perda de um

tradicionais são definidos como: "grupos culturalmente diferenciados e que se reconhecem como tais, que possuem formas próprias de organização social, que ocupam e usam territórios e recursos naturais como condição para sua reprodução cultural, social, religiosa, ancestral e econômica, utilizando conhecimentos, inovações e práticas gerados e transmitidos pela tradição" (art. 3º, I). Os membros de um povo ou comunidade tradicional têm modos de ser, fazer e viver distintos dos da sociedade em geral, o que faz com que esses grupos se autorreconheçam como portadores de identidades e direitos particulares.

63 <https://www.mdh.gov.br/informacao-ao-cidadao/participacao-social/conselho-nacional-de-direitos-humanos-cndh/RELATRIOSOBREOSDIREITOSDOSPOVOSECOMUNIDADESTRADICIONAIS.pdf>. Acesso em 28.06.2019.

64 KLEIN, Naomi. *A doutrina do choque*: a ascensão do capitalismo de desastre. Tradução Vania Cury. Rio de Janeiro: Nova Fronteira, 2008, p. 459 e ss.

65 <https://www.mdh.gov.br/informacao-ao-cidadao/participacao-social/conselho-nacional-de-direitos-humanos-cndh/RELATRIOSOBREOSDIREITOSDOSPOVOSECOMUNIDADESTRADICIONAIS.pdf>. Acesso em 28.06.2019.

território, a todo um processo de exclusão de natureza econômica, política e cultural. A ocupação do território por povos e comunidades tradicionais acontece em locais de natureza conservada, sendo eles os principais atores e defensores desta conservação, relacionando-se com a natureza de maneira sustentável.

Ainda segundo o Relatório sobre os direitos dos povos e comunidades tradicionais, outra violação que afeta muitos povos e comunidades tradicionais é a supressão e retirada dos bens da natureza, com os quais povos e comunidades tradicionais têm estabelecido uma relação de interdependência e de identificação. Há casos em que a supressão dos bens naturais ocorre pela expansão do agronegócio monocultor, o qual utiliza agrotóxicos que contaminam o solo e a água da região, e por ações estatais ou privadas que restringem ou impedem a manutenção do modo de vida tradicional dos povos e comunidades tradicionais, como é o caso da instalação de empreendimentos turísticos, de infraestrutura, com a instalação de rodovia, linhas de transmissão, hidrelétricas e da exploração mineral.

O art. 215, §1º, da Constituição Federal, dispõe que o Estado proteja as manifestações culturais populares, indígenas e afro-brasileiras, e das de outros grupos participantes do processo civilizatório nacional. O artigo 216 determina que deve ser promovido e protegido pelo Poder Público o patrimônio cultural brasileiro, considerando tanto os bens de natureza material quanto imaterial, incluídos os modos de criar, fazer e viver dos diferentes grupos formadores da sociedade brasileira.

O Brasil demorou 12 anos para corporificar no ordenamento jurídico pátrio a resolução 169 da OIT, ao promulgar Decreto n. 5.051 de 2004, consolidando-a no ordenamento jurídico pátrio e dando aos indígenas o poder de escolha e autonomia para tomar suas próprias decisões nos assuntos e deliberações governamentais referentes ao seu povo[66]. Ao ser ratificada e incorporada ao nosso ordenamento jurídico, a Convenção 169 reforçou o respeito e a valorização da diversidade étnica e cultural dos povos e comunidades como norteadores das políticas públicas voltadas a esses segmentos. Os Estados Nacionais deverão promover a plena realização dos direitos sociais, econômicos e culturais desses povos, respeitando suas identidades sociais e culturais; reconhecer as terras tradicionalmente

[66] A convenção 169 da OIT sobre Povos Indígenas e tribais de 27 de julho de 1989 definiu que suas deliberações passariam a ter valor internacional no dia 05 de setembro de 1991.

ocupadas por esses povos; garantir serviços de saúde adequados, em cooperação com os interessados e baseados nas comunidades; e implementar programas e serviços educacionais diferenciados e interculturais, de acordo com suas especificidades e seus projetos de futuro. A Convenção traz três novos princípios: a auto identificação, ou consciência de sua identidade, como critério subjetivo fundamental para o reconhecimento desses grupos; o direito à participação na formulação, implementação e avaliação de planos e programas de desenvolvimento nacional e regional que possam impactá-los; e o direito à consulta, sempre que sejam previstas medidas legislativas ou administrativas suscetíveis de afetá-los diretamente. O Brasil tem se dissociado do projeto da convenção 169, tendo sido o único dos 48 países a votar contra o plano de engajamento da OIT destinado a garantir a compreensão do escopo e aplicação da convenção[67].

Na Eco-92 foram firmados acordos que mencionaram os povos e comunidades tradicionais e as áreas de preservação: "... a Convenção da Diversidade Biológica (CDB), no preâmbulo e no artigo 8º (especialmente na letra j); a Agenda 21, no capítulo 26; a Declaração do Rio, no Princípio 22 (UN, 1992a, 1992b, 1992c). Nesses documentos se ressalta: a relação entre o modo de vida e o ambiente; o papel dos conhecimentos tradicionais para a conservação e a desejável repartição de benefícios oriundos destes; o reconhecimento de suas identidades, cultura e direitos pelos Estados; a permissão à efetiva participação no alcance do desenvolvimento sustentável".

A Declaração Universal sobre a Diversidade Cultural, de 2001, dispõe sobre o respeito à diversidade cultural como respeito à dignidade humana. A Convenção sobre a Proteção e Promoção da Diversidade das Expressões Culturais, assinada em 2005 e ratificada em 2007 pelo Brasil, reafirma a importância do respeito à diversidade cultural, partindo do princípio do reconhecimento da igual dignidade e respeito por todas as culturas.

A Declaração dos Direitos dos Campesinos e Trabalhadores de zonas rurais dispõe sobre o dever de os Estados membros prover e resolver os vazios de instituições e serviços básicos que historicamente padeceu o campo.

[67] https://www.valor.com.br/brasil/6183431/brasil-e-voto-isolado-na-oit-e-ameaca-deixar-convencao-sobre-povos-indigenas

Conclusões

A legislação deveria refletir e dar efetividade aos direitos fundamentais consagrados na Constituição Federal: direito ao meio ambiente ecologicamente equilibrado, direito à alimentação saudável, direito à cultura e à dignidade. Contudo, demonstrou-se o processo de retrocesso da legislação brasileira, havendo tendência de regular somente aspectos econômicos de espoliação e exploração da Terra-Viva e dos vulneráveis, com a adoção de uma racionalidade econômica de curto prazo que não consegue escapar de sua inércia de crescimento infinito num planeta finito, que para se manter precisa continuar a se nutrir do sempre crescente consumo da natureza (de matéria e energia), a investir capitais que hoje manifestam seus efeitos de retorno econômico como inversões térmicas e degradação sociocultural e ampara a destruição das condições ecológicas de sustentabilidade. Portanto, além de inapta à superação da crise socioambiental, tende a agravá-la.

Também teve por objetivo demonstrar que existem outros caminhos viáveis, factíveis e possíveis, diante de um pensamento econômico que se impôs como única forma possível de existência, mesmo diante das evidências de seus efeitos na degradação ecológica e social.

Procurou-se demonstrar que a recodificação do mundo em termos econômicos não poderá solucionar – ou melhor agravará – a crise ambiental e que o grande desafio diante da crise socioambiental não é economicizar a vida e a natureza. A produtividade ecológica é o único processo eternamente sustentável, que varia de um ecossistema para outro e de uma região para outra, reformulando a legislação sobre suas bases ecológicas e culturais, assumindo a lei-limite da entropia, a internalização das negatividades e um limite ao processo de produção antinatural, a fim de gerar outros meios para a satisfação de necessidades, desejos e aspirações humanas.

Por fim, destaca-se o equivocado modelo que vem sendo adotado pela legislação "socioambiental", que insiste na superada e ultrapassada dicotomia "proteção ambiental x exploração", pois limita as possibilidades de se ter uma interação saudável, amorosa e equilibrada com o Planeta e com a Vida, ao estabelecer a falsa crença de que só é possível o desenvolvimento estragando/poluindo, e que o que se deseja é estragar/poluir menos. O objetivo não é tentar "explorar" sem ultrapassar um limite depois do qual o estrago é grande ou irreversível. O objetivo é criar vida ao mesmo tempo em que conseguimos suprir nossas necessidades e que a nossa intervenção gere mais abundância do que haveria sem a nossa participação. Parece utópico, mas é possível[68]. A humanidade teria que desconstruir quase tudo o que atualmente entende por "qualidade de vida" e "desenvolvimento sustentável". Mas aí não teríamos mais necessidade de criar um direito ambiental ou leis ambientais porque não existiria risco, degradação, poluição! As atuais leis seriam isso? Trazer os conceitos para estabelecer regras e limites à exploração? Pensamos que não, pois adotado esse padrão para o direito, seria uma ciência social um tanto empobrecida e vazia de significado.

Referências

BOSSELMANN, Klaus. *O princípio da sustentabilidade*: transformando direito e governança. Tradução Phillip Gil França. São Paulo: Revista dos Tribunais, 2015.

CAPRA, Fritjof. *Alfabetização Ecológica:* a educação das crianças para um mundo Sustentável. Tradução Carmen Fischer. São Paulo, Cultrix, 2006.

CAPRA, Fritjof. *As conexões ocultas:* Ciência para uma vida sustentável. São Paulo: Cultrix, 2005.

CARSON, Rachel. *Primavera Silenciosa.* Tradução de Claudia Sant'Anna. São Paulo: Editora Gaia, 2010.

Conselho Nacional dos Direitos Humanos Povos livres, territórios em luta: relatório sobre os direitos dos povos e comunidades tradicionais/Conselho Nacional dos Direitos Humanos – Brasília: Conselho Nacional dos Direitos Humanos; 2018.

DIAMOND, Jared. *Colapso:* como as sociedades escolhem o fracasso ou o sucesso. Tradução de Alexandre Raposo. 10ª edição. Rio de Janeiro: Record, 2014.

GEORGESCU-ROEGEN, Nicholas. *O decrescimento:* entropia, ecologia, economia Tradução Maria José Prerillo Isaac. São Paulo: Editora Senac, 2012.

KLEIN, Naomi. *A doutrina do choque*: a ascensão do capitalismo de desastre. Tradução Vania Cury. Rio de Janeiro: Nova Fronteira, 2008.

KOLBERT, Elizabeth. *A sexta extinção:* uma história não natural. Rio de Janeiro: Intrínseca, 2015.

[68] As ideias expostas podem ser uma utopia, ou seja, uma fonte de esperança e de sonho. Todavia, longe de se refugiar no irreal, tenta explorar as possiblidades objetivas de sua aplicação, podendo-se adicionar um qualificativo: "utopia concreta", no sentido positivo que lhe deu Ernst Bloch. "Sem a hipótese de que um outro mundo é possível, não há política, há apenas a gestão administrativa dos homens e das coisas" [Geneviève Decrop, "Redonner ses chances à l'utopie, *Utopia*, nº 1, p. 81). A "boa" utopia descobre uma ponte entre o presente e o futuro naquelas forças no presente que são potencialmente capazes de transformá-lo. Um futuro desejável deve ser também um futuro exequível. Diante dos limites e dos impasses de nosso modelo de existência, a utopia é a uma pulsão de vida capaz de tornar possível o que nós consideramos impossível. É nas utopias de hoje que se encontram as soluções de amanhã (RAHBI, Pierre. *Por uma simplicidade feliz*. Tradução Marcelo Mori. São Paulo: Martins Fontes, 2016, p. 117).

LATOUCHE, Serge. *Pequeno tratado do decrescimento sereno.* Tradução Claudia Berliner. São Paulo: Editora WMF Martins Fontes, 2009.

LEFF, Enrique. *Discursos sustentáveis.* Tradução de Silvana Cobucci Leite. São Paulo: Cortez, 2010.

LOVELOCK, James. *Gaia: alerta final.* Tradução de Vera de Paula Assis e Jesus de Paula Assis. Rio de Janeiro: Intrínseca, 2010.

LUTZENBERGER, José. *Gaia o planeta vivo (por um caminho suave).* Porto Alegre: L&PM, 2012.

MALTEZ, Rafael Tocantins. *Direito ambiental e segurança alimentar:* a questão jurídica dos insumos químicos e da agricultura orgânica. *In* PERES, Tatiana BONATTI/FAVACHO, Frederico (organizadores). *Novos temas do direito do agronegócio.* Rio de Janeiro: Lumen Juris, 2018.

MALTEZ, Rafael Tocantins. *Manual de direito ambiental.* Brasília: Sê-lo, 2016.

MALTEZ, Rafael Tocantins. *Proteção jurídica e gestão das cavidades naturais subterrâneas:* a atividade minerária e o desenvolvimento sustentável. Brasília: Sê-lo, 2016.

MORIN, Edgar. *Meus filósofos.* 2ª ed. Tradução Edgard de Assis Carvalho e Mariza Perassi Rosco. Porto Alegre: Sulina, 2014.

RAHBI, Pierre. *Por uma simplicidade feliz.* Tradução Marcelo Mori. São Paulo: Martins Fontes, 2016.

SERRES, Michel. *O contrato natural.* Tradução Serafim Ferreira. Lisboa: Instituto Piaget, 1990.

SERRES, Michel. *Tempo de crise:* o que a crise financeira trouxe à tona e como reinventar nossa vida e o futuro. Tradução Clóvis Marques. Rio de Janeiro: Bertrand Brasil, 2017.

17. *Fintechs*

Maria Eugênia Reis Finkelstein

Introdução

O crescimento do uso da Internet no Brasil e no mundo tem despertado interesse de organizações e grupos de pesquisa, com relação às oportunidades e facilidades que dela derivam.

Atualmente a Internet possui cerca de 4.4 bilhões de usuários[1] em todo o mundo, cada um deles um potencial comprador. No Brasil, conforme apontado pelo CIA World Factbook, o Brasil conta com 149.1 milhões de usuários da Internet[2], fato este que merece, sem dúvida, a atenção do legislador, do doutrinador e do julgador.

Programas de computadores, jornais e serviços não terão mais de ser enviados às casas das pessoas. Eles serão transmitidos pela Internet como já o são pela própria Microsoft.[3] Passagens aéreas e apólices de seguros já são vendidas pela Internet em volumes consideráveis. Outras indústrias, tais como: serviços de consultoria, entretenimento e educação já mudaram a forma com que fazem negócios. Com o passar do tempo, a venda e entrega de mercadorias e serviços via Internet tende a ser o mais amplo e visível impulsionador da nova economia digital. As atividades financeiras, como se verá, já modificaram sobremaneira sua forma de atuação.

[1] www.statista.com, disponível em 23 de junho de 2019
[2] www.g1.com.br , disponível em 23 de junho de 2019
[3] www.msn.com.

É de se lembrar que a atividade financeira é uma área que sofre impactos em face de inovações tecnológicas. As ondas de inovações bancárias no Brasil são representadas pela tabela abaixo, feita de acordo com o texto de Adam Cernev[4]:

Década de 50	Implementação de um *back office*	Por meio da utilização de computadores, as informações das agências são transmitidas e analisadas em um Centro de Processamento de Dados e depois devolvidas às agências	Redução de custos operacionais, resultante da substituição da mão de obra humana por computadores
Década de 1970	Automatização dos caixas das agências e pela divisão com o *back office* de parte dos dados que necessitavam ser analisados	Adoção dos caixas eletrônicos, que revolucionaram o atendimento bancário. Além disso, esses sistemas estavam online, o que – até então – não era algo presente no setor	Regulamentação que dava grandes incentivos à indústria nacional, com restrição às importações
Década de 1980	Introdução das caixas eletrônicas em locais públicos e não mais somente dentro das agências bancárias	Redução significativa do deslocamento dos clientes para efetuar suas transações. Aumento do grau de eficiência operacional dos bancos	Em termos de regulamentação, temos a questão do controle inflacionário, assunto muito discutido nessa década
Meados de 1990	*Internet Banking*[5]	Cliente do banco não mais precisava sair de sua casa ou escritório para ir à agência ou à caixa eletrônica para efetuar suas transações, pagar contas, etc.	Edição da legislação de provedores e de responsabilidade na internet

[4] Cernev, Adam. Emergência da Quinta Onda de Inovação Bancária, disponível em: https://www.researchgate.net/profile/Adrian_Cernev/publication/220892577_Emergencia_da_quinta_onda_de_inovacao_bancaria/links/0c960533c38c59f468000000/Emergencia-da-quinta-onda-de-inovacao-bancaria.pdf?origin=publication_detail. – Acesso em 9 de março de 2019.

[5] Finkelstein, Maria E., Direito Eletrônico. Rio de Janeiro: Elsevier, 2012, p. 100.

Década de 2010	Interesse dos bancos em ampliar o número de clientes. Investimentos em *mobile banking*	Surge a necessidade de inovarem e buscarem mecanismos que aproximem outros grupos de pessoas ainda não vinculados a nenhum banco	A solução encontrada foi a utilização de canais de distribuições e parcerias com lojistas, casa lotéricas e outros como canal de acesso aos serviços bancários em conjunto com as tecnologias mobile

As *Fintechs* protagonizam, sem dúvida, uma nova onda de inovações no setor de serviços bancários, como veremos a seguir.

1. Origem

A origem das *Fintechs* foi marcada pelo impacto da crise econômica de 2008 e, por isso, cabe uma breve explicação sobre essa crise. Temos que até outubro de 2008, empresas financeiras especializadas no segmento imobiliário passaram a emprestar valores com uma taxa de retorno mais alta do que a praticada no mercado, em face do risco existente.

Desta feita, fundos de investimentos e bancos passaram a adquirir os títulos *subprime* das empresas financeiras do setor, passando a lastrear uma série de valores mobiliários em contratos de financiamento das hipotecas *subprime*, bem como em contratos de derivativos de crédito. Tal prática possibilitava que os clientes *subprime* pudessem tomar empréstimo de nova quantia antes mesmo do primeiro ser pago. Isso acabou dando causa ao início de um ciclo de inadimplência por parte dos compradores dos títulos, culminando em uma vasta crise de liquidez e confiança.

Esta crise ocasionou um grande aumento da taxa de juros e a redução da procura por imóveis, fato este que acabou por derrubar o preço dos imóveis de forma exponencial. A inadimplência aumentou, uma vez que deixou de ser factível o pagamento de hipotecas astronômicas já que os imóveis perderam seu valor. Krugman explica magistralmente a situação, em especial a quebra do banco de investimentos Lehman Brothers[6] à época.

[6] *"O evento desencadeador parece ter sido a queda do Lehman Brothers, o banco de investimentos, em 15 de setembro de 2008. Quando o Bear Stearns, outros dos cinco grandes bancos de investimentos, enfrentou problemas, em março de 2008, o Fed e o Departamento do Tesouro entraram em ação – não para salvar a empresa, que desapareceu, mas para proteger suas "contrapartes", aquelas às quais devia dinheiro ou com as quais tinham feito transações financeiras. Predominava ampla expectativa de que o Lehman receberia o mesmo tratamento. Mas para o Departamento do Tesouro concluiu que as consequências do*

De forma muito resumida, a crise de 2008 foi uma imensa crise de confiança, uma vez que bancos, até então considerados importantes e sólidos, passaram a ter sua credibilidade e solvência questionada. Crises de confiança geram ciclos viciosos, pois o dinheiro deixa de circular gerando estagnação da economia. Afinal, quem possui recursos não os empresta e quem precisa de dinheiro não encontra quem forneça. O mundo inteiro, inclusive o Brasil, acabou sendo afetado.

Talvez, uma das consequências imprevistas dessa enorme crise que afetou negativamente a economia do mundo inteiro tenha sido, justamente, o surgimento de inovações tecnológicas no sistema financeiro. Após a crise de 2008, diversos conceitos e tecnologias antes inexistentes ou desconhecidos entraram em franca expansão.

Assim, o surgimento das *Fintechs*, suas novas soluções e novos produtos bancários foi extremamente bem-vindo, de tal forma que as *Fintech*s passaram a ocupar um importante espaço em nosso país e no mercado. Desde 2014, as *Fintechs* estão movimentando bastante os serviços bancários brasileiros, mesmo porque o custo das transações no setor bancário tende a diminuir na medida em que outros *players* surgem. A Resolução do Banco Central nº 4.480 de 2016 ajudou bastante a movimentar essa inovação.

2. Definição

De forma extremamente simplificada, temos que Fintech é a empresa que oferece serviços financeiros facilitados pela tecnologia e pela internet. Verdade que instituições financeiras tradicionais também se utilizam de avanços tecnológicos, mas as Fintechs, por meio da inovação, proporcionam ao usuário uma conveniência até hoje inexistente no mercado.

Importante deixar claro que, segundo o Relatório de Inclusão Financeira (REF) do Banco Central, a quantidade de pessoas com conta corrente

colapso do Lehman não seriam muito graves e permitiu que a empresa afundasse, sem qualquer proteção para as contrapartes.
Em poucos dias, já não havia dúvidas de que a decisão fora desastrosa: a confiança afundou ainda mais, os preços dos ativos despencaram para nível ainda mais baixo e os poucos canais de crédito ainda em atuação secaram. A efetiva nacionalização da AIG, a gigantesca seguradora, poucos dias depois, não conteve o pânico. (...) A intensificação da crise do crédito depois da queda do Lehman Brothers, a crise repentina nos mercados emergentes, o colapso da confiança dos consumidores, à medida que as dimensões da desordem financeira chegavam à manchetes, tudo aponta para a pior recessão dos Estados Unidos, e no mundo como um todo, desde o inicio da década de 1980. Em Krugman, P. **A crise de 2008 e a economia da depressão**. Rio de Janeiro: Elsevier, 2009, *p. 165 a 167).*

no Brasil saltou de 56% em 2010 para 68% em 2014. Em 2012, a FEBRABAN estimou o número de brasileiros "desbancarizados" como sendo de 55 milhões de pessoas, sendo os rincões do Nordeste o local com maior número de pessoas sem acesso aos serviços bancários. Ainda, se compararmos o nível de poupança dos brasileiros com outros povos de países dos BRICS, veremos que no Brasil este nível é insatisfatório[7], pois como se vê, a abrangência dos serviços bancários ainda não é universal· Claro está que o grau anormal de concentração de serviços bancários em nosso país tem importante papel nesta situação.

"Sem acesso ao financiamento, as pessoas pobres não podem investir em ferramentas para aumentar a produtividade, iniciar uma microempresa, investir em educação ou saúde, ou até mesmo ter tempo para procurar melhores oportunidades." – Bill Gates

Era necessário, pois, que essa demanda reprimida por serviços financeiros fosse adequadamente endereçada em nosso país. As Fintechs vieram suprir essa demanda.

Veja-se a definição de Ilene Patrícia de Noronha Najarian, segundo a qual Fintechs são: 'instituições financeiras' novas no mercado que unem tecnologia e serviços financeiros. Realizam todos os serviços que os bancos tradicionais fazem, porém com estrutura mais enxuta e com muito mais tecnologia de ponta. [8]. Já a PwC, renomada empresa global de consultoria, em material vocacionado a explanar "What is Fintech?", preferiu cunhar um conceito baseado em exemplos, utilizando a seguinte formulação[9]: *"Startups use technology to offer existing financial services at lower costs, and to offer new tech-driven solutions. Incumbent financial firms look to acquire*

[7] Pessoas com conta de reserva financeira:

Brasil	12%
Índia	14%
Rússia	16%
África do Sul	33%
China	41%

[8] NAJARIAN, Ilene Patrícia de Noronha. *Fintech*: o novo desafio regulatório. Revista de Direito Bancário e do Mercado de Capitais, São Paulo, v. 74, p. 33, out/dez 2016.

[9] Relatório muito bem analisado por PAZINATO, Caio. *Fintech*: uma introdução aos principais desafios jurídicos do tema. Revista de Direito Bancário e do Mercado de Capitais, São Paulo, v. 79, p. 15-36, jan/mar 2018.

or work with startups to drive innovation. Technology companies provide payment tools. These can all be seen as Fintech."[10]

Em outras palavras, as *Fintechs* são marcadas pela praticidade e redução de burocracia e custos, maior controle e alcance sobre operações financeiras, bem como o acesso a serviços antes indisponíveis.

As *Fintechs* são startups especializadas em finanças, que estão protagonizando a maior transformação do mercado financeiro em décadas. Segundo a consultoria KPMG, estima-se que existam cerca de 14.000 *Fintechs* no mundo. No Brasil existem, aproximadamente 453, um aumento de 23% frente ao final de 2017, de acordo com dados do FintechLab[11].

Assim, o ambiente virtual vem sendo, progressivamente, palco também da atuação de instituições financeiras já consolidadas no mercado. Os grandes bancos estão alinhados a essa progressão digital e tentam se adaptar à corrida tecnológica. A importância desse alinhamento é tão grande que houve inclusive a aquisição por parte do banco Itaú de 49.9% da XP Investimentos[12]. Outro exemplo de movimentação por parte de bancos tradicionais para se adequar é a construção de um laboratório no Vale do Silício pelo Banco do Brasil, como o alvo de ensinar aos funcionários a pensar de forma inovadora ao propor a criação de uma *startup* para resolver problemas da instituição.

Segundo o site do Banco Central do Brasil:

> "Fintechs são empresas que promovem inovações nos mercados financeiros por meio do uso intenso da tecnologia, com potencial para criar novos modelos de negócios. Internacionalmente, as Fintechs são classificadas da seguinte forma: de pagamento, compensação e liquidação, depósito, empréstimo e levantamento de capital, financiamento e gestão de investimentos.[13]"

As *Fintechs*, assim, são mais especializadas, operam com extrema agilidade, transparência e competitividade. O vocáculo *Fintech* vem da junção

[10] Disponível em <https://www.pwc.com/us/en/financial-services/publications/qa-what-is-*Fintech*.html. -Acesso em 9 de março de 2019.

[11] Disponível em: www.*Fintech*lab.com.br. – Acesso em 9 de março de 2019.

[12] https://www.valor.com.br/international/brief/5726327/itau-gets-central-bank-approval-minority-stake-xp acesso em 13/06/19

[13] Disponível em: https://www.bcb.gov.br/acessoinformacao/legado?url=https:%2F%2Fwww.bcb.gov.br%2Fpre%2Fbc_atende%2Fport%2F*Fintechs*.asp%3Fidpai%3DFAQCIDADAO. – Acesso em 9 de março de 2019.

de *financial* e *technology*. Afirma Caio Pazinato[14] que esta definição é claramente dotada de menor rigor científico – o que, reconhece-se, é característico do documento do qual foi retirada, mas prejudica sua utilidade.

3. Áreas de atuação das Fintechs

Como se sabe, uma parcela importante das *Fintechs* visa o mercado de pagamentos no varejo, enquanto outra visa serviços de apoio financeiro e de créditos para pequenos empreendedores.

As *Fintechs* tornam processos financeiros mais transparentes e desburocratizados, destacando-se pela praticidade em relação aos bancos tradicionais. Dentre suas facilidades estão, por exemplo: o pagamento virtual (*"Mobile Money")*; fornecimento de cartões de crédito; transferências; gerenciamento de finanças pessoais; empréstimos; fornecimento de seguros; *trading* de criptomoedas; ou envio de remessas internacionais. Como base para facilitar as operações financeiras está o chamado *Big Data,* um conjunto de dados estruturados constituído na década de 70[15], do qual são retiradas informações de grande impacto ao mercado e, por isso, utilizado frequentemente por empresas.

Dentre as áreas de atuação das *Fintechs* estão:

a. *Crowdfunding* (financiamento coletivo), nas áreas de *equity* e empréstimos[16;]
b. Gestão financeira;
c. Seguros;
d. Negociação de dívidas;
e. Desenvolvimento de novos Meios de pagamento eletrônicos[17];
f. *Automated advice* e *robot-advisors* (assessoramento automatizado ou assessores robô);

[14] Pazinato, Caio. *Fintech*: uma introdução aos principais desafios jurídicos do tema. Revista de Direito Bancário e do Mercado de Capitais, São Paulo, v. 79, p. 15-36, jan/mar 2018.

[15] ARBITRIUM EX MACHINA: PANORAMA, RISCOS E A NECESSIDADE DE REGULAÇÃO DAS DECISÕES INFORMADAS POR ALGORITMOS. "Arbitrium ex machina: framework, risks and the governance of decisions informed by algorithms" Revista dos Tribunais | vol. 995/2018 | p. 635 – 655 | Set / 2018 | DTR\2018\18341

[16] Finkelstein, Maria Eugênia. Crowdfunding de participação e financeiro. Revista de Direito Bancário e do Mercado de Capitais, São Paulo, v. 79, p. 37-52, jan/mar 2018.

[17] Figueiredo, Apoliana Rodrigues. Meios de Pagamento Eletrônico. Revista de Direito Bancário e do Mercado de Capitais, São Paulo, v. 79, p. 53-76, jan/mar 2018.

g. *Distributed ledger technology* (tecnologia de registro distribuído, sendo a tecnologia *blockchain* a que merece maior menção[18];
h. Crypto ativos[19]; e
i. *High-frequency trading* (negociação em alta frequência)[20].

As mudanças impulsionadas pelas *Fintechs* no ambiente financeiro foram drásticas a ponto de fazer com que tradicionais instituições financeiras entrassem em um período de adaptações. Entretanto, a depender da legislação nacional de cada país, determinadas práticas das *Fintechs* podem não ser autorizadas.

O Fórum Mundial de Economia analisou, em abril de 2016, as inovações propulsionadas pelas *Fintechs* em serviços financeiros[21]. Através do relatório, foi demonstrado que a relação entre tecnologia e serviços financeiros foi alterada radicalmente nos últimos anos, impondo inovações a antigos *players* do mercado e chamando grande atenção do consumidor.

Novos produtos e serviços estão sendo desenvolvidos para suprir específicos objetivos dos consumidores e não reproduzir a organização de uma instituição bancária como um todo, como costumava ser a prática anterior. As inovações ajudam a conquistar maior confiança do consumidor, que opta pela utilização dos meios eletrônicos para diminuir o tempo gasto com atividades cotidianas e burocráticas. A partir desse movimento, novos

[18] Fazano Filho, José Humberto. Perspectivas para a tecnologia blockchain. Revista de Direito Bancário e do Mercado de Capitais, São Paulo, v. 81, p. 141-158, abr/set 2018.

[19] Binnie, Ricardo; Martins, Alessandra C.R. Criptomoeda: considerações acerca de sua tutela jurídica no direito internacional e brasileiro. Revista de Direito Empresarial, São Paulo, v. 11, p. 195-221, set/out 2015.

[20] Costa, Isaac Silveira. High Frequency Trading é uma nova forma de insider trading? In Parentoni, Leonardo (coord) Direito, Tecnologia e Inovação, Belo Horizonte: Editora D'Plácido, 2018, p. 527-554; Turbeville, Wallace C. Associado sênior do grupo de pesquisa Demos, de Nova York, disse que a maioria das ofertas feitas por empresas de HFT são ilusórias, uma vez que não existem para ser executadas, mas para medir, distorcer e explorar o sentimento do mercado, aumentando a volatilidade e os custos para outros investidores. Disponível em: https://www1.folha.uol.com.br/mercado/2013/06/1291792-temidas-em-outros-mercados-operacoes-de-alta-frequencia-ganham-espaco-no-brasil.shtml. – Acesso em 9 de março de 2019.

[21] "World Economic Forum Report". Disponível em: http://reports.weforum.org/future-of-financial-services-2015/ + Reportagem Época Negócios: http://epocanegocios.globo.com/Dinheiro/noticia/2016/01/o-fenomeno-*Fintech*-nova-leva-de-startups-que-invadiram-o-sistema-financeiro.html + http://finnovation.com.br/o-que-e-*Fintech*/

agentes ingressaram no mercado e acabam por concorrer com as instituições financeiras tradicionais, são exemplos:

a. Apple Pay: serviço *premium* de pagamento voltado para consumidores que possuem produtos da marca Apple;
b. M-Pesa: criado para alcançar a população de baixa renda do Quênia[22], possibilita transferências de crédito entre seus usuários;
c. FriendlyScore[23]: através de padrões de redes sociais dos interessados, fornece dados sobre sua capacidade de crédito para credores que com eles negociam empréstimos;
d. Mova, Biva e Geru: no segmento de *financial crowdfunding*, que possibilita maiores rendimentos para quem fornece o empréstimo e taxas mais baixas para quem toma o empréstimo. Este segmento foi regulamentado pelo Banco Central do Brasil[24], sendo certo que o primeiro registro desse tipo de empresa já foi concedido pelo Banco Central[25] em abril de 2019;

[22] No Quênia, assim como, em todos os outros países de terceiro mundo, houve uma grande migração de trabalhadores rurais para as áreas urbanas. Os trabalhadores que passaram a trabalhar em Nairóbi tinham a necessidade de repassar dinheiro às famílias que permaneceram no campo. No entanto, até 2005, 81% da população não tinha sequer conta em bancos. Surgiu assim, o M-Pesa, serviço lançado pela maior empresa de telecomunicações do Quênia, pelo qual se tornou possível a transferência de créditos pelo celular. Atualmente, o serviço é integrado à multinacional europeia Vodafone Sete anos após o lançamento da ferramenta ela atendia quase 20 milhões de usuários ativos – mais de 2/3 da população adulta do Quênia. Pela tela do celular, são movimentados quase 25% do PIB da nação africana, o que torna o sistema o mais bem-sucedido no planeta em sua categoria. Disponível em: http://dapp.fgv.br/novas-tecnologias-e-politicas-publicas-m-pesa-e-digitalizacao-financeira-no-quenia. – Acesso em 9 de março de 2019.

[23] Disponível em: https://friendlyscore.com. – Acesso em 9 de março de 2019.

[24] As resoluções do Banco Central nº 4.656 e nº 4.657 de abril de 2018 regularam o *crowdfunding financeiro*, nos termos de consulta pública encerrada em 17 de novembro de 2017. Seu escopo trata da constituição e funcionamento da Sociedade de Crédito Direto (SCD) e da Sociedade de Empréstimo entre Pessoas (SEP), além de disciplinar empréstimo entre pessoas por plataformas eletrônicas. A proposta do Bacen foi a criação de instituições especializadas em operações de empréstimo por plataformas eletrônicas, que também poderão prestar serviços como o de análise de crédito ou atuação como preposto de corretor de seguros na distribuição de seguro relacionado às operações de empréstimo. Desta feita, altera vários artigos da Resolução nº 3.921/2010, para incluir as sociedades de empréstimo entre pessoas e as sociedades de crédito direto.

[25] Disponível em https://www.valor .com.br, disponível e 23 de junho de 2019

e. Serviços como o Wealthfront[26] e o FutureAdvisor[27]: se utilizando de "robôs-conselheiros", possuem conjunto completo de serviços automatizados para gestão de riqueza, incluindo alocação de ativos, consultoria de investimento e estratégias de minimização de impostos, disponíveis *online* aos clientes.

Destaca-se ainda o aspecto de inclusão da tecnologia, visto que grande parte da população global é atingida por esse tipo de serviços financeiros. Em oposição às instituições financeiras convencionais, os novos agentes financeiros não estão mais restritos à parcela mais abastada da população.

O mercado de inovações é crescente e visa o contato com os grandes *players* do mercado. Por isso, instituíram-se incubadoras especificamente direcionadas à essas atividades, como é o caso da israelense SOSA[28], criada em 2014 como uma ponte entre a demanda e desenvolvimento de inovações por *startups.*

Como exemplos notórios, temos:

A. Nubank

O Nubank surgiu em 2013 como serviço de cartão de crédito internacional, com bandeira Mastercard e se mostrou inovador por não cobrar anuidade, não impor valor mínimo de gastos ou qualquer outro tipo de vínculo ao consumidor.

Devido ao sucesso, suas atividades foram expandindo e, hoje, funciona como um banco digital através do qual é possível fazer transferências, pagar boletos ou deixar valores rendendo em conta – pelo próprio aplicativo do cartão e sem incidência de tarifas.

Através da plataforma, o usuário acessa em tempo real uma visão geral da conta e arca com juros mais baixos em caso de atraso no pagamento da fatura. De acordo com a instituição, sua estrutura totalmente digital minimiza os recursos necessários à manutenção de serviços operacionais, possibilitando melhores tarifas aos clientes.

Dada sua estratégia, o Nubank conquistou clientes principalmente entre 18 a 35 anos – incluindo aqueles com dificuldade de acesso a serviços bancários, devido à ausência de instituições bancárias em regiões que residem.

[26] Disponível em: https://www.wealthfront.com. – Acesso em 9 de março de 2019.
[27] Disponível em: https://www.futureadvisor.co. – Acesso em 9 de março de 2019.
[28] Disponível em: https://sosa.co. – Acesso em 9 de março de 2019.

B. *Paypal*

Criada em 1998 – antes mesmo que existisse o termo Fintech – o PayPal é uma empresa de grande porte que atua no mercado financeiro, cuja principal função é a transferência de dinheiro em vários tipos de moeda.

A ênfase das atividades está na compra e venda de lojas de comércio eletrônico, sendo sua segurança o maior atrativo de novos usuários. Quando uma compra é realizada, os dados do cartão de crédito do usuário ficam restritos à PayPal, que serve como intermediadora de compras e repassa o valor aos lojistas, após a comprovação do envio da mercadoria, blindando as transações contra fraudes.

4. Regulação

Para o desenvolvimento desta nova e pujante atividade, o Banco Central criou resoluções que deram origem à figura do correspondente bancário que tinha como principal objetivo "promover a inclusão financeira".

Ademais, a promulgação da Lei dos arranjos e instituições de pagamento (Lei 12.856/13) deu mais segurança jurídica para a criação de novos modelos de conta. Aliado a este fato, temos que a penetração dos smartphones[29] no mercado brasileiro, que ocasionou a inclusão necessária aos serviços prestados pelas Fintechs, bem como o crescimento astronômico da figura do correspondente bancário[30], que promove o acesso da população brasileira aos serviços bancários, evitando o alto custo de instalação de agências em locais remotos com baixa densidade populacional.

No âmbito regulatório, contudo, merece destaque a Portaria CVM/PTE/Nº 105, editada pela Comissão de Valores Mobiliários – CVM em 07 de junho de 2016, por meio da qual foi instituído o "Núcleo de Inovação em Tecnologias Financeiras da CVM"[31]. Importante destacar que a defi-

[29] Em 2015, mais 90% dos celulares vendidos eram smartphones e o número chegou a uma base de 170 milhões de usuários.

[30] Resolução n. 3.954 de 24 de fevereiro de 2011, e suas alterações.

[31] Portaria CVM/PTE/Nº 105: *"Art.1º Instituir o Núcleo de Inovação em Tecnologias Financeiras ("Núcleo" ou "Fintech Hub"), com a finalidade de acompanhar o desenvolvimento e a aplicação de novas tecnologias financeiras ("Fintech") no âmbito do mercado de valores mobiliários. Parágrafo único. Para os propósitos desta Portaria, entende-se por "Fintech" a aplicação intensiva de novas tecnologia nos mercados, produtos ou serviços sob a jurisdição da CVM, incluindo, dentre outros, áreas relacionadas a plataformas de financiamento e à distribuição, negociação e pós-negociação de valores mobiliários, tais como: crowdfunding, digital securities, automated advice, distributed ledger technology e high-frequency trading."*

nição de *Fintechs* proposta pela CVM aplica-se, tão somente, ao mercado de valores mobiliários.

Depois desta portaria da CVM, o Banco Central do Brasil passou a regulamentar as *Fintechs*, não como um todo, mas precipuamente por setor de atuação.

A tabela abaixo[32] resume os atuais regramentos sobre as *Fintechs*, de forma direta ou tangencial:

2016 Portaria CVM/PTE; Nº 105, de 07/6/2016. **Instituição do Núcleo de Inovação em Tecnologias Financeiras da CVM** Marco de regulação das *Fintechs*, dando a possibilidade de serem registradas na forma determinada pela Lei de Mercado de Valores Mobiliários (Lei nº 6.385/76). Além disso, a prestação de informações aos investidores também foi privilegiada, tornando as operações mais seguras.
2017 Instrução CVM nº 588, de 13/7/2017. **Regulamentação dos investimentos** A oferta pública de ações de sociedades de pequeno porte, realizadas pelas *Fintechs* foram regulamentas – a fim de assegurar a proteção dos investidores e possibilitar a captação pública pelas *Fintechs*.
2018 Resolução nº 4.656, de 26/4/2018. **Operações de crédito pelas *Fintechs*** O BC estabeleceu e caracterizou tipos de empresas financeiras, quais sejam a sociedade de crédito direto e a sociedade de empréstimo entre pessoas. Através disso, é possível realizar empréstimos usando plataformas eletrônicas sem o envolvimento de bancos intermediários. Resolução nº 4.657, de 26/4/2018. **Startups financeiras em novo segmento** As *Fintechs* foram enquadradas nas regras do segmento S5, podendo então fazer operações com FIDCs, securitização e função de custódia e escrituração de títulos de crédito por elas originados. Resolução nº 4.658, de 26/4/2018. **Proteção de informações cibernéticas** Foi imposto um novo padrão para proteção de informações cibernéticas pelas *Fintechs*, que passaram a utilizar provedores de nuvem pública no Brasil e exterior. Por isso, as medidas de segurança dessas empresas precisaram ser implementadas, seguindo diretrizes impostas pelo BACEN. LC 167 de 24 de abril de 2019 Dispõe sobre a Empresa Simples de Crédito (ESC). Através da lei, surgiu a possibilidade de realização de operações de crédito por e para cidadãos comuns, sem que haja incidência de juros e ou regulações pelo Banco Central – motivo pela qual as empresas só podem realizar empréstimos de capital próprio.

32 Agradeço à acadêmica Isabela Porto pelo auxílio na montagem desta tabela.

O momento que vivemos é histórico, dado que as inovações em serviços financeiros não estão mais somente nas mãos de grandes instituições, mas de empreendedores que acabam por forçar que a adequação de instituições financeiras às necessidades reais de seus consumidores.

Considerando que as *Fintech*s protagonizam uma nova onda de inovações no setor de serviços bancários, sua regulamentação se mostra matéria complexa – tendo em vista a grande diversidade de serviços que podem oferecer – sendo as questões mais relevantes aquelas que envolvem ofertas de crédito, *open banking* e *sandbox* regulatório.

Em 2018, a situação das *Fintechs* de crédito foi regulamentada através da Resolução nº 4.656 do Banco Central do Brasil e seu desenvolvimento facilitado em relação à realização de empréstimos e financiamentos por essas empresas. Até então, aquela que desejasse trabalhar oferecendo crédito deveria seguir uma série de requisitos burocráticos, que atrasavam e dificultavam operações – dentre eles, a obrigatoriedade em estabelecer vínculo com instituição financeira convencional.

A Resolução tornou possível a classificação de *Fintechs* de crédito em Sociedades de Crédito Direto ("SCD"), para atividades com capital próprio, ou Sociedade de Empréstimo entre Pessoas ("SEP"), que faz o intermédio entre devedores e credores sem que haja inclusão de um banco.

Aproximadamente um ano depois da regulamentação das *Fintechs* pelo Banco Central, a primeira *startup* a receber sua autorização para funcionar na categoria SEP foi a Mova, sociedade do Grupo Omni[33]. Através dessa permissão, a ideia das empresas é conquistar novos investidores que buscam aumentar seus rendimentos e diversificar seu portfólio.

Além disso, é esperada uma efervescência do mercado financeiro, com uma redução nas taxas e juros de instituições financeiras tradicionais, buscando competitividade de mercado. Reconhecendo a dificuldade dos empreendedores de conseguir capital com os grandes bancos, em maio de 2019, o Congresso Nacional sancionou a Lei Complementar nº 167 de 24 de abril de 2019, que dispõe sobre a Empresa Simples de Crédito (ESC). Através da lei, surgiu a possibilidade de realização de operações de crédito por e para cidadãos comuns, sem que haja incidência de juros e ou regulações pelo Banco Central – motivo pela qual as empresas só podem realizar empréstimos de capital próprio.

[33] https://www.valor.com.br/financas/6214279/bc-autoriza-criacao-da-primeira-sociedade-de-credito-entre-pessoas – Acesso em 24 de junho de 2019.

Os financiamentos poderão ser concedidos às micro e pequenas empresas, além de empreendedores em regime de microempreendedor individual, com estimativa de operações de até 15 mil reais.

O valor total das operações de empréstimo não poderá ser superior ao capital por ela produzido e uma pessoa natural não poderá participar de mais de uma ESC, mesmo que localizada em diferentes regiões ou sob forma de filial. A Lei também proíbe a captação de recursos em nome próprio ou de terceiros através da ESC, na qualidade de credora em relação a entidades da Administração Pública. A principal consequência é a democratização do setor financeiro para acesso à crédito por micro e pequenos empreendedores, quebrando o atual "oligopólio financeiro", conforme destacado por Guilherme Afif Domingos, ex-presidente do Sebrae e assessor especial do Ministério da Economia[34]. Segundo estimativa do Sebrae, é esperado que em um período de dois anos essas empresas movimentem cerca de 20 bilhões de reais na economia[35].

Finalmente, o mencionado *sandbox* regulatório está relacionado à flexibilização temporária por determinada jurisdição, em relação a um conjunto de normas destinadas para que empresas de tecnologia, tal como as Fintechs, possam se desenvolver sem que infringir o arcabouço legal de determinada região. Trata-se de medida tomada pelo Estado, que busca incentivar o desenvolvimento de produtos e serviços inovadores no mercado financeiro, securitário e de capitais.

Em comunicado recente da Secretaria Especial da Fazenda do Ministério da Economia, em conjunto com o Banco Central, a Comissão de Valores Mobiliários e a Superintendências de Seguros Privados (Susep), o Ministério da Economia tem interesse em implantar um modelo desse sistema no Brasil, a fim de flexibilizar regras a essa categoria de empresas.[36]

[34] https://www1.folha.uol.com.br/mercado/2019/04/bolsonaro-autoriza-pequenas-empresas-a-atuarem-no-mercado-de-credito.shtml?utm_source=chrome&utm_medium=webalert&utm_campaign=economia – Acesso em 24 de junho de 2019.

[35] https://economia.estadao.com.br/noticias/geral,legislacao-cria-o-banqueiro-individual,70002852987 – Acesso em 24 de junho de 2019.

[36] https://economia.uol.com.br/noticias/estadao-conteudo/2019/06/13/economia-e-bc-informam-intencao-de-implantar-modelo-de-sandbox-regulatorio.htm – Acesso em 24 de junho de 2019.

Referências

BINNIE, Ricardo; Martins, Alessandra C.R.. Criptomoeda: considerações acerca de sua tutela jurídica no direito internacional e brasileiro. Revista de Direito Empresarial, São Paulo, v. 11

CERNEV, Adam. Emergência da Quinta Onda de Inovação Bancária, in https://www.researchgate.net/profile/Adrian_Cernev/publication/220892577_Emergencia_da_quinta_onda_de_inovacao_bancaria/links/0c960533c38c59f468000000/Emergencia-da-quinta-onda-de-inovacao-bancaria.pdf?origin=publication_detail.

COSTA, Isaac Silveira. High Frequency Trading é uma nova forma de insider trading? In PARENTONI, Leonardo (coord) Direito, Tecnologia e Inovação, Belo Horizonte: Editora D'Plácido, 2018.

FAZANO FILHO, José Humberto. Perspectivas para a tecnologia blockchain. Revista de Direito Bancário e do Mercado de Capitais, São Paulo, v. 81

FIGUEIREDO, Apoliana Rodrigues. Meios de Pagamento Eletrônico. Revista de Direito Bancário e do Mercado de Capitais, São Paulo, v. 79

FINKELSTEIN, Maria E., Direito Eletrônico. 2ª. Edição. Rio de Janeiro: Elsevier, 2012.

FINKELSTEIN, Maria Eugênia. Crowdfunding de participação e financeiro. Revista de Direito Bancário e do Mercado de Capitais, São Paulo, v. 79.

HÄRKÖNEM, Elif, in Crowdfunding and the Small Offering Exemption, in EUROPEAN COMPANY AND FINANCIAL LAW REVIEW, vol. 14, ZGR, Berlin, 2017.

KRUGMAN, P. **A crise de 2008 e a economia da depressão**. Rio de Janeiro: Elsevier, 2009

MATTOS FILHO, Ary Oswaldo. **Direito dos Valores Mobiliários**. Volume 1: Tomo 2. Rio de Janeiro: Editora FGV, 2015.

NAJARIAN, Ilene Patrícia de Noronha. *Fintech*: o novo desafio regulatório. Revista de Direito Bancário e do Mercado de Capitais, São Paulo, v. 74, 2016.

PAZINATO, Caio. *Fintech*: uma introdução aos principais desafios jurídicos do tema. Revista de Direito Bancário e do Mercado de Capitais, São Paulo, v. 79, 2018.Rothchild, John A. Research Handbook on Electronic Commerce Law, Cheltenham: Elgar, 2016Rothchild, John A. Research Handbook on Electronic Commerce Law, Cheltenham: Elgar, 2016, p. 69-70.

WORLD BANK, infoDev, Finance and Private Sector Development Department. **Crowdfunding's Potential for the Developing World**. Washington, DC. 2013. "World Economic Forum Report". Disponível em: http://reports.weforum.org/future-of-financial-services-2015/ + Reportagem Época Negócios: http://epocanegocios.globo.com/Dinheiro/noticia/2016/01/o-fenomeno-*Fintech*-nova-leva-de-startups-que-invadiram-o-sistema-financeiro.html + http://finnovation.com.br/o-que-e-*Fintech*/

Sites acessados:

https://www.broota.com.br/

http://dapp.fgv.br/novas-tecnologias-e-politicas-publicas-m-pesa-e-digitalizacao-financeira-no-quenia.

https://friendlyscore.com.

https://www.wealthfront.com.
https://www.futureadvisor.co.
https://sosa.co.
https://www1.folha.uol.com.br/mercado.
https://www.pwc.com/us/en/
https://www.bcb.gov.br
https://www.Fintechlab.com.br
www.valor.com.br
www.estadao.com.br

18. *Inclusion Compliance*

César Eduardo Lavoura Romão
Claudia Cristina Tazitu

Introdução

A tecnologia da informação e comunicação transformou a sociedade de uma forma irreversível. Klaus Schwab (2016)[1] aponta a revolução tecnológica como sendo a causa do que ele chama de quarta revolução industrial.

Esta revolução, do ponto de vista social, criou uma sociedade em rede, permanentemente conectada. Por suas características, esta rede transcende tempo e espaço ao mesmo tempo que faz com que floresça o poder da identidade. Este ambiente, no qual a comunicação é fluida e as informações são acessíveis, propicia o empoderamento das pessoas e, entre outras coisas, favorece o surgimento de movimentos sociais baseados em identidade, bem como, a propagação de intolerância e manifestações discriminatórias. Além disso, as gerações que nasceram durante esta revolução (gerações Y e Z) tendem a valorizar a experiência, a confiar em grandes empresas que demonstrem integridade e honestidade e a defender a promoção da igualdade e diversidade no âmbito empresarial.

O fortalecimento da identidade das pessoas, a nova amplitude do mercado consumidor provida pelas novas tecnologias e os desafios impostos pela globalização requerem um novo olhar, dentro das empresas, sobre a integridade na diversidade.

[1] Schwab, K. **A quarta revolução industrial**. São Paulo: Edipro, 2016. p.12-13.

1. *Compliance*

Nos últimos anos, o termo *compliance* tem ganhado relevância no ambiente corporativo brasileiro principalmente depois da promulgação da popularmente chamada Lei Anticorrupção (Lei nº 12.846/2013). O termo tem sua origem no verbo em inglês "to comply", que significa "agir de acordo com uma ordem, um conjunto de regras ou um pedido" (Cambridge English Dictionary).

De acordo com Makishi (2018)[2]:

> Compliance" relaciona-se com os termos conformidade ou integridade corporativa, que abrange todos os conjuntos de regras que cada empresa deve observar e cumprir, e que podem variar conforme as atividades desenvolvidas por cada empresa. Isso inclui não apenas os assuntos ligados aos sistemas anticorrupção, como também ao cumprimento de obrigações trabalhistas, ambientais, concorrenciais, fiscais (contábeis e tributárias), regulatórias, entre muitas outras.
>
> Estar em "compliance" significa estar em conformidade com leis e regulamentos (internos e externos); ou seja, atender às leis e aos normativos dos órgãos reguladores e também aos regulamentos internos da empresa, em especial os relacionados aos seus controles internos e governança. Entende-se, inclusive, que os sistemas e regulamentos de controles internos e governança das empresas existem para assegurar o cumprimento das regras externas impostas.

No cenário mundial, o desenvolvimento da área de compliance foi influenciada, segundo Gonsales (2016)[3], pelo aparecimento da Lei Sarbanes-Oxley, em 2002. A SOX, como é conhecida, foi editada, nas palavras de Borgerth (2011)[4], com o objetivo de restaurar a confiança dos mercados após uma série de escândalos de natureza contábil descobertos nos Estados Unidos.

[2] MAKISHI, M. **Afinal, o que significa Compliance?** 2018. Disponível em: <http://www.administradores.com.br/noticias/cotidiano/afinal-o-que-significa-compliance/123578/>. Acesso em: 11 out. 2018.

[3] GONSALES, A. **Compliance – A nova regra do jogo.** 1ª edição. São Paulo: LEC Editora, 2016. p.4.

[4] BORGERTH, V. **SOX: Entendendo a Lei Sarbanes-Oxley : um caminho para a informação transparente.** 1ª ed., 3ª reimpressão. São Paulo: Cengage Learning, 2011. p.19.

Em 2001, a descoberta das inconsistências contábeis da Enron que levaram, consequentemente, à sua falência, não afetou somente os funcionários, acionistas e a própria empresa, afetou todo o mercado de capitais americano à medida em que atingiu o seu principal pilar: a confiança. A confiança das milhares de pessoas que investiram seu futuro neste mercado e das pessoas que nele trabalhavam. Além disso, foi abalada a confiança nas instituições que, via de regra, teriam o papel de apoiar os investidores como as agências de classificação de risco, bancos de investimentos e as empresas de auditoria. Na sequência, em 2002, a revelação de uma série de manipulações de natureza contábil envolvendo grandes empresas americanas como WorldCom, Xerox, Bristol-Myers Squibb, Merck e Tyco, evidenciou que os mecanismos de controle haviam se tornado ineficientes.

Para que os investidores voltassem a aplicar seu dinheiro no mercado de capitais era preciso resgatar a credibilidade, dentre outros agentes, das companhias que dele faziam parte. Neste cenário surgiu a SOX, em julho de 2002, que tem por objetivo, conforme Borgerth (2011, p.19)[5], "estabelecer sanções que coíbam procedimentos não éticos e em desacordo com as boas práticas de governança corporativa por parte das empresas atuantes do mercado norte-americano". O emblemático caso da Siemens, ocorrido em 2006, é tido por muitos como o marco do compliance moderno. A Siemens, multinacional alemã do ramo de engenharia, foi multada nos Estados Unidos por um caso de corrupção internacional, por violação ao Foreign Corrupt Practices Act (FCPA). De acordo com Gonsales (2016, p.7)[6]: "O FCPA foi instituído em 1977 e, em larga medida, estabeleceu regras claras de competição para as empresas norte-americanas no exterior.". O ato tinha por objetivo coibir a corrupção comercial internacional, por meio da determinação de sanções cíveis, administrativas e penais, de forma a garantir que as empresas pudessem competir em igualdade de condições. Ocorria que, no final dos anos 90, poucos países, principalmente as grandes potências europeias, criminalizavam a corrupção de agentes públicos pelas empresas e isto gerava uma concorrência desleal entre as companhias de diferentes países. Mediante a pressão dos Estados Unidos, a OCDE (Organização para a Cooperação e Desenvolvimento Econômico),

[5] Borgerth, loc. cit.

[6] Gonsales, op. cit., p.7.

conforme Gonsales (2016, p. 8)[7]:"estabeleceu uma convenção, em 1999, que exigia o comprometimento dos Países-membros (e de outros signatários) para criar leis nacionais e punir quaisquer empresas pelas práticas de suborno internacional de agentes públicos".

Diante de todo o histórico, é possível constatar que, nas empresas que atuam no mercado de capitais americano, as áreas de *compliance* já percorreram uma longa trajetória e hoje estão prontas para ampliar seu escopo de atuação, saindo da posição inicial de ditador de regras e regulamentos em direção a um cenário em que torna-se um processo de negócios que tem por objetivo prevenir, detectar e remediar riscos.

No Brasil, apesar de o termo ter ganhado notoriedade em função do surgimento da Lei Anticorrupção e dos desdobramentos da operação Lava Jato, algumas empresas do segmento financeiro têm estruturadas áreas de governança corporativa há mais de vinte anos, com foco, inicialmente, na prevenção à lavagem de dinheiro. Em território nacional, algumas leis foram editadas em decorrência de compromissos internacionais. A primeira lei de lavagem de dinheiro no Brasil foi editada em 1998 em consequência do que foi acordado na Convenção de Viena de 1988 – Convenção das Nações Unidas Contra o Tráfico Ilícito de Entorpecentes e Substâncias Psicotrópicas. A partir desta lei as instituições financeiras começaram a estruturar os processos de controle interno e os programas para prevenção à lavagem de dinheiro.

Para concretizar os compromissos assumidos com a ratificação, em 2000, da Convenção sobre o Combate da Corrupção de Funcionários Públicos Estrangeiros em Transações Comerciais Internacionais, no âmbito da OCDE, foi sancionada a Lei nº 12.846/13, regulamentada pelo Decreto nº 8.420/15.

Apesar do atraso de mais de dez anos, a Lei Anticorrupção brasileira trouxe muitas inovações no ordenamento jurídico. Entre as principais inovações podemos destacar: a) a responsabilização civil e administrativa de pessoas jurídicas sendo que, anteriormente, as sanções, em sua maioria, tinham como foco a pessoa física (art. 1º); b) a criação da responsabilidade objetiva da pessoa jurídica por atos lesivos praticados pelos colaboradores contra a administração pública nacional ou estrangeira, ou seja, independentemente da ciência, culpa ou dolo dos dirigentes, as empresas estão sujeitas a penalidades (art. 2º); c) a responsabilização da pessoa jurídica

[7] Ibid., p.8.

não impede a sanção da pessoa física, na medida de sua culpabilidade, pois a responsabilidade dos colaboradores, dirigentes ou administradores é subjetiva (art. 3º); d) as expressivas penalidades: dentre as diversas sanções, destaca-se, no caso da esfera administrativa, a multa a ser aplicada que pode variar de 0,1% (um décimo por cento) a 20% (vinte por cento) do faturamento anual bruto excluídos os impostos e, caso não seja possível utilizar o critério do valor do faturamento bruto, a multa será de R$ 6.000,00 (seis mil reais) a R$ 60.000.000,00 (sessenta milhões de reais) (art. 6º); e) o incentivo ao controle interno empresarial, uma vez que a multa pode ser atenuada em função do procedimentos adotados pela empresa para dirimir e fiscalizar a atuação de seus agentes no que tange às infrações prevista na lei (art. 7º).

Sobre este último item, cabe esclarecer que dentre os vários critérios na aplicação das sanções o artigo 7º, inciso VIII, da Lei 12.846/13, estabelece que será considerada "a existência de mecanismos e procedimentos internos de integridade, auditoria e incentivo à denúncia de irregularidades e a aplicação efetiva de códigos de ética e de conduta no âmbito da pessoa jurídica".

Conforme Barbosa (2014 apud Livianu, 2014, p. 187)[8]:

> A inserção de tal critério pelo legislador parece demonstrar o reflexo da adoção de programas de *compliance* nesta forma de responsabilização, fomentando-se a autorregulação empresarial por meio de incentivos à adoção de modelos de organização empresarial de caráter preventivo com o objetivo de evitar a prática delitiva.

Um dos programas mais adotado por empresas no mundo todo é o Programa de *Compliance* – Sete Elementos. Este programa, alicerçado em sete pilares, amplamente divulgado pela HHS OIG (Office of Inspector General – U.S. Department of Health & Human Services) como um instrumento para propagar e gerenciar a integridade corporativa, tem como elementos, conforme Gieremek (2015)[9]:

[8] Barbosa, 2014 apud Livianu, R. **Corrupção – Incluindo a Lei Anticorrupção.** 2ª edição. São Paulo: Quartier Latin, 2014. p.187.

[9] Gieremek, R. **Toda empresa deveria ter um sólido programa de compliance.** 2015. Disponível em: <http://www.lecnews.com/artigos/2015/06/25/toda-empresa-deve-ter-um-solido-programa-de-compliance/>. Acesso em: 11 out. 2018.

1) Papéis e responsabilidades (quem faz o que dentro da organização, sendo essencial a segregação de funções, a fim de evitar que quem aprove um pagamento seja a mesma pessoa responsável pela contratação, por exemplo);
2) Monitoramento do ambiente regulatório, de forma a que a empresa possa acompanhar a evolução das regras aplicáveis à sua respectiva indústria e às normas gerais;
3) Políticas e procedimentos, com o estabelecimento das leis internas da organização e seu código de conduta, que reflitam os valores definidos para todos os colaboradores, independentemente de posição hierárquica;
4) Treinamento e conscientização, que visam a dar conhecimento a todos na organização acerca do ambiente regulatório em que se acham inseridos – o que deve ser feito não apenas por meio de sessões presenciais mas também via web e com dicas diárias, as quais, por exemplo, podem estar disponíveis em mensagens deixadas no computador de cada funcionário, secretária eletrônica, etc. (quem duvida que um presidente, telefonando a cada um de seus colaboradores e dizendo a eles que acredita apenas em negócios limpos, tem o poder de influenciar positivamente toda uma organização?);
5) Monitoramento e testes de controle: a partir do momento em que as regras são claras e difundidas entre todos, faz-se necessário assegurar-se de que estejam sendo corretamente cumpridas.
6) Gestão de problemas de compliance: uma vez identificadas irregularidades, quais os procedimentos a serem adotados. Quem deve ser acionado e em que ordem? Jurídico, auditoria, Compliance, controladoria?
7) Por fim, o reporte: quem deve ser comunicado acerca daquilo que foi identificado, para decidir? Deve-se adotar o princípio "need to know", ou seja, somente devem ser informados aqueles que tenham ações a tomar. Do contrário, corre-se o risco de aumentar exponencialmente as situações de perigo, em linhas gerais, para a empresa.

O escopo deste programa permite, inclusive, que se compatibilize todos os parâmetros que serão avaliados, no chamado Programa de Integridade, em caso de instauração de Processo Administrativo de Responsabilização (PAR) decorrente da suspeita de prática de atos lesivos contra a administração pública previstos na lei 12.846/13.

O Decreto 8.420/15 regulamenta a Lei 12.846/13 no que tange à responsabilização administrativa das pessoas jurídicas. O Capítulo IV, nos artigos 41 e 42, dispõe sobre o Programa de Integridade. O programa de integridade é definido da seguinte forma:

> Art. 41. Para fins do disposto neste Decreto, programa de integridade consiste, no âmbito de uma pessoa jurídica, no conjunto de mecanismos e procedimentos internos de integridade, auditoria e incentivo à denúncia de irregularidades e na aplicação efetiva de códigos de ética e de conduta, políticas e diretrizes com objetivo de detectar e sanar desvios, fraudes, irregularidades e atos ilícitos praticados contra a administração pública, nacional ou estrangeira.[...]

O art. 42 enumera os parâmetros pelos quais o programa de integridade será avaliado, quanto a sua existência e aplicação, no caso das grandes empresas:

> [...] I – comprometimento da alta direção da pessoa jurídica, incluídos os conselhos, evidenciado pelo apoio visível e inequívoco ao programa;
>
> II – padrões de conduta, código de ética, políticas e procedimentos de integridade, aplicáveis a todos os empregados e administradores, independentemente de cargo ou função exercidos;
>
> III – padrões de conduta, código de ética e políticas de integridade estendidas, quando necessário, a terceiros, tais como, fornecedores, prestadores de serviço, agentes intermediários e associados;
>
> IV – treinamentos periódicos sobre o programa de integridade;
>
> V – análise periódica de riscos para realizar adaptações necessárias ao programa de integridade;
>
> VI – registros contábeis que reflitam de forma completa e precisa as transações da pessoa jurídica;
>
> VII – controles internos que assegurem a pronta elaboração e confiabilidade de relatórios e demonstrações financeiros da pessoa jurídica;
>
> VIII – procedimentos específicos para prevenir fraudes e ilícitos no âmbito de processos licitatórios, na execução de contratos administrativos ou em qualquer interação com o setor público, ainda que intermediada por terceiros, tal como pagamento de tributos, sujeição a fiscalizações, ou obtenção de autorizações, licenças, permissões e certidões;
>
> IX – independência, estrutura e autoridade da instância interna responsável pela aplicação do programa de integridade e fiscalização de seu cumprimento;

> X – canais de denúncia de irregularidades, abertos e amplamente divulgados a funcionários e terceiros, e de mecanismos destinados à proteção de denunciantes de boa-fé;
>
> XI – medidas disciplinares em caso de violação do programa de integridade;
>
> XII – procedimentos que assegurem a pronta interrupção de irregularidades ou infrações detectadas e a tempestiva remediação dos danos gerados;
>
> XIII – diligências apropriadas para contratação e, conforme o caso, supervisão, de terceiros, tais como, fornecedores, prestadores de serviço, agentes intermediários e associados;
>
> XIV – verificação, durante os processos de fusões, aquisições e reestruturações societárias, do cometimento de irregularidades ou ilícitos ou da existência de vulnerabilidades nas pessoas jurídicas envolvidas;
>
> XV – monitoramento contínuo do programa de integridade visando seu aperfeiçoamento na prevenção, detecção e combate à ocorrência dos atos lesivos previstos no art. 5º da Lei nº 12.846, de 2013; e
>
> XVI – transparência da pessoa jurídica quanto a doações para candidatos e partidos políticos.[...]

Dentre as inúmeras vantagens que o Programa dos Sete Elementos apresenta, podemos destacar duas: a primeira está relacionada à aplicabilidade do programa para os diferentes tamanhos de empresas e os diversos segmentos de mercado e a segunda, à flexibilidade quanto à quantidade de normas – tanto internas quanto externas – que podem ser incorporadas.

Fox (2018)[10], que recentemente publicou um livro que exibe um guia prático para operacionalizar um programa de compliance, declara que *compliance*, mais do que um caminho para a ética, deve ser incorporado como cultura da organização. Desta forma, as áreas de compliance deixam de ser consumidoras de recursos para tornar-se alavancadoras de receita, uma vez que "companhias que possuem um robusto programa de compliance, são melhores geridas, mais eficientes e mais lucrativas". Nesta linha, os horizontes de *compliance* ampliam-se para áreas aparentemente distantes mas ainda sim, conectadas com os objetivos de prevenção de riscos e, ao mesmo tempo, aumento de lucratividade, seja por redução de multas e sanções ou seja pelo aumento da produtividade.

[10] Fox, T. **The Complete Compliance Handbook – A Guide to Operationalizing Your Compliance Program.** Compliance Week, 2018. Forward.

2. Diversidade

Diversidade, segundo Bulgarelli (2013)[11], é o conjunto de diferenças e semelhanças que nos caracterizam, não apenas as diferenças. Diversos não são os outros que estão em situação de vulnerabilidade, desvantagem ou exclusão. Essa maneira de encarar a diversidade como uma característica de todos nós, e não de alguns de nós, faz toda a diferença quando trabalhamos o tema.

Bulgarelli propõe, dentro das corporações, um olhar no qual cada ser humano é visto como único, singular. E, portanto, a inclusão não é um ato de sumir com alguma característica e sim, um gesto que exige a disposição de todos os envolvidos para acolher outras possibilidades, estar aberto para a transformação. A inclusão e a transformação vêm da interação, do enriquecimento mútuo e da qualidade das relações. E é justamente na qualidade das relações que a diversidade ganha seu maior sentido e potencializa sua riqueza.

Um estudo recente da McKinsey&Co (Delivering through Diversity-2018)[12], com mais de 1.000 empresas em 12 países, comprova que há uma correlação significativa entre um grau maior de diversidade na empresa (nível gerencial) e sua performance financeira acima da média do segmento. Ou seja, das empresas pesquisadas, as que contemplam a diversidade não só de gênero, mas também etnia, LGBTQ+, idade/geração, experiência internacional, apresentaram maior probabilidade de obter um resultado financeiro (margem EBIT) acima da média do segmento do que as que promovem menos. É importante mencionar que, apesar de existir uma significativa correlação entre as duas variáveis, não há necessariamente, uma relação de causalidade.

No mesmo estudo foram analisados, também, os esforços empregados por dezessete engajadas companhias, de diferentes regiões e setores de atuação, com o objetivo de identificar como estas empresas têm aproveitado, de forma exitosa, o potencial da Diversidade e Inclusão para atingir suas metas de crescimento. A conclusão a que se chegou que é organizações que desenvolveram e implementaram estratégias de D&I são mais capazes de atrair e reter os melhores talentos, de aprofundar o foco no

[11] BULGARELLI, R. **Inclusão e Diversidade**. 2013. Disponível em: <https://www.ethos.org.br/cedoc/inclusao-e-diversidade/#.W-GF1tVKjIV>. Acesso em: 04 nov. 2018.

[12] MCKINSEY & COMPANY. **Delivering through Diversity Report**. 2018. Disponível em: <https://www.mckinsey.com/business-functions/organization/our-insights/delivering-through-diversity>. Acesso em: 30 out. 2018.

cliente, de ampliar a satisfação dos funcionários e de aprimorar a tomada de decisão. Naquela linha, são fatores críticos de sucesso:

a) Haver o comprometimento genuíno do CEO e do Board da organização de modo que as estratégias sejam comunicadas e cascateadas para todos os níveis hierárquicos e que os executivos e gerentes sejam encorajados e responsabilizados pela execução e pelos resultados das ações de inclusão;
b) Definir quais ações do programa de D&I são as mais adequadas para suportar a estratégia de crescimento do negócio;
c) Criar um portfólio de iniciativas para transformar a organização. Estas iniciativas, além de estarem alinhadas com as estratégias de crescimento, devem promover a construção de uma cultura organizacional inclusiva, coerente e que ecoe entre todos os agentes do sistema de forma a garantir a sustentabilidade da mudança;
d) Moldar a estratégia para maximizar o impacto local. A estratégia deve ser adaptada para as diferentes áreas do negócio, as diversas geografias e os múltiplos contextos socioeconômicos.

Existe também uma clara correlação entre diversidade e inovação. Um estudo realizado pelo Boston Consulting Group (The Mix that Matters - 2017)[13], com 171 empresas alemãs, suíças e austríacas, demonstra o relacionamento existente entre a maior diversidade em cargos de gestão e a geração de receita advinda de novos produtos e serviços. Apesar de o estudo ter sido realizado com companhias de determinada região, acredita-se que os "insights" podem ser aplicados de forma global.

Neste estudo, a diversidade está relacionada aos seguintes tipos: conhecimento do mercado, país de origem, desenvolvimento de carreira, gênero, idade/geração e formação acadêmica. O relatório mostra que a diversidade de gênero tem alta correlação com a inovação: nas empresas com maior diversidade de gênero, onde 8 a cada 20 gerentes eram mulheres, aproximadamente 34% da receita dos últimos três anos advinha de novos produtos e serviços em comparação com 25%, caso das empresas em que 1 a cada 20 gerentes eram mulheres.

[13] BOSTON CONSULTING GROUP. **The Mix that Matters**. 2017. Disponível em: <https://www.bcg.com/publications/2017/people-organization-leadership-talent-innovation-through-diversity-mix-that-matters.aspx>. Acesso em: 09 nov. 2018.

O estudo aponta, ainda, a importância de se criar um ambiente corporativo que favoreça a cultura da diversidade de forma a extrair o máximo de seu potencial. São apresentadas as seguintes condições: a) Liderança participativa: líderes devem ouvir, genuinamente, as sugestões do time e permitir que as pessoas participem das decisões; b) Abertura para diversidade cognitiva: promover um ambiente onde os empregados sintam-se livres para expressar suas ideias e onde é estimulado o debate construtivo; c) Prioridade estratégica: a estratégia de diversidade deve ter apoio e incentivo do Board da companhia; d) Frequente comunicação interpessoal: a empresa deve criar oportunidades para facilitar o diálogo entre pessoas com diferentes formações e perfis; e) Garantir práticas trabalhistas igualitárias: apesar de parecer simples, esta condição nem sempre está totalmente implementada dentro das empresas.

Além de maior inovação, as companhias que criam um ambiente corporativo favorável à diversidade apresentam maior lucratividade, 17% de margem EBIT, quando comparadas às que não, 13% de margem EBIT. Apesar de, atualmente, ser possível mensurar os benefícios quantitativos e qualitativos da Inclusão e Diversidade, é fato que alguns passos dessa trajetória foram impulsionados por alguma norma que tinha, mais do que um objetivo econômico, um propósito social.

Em nossa legislação pátria temos vigentes as seguintes leis e decretos que visam ampliar a diversidade e inclusão:

> Lei 8.213/91 – Art. 93: popularmente chamada Lei de cotas, determina percentuais de contratação de pessoas com deficiência ou reabilitados para empresas com mais de 100 empregados.
>
> Lei 12.288/10 – Estatuto da Igualdade Racial: o estatuto não institui cotas especificamente mas prevê, nos artigos 38 e 39, que o governo implemente medidas para promover a igualdade de oportunidades no mercado de trabalho para a população negra no setor público e incentive o mesmo nas organizações privadas.
>
> Lei 12.990/14: Reserva aos negros 20% (vinte por cento) das vagas oferecidas nos concursos públicos que tenham três ou mais vagas a serem preenchidas para provimento de cargos efetivos e públicos no âmbito da administração pública federal (art. 1º, caput e §1º).
>
> Decreto nº 9.450/18 – Política Nacional de Trabalho no âmbito do Sistema Prisional PNAT: estabelece, no art. 5º, que na contratação de serviços,

inclusive os de engenharia, com valor anual acima de R$ 330.000,00 (trezentos e trinta mil reais), os órgãos e entidades da administração pública federal direta, autárquica e fundacional deverão exigir da contratada o emprego de mão de obra formada por pessoas presas ou egressos do sistema prisional, nos termos da lei.

Decreto nº 9.571/18 – Estabelece diretrizes sobre Empresas e Direitos Humanos, definindo que é responsabilidade das empresas não violar os direitos de sua força de trabalho, de seus clientes e das comunidades, combater a discriminação nas relações de trabalho, promover a valorização e o respeito da diversidade e monitorar os riscos de impacto de sua operação aos direitos humanos.

3. Não discriminação

A discriminação é um fenômeno que acontece desde os primórdios da civilização e, mesmo que em alguns momentos da história tenha tido consequências nefastas, ainda está, infelizmente, presente nos dias de hoje.

Ainda que não existam ações afirmativas e leis específicas que incentivem entrada no mercado de trabalho de todos os grupos e minorias é fato que qualquer pessoa tem, no ordenamento jurídico, a garantia de não ser discriminada. A discriminação não é uma realidade que assola apenas os países subdesenvolvidos ou em desenvolvimento, ela está presente no mundo todo. Não é por acaso que organismos internacionais e as legislações locais adotem medidas, regulamentações e mecanismos para combatê-la. Após a Segunda Guerra Mundial, os representantes de 50 países assinaram a Carta das Nações Unidas (1945, grifo nosso)[14], que traz em seu Preâmbulo:

> NÓS, OS POVOS DAS
> NAÇÕES UNIDAS, RESOLVIDOS
>
> a preservar as gerações vindouras do flagelo da guerra, que por duas vezes, no espaço da nossa vida, trouxe sofrimentos indizíveis à humanidade, e a reafirmar a fé nos direitos fundamentais do homem, na dignidade e no valor do ser humano, na igualdade de direito dos homens e das mulheres, assim como das nações grandes e pequenas, e a estabelecer condições sob as quais a justiça e o respeito às obrigações decorrentes de tratados e de outras fontes do

[14] ONUBR: Nações Unidas do Brasil. **A carta das Nações Unidas**. Disponível em: <https://nacoesunidas.org/carta/>. Acesso em: 14 out. 2018.

direito internacional possam ser mantidos, e a promover o progresso social e melhores condições de vida dentro de uma liberdade ampla.

Há 30 anos a assembleia constituinte indicou seu desejo de instituir uma sociedade fraterna, pluralista e sem preconceitos. Essa intenção está no preâmbulo da Constituição Federal de 1988 (CF/88), que indica as diretrizes ideológicas da norma fundamental, *in verbis*:

> Nós, representantes do povo brasileiro, reunidos em Assembléia Nacional Constituinte para instituir um Estado Democrático, destinado a assegurar o exercício dos direitos sociais e individuais, a liberdade, a segurança, o bem-estar, o desenvolvimento, a igualdade e a justiça como valores supremos de uma sociedade fraterna, pluralista e sem preconceitos, fundada na harmonia social e comprometida, na ordem interna e internacional, com a solução pacífica das controvérsias, promulgamos, sob a proteção de Deus, a seguinte CONSTITUIÇÃO DA REPÚBLICA FEDERATIVA DO BRASIL.

A discriminação afronta de forma brutal o princípio da igualdade (art. 3º, inciso IV e art. 5º, caput), que é um dos pilares da Constituição e de uma sociedade democrática que tem como fundamento, um outro princípio, o da dignidade humana (art. 1º, inciso III). No âmbito do trabalho, a Convenção nº 111 da Organização Internacional do Trabalho (1958)[15], promulgada pelo Brasil em 1968, tendo como objetivo dirimir a discriminação, determina:

> **ARTIGO 1º**
>
> 1. Para fins da presente convenção, o têrmo "discriminação" compreende:
>
> a) Tôda distinção, exclusão ou preferência fundada na raça, côr, sexo, religião, opinião política, ascendência nacional ou origem social, que tenha por efeito destruir ou alterar a igualdade de oportunidades ou de tratamento em matéria de emprêgo ou profissão;
>
> b) Qualquer outra distinção, exclusão ou preferência que tenha por efeito destruir ou alterar a igualdade de oportunidades ou tratamento em matéria de emprêgo ou profissão, que poderá ser especificada pelo Membro Interes-

[15] TRIBUNAL REGIONAL DO TRABALHO DA 2ª REGIÃO. **Convenção nº 111 da OIT.** Disponível em: <http://www.trtsp.jus.br/geral/tribunal2/LEGIS/CLT/OIT/OIT_111.html>. Acesso em: 28 out. 2018.

sado depois de consultadas as organizações representativas de empregadores e trabalhadores, quando estas existam, e outros organismos adequados.

2. As distinção, exclusões ou preferências fundadas em qualificações exigidas para um determinado emprêgo não são consideradas como discriminação.

3. Para os fins da presente convenção as palavras "emprêgo" e "profissão" incluem o acesso à formação profissional, ao emprêgo e às diferentes profissões, bem como as condições de emprêgo.

ARTIGO 2º

Qualquer Membro para o qual a presente convenção se encontre em vigor compromete-se a formular e aplicar uma política nacional que tenha por fim promover, por métodos adequados às circunstâncias e aos usos nacionais, a igualdade de oportunidade e de tratamento em matéria de emprêgo e profissão, com objetivo de eliminar tôda discriminação nessa matéria.

Num Estado Democrático de Direito, o Estado impõe tanto normas que visam pacificar a sociedade e garantir o bem comum como normas que visam transformar uma determinada situação. As normas transformadoras, que têm por objetivo alterar o *status quo*, normalmente preveem sanções ou multas para aqueles que não as cumprem. Nos casos de mudança, muitas vezes estes são os principais motivadores para que a norma seja cumprida.

Para efetivar os compromissos assumidos após a assinatura da Declaração Universal dos Direitos Humanos (1948), a ratificação da Convenção internacional sobre a eliminação de todas as formas de discriminação racial (1969) e a da Convenção internacional sobre a eliminação de todas as formas de discriminação contra a mulher (ratificação sem reservas firmada em 2002), foram editadas algumas normas, que, didaticamente, serão agrupadas em três blocos: As que têm por objetivo formular diretrizes, propor políticas e implementar ações afirmativas para combater a discriminação:

Decreto 4.886/03 – Instituiu a Política Nacional de Promoção da Igualdade Racial que tem, entre outros objetivos, a implementação de ações que assegurem de forma eficiente e eficaz a efetiva proibição de ações discriminatórias em ambientes de trabalho.

Decreto 7.388/10 – Instituiu uma nova competência para o Conselho Nacional de Combate à Discriminação – CNCD, que passou a ter por finalidade a formulação e propositura de diretrizes de ação governamental, em âmbito nacional, voltadas para o combate à discriminação e para a promoção e defesa dos direitos de Lésbicas, Gays, Bissexuais, Travestis e Transexuais – LGBT.

Lei 13.146/15 – Institui a Lei Brasileira de Inclusão da Pessoa com Deficiência (Estatuto da Pessoa com Deficiência) destinada a assegurar e a promover, em condições de igualdade, o exercício dos direitos e das liberdades fundamentais por pessoa com deficiência, visando à sua inclusão social e cidadania.

Leis que têm por objetivo combater e punir atos de discriminação que impeçam o acesso das pessoas, entre outras coisas, a estabelecimentos comerciais e de lazer, à relação de trabalho, a condições igualitárias de trabalho, a estabelecimentos de ensino e também punir atos de pessoas que pratiquem ou incitem a discriminação:

Lei 6.001/73 – Estatuto do Índio: No art. 14, estabelece "que não haverá discriminação entre trabalhadores indígenas e os demais trabalhadores, aplicando-se-lhes todos os direitos e garantias das leis trabalhistas e de previdência social.".

Lei 7.716/89 – Tipifica e define as penas aplicáveis para os crimes resultantes de discriminação ou preconceito de raça, cor, etnia, religião ou procedência nacional.

Lei 9.029/95 – Tipifica e define as penas aplicáveis para os crimes resultantes de práticas discriminatórias que limitam ou impedem o acesso à relação de trabalho ou a sua manutenção, por motivo de sexo, origem, raça, cor, estado civil, situação familiar, deficiência, reabilitação profissional, idade.

Leis 13.146/15 e 7.853/89 – Tipificam e definem as penas aplicáveis para os crimes resultantes de discriminação de pessoas com deficiência.

Além das leis específicas, no ordenamento jurídico pátrio é possível encontrar diversas menções à não-discriminação, sendo que a discriminação, no sentido de ofensa à dignidade da pessoa, torna-se passível de punição, tanto na esfera civil como na esfera criminal.

A Constituição, em seu art. 5º, inciso XLII, prevê que "a prática de racismo constitui crime inafiançável e imprescritível, sujeito à pena de reclusão, nos termos da lei".

No âmbito do Direito Civil, quem comete ato ilícito (art. 186 do Código Civil) e causa dano, por exemplo, moral, fica obrigado a repará-lo (art. 927 do CC).

Na esfera do Direito Penal, a injúria qualificada (art. 140, §3º), que consiste em ofender a dignidade de uma pessoa em razão de raça, cor, etnia, religião, origem ou condição de pessoa idosa ou com deficiência, é classificada como um crime contra a honra.

Por fim, na seara do Direito do Trabalho, um dos motivos que justificam a demissão do empregado por justa causa é este ter cometido, no serviço, ato lesivo da honra ou da boa fama contra qualquer pessoa (art. 482, alínea "j" da Consolidação das Leis do Trabalho). Por outro lado, a CLT prevê também que a honra é um bem juridicamente tutelado inerente à pessoa física e que os danos, classificados como de natureza extrapatrimonial, são passíveis de reparação (art. 223-A e seguintes).

Com tantas normas espalhadas pelo ordenamento jurídico, aumenta a possibilidade que as empresas percam a visibilidade desta categoria de risco.

Deperon e Rechter (2018)[16] apresentam uma estatística bastante interessante: de acordo com dados da *The Equal Employment Opportunity Commission*, em 2016 mais de 97.443 ações judiciais foram movidas por colaboradores de empresas nos EUA por conta de discriminação, chegando a prejuízos, por conta de indenizações, na ordem de U$ 482 milhões (aproximadamente R$ 2 bilhões de reais).

Alinhadas com a visão de Fox sobre os novos horizontes das áreas de compliance, estas mesmas autoras preconizam:

> Atuar com temas que se relacionam à integridade e à reputação da empresa, em um sentido mais amplo, é papel, sem dúvidas, da área de Compliance, devendo ela, como os benchmarks nos indicam, atuar de forma bastante proativa quando se trata de criar e/ou implementar programas de D&I das empresas, participando não apenas da investigação de condutas abusivas e discriminatórias – inclusive ilícitas, praticadas por colaboradores ou executivos, mas também da criação e implementação de políticas relacionadas à não discriminação, de uma forma geral. (Deperon;Rechter, 2018)[17]

Ao detalharmos o Programa de *Compliance* – Sete Elementos, é possível identificar uma série de componentes que podem tanto atender aos fato-

[16] Deperon, M.; Rechter, R.D. **Diversidade, inclusão: novos desafios das áreas de compliance no Brasil.** 2018. Disponível em: <https://www.jota.info/opiniao-e-analise/artigos/diversidade-inclusao-novos-desafios-das-areas-de-compliance-no-brasil-18092018>. Acesso em: 02 nov. 2018.

[17] Deperon; Rechter, loc. cit.

res críticos de sucesso identificados pela McKinsey e BCG para ampliar o grau de diversidade quanto possibilitar a implantação de uma política de não discriminação.

Para aumentar a diversidade e extrair o seu potencial, as condições mencionadas: a) Comprometimento do CEO e do Board, liderança participativa e prioridade estratégica podem ser satisfeitas por meio do Elemento 1 – Papéis e Responsabilidades (Tone of the top); b) Comunicação das estratégias para todos os níveis da organização e frequente comunicação interpessoal, por meio do Elemento 4 – Treinamento e Conscientização; c) Criar um portfólio de iniciativas para promover uma cultura organizacional inclusiva, abertura para diversidade cognitiva e frequente comunicação interpessoal, por meio do Elemento 3 – Políticas e procedimentos (que inclui os Códigos de Ética e de Conduta) e; d) Moldar a estratégia para maximizar o impacto local, por meio do programa como um todo, uma vez que o mesmo é adaptado para a realidade local.

Com relação à implementação de uma política de não discriminação, a aderência do programa de compliance é ainda maior, uma vez que busca, além de ampliar a inclusão e transformar o comportamento (por meio do engajamento da alta liderança, da publicação de políticas, procedimentos e códigos de ética e de conduta e do treinamento e comunicação), prevenir e mitigar riscos (por meio de vários instrumentos de controle interno, canais de denúncia, política para casos de infração, auditorias).

Se, por um lado, já ficou comprovada a correlação entre diversidade e resultados financeiros e inovação, por outro, mensurado o risco ao qual estão expostas as empresas em caso de discriminação e, ainda, validada a abrangência dos programas de *compliance*, por que não harmonizar estas três evidências por meio de um programa de *Inclusion Compliance*?

Conclusões

A área de *compliance*, da forma como estruturou o seu programa desde o início, criou um arcabouço tão robusto e abrangente que hoje possibilita que esta seja a maior protagonista no projeto de cultura organizacional baseada na integridade corporativa.

Tal integridade, mais do que garantir o cumprimento das normas externas e regulamentos internos, está relacionada ao conceito de função social da empresa, o qual, em resumo, é traduzido pela expectativa que o Estado tem de que empresário utilize os bens de produção cuja propriedade lhe é garantida (art. 170, inciso VI da CF/88) para contribuir para a realização do bem estar e da justiça social (art. 193, CF/88). Diante de tantas mudanças econômicas e, principalmente sociais, Almeida (2003, p.144, grifo nosso)[18] afirma que:

> A atividade empresarial, igualmente, deve redefinir todos os seus conceitos e modificar a interpretação dos elementos que a compõem. Quer dizer, ao invés de ser entendida como meio de acúmulo de valores para o capitalista, a empresa deve ser observada como um sistema pelo qual se expressa a atividade humana no campo econômico, com objetivos múltiplos de realização pessoal do empresário e de todos que com ela colabora, assim, e notadamente, a sociedade civil na qual está inserida.

Modificar a interpretação e os próprios elementos que a compõem não implica, necessariamente, em piores resultados, pelo contrário, resulta em maior lucratividade, mais preparo para o futuro (inovação), atração e retenção dos melhores talentos, maior profundidade no entendimento do cliente e maior satisfação dos funcionários.

Num cenário em que a globalização e a tecnologia da informação intensificam os negócios entre os países, os consumidores potenciais estão em qualquer lugar do mundo e a moeda caminha para tornar-se digital, as empresas inovadoras, com reputação de marca e credibilidade e melhor preparadas para atender os diferentes consumidores serão as que mais se beneficiarão das oportunidades do futuro.

Referências

ALMEIDA, M.C. A Função Social da Empresa na Sociedade Contemporânea: Perspectivas e Prospectivas. **ARGUMENTUM:** Revista de Direito da Universidade de Marília, Marília, v. 3, p.141-152, 2003.

BARBOSA, 2014 apud LIVIANU, R. **Corrupção – Incluindo a Lei Anticorrupção**. 2ª edição. São Paulo: Quartier Latin, 2014.

BORGERTH, V. **SOX: Entendendo a Lei Sarbanes-Oxley : um caminho para a informação transparente**. 1ª ed., 3ª reimpressão. São Paulo: Cengage Learning, 2011.

BOSTON CONSULTING GROUP. **The Mix that Matters**. 2017. Disponível em: <https://www.bcg.com/publications/2017/people-organization-leadership-talent-innovation-through-diversity-mix-that-matters.aspx>. Acesso em: 09 nov. 2018.

[18] ALMEIDA, M.C. A Função Social da Empresa na Sociedade Contemporânea: Perspectivas e Prospectivas. **ARGUMENTUM:** Revista de Direito da Universidade de Marília, Marília, v. 3, p.144, 2003.

Bulgarelli, R. **Inclusão e Diversidade.** 2013. Disponível em: <https://www.ethos.org.br/cedoc/inclusao-e-diversidade/#.W-GF1tVKjIV>. Acesso em: 04 nov. 2018.

Deperon, M.; Rechter, R.D. **Diversidade, inclusão: novos desafios das áreas de compliance no Brasil.** 2018. Disponível em: <https://www.jota.info/opiniao-e-analise/artigos/diversidade-inclusao-novos-desafios-das-areas-de-compliance-no-brasil-18092018>. Acesso em: 02 nov. 2018.

Fox, T. **The Complete Compliance Handbook – A Guide to Operationalizing Your Compliance Program**. Compliance Week, 2018. Forward.

Gieremek, R. **Toda empresa deveria ter um sólido programa de compliance.** 2015. Disponível em: <http://www.lecnews.com/artigos/2015/06/25/toda-empresa-deve-ter-um-solido-programa-de-compliance/>. Acesso em: 11 out. 2018.

Gonsales, A. **Compliance – A nova regra do jogo**. São Paulo: LEC Editora, 2016.

Makishi, M. **Afinal, o que significa Compliance?** 2018. Disponível em: <http://www.administradores.com.br/noticias/cotidiano/afinal-o-que-significa-compliance/123578/>. Acesso em: 11 out. 2018.

MCKINSEY & COMPANY. **Delivering through Diversity Report**. 2018. Disponível em: <https://www.mckinsey.com/business-functions/organization/our-insights/delivering-through-diversity>. Acesso em: 30 out. 2018.

ONUBR: Nações Unidas do Brasil. **A carta das Nações Unidas**. Disponível em: <https://nacoesunidas.org/carta/>. Acesso em: 14 out. 2018.

Schwab, K. **A quarta revolução industrial.** São Paulo: Edipro, 2016.

TRIBUNAL REGIONAL DO TRABALHO DA 2ª REGIÃO. **Convenção nº 111 da OIT**. Disponível em: <http://www.trtsp.jus.br/geral/tribunal2/LEGIS/CLT/OIT/OIT_111.html>. Acesso em: 28 out. 2018.